面向"十三五"高等院校公共基础课程规划教材

应用文写作
教 程

郭征帆 周俊 主编

清华大学出版社
北京

内 容 简 介

本书针对应用型本科教育实践性、应用性强的特点,结合职场文字工作岗位的实际需要,从培养学生应用能力的角度出发进行编写。全书共8章,涵盖了职场写作的五十多种常用文种。各个教学任务按"情境导引——知识导航——范文导读——'学霸'见闻——技能实操"的体例编写,体例新颖、目标明确、内容充实,既可作为高等院校公共基础课程教材,也适用于秘书、中文、行政管理、人力资源管理等专业学生使用,还可供各级党政机关、社会团体、企业事业单位作为公文写作培训教材和业务参考书使用。

本书封面贴有清华大学出版社防伪标签,无标签者不得销售。
版权所有,侵权必究。举报: 010-62782989, beiqinquan@tup.tsinghua.edu.cn

图书在版编目(CIP)数据

应用文写作教程/郭征帆,周俊主编. --北京:清华大学出版社,2016(2024.7重印)
面向"十三五"高等院校公共基础课程规划教材
ISBN 978-7-302-44085-7

Ⅰ.①应… Ⅱ.①郭…②周… Ⅲ.①汉语-应用文-写作-高等学校-教材 Ⅳ.①H152.3

中国版本图书馆CIP数据核字(2016)第132439号

责任编辑: 张 弛 闫一平
封面设计: 牟兵营
责任校对: 刘 静
责任印制: 杨 艳

出版发行: 清华大学出版社
网　　址: https://www.tup.com.cn, https://www.wqxuetang.com
地　　址: 北京清华大学学研大厦A座　　邮　编: 100084
社　总　机: 010-83470000　　邮　购: 010-62786544
投稿与读者服务: 010-62776969, c-service@tup.tsinghua.edu.cn
质　量　反　馈: 010-62772015, zhiliang@tup.tsinghua.edu.cn
课　件　下　载: https://www.tup.com.cn, 010-83470410

印 装 者: 三河市铭诚印务有限公司
经　　销: 全国新华书店
开　　本: 185mm×260mm　　印　张: 22.75　　字　数: 551千字
版　　次: 2016年8月第1版　　印　次: 2024年7月第8次印刷
定　　价: 69.00元

产品编号: 067741-02

前　言

应用文写作,就是从事文字撰写的工作者,即文员,为了解决工作中实际问题的应用写作。写好各类文字材料,以文辅政,是文员最重要的一项职能。随着社会主义市场经济的迅速发展,各行各业对于文字工作者写作能力的要求越来越高。职场写作能力已经成为文员的一项核心职业能力,是他们的看家本领。文员如果具有较强的文字材料写作水平,则可以极大地增强职业核心竞争力,极大地拓展其职业发展空间。作为应用型本科院校的公共基础课,职场写作课程承担着提高学生实用写作素质,培养综合职业能力的重要作用。

因此,为了适应教学需要和培养高素质应用型人才的要求,我们本着务实严谨的态度编写了本书,该书有如下几个特点。

一是注重教材内容的系统性、实用性。教材以传授未来职场文员岗位实用写作技能和技巧为宗旨,从各类机关单位特别是企业秘书岗位写作实际出发,结合国家有关职业标准,精选了五十多种常用文书进行介绍。全书共分职场写作概述、党政机关公文写作、信函文书写作、公关礼仪文书写作、求职文书写作、事务文书写作、新闻传播文书写作、经济文书写作8章,既有职场写作基础知识的介绍,也有具体的实用文种写作知识和技巧的介绍,全面提升职业写作素养。

二是注重知识介绍的科学性、规范性和例文的时代性。对党政机关公文部分,我们根据最新公文规范文件《党政机关公文处理工作条例》和《党政机关公文格式》编写,保证知识介绍的权威性和规范性。对具体文种写作知识的介绍,力求严谨、科学,不人云亦云、以讹传讹,并力求有新的见解。在例文的选取上,既注重例文的典型性,同时也注重其时代性与贴近性,尽量选取近年来的典型例文,选取贴近工作实际的例文。

三是注重编写体例的科学性和实训性。教材按照项目课程教学设计编写体例,整体上由教学项目和教学任务构成,每个任务是一个独立的教学内容,完成某一方面知识或某个文种的学习。各个教学任务按"情境导引——知识导航——范文导读——'学霸'见闻——技能实操"的体例编写。

"情境导引"从职场工作实际出发设计工作情景并提出思考问题,目的是了解学习任务,提高学习兴趣;"知识导航"介绍文种写作基本知识与写作规范;"范文导读"精选经典范文和有时代感的例文进行点评,使学生进一步理解文种写作方法,增强对文种写作的感悟;"学霸见闻"介绍与教学任务相关的拓展性知识,开拓学识视野和思路;"技能实操"包括病文修改和写作训练,有针对性地设计病文修改、情景材料写作等实训项目,通过训练切实提高写作能力。

本书结构体例新颖、目标明确、内容充实,既可作为高等院校公共基础课程教材,也适用于秘书、中文、行政管理、人力资源管理等专业学生使用,还可供各级党政机关、社会团体、企业事业单位作为公文写作培训教材和业务参考书使用。

本教材由铜仁学院郭征帆和华东师范大学周俊担任主编。郭征帆编写了第一、六、七、八章,周俊编写了第二~五章,其中第三章第五节和第四章第六节由郭征帆编写。郭征帆提出本书的编写思路,负责体系设计和统稿,在其统稿过程中对全书的内容、体例和行文风格等进行了修改和完善。在本书的编写过程中,参考了诸多文献及网络资料,援引、借鉴、改编已有的例文和训练教材,有的已经标注了说明,有的无法查明出处,在此对原作者一并表示感谢!

由于我们水平所限,以及分工编写的缘故,难免存在疏漏与不足之处,敬请专家、学者和广大读者批评指正,以便适时修改订正,使其更加完善。

编　者

2016 年 2 月

教学课件

目 录

第一章 职场写作概述　　　　　　　　　　　　　　1

第一节　职场写作认知 …………………………………………… 1
第二节　职场写作的基本要素 …………………………………… 10

第二章 党政机关公文写作　　　　　　　　　　　　21

第一节　党政机关公文知识概述 ………………………………… 21
第二节　决定 ……………………………………………………… 37
第三节　公告 ……………………………………………………… 42
第四节　通告 ……………………………………………………… 48
第五节　意见 ……………………………………………………… 54
第六节　通知 ……………………………………………………… 60
第七节　通报 ……………………………………………………… 69
第八节　报告 ……………………………………………………… 75
第九节　请示 ……………………………………………………… 81
第十节　批复 ……………………………………………………… 87
第十一节　纪要 …………………………………………………… 92
第十二节　函 ……………………………………………………… 97

第三章 信函文书写作　　　　　　　　　　　　　　104

第一节　信函文书知识概述 ……………………………………… 104
第二节　申请书 …………………………………………………… 107
第三节　倡议书　建议书 ………………………………………… 113
第四节　证明信　介绍信 ………………………………………… 118
第五节　私人信函 ………………………………………………… 123

第四章 公关礼仪文书写作　　　　　　　　　　　　131

第一节　公关礼仪文书知识概述 ………………………………… 131
第二节　请柬　邀请函　聘书 …………………………………… 133
第三节　祝词　贺词 ……………………………………………… 140
第四节　欢迎词　欢送词　答谢词 ……………………………… 146

第五节　感谢信　表扬信　慰问信 ……………………………………… 155
第六节　启事　声明 …………………………………………………………… 163

第五章　求职文书写作　170

第一节　求职文书概述 ………………………………………………………… 170
第二节　求职信 ………………………………………………………………… 172
第三节　简历 …………………………………………………………………… 177
第四节　自我介绍 ……………………………………………………………… 184
第五节　竞聘演讲稿 …………………………………………………………… 188

第六章　事务文书写作　195

第一节　事务文书知识概述 …………………………………………………… 195
第二节　计划 …………………………………………………………………… 199
第三节　总结 …………………………………………………………………… 209
第四节　调查报告 ……………………………………………………………… 218
第五节　简报 …………………………………………………………………… 228
第六节　述职报告 ……………………………………………………………… 240
第七节　规章文书 ……………………………………………………………… 248
第八节　会议文书 ……………………………………………………………… 260
第九节　演讲稿 ………………………………………………………………… 280

第七章　新闻传播文书写作　288

第一节　新闻传播文书知识概述 ……………………………………………… 288
第二节　消息 …………………………………………………………………… 292
第三节　通讯 …………………………………………………………………… 302

第八章　经济文书写作　312

第一节　经济文书概述 ………………………………………………………… 312
第二节　市场调查报告 ………………………………………………………… 314
第三节　市场预测报告 ………………………………………………………… 320
第四节　经济活动分析报告 …………………………………………………… 327
第五节　可行性研究报告 ……………………………………………………… 335
第六节　意向书、协议和经济合同的写作 …………………………………… 344

参考文献 ………………………………………………………………………………… 357

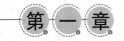

职场写作概述

第一节 职场写作认知

情境导引

坚实的文字功底是当好秘书的首要条件。在机关做秘书工作,写材料是基本功,常干的活,躲不开,避不了。如果你不会写,或者是不想写,唯一的办法就是离开机关,逃之夭夭;或者是待在机关一辈子,但只干一些打杂跑腿出不了大的成绩也难以进步提高的事情。因此,从你跨进机关办公室那一天起,你就一定要学写材料,与纸与笔亲密接触、形影不离,熟悉、熟练直至精通文字材料,与写材料结下不解之缘。如:年度开始,要写工作计划;部署工作,要写领导讲话;开展工作,要写实施方案;调查情况,要写调查报告;查办问题,要写检查结论;承办课题,要写研究论文;交流学习,要写经验材料;年度终了,要写工作总结;等等,等等。为工作写,也为学习写;为务虚写,也为务实写;为领导写,也为自己写;为完成本职任务写,也为图表现求进步写。有人看要写,没人看也要写;有作用要写,作用不大也要写。你的工作,除了写,还是写,写完了一个材料,下一个材料接着写。

刚刚参加工作,我年纪轻,资历浅,写材料这类苦活自然躲避不了。那时,写个什么请示,拟个什么文件,几百字、上千字,只要领会了意图,清楚了情况,明确了内容,三下五除二,挥笔疾书,一气呵成,只要格式对了,语句通了,意思表述清楚了就行,也还算是简单轻松,举手之劳。但是,如果碰上召开全省性工作会议,全面部署专项性工作,调查解析某项专题情况,领导讲话呀,工作总结呀,经验材料呀,调研报告呀,等等,既有理论指导,又有实际操作;既有原则要求,又有具体安排;既要指出问题,又要分析原因,还要提出改进措施;既要总结成绩,又要谈出体会,还要提出方向任务。数千字,上万字的文稿,写起来就辛苦了。往往这个时候,时间紧,要得急,需在两三天内,甚至更短时间完成,逼上梁山了,只好日夜连轴转,通宵达旦地干,几小时、十几小时,甚至几天,把自己关在屋里,与外界隔绝,看文件、翻材料,埋头伏案,苦思冥想,绞尽脑汁将方块汉字一个一个地往那稿纸上的方格里填,一行一行,一页一页地艰辛地往前爬行,就像打仗攻山头一样,只许前进,不能后退,跨过一丛丛荆棘,横过一道道壕沟,突破一个个堡垒,直到最后到达胜利的顶峰。常常为写材料,废寝忘食,通宵达旦,文稿纸扯了一张又一张,蓝墨水吸了一管又一管,烟头丢了一只又一只,茶水也喝了一缸又一缸,手写酸了,腿发麻了,屁股坐得发烧了,累得不像个人样。写完了,交给科长;科长看了,改了,交给文秘;文秘看了,改了,交给主任;主任看了,改了,呈报领导;领导看了,批了,提出意见,原路退回。到我手中,不敢延误,又连夜奋战,调整,补充,修改,反复斟酌,推敲,再修改。认为可以了,清稿誊抄成正稿,按原有程序,又一级一级送审,修改,直至领导满意为止。顺利的时候,一次或两次就大功告成,不顺利的时候要三次四次,甚至更多次,几上几下,翻来覆去,反复折腾,可以说是脑力和体力超强透支,让你心力交瘁,精疲力竭,精神很长一段时间都恢复不过来。

话说回来，当看到自己苦心堆砌的文字变成一篇思想丰富气势恢宏的文稿，印成一大摞崭新整齐并散发出油墨香味的材料，被众多人捧在手中如获至珍严肃认真地阅看，领导脸上为此露出灿烂笑容的时候，如释重负，身上的沉重枷锁总算卸载下来，不由得暗中一阵快慰和欢喜，犹如喝了一罐蜜糖似的，甜蜜蜜、乐滋滋地，要多高兴有多高兴，要多快乐有多快乐，一切苦涩、烦闷、疲惫，全都抛到九霄云外去了。

就这样，日复一日，年复一年，反复地、不停地、持续地写呀，写呀，写下去。苦了乐，乐了苦，苦了再乐，乐了再苦，苦中有乐，乐中有苦，其苦无尽，虽苦犹乐，其乐无穷。写得多了，见得多了，习惯了，顺畅了，脑瓜子也好使多了，一通百通，驾轻就熟，手到拈来，文字能力、思维能力、分析问题和解决问题的能力以及工作水平竟提高了不少。

后来，工作时间长了，资历老了，地位高了，也算超脱出来，熬出头了，除了自己一时兴趣来了，写点体会性、感悟性的文章，拿到有关报纸杂志上发表发表，练练手笔，养养心性，图个虚荣，赚点稿费之外，一些场面上的文字性工作就交给属下去做了，自己再不亲自捉刀主笔了，只在他们写之前拿出点指导性意见，交代些重点关键事项，审查一下写作方案和提纲，稿子出来后看一看，圈划一下，提出一些修改意见罢了，少了许多动脑筋费心思加班熬夜拼时间拼体力之苦。

——资料来源：根据文秘114网站《秘书心得体会：如何写好材料》改编

思 考

1. 你是如何理解"坚实的文字功底是当好秘书的首要条件"这句话的？
2. 从作者的感悟中，你认识到秘书写作有哪些特点？
3. 你认为怎样才能提高秘书的写作能力？

知识导航

一、职场写作的含义

职场，狭义的理解就是指工作的场所；广义的理解是指与工作相关的环境、场所、人和事，还包括与工作、职业相关的社会生活活动、人际关系等。

职场写作，就是指从事文字工作的人员（以下简称文员）在本职工作范围内所承担的各类公务文书及其他各类应用文体的写作，它是解决工作中实际问题的一种文字工作。职场写作是文员履行岗位职责的行为与方式之一，也是必须具备的重要技能之一，是其能力的集中体现。

二、秘书写作的特点

（一）写作主体的代言性

代言性是职场写作的本质属性。由于职场写作是一项职业性的写作，出于职务职权不同，职场写作受命于领导或岗位职责要求，需要文员从辅助领导和服务工作大局出发，遵循指令而有创造性地进行写作，才能发挥应有的参谋辅助作用。同时，职场写作会受到领导意图指令、行文目的、政策法规等方面的限制，存在一个比较复杂的思维转换过程，即对领导意图的理解、认同、把握和贯彻。与自由写作不同，自由创作者的写作动机往往是缘于自我意识有感而发，是一种主动而个性的写作活动；职场写作是缘于工作需要或奉命行事，是一种被动而服从的写作活动。可见,职场写作的随意性自由度较小,甚至写作的角度、立场、观点、语言等均非秘书个人的主观意愿。因此,职场写作的内容主旨必须体现领导的集体意志,不能淡化甚至歪曲领导的意图,方能维护公务文书的工具性和权威性,发挥文书的效用。

（二）行文主题的政策性

职场写作是用以传达党和国家的路线、方针、政策、法令、制度、规定以及工作部署等若干内容和任务,行文内容要正确体现国家或上级的政策精神,做到按章办事,自觉维护政策的指导性、权威性和执行力。这就要求文员吃透政策,站在政策的立场上想问题、办事情、写文章,并恰当运用国家的政策法律制度上传下达、说服教育、开展工作、解决问题,这样才能避免工作的跑偏或失误。因而,文员要勤于学习党和国家的大政方针及上级的精神部署,与时俱进,不断提高政策理论水平,才能写出顺应国家时势的文书,更好地服务工作大局。

（三）目的与对象的特定性

职场写作总是针对特定的行文目的和行文对象,表达发文机关的意图和对受文机关的要求。如党政公文要求发文对象、收文对象和传达范围都是明确的,还要按照行文关系,将文书行文对象分为上行对象、平行对象和下行对象。如果没有了特定的对象,文书就会失去针对性,其中的意见、要求、措施等均无法实施贯彻。

（四）文章内容的实用性

职场写作的每一篇文章都是为人们的实际工作和日常生活服务,直接用于处理工作中的具体问题或传递特定信息,实用性是其基本属性之一。例如,各级机关单位发出的公文是为了传达党和国家的方针政策,沟通上下左右各种单位之间的关系,使党和国家的各项方针政策得以贯彻执行;经济单位之间订立的经济合同是为了促使、监督签订合同的各方履行约定事项,保护各方的权益;公司企业的各类商函是为了推销产品、商洽价格、催收款项、索赔理赔,其功利性、实用性是十分明显的。

因而,职场写作是一种实用文体写作,具有实用性,不同于大家过去所接触到的文学写作。文学写作是一种审美创作的过程,它通过塑造艺术形象给人们以精神愉悦,满足人们的审美需求,审美是其最主要的特征。

（五）材料内容的真实性

正因为职场写作具有实用性,是为了解决工作中的实际问题,真实性是其生命之所在。而且,这种真实性与文学创作的真实性有所不同。文学创作讲究的是艺术真实,作家可以运用形象思维,通过虚构和想象塑造艺术形象,所反映的人与事、事与理可以源于生活而高于生活。而在职场写作中则不允许虚构与想象,是一种原汁原味的真实。文中所涉及的人要是真人、事要是真事,来不得半点虚构。职场写作总是针对工作中的具体问题、事实或任务等,所涉及的全部事实材料必须确凿无误,如实反映事实和本质。否则,会给领导决策带来失误,造成工作上的损失。这就要求秘书在写作前深入实际,做好调查研究工作,包括研习政策法规,搜集事实材料,掌握确凿数据等。内容的真实缘于材料细节的真实,因而秘书在调研和写作过程中要注意事实、现象、数据、材料的真实准确,包括涉及的时间、地点、人物及语言;分析现象和得出结论不凭个人好恶或主观臆断,要做到不虚夸、不掩饰、不片面,尊重客观实际,揭示工作本质及规律,结论自然中肯。

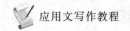

（六）拟制办理的程式性

人们总是说文无定法，这是对一般作文和文学创作而言的。职场写作则讲究模式与规范。这种规范有的由相关部门以法律、法规的形式固定下来。秘书写作在长期的形成发展过程中，从写作流程、篇章结构、用词造句、文面版式到办理运行方面，形成了自身的行文规范和办文程序。这些规范程序或由历史积淀而约定俗成，如书信类、礼仪类文书等；或由国家权威部门以法律、法规的形式规定，如党政公文发文时采用的通用格式、信函格式、命令（令）格式、纪要格式四种格式，各行业采用的专业性文本格式等。这些规范要求是为了方便文书的起草、运行、传阅、办理和存档。秘书人员必须严格遵守，不允许标新立异，另搞一套，以保证秘书写作的质量，办公效率的高效。

如党政机关公文的写作格式，写作内容范畴、写作目的等要严格按中共中央办公厅发布的《党政机关公文处理条例》的有关要求执行，任何部门、单位或个人都不能随意更改。又如合同，《中华人民共和国合同法》（以下简称《合同法》）明确规定了其写作的基本内容，国家有关部门也已公布了一些示范文本供人们选用。还有一些文种虽没有人硬性规定一定要怎么写，但长期以来有着约定俗成的格式。如书信，人们一般要写清称谓、问候语、正文、祝颂语、落款、日期等方面的内容，而且还要知道这些要素谁前谁后，应置于哪个位置，如何分段空格等，大家都习惯于这样写，很少改变。再如消息的写作，一般也多采用"倒金字塔结构"。职场掌握这些知识对提高写作能力是大有裨益的。

此外，职场写作的文稿往往要经过一定的程序处理才能正式行文。如秘书起草完公文后要经有关领导审核、签发后才能正式生效，不能像写普通文章那样随便。

（七）写作功用的时效性

职场写作要服务于工作的实际需要，为了顺应工作的规律节奏和实际情势，领导向文员下达写作任务时一般都有时间规定，以保证工作的正常开展，决策的迅速快捷。职场写作的目的是解决工作和生活中的具体问题，要受到时间的限制。这里所说的时效性有两层含义。一是指职场完成写作任务要迅速及时、讲究时效，否则会延误时机，影响工作。如单位工作计划的写作就一定要在某项工作开始之前或刚刚开始时完成，如果等到工作已告一段落再去下发计划，势必影响工作效率。二是指文章本身的功用或者效力要受到时间的限制。一般来说，职场写作的文章都不同程度地存在着这一问题，比如合同只有在当事人约定的时间里才有效力，超出规定时间就失效了。通告的时间效力也很强，计划、总结和各种函件等也存在着时效性问题。因而，秘书在写作时除了及时迅速外，也要注意文章内容的时效性。

（八）语言表达的平实性

语言是职场写作借以表达陈情、外化思想的重要因素和工具，是文书的"细胞"。秘书写作在用字、遣词、造句时与其他文体必然不同。与自由写作相比，自由写作多以形象思维为主，语言生动、随意而主观；实用文体写作主要以逻辑思维为主，语言平实、准确而客观。职场写作由于受到文书的文体特点和写作目的的制约，其语言不讲究辞章华彩，一般慎用描写和抒情，多以记叙、议论、说明为主要表达方式，行文时要求用事实、数据和资料说话，言简意赅，自然得体，反对刻意雕饰语言。

二、职场写作的作用

（一）指挥管理的工具

职场写作是职业写作，其内容主要反映机关或部门工作的意图，是管理者依法行使管理权力的工具。职场实用写作主要是以具体的工作对象、内容、目标、任务为诉求，有较强的工具性、应用性和实效性价值。写作内容是从这些具体工作的实际要求出发，凭借实用性较强的应用文体，客观反映机关工作动态，发布领导集团决策，解决实际工作问题，是机关单位实现指挥、运作、管理的保证，最终促进工作高质量、高效率完成。如党政公文中各种下行文均是上级对下级"发号施令"，而上行文又体现了上级对下级的管理权威，都具有明显的指挥管理作用。

（二）宣传教育的手段

职场写作或宣传国家的大政方针；或统一认识，纠正偏差；或表彰先进，树立楷模；或惩戒落后，引以为戒。不失时机地向群众员工进行宣传教育，有利于提高认识，统一思想，营造积极进取的主流意识，树立良好的工作风尚，促进企事业单位或部门工作的健康运转。如党政公文中的通报、决定都是具有奖惩作用的公文，恰当发文，有利于明辨是非，激励斗志；批转（转发）性的通知也多用来传达贯彻上级部门的指示精神等。

（三）联络沟通的渠道

党政机关、企事业单位在其实际工作中除了内部与内部、上级与下级的联系外，也离不开与外部打交道，其间要知道意图、协调关系、商洽和处理事务，以便统一认识、统一行动，更好地开展工作和解决问题。这时的职场写作就要发挥它的沟通交流作用。如下级以上行文的形式向上级汇报工作、反映情况、请求指示或批准；上级以下行文的形式传达指示要求；不相隶属机关之间使用平行文进行工作联络或协调等。文员还可利用各种公关文书，不失时机地建立关系、联络感情，不仅树立了良好的公关形象，也加深了友谊，奠定了往来基础。

（四）规范约束的依据

文员是代表文书的法定作者写的，一经领导同意签发和执行，这份文书就具有其合法性、权威性、规范性和约束性，所涉及的相关部门和人员就须无条件地遵照执行。如事项性通知、计划、方案等，规范了工作任务目标、方法措施、日程安排，有的还对工作态度和行为提出要求，对相关人员起到制约作用，以保证工作的顺利开展。此外，根据单位实际情况制定的规定、办法等，同样具有规范约束的作用。

（五）痕迹管理的凭证

职场写作的各类文书，大多是为了阐明传达领导意图指令、工作指示以及政策法规，使受文机关有据可依、有证可查而制发的，同时也从不同角度直接记载和反映了机关的主要职能活动。这些文书日后组成档案实体，成为痕迹凭证，可供日后利用和查考。一般说来，大部分文书在传达意图、联系公务的同时，都具有一定的文字凭证作用。如计划、方案、策划书等是检查工作完成情况的依据；法律文书和财经文书本身就是作为文字证据而产生的，一经形成确认，就成为执行的依据；报告、总结、论文、会议记录、纪要、谈话记录、大事记等，更具有明显的存储记载功能。

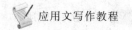

三、秘书写作的种类

由于编者的角度和目的不一，不同教材书籍对秘书写作种类的划分不尽相同。本项目从秘书工作中常用文体出发，从秘书实用写作的内容和行业角度出发，将秘书写作划分为以下七种类型。

（一）党政公文

党政公文是党政机关实施领导、履行职能、处理公务的具有特定效力和规范体式的文书，又称公务文书，简称公文。2012年4月6日，中共中央办公厅、国务院办公厅联合印发了《党政机关公文处理工作条例》，该条例综合了中共中央办公厅1996年5月3日印发的《中国共产党机关公文处理条例》和2000年8月24日国务院颁发的《国家行政机关公文处理办法》，将原条例规定的14种公文种类和原办法规定的13种公文种类，整合增至为15种，即决议、决定、命令（令）、公报、公告、通告、意见、通知、通报、报告、请示、批复、议案、函、纪要。党政公文具有鲜明的政治性和高度的思想性，同时具有法定的权威性和约束性，在党政工作中运用相当广泛，对维护党政机关工作秩序发挥着特定的作用。

（二）信函文书

信函文书是指个人与个人、个人与组织、组织与组织之间，运用文字交流思想感情、沟通情况的一种应用文。书信有一定的格式要求，通过邮寄、传送等方式传递给对方。主要包括申请书、倡议书、建议书、证明信、介绍信、私人信函等。

（三）公关礼仪文书

公关礼仪文书，是指国家机关、企事业单位、社会团体或个人在社会交往、礼仪活动和商务活动中使用的一种应用文体，它是为了一定的礼仪目的或者在礼仪场合下使用的一种文书。主要包括请柬、邀请函、聘书、祝词、贺词、欢迎词、欢送词、答谢词等。这类文书具有交际性和礼节性特点，在公关活动和社会交往中恰当使用这类文书，能够起到沟通联络、表达感情、烘托气氛、建立友谊的作用。

（四）求职文书

求职文书是求职者实现自我推荐和用人单位了解筛选人才的重要媒介，对劳资双方而言都是必要的。主要包括求职信、自我介绍、简历、竞聘演讲稿等。

（五）事务文书

事务文书是党政机关、企事业单位、人民团体及个人为反映事实、解决问题、处理日常事务过程中而使用的，但又不属于法定党政公文的通用文书，主要包括计划、总结、会议记录、简报、演讲稿、调查报告、述职报告、规章制度等。这类文书事务性强，使用频率高，具有管理性和实践性的特点，在党政事务工作中起到沟通情况、指导工作、宣传政策、规范行为、约束行动等方面的作用。

（六）新闻传播文书

新闻传播文书是党政机关、企事业单位、人民团体为配合一定时期的中心工作或活动，借助一定媒体，通过报道事实和发布信息，对公众进行宣传、教育、鼓动和引导的实用文书。它主要包括消息、通讯、新闻评论等。这类文书具有传播性和时效性特点，它能够传递交流，整合社会资源,引导社会公众统一思想和认识,起到宣传鼓动和舆论监督的作用。

(七) 经济文书

经济文书是指经济部门、企事业单位在商务经济活动中,用来处理经济事务、传播经济信息、协调经济活动、研究经济问题,促进经济活动正常、高效开展的具有固定格式和写作规范的实用文体。主要包括市场调查报告、市场预测报告、经济活动分析报告、可行性研究报告以及意向书、协议书、合同。这类文书具有较强的专业性和精准性的特点,在社会经济领域中用途极其广泛,是处理经济业务,开展市场调研,促进企业改进经营管理、提高经济效益的手段,对维护经济主体的合法权益,保证经济的健康发展发挥着积极的作用。

三、提高职场写作能力的途径

"书山有路勤为径",任何社会实践要取得成果,都需一个"勤"字打底。勤能弥补短板,缩小差距。职场写作能力的培养也是如此,没有捷径可走,但通过不懈努力,可以创造条件,改善写作的内在环境。

(一) 广泛阅读,构建写作"三感"

任何学习都是从阅读开始的,阅读可以优化人的心理结构和知识结构。文员的阅读不仅可以增长知识,培养社会责任感,还可以通过观其"语感"和"文感",发现写作规律,提升写作水平。

1. 培养职场写作的使命感

被誉为"中央一支笔"的胡乔木曾说过:"我们写的文章关系到国计民生,关系到让党早下决心,做出判断,做出决定。"这是往大处说秘书写作肩负的责任使命,往小处说,秘书写作同样关系到企事业单位的盛衰兴亡。因而,文员要培养高度的使命感,以主人翁的身份态度,站在国家集体利益高度,用组织领导的眼界拟写文书。要达到这种境界,必须得打下扎实的阅读基础。在阅读中感受体味秘书实用写作是如何为"经国大业"服务的,帮助秘书树立强烈的秘书使命感。

2. 体悟职场写作的"语感"

"语感"是对文章的语言感受,建立语感是职场学习写作的基础。文章要合体,就包含合乎语体之说。秘书写作以实用文体写作为主,实用文体所采用的事务语体与人们常常阅读的文学作品所采用的文艺语体有着截然不同的语言特性。文员如果实用文体读得少,就很难在语言体系中建立起事务语体的语感。因此,大量的阅读能让文员更多地感悟和积累实用语体,在语言体系中建立起秘书写作的语体和语感,帮助秘书人员克服语言文学化的倾向,正确得体地运用语言。

3. 建立秘书写作的"文感"

"文感",是对文章的感受,包括文章的主旨和章法。文员通过大量阅读典范文书,一方面能直接把握文书的中心主旨,学习如何在文书中贯彻执行国家的大政方针,发布组织政令,上下通达,建立起对文书的直接感受,产生爱与憎、认同与否定及工作成就感等主流观念,为秘书正确写作打下基础;另一方面通过阅读,可以学习和借鉴秘书行文的思维逻辑、立言命题、布局谋篇、遣词造句等方面的技巧,通过仿写和摹写,转化为秘书的实际写作能力。

(二)与时俱进,更新思想能力

任何公务活动都离不开党和国家的总体方针、政策及法规,也离不开某项公务活动具体的政策和规定。文员只有与时俱进,不断学习、更新和提高思想和理论水平,才能准确无误地运用方针、政策和法规,撰写出指导具体工作的各类文书。同时,文员还要勤于学习,拓展知识面,既要掌握专业知识,又要补充必需的相关学科知识,如管理学、社会学、公关学、心理学等学科知识,以提高自身思考问题的广度和深度。

(三)搜集资料,储备写作资源

"巧妇难为无米之炊",离开材料,任何写作都成空谈。文员收集信息材料从时态上讲有两种方式:一是平时储备,这种方式积累的信息材料比较广泛,有党和国家的大政方针,上级的指示精神,与本机关单位职能活动直接和间接相关的内部与外部资料,包括现行文件和档案资料等。收集这些资料时不一定很细,但要知道存放位置。可以有意识地形成一个资源库,用时很快能找到。二是写作前收集,是针对行文意旨所采取的突击式的、有目的的收集方式。无论采用什么形式,要注意信息资料收集的完整性和真实性,能对信息资料进行整理加工、分类储存和传递使用。从方法手段上来讲,收集资料的方式有观察、调研、查阅资料等。总之,文员在工作中要学会运用多种手段积累资料,未雨绸缪,才能准确把握单位内外的实际情况,顺利高效地完成写作任务。

(四)训练思维,提高逻辑思维能力

职场写作的思维是一个严密的逻辑思维,是利用概念、判断、推理的方式,由形象到概念,由具体到抽象,并以抽象的概念来揭示事物的本质,反映现实公务。文员在写作中,从选题立意、取舍材料、安排结构到动笔写作,都凭借逻辑思维来完成。因此,文员在读写的过程中要注意培养逻辑思维能力,学会运用分析综合、比较分类、归纳演绎等方式分析问题和解决问题。这项训练可在阅读和写作过程中有意识地加强训练。

(五)勤于练笔,提高写作水平

叶圣陶说:"要把写作的手腕训练到熟练,必须常常去写,规规矩矩去写。"要提高职场写作能力,也只有这条途径。实践证明,职场写作是一项综合性较强的实践活动,职场写作前缺乏必要的实践积累,如果没有较多的写作实践体验,那么永远练就不出文员过硬的笔杆子。因而,文员在广泛阅读积累体验、不断学习提升能力、搜集信息训练思维的基础上,还要最终落实在写作实践上。通过不断地写作训练,能发现不足,及时补课;激发热情,激活思维;加深文种意识,强化行文规范;提高思维能力和理论水平,更好地发挥文员辅文的积极作用。

 "学霸"见闻

职场新人最大问题:写作

大学毕业生的就业市场可能正不断改善,但雇主们却反映,2015届的美国毕业生非常缺乏两种重要技能——而这两种技能几乎都关乎所有日常工作的核心写作。

人力资源管理学会的研究显示,从毕业生的个人简历、求职信到工作报告和业务陈述可以看出,他们的书面交流技能很是欠缺。善于写作是一个应当引起重视的技能,成败皆系于

此。而不善写作的情况也应当引起重视，但侧重点应在于此问题的成因。毕业生存在哪些问题——应当怎样避免这些常见的错误呢？

对于年轻员工而言，清晰的自我表达非常困难。然而多数公司却是以清晰、直接的交流为重，并将其作为工作质量的重要指标。

在顾问、营销和文字工作繁重的职业中，对表意清楚的需求表现得更为明显。即便是在需求不甚明显的行业内，这种技能也很重要，比如剧院行业。纽约市新胜利剧院学徒项目经理林赛·布勒·麦莉科尔表示：表意清楚的写作对"舞台上的剧作也不可或缺"。她说：好演员必须要能在不同的背景当中，将信息或动作生动地呈献给观众，而表意清楚的写作正是这项技能的要求。

说到会计领域，虽然是数字说话，但也必须具备解释数字的能力。美国普华永道国际会计事务所招聘主管罗德·亚当斯表示：会计师不需要良好写作能力的认知是一种误解。举例来说，用具备真实性的内容清楚地进行交流就很重要。亚当斯在邮件中写道："这不仅可以使你的信息被理解，而且能够帮你与他人建立联系并说服他们。"社交媒体正日益为大学毕业生创造新的工作机遇。

埃森哲咨询公司的研究表明，2015届毕业生当中，有27%的人认为如今的社交网络是找工作的最有效方法，这一方法甚至超过了口头相传（15%）和电子求职板块（14%）等途径。

但是，社交媒体的应用损害了大学毕业生的职业交流能力。根据美国密歇根州立大学高校就业研究所主任菲尔·加德纳（Phil Gardner）的观点，社交媒体式的交流多依靠短小、非主流的表达，这些表达严重忽略了专业的写作规范。即便如今通过社交媒体，雇主与求职者之间的交流方式正在发生变化，大学毕业生在与雇主交流时仍需铭记相应礼节，而他们却常常没能这么做。

在向雇主推介自己时，怎样才能显得更加真实呢？专家建议，你应该用心感受并讲述自己的故事。

普华永道国际会计事务所的亚当斯强烈反对背诵简历，尤其是在面试的时候。"最好讲述一个关于自我、热情、经验和成果的故事"，以此展示你在该岗位与团队成员、经理及客户的交流能力。

毕业生在找第一份工作之前，改善写作能力的做法有很多。对于大多数人而言，职场中的写作是一个不断学习的过程，毕业生从经验中累积写作技巧并不断提高。加德纳建议说：话虽如此，但大学毕业生还是可以并且应该通过实习、工作观摩等方式熟悉职业写作方式。

美国埃森哲咨询公司人才与组织部总经理凯瑟琳·拉威尔认为，为了培养出一批更具竞争力、更有能力的员工，公司应该在学习和发展事业上加大投资，尤其要针对写作等基本能力开展培训。她说："这样做不仅能够帮助企业吸引并留住高级人才，还能确保员工获得职场所需的相关技能，从而更具竞争优势。"

——资料来源：阮安，曹勐. 职场新人最大问题：写作[J]. 国际公关，2015(6).

技能实操

（1）调查走访党政机关、公司企业、事业单位的文字工作部门，了解职场写作在其工作中的作用、职场写作具体文种的使用情况、职场写作应具备的能力素养以及文字工作者对职场写作的感悟，将调查结果写成一份简易的调查报告在班级交流。

（2）结合自身实际，谈谈如何学习职场写作课程，并撰写一份《职场写作学习计划》。

第二节　职场写作的基本要素

情境导引

接触文书这个岗位，不过两年有余。刚入门接触材料时，感受就一个字："晕"。当领导第一次把一个材料任务交给自己的时候，头昏脑胀，心乱如麻。这怎么写，都写个啥，按啥格式写，说啥样的话，全不知道，憋得满地乱蹦。好不容易弄出点东西来，左看不行，右看不行，撕了再写，写了再撕，反反复复，最后弄到领导那里了，两个字："枪毙"。

后来，我有幸参加了一个星期的应用写作研修班。懂得了应用写作的好些门道。主题、材料、结构、语言是文章的四个基本要素，应用写作与其他任何文章写作一样，都必须合理安排好这四个基本要素。如果对领导的意图没有完全领会，对涉及的领域不够熟悉，对材料的背景不够了解，对语气措辞把握不好，那么写出来的材料就重点不突出，抓不住要害，言之无物，空洞乏味，当然要被领导"枪毙"推倒重来了。后来，在每一次写作前，我都会认真领会领导意图，吃透政策文件精神，明确写作思路，广泛收集材料，精心设计提纲，安排好文稿结构，然后一气呵成组织语言写出初稿，最后精心修改润色，务求主题突出，观点鲜明，内容简洁，结构严谨，表述准确，文字精练。遇到不明白的地方，我就主动上网学习，虚心向同事和领导请教。过程越是艰辛，成绩就越显得来之不易，越会倍加珍惜。一篇篇材料的圆满完成，一句句领导的肯定话语，都是我享受甘甜的源泉，成为推动我今后工作的强大动力。

思　考

秘书写作在主题、材料、结构、语言上有什么特点和要求？

知识导航

一、职场写作的立意

（一）职场写作立意的概念

"意"就是文章的主题，是作者在说明问题、发表主张或反映生活现象时，通过文章全部内容所表达的基本观点或中心思想。职场写作的"意"，就是通过文稿体现出来的行文目的和基本观点。职场写作的立意，就是作者根据职场写作的目的、意图来确定文章主题的过程，它是一个思维的加工过程。通俗地说就要搞清楚要表达什么观点、提出什么主张、达到什么目的。

（二）职场写作立意的依据

如果说文学作品的立意主要来自作者对现实生活的感受和体悟，是作者对生活的一种洞察和创造，那么，职场写作的立意则主要来自工作的需要。它的来源主要有以下几个方面：工作实践中需要解决的问题；上级领导的授意和要求；某一时期某一阶段工作的导向和法规、政策的依据；下级反映的情况、动向和趋势。因此，职场写作的立意要遵从工作实际的客观需要，而不能仅凭作者的主观想象。职场写作的立意要切实从工作需要出发，善于分析矛盾和问题，透过现象抓住本质，根据法规、政策和领导的要求，提出解决问题的对策、意见和要求。总之,职场写作的立意一定要服从于工作实际的需要,以需求为本,而不能以作者的主观意志为本。

（三）职场写作立意的要求

职场写作的立意,要做到正确、集中、鲜明、深刻、新颖。

1. 正确

立意的正确性是指正确宣传贯彻党和国家的方针政策,正确体现机关领导意图,正确反映机关单位的实际工作情况,言之成理,言之有据,客观揭示事物本质,不弄虚作假。文员在提炼主旨意图时一定要做到准确到位,切不能自以为是,游离机关领导意图,甚至丢弃政策,脱离实际,把自己的认识强加在机关领导之上,这样形成的主旨显然是不正确且有害的。

2. 集中

立意集中是指一篇文章应有一个主旨,特别是制发公文,无论内容多么重要,篇幅有多长,一定要坚持"一文一事",保持主旨的单一集中。这样,不仅能突出要旨,解决实际问题,还能方便受文对象理解如何行事和怎样行事,简化文件的处理,提高工作效率。职场写作在选择材料、谋篇布局、遣词造句等方面都要为突出这个主旨意图服务。如果一篇文书主旨太多,问题太杂,受文对象理不清头绪,分不清主次,容易使问题搁置,得不到解决,甚至贻误时机,带来经济损失。也就是说,在一篇应用文中只能有一个基本观点,不能有两个基本观点。也即只能有一个立意,不能有两个立意。这是应用文性质、功能所要求的。

3. 鲜明

立意鲜明是指文书中对客观事物所持的基本观点、主要评价,或对办事所持的意见、主张等,主旨意图都要直截了当地表达,不能模棱两可,含糊其词。秘书写作本来就要求开门见山、直陈其事、直奔主题,切不可采用悬念、含蓄、曲笔、多线索、意识流等文学手法创作公务文书,杜绝表意含糊笼统或隐晦的语言表述,才能保证文书在理解或执行中不出偏差,实现文书的目的要求。

4. 深刻

立意深刻是说文稿立意高远,见解独到,现实针对性、指导性强。站得高、想得深、看得透,分析事物鞭辟入里,能够揭示事物的本质规律,见人所未见,发人所未发,所提政策措施和办法切实可行,有极强的操作性。

要做到立意深刻,增强文字材料的思想性,最重要的是要善于站在全局和思想理论的高度去思考问题、提出对策;善于借助唯物辩证法这个伟大的认识工具,独具慧眼地观察和分析问题,从局部的、感性的、表面的现象里跳出来,用联系的、全面的、发展的、辩证的观点去提炼和升华思想,总结出来带有规律性的东西;善于抓住普遍存在的突出问题,从众多的矛盾中提出主要矛盾,从复杂的问题中提出核心的、本质的原因;善于理论联系实际,有针对性地提出切实可行的办法措施。

5. 新颖

立意新颖是指两方面:一是思想要新,指反映法定作者的思想观点、感受主张、意见办法不落俗套,体现时代前沿,有创新之感。当然,思想的创新是缘于工作的创新,文员要善于从工作中总结新经验,解决新问题,才能写出富有新意的文书来。二是材料、角度、写法要新,这种创新是在不违反文书规范性的前提下,能另辟蹊径,达到材料与观点的高度统一,实现形式为内容服务的宗旨。

二、职场写作的取材

(一)职场写作取材的含义

材料是作者为了某一写作目的收集、写入文章之中的事实情况和精神依据。广义的材料泛指作者收集积累以备选用的一切原始资料。狭义的材料专指写入文章中成为文章构成要素用以表现主题的事实、数据、理论依据。广义的材料概念适用于写作准备,狭义的材料概念适用于文章的分析。写作就是由广义的材料向狭义的材料转化的过程。职场写作取材,则是指作者根据职场写作的目的、意图来选取适用的材料的过程。作者通过观察、调查、检索等途径所积累的素材都是职场写作选取的对象。材料积累得越丰富,写作时选择的范围就越大,就越能够左右逢源,得心应手。

(二)职场写作取材的基本要求

1. 真实

真实是对职场写作材料的首要要求,真实准确的材料是文书的生命。职场写作的各类文种或传达贯彻,或反映情况问题,都体现其权威性、政策性和指导性,其中的材料不允许有丝毫的虚假。否则会损害发文单位的形象威信,甚至会造成重大损失。材料的真实包含三个方面:一是事实真实,包括事件、现象的真实,不杜撰歪曲;二是本质真实,提炼出的本质规律与客观实际相符,不夸大或缩小;三是资料真实,包括背景、文献、甚至数据的真实,不断章取义。只有这样,才能维护文书的尊严和权威。

2. 典型

典型是指材料所具有的代表性和说服力,是最能代表事物的本质和揭示客观规律的事实和依据。典型的材料不求多,但要求个个是精兵强将,还要是主旨所能驾驭的,才能服务文书的需要说明问题、佐证观点、表达意图,从而起到以一当十的作用。典型的材料与众不同,往往是新颖奇特又带有时代精神和普遍意义,甚至振聋发聩、发人深省,具有强大的说服力、感染力和启发性,进而使人悦纳。秘书要有敏锐的眼光,多发掘公务活动中的典型材料,恰当使用,定能产生掷地有声的效果。

3. 切旨

切旨是选择材料要有定向性,必须围绕主旨,为表达主旨观点服务。因而,选择材料的标准除了上述真实、典型之外,还要看材料的实用性与服务性,要有益于明确和深化主题。否则,再新颖生动的材料也只能"割爱"。在选择材料时还要根据主题的需要决定材料的取舍、数量、详略和表现形式。因而,秘书在写作时要做到材料与观点相统一,切不可盲目堆砌和拼凑无用的材料。

(三)职场写作取材的处理方法

1. 归类

在职场写作中,作者对收集、积累的与写作目的有关的材料要进行归类和整理。归类的目的是区分材料的性质,对内容相同或相近的材料进行归并和梳理。在这个过程中,作者可以从纷繁芜杂的材料中理出一些思路或头绪,为观点的形成和文章内容的框架找到一些依据。对材料进行归类和梳理要有一定的标准,这个标准主要以文章写作的目的和意图为根据。在处理材料时,作者可以根据不同的写作目的或意图将同一个材料归为不同的类别,也可以根据写作的需要将不同性质的材料归在同一个类型中。归类的方法主要是比较,作者要仔细分析各种材料的性质,通过比较同中见异,异中求同。

2. 筛选

所谓筛选,是指从众多的材料中去粗取精,去伪存真,由此及彼,由表及里,经过认真细致的分析比较,选取与写作意图及表达目的关联度最密切的材料作为文章的内容。筛选时要掌握好取舍的标准,这个标准从纵向来说是文章的立意,从横向来说是同类材料中的代表性。把握好这两个标准,就能够慧眼独具,披沙拣金。

3. 浓缩

浓缩是将内容繁多、篇幅较长的材料进行提炼、压缩,取其最有表现力的梗概或精髓作为文章的组成部分。采用这种方法来处理材料要注意两个问题:一是要明确浓缩的目的,要从使用这个材料意图的角度来把握好浓缩的方向;二是要从已有的材料出发,取其主干,去其枝丫,提炼精华,割舍赘余,以凸现材料中最有价值的那一部分内容。

4. 截取

截取这种处理方法与浓缩的不同之处是根据表达的需要,从原始材料中摘录或者选取一段最有价值的内容,直接成为文章的一个组成部分。使用截取的方法,不再考虑原始材料的完整性和连贯性,而以"为我所用"为原则。但在截取材料时也要注意两点:一是不能断章取义,歪曲原意;二是被截取的部分,要与自己所写文章的前文衔接,后文贯通,使其成为整篇文章的有机组成部分。截取的方式通常有引用和摘录两种。

三、职场写作的结构

(一)结构的含义

结构即文章的布局,指文章的组织形式和内部构造。结构是文章的骨架,解决言之有序的问题。安排结构就是对材料有序地组织和排列,使之纲目清楚,思路贯通,层次清晰,衔接紧密。

文章的结构,包括两个方面:表现为思维形式的叫作逻辑结构,即通常所说的写作思路;表现为语言形式的叫篇章结构,即文章的外在形式。写作者一般先形成逻辑结构,再形成篇章结构;阅读者一般先了解篇章结构,然后理清逻辑结构。

(二)职场写作结构的构成要素

职场写作文稿的结构一般包括标题、开头、主体、结尾、层次、段落、过渡、照应、署名、日期等。

1. 标题

标题是文稿的名称,概括内容或揭示主题。职场写作的标题主要有以下两种形式。

(1)公文式标题。公文式标题一般由三要素构成,即由发文机关、事由和文种三个要素构成文章的标题。例如,《国务院关于第二批取消152项中央指定地方实施行政审批事项的决定》,其中"国务院"是发文机关,"关于第二批取消152项中央指定地方实施行政审批事项"是事由,"决定"是文种。公文式标题的要素可增亦可减,如《中华人民共和国外交部公告》省略了事由要素,《关于2016年春节期间德天景区实行临时交通管制的通告》省略了发文机关要素。

(2) 文章式。这类标题通常有两种形式,一种是单行式;另一种是双行式。

单行式标题就是常用的文章题目形式。例如,《发展多种经营增加农民收入》,这是一篇农村工作总结的标题。这种标题通常用凝练概括的语句,直陈主题或文章的主要内容。

双行式标题是采用正题和副题的形式,一般第一行是正题,提示应用写作的主旨或主要内容,第二行是副题,说明写作单位、事由、文种。例如,《以质量求生存以特色求发展——××学校教学工作总结》,这种标题主副配合,相得益彰,表现灵活,信息量大,常用于总结、调查报告、简报等应用写作体。

2. 开头、主体与结尾

开头、主体、结尾是文稿的正文部分。开头是文稿的起始部分,可以是一个句子,也可以是一个自然段。开头或概述情况,给读者一个总的印象,或者交代行文缘由,说明行文的背景、原因、目的、意义、根据。职场写作文稿的开头有以下几种常见的形式。

(1) 目的式。以"为了""为"等介词组成目的句式,以领起下文。通知、决定、规章等应用写作体常用这种方式。

(2) 依据式。常以"根据""遵照""按照"等词语,引述某一文件的标题(或文号),或者引述某一指示的精神,以体现文章内容的权威性。通知、批复、复函和规章的开头常用这种方式。

(3) 缘由式。这种方式的开头常用"鉴于""由于""因为"等词语,组成表明缘由的句式来交代行文的原因。有些请示、启事等应用写作体往往采用这种方式。

(4) 情况式。这是在应用写作的开头,直陈与内容有关的事实、背景等情况的梗概,先让受文者有一个总的印象。调查报告、总结、工作报告、会议纪要以及一些司法文书常用这种方式开头。

(5) 观点式。有些应用写作的开头,开门见山阐明作者的观点、意见或态度,以引起受文者的重视,接着再加以解释和说明。这种方式常用于批转、转发性的通知等文种。

主体是文稿的展开部分,具体陈说事项,阐述观点。主体的逻辑结构方式主要有并列式、递进式两种。主体的外在结构形式主要有条文式、表格式、条文表格结合式。

结尾是文稿的收束部分,或总结强调,或提出希望,发出号召,表达祝愿,或补充说明相关事项。结尾往往意尽言止,不作刻意雕饰,要做到自然、得体,行于所当行,止于不得不止。常用的方式如下。

(1) 作归纳。在一些工作总结、调查报告的结束,往往对正文所阐述的各个方面的内容进行归纳或概括,使读者对篇幅较长、涉及面较多的内容留下一个总的印象。这种归纳要求作者对文章内容作高度的提炼,语言简练,能笼括全文。

(2) 提要求。在决定、通知、通报、意见以及规定、办法等应用写作体的结尾部分,常常采用祈使句,对受文者提出要求、希望,或者发出号召。这种结尾应力求言简意赅,鼓励性强,有的还带有斩钉截铁的语气,如"务必遵照执行"等。

(3) 作补充。这是在正文之后,对一些未尽的事项作必要的说明或者补充,如"本办法由×××负责解释""本办法自公布之日起执行"等。这种结尾形式常见于章程、条例、规定、办法和实施细则等应用写作体。

(4) 示文种。这是在应用写作体的末尾,以名词动用的特定句式,如"特此通知""特此通报""特此报告"等来煞尾,以显示文种的特性,与标题呼应。

3. 层次和段落

层次也叫意义段,是文稿思想内容的表现层次。层次的划分,着眼于文稿的思想内容,体现作者思路展开的具体步骤。安排层次的原则,一是要符合客观事物的发展规律和内在联系;二是要符合人们的认识规律;三是要符合特点;四是要服从表现主题的需要。

段落也称自然段,是构成文稿的基本单位。语言形式是以换行为标志,每一个段落表达一个相对完整的意思。划分段落,可以使层次显得更为清晰,同时便于阅读。一个层次可以是一个段落,也可以是几个相连的段落。一篇文稿可以只有一段,即篇段合一式,也可以有多个段落构成。如国务院下发的《国务院关于调整证券交易印花税中央与地方分享比例的通知》(国发明电〔2015〕3号),即采用的是篇段合一的形式,全文如下:

各省、自治区、直辖市人民政府,国务院各部委、各直属机构:

为妥善处理中央与地方的财政分配关系,国务院决定,从2016年1月1日起,将证券交易印花税由现行按中央97%、地方3%比例分享全部调整为中央收入。有关地区和部门要从全局出发,继续做好证券交易印花税的征收管理工作,进一步促进我国证券市场长期稳定健康发展。

国务院
2015年12月31日

4. 过渡和照应

过渡是层次之间、段落之间的衔接和转换,是连接上下文的纽带。过渡在文章中起承上启下的作用,使前后相邻的段落自然衔接,使层次之间的转换更为清晰。过渡的方式主要有过渡词、过渡句、过渡段。

(1) 过渡词。运用词语过渡主要有表示连接的词语,如"由此可见""综上所述""总而言之""因此""总之"等;表示层次的序数,如一、二、三、第一、第二、第三……词语过渡还可以采取排比方式,如在每一段的开头用"定目标……""定任务……""定岗位……""定职责……""定措施……"的排比句式,来体现层次的转换与联系。

(2) 过渡句。这是在前段的结尾或后段的开头,采用总结上文、启示下文的句子来连接两个部分的内容。例如《国务院关于广州市城市总体规划的批复》(国函〔2016〕36号)"你省关于报请审批广州市城市总体规划的请示收悉。现批复如下:","现批复如下"即为过渡句。

(3) 过渡段。这是用相对独立的段落来承上启下。例如,在《国务院关于进一步健全特困人员救助供养制度的意见》一文中,前文在陈述了保障城乡特困人员基本生活的意义,以及2014年国务院公布施行《社会救助暂行办法》以来,我国城乡特困人员保障工作进入新的发展阶段后,采用了这样一个过渡段:"为解决城乡发展不平衡、相关政策不衔接、工作机制不健全、资金渠道不通畅、管理服务不规范等问题,切实保障特困人员基本生活,根据《社会救助暂行办法》《农村五保供养工作条例》,现就进一步健全特困人员救助供养制度提出以下意见:"自然引发了下文。

照应,是指文稿前后内容上的关照和呼应。照应能帮助人们了解文稿脉络和层次之间的内在联系,使文稿结构严谨、浑然一体,是体现文稿逻辑关系、强化主题的重要手段。照应的方式有三种:文题照应、首尾照应和前后文照应。

5. 署名与日期

署名标明制发机关或作者姓名,日期标明成文日期或公文生效日期。公文的署名一般是制发机关名称或领导人签名。通用公文的日期是生效日期。事务的日期一般是成文日期。

署名与日期一般标注在正文之后,有的标注在标题下方。

(三) 职场写作的结构特点

职场写作的结构特点有三点:一是程式性;二是简明性;三是条理性。

1. 程式性

职场写作的各类文体都有较为固定的结构要素和写法。文体的结构规范,一是明文规定;二是约定俗成。法定公文都有明文规定的格式规范,一般事务文书遵循约定俗成的格式规范。

2. 简明性

职场写作重在实用高效,在结构安排上力求简明。

职场写作正文在层次安排上一般采用三段式结构,由缘由、事项、结尾三部分构成。开头或简要说明行文目的、根据,或概述情况,或直叙缘由;中段具体陈说事项,阐述观点;结尾用简短的语句或总述归纳,或提出希望要求,或强调行文目的等。简短文稿有的由事项和要求两个层次构成,有的甚至只有事项一个层次。

职场写作往往还在层次或段落前安排小标题或提要句,概括层次或段落的内容或主旨,易于读者把握。如《国务院办公厅关于加强旅游市场综合监管的通知》(国办发〔2016〕5号),全文四千余字,就是由四个大的部分组成,即"一、依法落实旅游市场监管责任""二、创新旅游市场综合监管机制""三、全面提高旅游市场综合监管水平""四、提高旅游市场综合监管保障能力",每个小标题即已揭示了此部分的核心内容。

3. 条理性

在外部结构形式上,职场写作一般采取条文式写法,分项叙述,标项撮要,文稿结构层次清晰,富于条理。

(四) 职场写作的结构要求

职场写作对结构的要求,应做到以下六点。

(1) 严谨。文书的各个部分之间有严密的逻辑关系,前后提法一致,观点与材料统一,不出现相互矛盾或互不相干的现象。

(2) 自然。过渡自然,上下衔接,环环相扣,前后呼应,首尾圆合,浑然一体。

(3) 完整。文书的各个结构要素齐备,不能残缺不全。

(4) 统一。文书的各个部分比例适当,结构匀称,体例统一,形式和谐。

(5) 简明。结构简单,层次清晰,条理分明。

(6) 规范。按照明文规定或约定俗成的要求安排结构要素,并规范拟写。

四、职场写作的表达

(一) 职场写作的表达方式

表达方式是撰写文章采用的语言表述方法和形式。叙述、描写、抒情、议论、说明是五种基本的表达方式。职场写作以实施管理、处理公务为目的,主要用来陈述情况、说明事项、阐述观点,在表达方式上主要采用叙述、说明、议论三种表达方式,较少使用抒情和描写。除个别文体独立使用某种表达方式外,职场写作一般都综合运用叙述、说明、议论三种表达方式。

1. 职场写作的叙述

叙述是用来陈述事实、叙说情况的一种表达方式。叙述的作用在于使人了解事情经过和有关事实情况。叙述的要素有人物、时间、地点、事件、原因、结果,称为叙述六要素。叙述的人称是作者进行叙述的立足点和角度。叙述的人称有第一人称、第二人称、第三人称三种。叙述的方法有详叙、概叙、顺叙、倒叙、插叙、补叙和分叙等。

职场写作的叙述特点:①在叙述内容上,职场写作以记事为主,主要是记叙事件、交代事实。②在叙述人称上,秘书写作主要采用第一人称和第三人称。第一人称一般是指发文机关。③在叙述的方式上,秘书写作主要采用顺叙和概叙,强调平铺直叙,概括地、综合地反映情况。④叙述常与议论结合运用,为议论提供事实依据。

2. 职场写作的说明

说明是用来介绍事物、解说事理的一种表达方式。说明的作用在于使人对事物、事理获得客观认知。说明的顺序主要有时间顺序、空间顺序、逻辑顺序三种。说明的方法主要有定义说明、诠释说明、举例说明、数字说明、分类说明、分项说明、比较说明、图表说明等。

3. 职场写作的说明特点

(1) 在职场写作中,说明是产品说明书、组织介绍、合同、规章制度等说明性文体的主要表达方式。

(2) 在公文中,说明这种表达方式主要用来交代行文的背景、目的、根据,介绍人物身份和工作做法等。

(3) 职场写作中的说明在语言风格上主要采用平实性说明。

4. 秘书写作的议论

议论是用来阐述道理、表达观点的一种表达方式。议论的作用在于批驳谬误,表达主张。即对某件事情或某个问题进行分析、推理,做出评价,表明自己的立场、观点、意见、主张。

议论的要素主要有论点、论据和论证三要素。论点,是作者对所论问题提出的看法、主张。论据是证明论点的理论依据和事实依据。论证,是用论据证明论点的过程,体现论点和论据之间的严密逻辑关系。

议论的类型分为立论和驳论两种。立论又叫证明,是从正面阐述自己观点的正确性,从而把论点建立起来的说理方法。驳论又叫反驳,是设法证明对方论点是错误的从而驳倒对方、树立起自己论点的说理方法。反驳的基本思路是指出矛盾。反驳的角度有三种:反驳论点反驳论据、反驳论证。在一篇文章中,有的是典型的立论或驳论,有的则交叉使用,破立结合。

论证的方法主要有归纳法、演绎法、类比法、对比法、比喻法、例证法、引证法、归谬法、反证法等。

职场写作的议论特点:①在论证类型上,秘书写作主要是正面论证,从正面阐明观点、看法、主张。②常常简化论证过程,不写明推理环节,直接做出论断,表明立场、观点。③常采用夹叙夹议、论说结合的形式。④注重客观、冷静,不带或少带感情色彩。

(二) 职场写作的语言规范

语言是文章的细胞,解决言之有文的问题。文章的主题、结构和材料运用都要靠语言表达出来。秘书写作绝大多数文体都具有公文语体准确、简洁、平实、庄重的特征。

1. 准确

职场写作的语言运用不仅要符合语法规则和逻辑规律,而且要能够如实反映客观实际,准确体现表达意图,做到语义明确,用语得体,轻重适度,褒贬得当。

(1) 要学会斟酌字句,熔炼词语。注意辨析同义词的细微差别,精心挑选中心词,准确使用修饰限定语。在使用褒贬感情色彩的用语时,要注意分寸,尽最少用"非常""很""最""绝对一流""绝无仅有"一类的词语,就是不要把话说绝。有些词意思相近,但又有细微的差别,要认真推敲,恰当运用。

(2) 要规范使用缩略语,不滥用简称略语,以免造成歧义。

(3) 要语气恰切,用语得体。要根据文体特点、与受文对象的关系、特定的题旨情境措辞。例如:对上级行文用语要尊重谦恭,对下级行文用语要肯定明确,对平级和不相隶属机关行文用语应平和礼貌。再如:颁布政令要庄重严肃,批评错误要义正词严;请示问题要礼貌恳切;报喜祝捷要热烈欢快等。

2. 简洁

职场写作用语要求简明扼要,文字精练,没有赘语,用最少的语言表达最丰富的内容。

(1) 要适应秘书写作的表达要求,在叙事、说理、解说时做到直陈其事,直述观点,直提要求,不事铺张,不说空话、套话。

(2) 使用单音节文言词、规范的简称、"的"字短语、成分共用句、无主句。成分共用句:即利用联合短语做句子成分,把若干相关的意思凝聚在一个句子里,使句子结构紧凑,语言简洁。如:各省、自治区、直辖市人民政府,国务院各部委、各直属机构。"的"字短语,如"故意杀害被继承人的""伪造、篡改或者销毁遗嘱,情节严重的"。

(3) 要删繁就简,尽量把可有可无的字、词、句、段删去,做到"句中无余字,篇内无长语"。

3. 平实

职场写作以实用为目的,在内容上要求言之有物、具体实在、切实可行,在语言风格上要求质朴自然、平易实在、通俗易懂,不玩弄辞藻、装腔作势、故弄玄虚、夸大其词。

(1) 注意对客观事物作如实表述,不允许任何的夸张和想象,也不允许带有强烈的情感色彩。

(2) 注意修辞。职场写作追求词妥句稳、准确达意、通俗易懂,切忌浮华艳丽、含蓄隐晦,用文艺笔法写作公文。在词语的运用上,一般不用语气词、感叹词、儿化词和描绘性、形象性的词语,不使用生僻的字眼;在句式的使用上,以陈述句和祈使句为主,少用或不用感叹句和疑问句;在修辞格的使用上,主要运用消极修辞,重在选词炼句,一般不使用夸张、比拟、婉曲、反语、双关等文艺作品常用的修辞格。

4. 庄重

作为实施管理、处理公务的重要工具,职场写作具有法定的权威性和鲜明的政策性,用语必须端庄持重、格调严肃。

（1）使用规范的现代汉语书面语言。使用现代汉语通用词汇，不用口语词、方言土语及生造词语；同时，还应注意计量单位、数字的规范用法。

（2）大量使用公文专用语。公文专用语也叫公文惯用语，是人们在长期的公文写作实践中形成和使用的特定含义和固定用法的公文用语。公文专用语包括公文术语和公文惯用语。公文术语是公文拟制、办理、管理等公文处理工作使用的特定用语，如"批转""审核""签发""印发"等。公文惯用语是指公文中的习惯用语，如"当否，请批示""特此通知"等。公文专用词中有很多是文言词，如"顷奉""为荷""兹因""欣逢""悉""系""希""望"等，这些文言词具有庄重、典雅、凝练的特点，适当使用，能够增强公文的庄重性、严肃性、简洁性。学习职场写作，应该有意识地积累公文专用语。

 "学霸"见闻

公文写作中常用的词语如表 1-1 所示。

表 1-1 公文写作常用词语简表

序号	名称	用 途		常 用 词 语
1	称谓语	主送单位、称谓名称		单位全称或者规范简称
		第一人称		我、本
		第二人称		你、贵
		第三人称		该
2	领述语	引出写作的根据、理由或者具体内容的词语		根据、依照、遵照、按
				为了、如下
				惊悉、敬悉、收悉
3	追述语	引出被追述的事实的词语		业经、前经、即经
4	承转语	承上启下的过渡语		为此、故此、鉴此、据此、总之综上所述、总而言之
5	商洽语	向受文者表达请求与希望		妥否、当否、是否同意
6	祈请语	征询受文者的意见和反映		希、望、敬请、烦请、恳请、希望
7	受事语	向受文者表示感谢		蒙、承蒙
8	命令语	命令		着、着令、特命、责成、着即
		告诫		严格办理、不得有误、切实执行
9	目的语	表示行文目的	上行文、平行文	请批复、请函复、批示、告知、批转、转发
			下行文	遵照执行、参照执行、查照办理
			知照行文	望周知、知照、备案、审阅
10	表态语	针对请示、来函表示明确意见的词语		同意、准予备案、特予公布、迅即办理、特此批准、遵照执行、不同意、不可行
11	结尾语	用于正文结束的词语		特此通知、特此函复、特此批复此复、此令、特此
		再次明确行文目的		为要、为盼、为荷、是荷
		表示礼貌、敬意、谢意、希望		此致、致以谢意、谨致谢忱

技能实操

1. 下面是一则通告的开头部分，请指出存在的问题并加以修改。

当前，全国形势一片大好。我市也不例外。真是少见的欣欣向荣的局面啊！但是却有一些不和谐音符。扒手、骗子、抢人的、吸"白粉"的、卖淫的，什么坏人都有。这种局面如不尽快控制，我市的工农业生产、各种商品交易、广大市民的人身、财产安全都会大受影响。况且，国家也有法律法规，特别是"新刑法"规定得太好了，我们一定要贯彻。所以，做出以下通告决定。

2. 分析下列句子是否符合职场写作语言要求，如果不符合请改写。

（1）区人民政府规定：碗口粗的树一律不准砍伐。

（2）改革开放后，农民的钱包鼓起来了，日子过得红火了，生活就像吃甘蔗，由尾吃到头，越吃越甜。

（3）你校请示已经收阅多时，近段因工作繁忙，未及时批复，请原谅。

（4）贵公司到底有库存多少，请老实告之。

（5）水稻收割季节眼看就要到来了，我们县还缺少镰刀 6 000 把、箩筐 2 000 担、风车 200 台，盼望着你们能快速地拨付给我们，好满足我们县的紧急需要，可不可以，请你们快一点回一封信告诉我们。

（6）与会者请于 9 月 14 日前来报到，任何人不得迟到，否则一切后果自负。

党政机关公文写作

第一节 党政机关公文知识概述

情境导引

李强是刚毕业的大学生,到某一大型汽车有限公司办公室工作。初到单位上班,公司领导拿给他两个文件,《党政机关公文处理工作条例》和《党政机关公文格式》,让小李好好学习,并吩咐他说,要想做好办公室的工作,这两个文件一定要熟记。这天,李强按照领导的要求撰写一份通知,在最后落款署名时,李强写下:×××经理,2015 年 09 月 05 日。领导看了,说,你这份通知落款是错误的。

思考

1. 认真研读《党政机关公文处理工作条例》和《党政机关公文格式》,找出公文的版头,主体,版记包括哪些内容?

2. 为什么领导说李强的落款是错误的?应该怎么修改?

知识导航

一、党政机关公文的概念

2012 年 4 月 16 日,中共中央办公厅、国务院办公厅联合印发了《党政机关公文处理工作条例》(以下简称《条例》),《条例》指出:"党政机关公文是党政机关实施领导、履行职能、处理公务的具有特定效力和规范体式的文书,是传达贯彻党和国家方针政策,公布法规和规章,指导、布置和商洽工作,请示和答复问题,报告、通报和交流情况等的重要工具。"

二、党政机关公文的特点

党政机关公文是党政机关在处理工作时使用的一种文书。与一般的公文相比,党政机关公文有以下特点。

(一)作者的法定性

党政机关公文的作者是法定机关,即依法成立并能以自己的名义行使权力和承担义务的组织,例如,国务院、各级人民政府等。虽然有一些公文,是以"组织的负责人"发文,如主席令、省长令等。但是,这里的主席、省长,不是以私人身份出现,而是代表其所在的组织依法行使职权。

(二)读者的特定性

公文的读者具有特定性,有的公文的读者是特指的受文机关,有的公文的读者是社会的全体成员。公文的读者在格式上有专门的规定,即"主送机关""抄送机关"和"传达(阅读)范围"。

(三) 功能的权威性

党政机关公文是党政机关治国理政的重要工具,它是依法制定与发布的,具有法定的权威性。一旦颁布,便具有法定效力,受文单位必须严格遵守或执行。

(四) 体式的规范性

与一般的公文不同,党政机关公文具有特定的格式规范和要求,必须符合《党政机关公文处理工作条例》和《党政机关公文格式》中的相关规定。

(五) 语言的严谨性

党政机关公文是代表党政机关立场说话的,语言必须严谨庄重。制作公文的目的是为了传达发文机关的意图,需简洁明了,准确严肃。

三、党政机关公文的种类

按照不同的标准,党政机关公文可以划分为以下不同的种类。

(一) 按照适用范围来划分

《党政机关公文处理工作条例》第八条规定,党政机关公文主要有15种。

(1) 决议。适用于会议讨论通过的重大决策事项。

(2) 决定。适用于对重要事项做出决策和部署、奖惩有关单位和人员、变更或者撤销下级机关不适当的决定事项。

(3) 命令(令)。适用于公布行政法规和规章、宣布施行重大强制性措施、批准授予和晋升衔级、嘉奖有关单位和人员。

(4) 公报。适用于公布重要决定或者重大事项。

(5) 公告。适用于向国内外宣布重要事项或者法定事项。

(6) 通告。适用于在一定范围内公布应当遵守或者周知的事项。

(7) 意见。适用于对重要问题提出见解和处理办法。

(8) 通知。适用于发布、传达要求下级机关执行和有关单位周知或者执行的事项,批转、转发公文。

(9) 通报。适用于表彰先进、批评错误、传达重要精神和告知重要情况。

(10) 报告。适用于向上级机关汇报工作、反映情况,回复上级机关的询问。

(11) 请示。适用于向上级机关请求指示、批准。

(12) 批复。适用于答复下级机关请示事项。

(13) 议案。适用于各级人民政府按照法律程序向同级人民代表大会或者人民代表大会常务委员会提请审议事项。

(14) 函。适用于不相隶属机关之间商洽工作、询问和答复问题、请求批准和答复审批事项。

(15) 纪要。适用于记载会议主要情况和议定事项。

(二) 按照行文方向来划分

(1) 上行文,是指下级机关报送给上级机关的公文,如请示、报告等。

(2) 下行文,是指上级机关发送给下级机关的公文,如,命令(令)、决定、批复等。

(3) 平行文,是指平级机关或者不相隶属机关之间互相传递的公文,"函"是典型的平行文。

(4) 泛行文,是指面向全社会,没有特定的主送机关、行文方向的公文,如公告、通告等。

(三) 其他分类形式

(1) 按照性质作用,公文可以分为指挥性公文、公布性公文、报请性公文、记录性公文等。

(2) 按照保密程度不同,公文可分为保密公文、非保密公文。保密公文又可分为秘密件、机密件、绝密件。

(3) 按照办理时限要求不同分类。根据紧急程度,紧急公文可分为特急件和加急件。电报可以分为特提、特急、加急、平急。

四、党政机关公文的格式和内容要素

党政机关公文格式指的是党政机关公文的书写形式和各部分的排列顺序。为提高党政机关公文的规范化、标准化水平,2012年6月29日,国家质量监督检验检疫总局、国家标准化管理委员会发布了《党政机关公文格式》国家标准(GB/T 9704—2012)(以下简称《格式》),该标准于2012年7月1日起正式实施。此标准是按照《党政机关公文处理工作条例》(以下简称《条例》)的有关规定,结合这些年来党政机关公文格式的实际应用,对公文用纸、印刷装订、格式要素、式样等做出了具体规定。这里我们主要讲述党政机关公文格式的内容要素,党政机关公文格式的一般格式和特定格式。

(一) 党政机关公文格式的要素

《条例》规定,公文一般由份号、密级和保密期限、紧急程度、发文机关标志、发文字号、签发人、标题、主送机关、正文、附件说明、发文机关署名、成文日期、印章、附注、附件、抄送机关、印发机关和印发日期、页码等组成。《格式》将版心内的公文格式各要素划分为版头、主体、版记三部分。公文首页红色分隔线以上的部分称为版头;公文首页红色分隔线(不含)以下、公文末页首条分隔线(不含)以上的部分称为主体;公文末页首条分隔线以下、末条分隔线以上的部分称为版记。页码位于版心外。

1. 版头

(1) 份号

公文印制份数的顺序号。涉密公文应当标注份号。如需标注份号,一般用6位3号阿拉伯数字,顶格编排在版心左上角第一行,如000010。

(2) 密级和保密期限

涉密公文应当根据涉密程度分别标注"绝密""机密""秘密"和保密期限。如需标注密级和保密期限,一般用3号黑体字,顶格编排在版心左上角第二行;保密期限中的数字用阿拉伯数字标注。如机密★5年。

(3) 紧急程度

公文送达和办理的时限要求。根据紧急程度,紧急公文应当分别标注"特急""加急",电报应当分别标注"特提""特急""加急""平急"。如需标注紧急程度,一般用3号黑体字,顶格编排在版心左上角;如需同时标注份号、密级和保密期限、紧急程度,按照份号、密级和保密期限、紧急程度的顺序自上而下分行排列。

(4) 发文机关标志

由发文机关全称或者规范化简称加"文件"二字组成,也可以使用发文机关全称或者规范化简称。如国务院文件,北京市人民政府文件。

发文机关标志居中排布,上边缘至版心上边缘为35mm,推荐使用小标宋体字,颜色为红色,以醒目、美观、庄重为原则。

联合行文时,发文机关标志可以并用联合发文机关名称,也可以单独用主办机关名称。如需同时标注联署发文机关名称,一般应当将主办机关名称排列在前;如有"文件"二字,应当置于发文机关名称右侧,以联署发文机关名称为准上下居中排布。

(5) 发文字号

由发文机关代字、年份、发文顺序号组成。联合行文时,使用主办机关的发文字号。发文字号编排在发文机关标志下空二行位置,居中排布。年份、发文顺序号用阿拉伯数字标注;年份应标全称,用六角括号"〔〕"括入;发文顺序号不加"第"字,不编虚位(即1不编为01),在阿拉伯数字后加"号"字。如京政〔2015〕5号,就是北京市人民政府2015年第5号文件。上行文的发文字号居左空一字编排,与最后一个签发人姓名处在同一行。

(6) 签发人

上行文应当标注签发人姓名。由"签发人"三字加全角冒号和签发人姓名组成,居右空一字,编排在发文机关标志下空二行位置。"签发人"三字用3号仿宋体字,签发人姓名用3号楷体字。

如有多个签发人,签发人姓名按照发文机关的排列顺序从左到右、自上而下依次均匀编排,一般每行排两个姓名,回行时与上一行第一个签发人姓名对齐。

(7) 版头中的分割线

发文字号之下4mm处居中印一条与版心等宽的红色分隔线。

2. 主体

(1) 标题

由发文机关名称、事由和文种组成。标题一般用2号小标宋体字,编排于红色分隔线下空二行位置,分一行或多行居中排布;回行时,要做到词意完整,排列对称,长短适宜,间距恰当,标题排列应当使用梯形或菱形。

(2) 主送机关

公文的主要受理机关,应当使用机关全称、规范化简称或者同类型机关统称。编排于标题下空一行位置,居左顶格,回行时仍顶格,最后一个机关名称后标全角冒号。如主送机关名称过多导致公文首页不能显示正文时,应当将主送机关名称移至版记。

（3）正文

公文的主体，用来表述公文的内容。公文首页必须显示正文。一般用3号仿宋体字，编排于主送机关名称下一行，每个自然段左空二字，回行顶格。文中结构层次序数依次可以用"一、""（一）""1.""（1）"标注；一般第一层用黑体字、第二层用楷体字、第三层和第四层用仿宋体字标注。

（4）附件说明

公文附件的顺序号和名称。如有附件，在正文下空一行左空二字编排"附件"二字，后标全角冒号和附件名称。如有多个附件，使用阿拉伯数字标注附件顺序号（如"附件：1.×××××"）；附件名称后不加标点符号。附件名称较长需回行时，应当与上一行附件名称的首字对齐。

（5）发文机关署名、成文日期和印章

发文机关署名署发文机关全称或者规范化简称。

成文日期。署会议通过或者发文机关负责人签发的日期。联合行文时，署最后签发机关负责人签发的日期。成文日期中的数字，用阿拉伯数字将年、月、日标全，年份应标全称，月、日不编虚位（即1不编为01）。

公文中有发文机关署名的，应当加盖发文机关印章，并与署名机关相符。有特定发文机关标志的普发性公文和电报可以不加盖印章。

① 加盖印章的公文。成文日期一般右空四字编排，印章用红色，不得出现空白印章。

单一机关行文时，一般在成文日期之上、以成文日期为准居中编排发文机关署名，印章端正、居中下压发文机关署名和成文日期，使发文机关署名和成文日期居印章中心偏下位置，印章顶端应当上距正文（或附件说明）一行之内。

联合行文时，一般将各发文机关署名按照发文机关顺序整齐排列在相应位置，并将印章一一对应、端正、居中下压发文机关署名，最后一个印章端正、居中下压发文机关署名和成文日期，印章之间排列整齐、互不相交或相切，每排印章两端不得超出版心，首排印章顶端应当上距正文（或附件说明）一行之内。

② 不加盖印章的公文。

单一机关行文时，在正文（或附件说明）下空一行右空二字编排发文机关署名，在发文机关署名下一行编排成文日期，首字比发文机关署名首字右移二字，如成文日期长于发文机关署名，应当使成文日期右空二字编排，并相应增加发文机关署名右空字数。

联合行文时，应当先编排主办机关署名，其余发文机关署名依次向下编排。

③ 加盖签发人签名章的公文。

单一机关制发的公文加盖签发人签名章时，在正文（或附件说明）下空二行右空四字加盖签发人签名章，签名章左空二字标注签发人职务，以签名章为准上下居中排布。在签发人签名章下空一行右空四字编排成文日期。

联合行文时，应当先编排主办机关签发人职务、签名章，其余机关签发人职务、签名章依次向下编排，与主办机关签发人职务、签名章上下对齐；每行只编排一个机关的签发人职务、

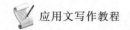

签名章;签发人职务应当标注全称。

签名章一般用红色。

④ 特殊情况说明。

当公文排版后所剩空白处不能容下印章或签发人签名章、成文日期时,可以采取调整行距、字距的措施解决。

(6) 附注

公文印发传达范围等需要说明的事项。如有附注,居左空两字加圆括号编排在成文日期下一行。

(7) 附件

公文正文的说明、补充或者参考资料。附件应当另面编排,并在版记之前,与公文正文一起装订。"附件"二字及附件顺序号用3号黑体字顶格编排在版心左上角第一行。附件标题居中编排在版心第三行。附件顺序号和附件标题应当与附件说明的表述一致。附件格式要求同正文。

如附件与正文不能一起装订,应当在附件左上角第一行顶格编排公文的发文字号并在其后标注"附件"二字及附件顺序号。

3. 版记

(1) 版记中的分隔线

版记中的分隔线与版心等宽,首条分隔线和末条分隔线用粗线(推荐高度为0.35mm),中间的分隔线用细线(推荐高度为0.25mm)。首条分隔线位于版记中第一个要素之上,末条分隔线与公文最后一面的版心下边缘重合。

(2) 抄送机关

除主送机关外需要执行或者知晓公文内容的其他机关,应当使用机关全称、规范化简称或者同类型机关统称。如有抄送机关,一般用4号仿宋体字,在印发机关和印发日期之上一行、左右各空一字编排。"抄送"二字后加全角冒号和抄送机关名称,回行时与冒号后的首字对齐,最后一个抄送机关名称后标句号。

如需把主送机关移至版记,除将"抄送"二字改为"主送"外,编排方法同抄送机关。既有主送机关又有抄送机关时,应当将主送机关置于抄送机关之上一行,之间不加分隔线。

(3) 引发机关和印发日期

公文的送印机关和送印日期。印发机关和印发日期一般用4号仿宋体字,编排在末条分隔线之上,印发机关左空一字,印发日期右空一字,用阿拉伯数字将年、月、日标全,年份应标全称,月、日不编虚位(即1不编为01),后加"印发"二字。

版记中如有其他要素,应当将其与印发机关和印发日期用一条细分隔线隔开。

4. 页码

公文页数顺序号。一般用4号半角宋体阿拉伯数字,编排在公文版心下边缘之下,数字左右各放一条一字线;一字线上距版心下边缘7mm。单页码居右空一字,双页码居左空一字。公文的版记页前有空白页的,空白页和版记页均不编排页码。

公文的附件与正文一起装订时,页码应当连续编排。

(二)党政机关公文的一般格式

党政机关公文的一般格式主要有两种:一种是上行文格式;一种是平行文和下行文格式。按照发文机关的多少,又可分为单一行文格式和联合行文格式,如图 2-1~图 2-6 所示。

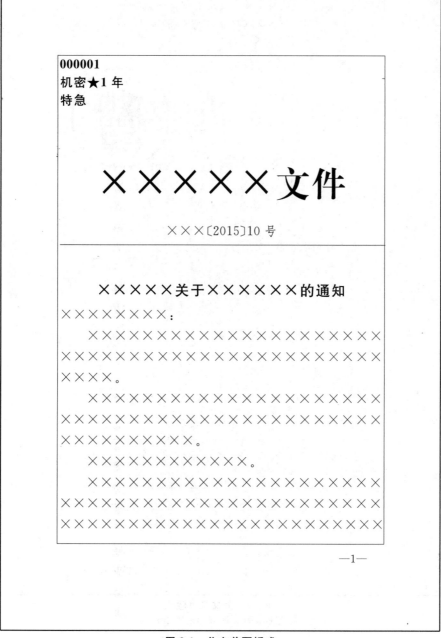

图 2-1 公文首页板式

注:版心实线框仅为示意,在印刷公文时并不印出。

图 2-2　公文末页版式

注：版心实线框仅为示意，在印刷公文时并不印出。

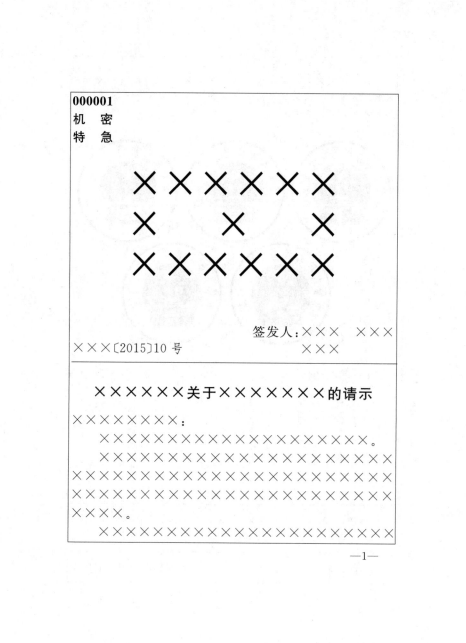

图 2-3 联合行文公文首页版式 2
注：版心实线框仅为示意，在印刷公文时并不印出。

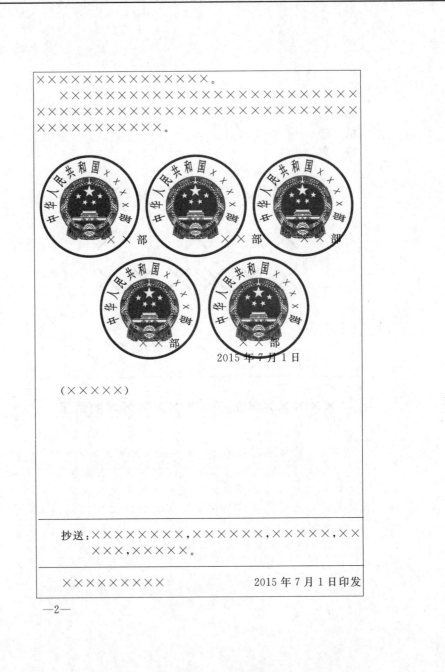

图 2-4 联合行文公文末页版式 2
注：版心实线框仅为示意，在印刷公文时并不印出。

```
××××××××××××××。
    ××××××××××××××××××××××
××××××××××××××××××××××××
××××××××××。
    附件：1. ××××××××××××××××××
           ××××
        2. ××××××××××××

                         ×××××××
                          × × × ×
                        2015 年 7 月 1 日

（×××××）
```

—2—

图 2-5　附件说明页版式

注：版心实线框仅为示意，在印刷公文时并不印出。

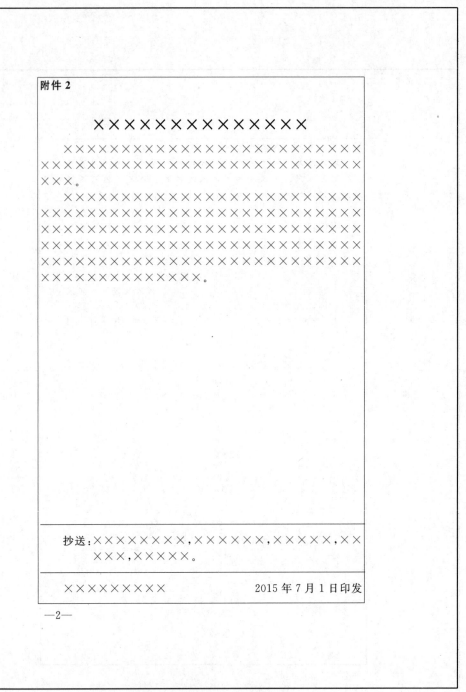

图 2-6　带附件公文末页版式

注：版心实线框仅为示意，在印刷公文时并不印出。

（三）党政机关公文的特定格式

1. 信函格式

发文机关标志使用发文机关全称或者规范化简称，居中排布，上边缘至上页边为 30mm，推荐使用红色小标宋体字。联合行文时，使用主办机关标志。

发文机关标志下 4mm 处印一条红色双线（上粗下细），距下页边 20mm 处印一条红色双线（上细下粗），线长均为 170mm，居中排布。

如需标注份号、密级和保密期限、紧急程度，应当顶格居版心左边缘编排在第一条红色双线下，按照份号、密级和保密期限、紧急程度的顺序自上而下分行排列，第一个要素与该线的距离为 3 号汉字高度的 7/8。

发文字号顶格居版心右边缘编排在第一条红色双线下，与该线的距离为 3 号汉字高度的 7/8。标题居中编排，与其上最后一个要素相距二行。第二条红色双线上一行如有文字，与该线的距离为 3 号汉字高度的 7/8。首页不显示页码。版记不加印发机关和印发日期、分隔线，位于公文最后一面版心内最下方。如图 2-7 所示。

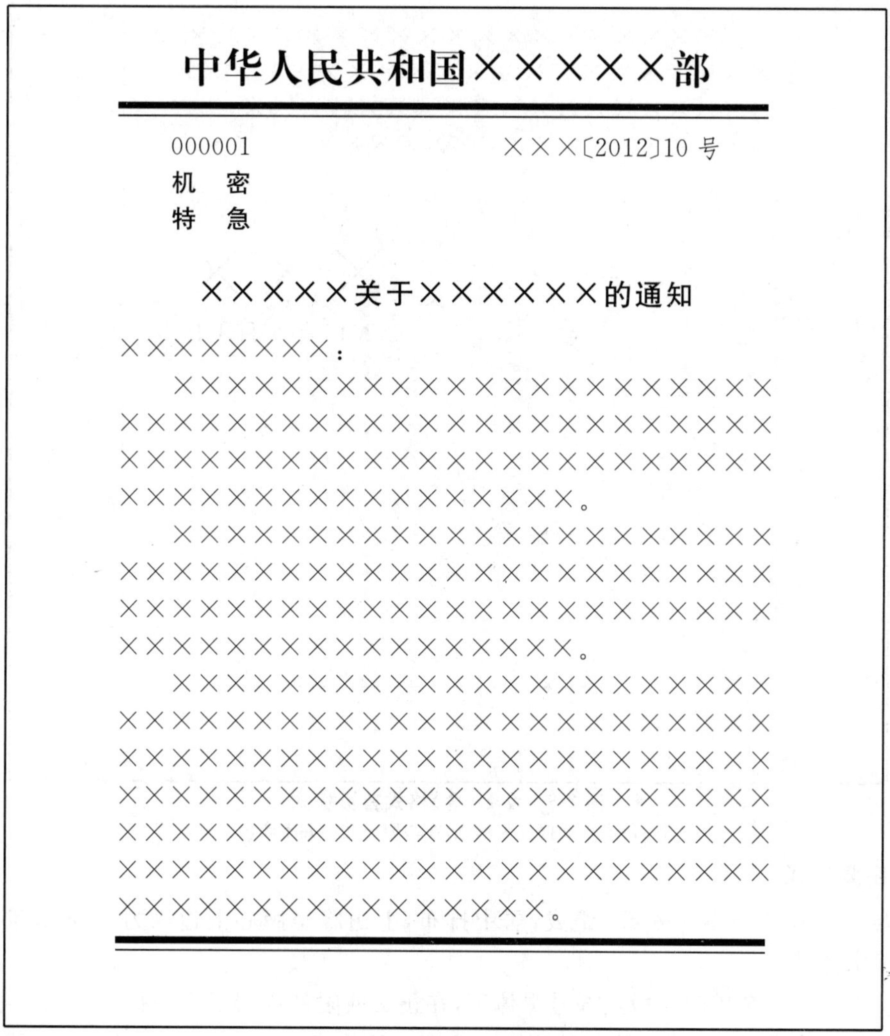
中华人民共和国×××××部

000001　　　　　　　　×××〔2012〕10 号
机　密
特　急

×××××关于××××××的通知

×××××××××：

　　××××××××××××××××××××××
××××××××××××××××××××××××
××××××××××××××××××××××××
×××××××××××××××××。

　　××××××××××××××××××××××
××××××××××××××××××××××××
××××××××××××××××××××××××
×××××××××××××××××。

　　××××××××××××××××××××××
××××××××××××××××××××××××
××××××××××××××××××××××××
××××××××××××××××××××××××
××××××××××××××××××××××××
××××××××××××××××××××××××
××××××××××××××××。

图 2-7　信函格式首页版式

注：版心实线框仅为示意，在印刷公文时并不印出。

2. 命令格式

发文机关标志由发文机关全称加“命令”或“令”字组成，居中排布，上边缘至版心上边缘为 20mm，推荐使用红色小标宋体字。发文机关标志下空二行居中编排令号，令号下空二行编排正文。签发人职务、签名章和成文日期的编排如图 2-8 所示。

图 2-8　命令(令)格式首页板式
注：版心实线框仅为示意，在印刷公文时并不印出。

3. 纪要格式

纪要标志由"××××纪要"组成，居中排布，上边缘至版心上边缘为 35mm，推荐使用红色小标宋体字。

标注出席人员名单时一般用 3 号黑体字，在正文或附件说明下空一行左空二字编排"出席"二字，后标全角冒号，冒号后用 3 号仿宋体字标注出席人单位、姓名，回行时与冒号后的首字对齐。

标注请假和列席人员名单，除依次另起一行并将"出席"二字改为"请假"或"列席"外，编排方法同出席人员名单。纪要格式可以根据实际制定，如下示例。

××××纪要

（××××）

×××××××　　　　　　　　　　　　　　　　　　　　2015年×月×日

×××专题纪要

××××年×月×日，×××在×××主持召开×××会议。会议讨论了……现将会议的主要精神纪要如下：

第一……

第二……

会议讨论了……

会议通过了……

会议号召……

出席：×××,×××,×××,×××,×××,×××,×××。

请假：×××。

列席：×××,×××,×××。

分送：×××,×××,×××。

×××××××　　　　　　　　　　　　　　　　　　　2015年×月×日印发

五、党政机关公文的语言运用

（一）党政机关公文的语言特色

（1）庄重严肃。党政机关公文是党政机关为了处理公务事务而使用的公文，其政治性、权威性和特有的法定效力，要求公文的语言必须庄重，严肃。

（2）用语准确。公文的目的是进行公务活动，政策性、时效性强，必须借助准确的语言来表达，特别讲究遣词造句的准确恰当。

（3）简洁明了。公文的语言宜简不宜繁，只要把问题说清楚，表达明白即可。公文语言切忌言之无物，啰里啰唆。

（4）平实质朴。公文重在说事，因此语言要平实质朴，通俗易懂，不宜使用华而不实、矫揉造作的词语。

（二）党政机关公文的表达方式

党政机关公文以叙述、说明、议论为基本表达方式，一般不用抒情和描写。

（三）党政机关公文的规范用语

党政机关公文在语言的运用方面一般比较规范化，主要体现在：一律使用书面语言，避免使用口语和方言；使用规范化的统称和简称，比如，国务院所有的下级机关可统称为"各省、自治区、直辖市人民政府,国务院各部、委"等;"中国共产党中央委员会"规范化简称为"中共中央";不使用难懂的术语、行话,不滥用省略;数字表述要规范;外来语如人名、地名、机构名、报刊名等,一般以新华社译名为准。

 "学霸"见闻

公文写作如何模仿范文

人的很多本领是靠模仿获得的,比如说话、走路、书法、作画,等等。在写材料方面,模仿是最简捷、最有效的途径。材料的内容各不相同,但写作的框架、结构、层次、语言等有一定的模式,初学者可以"照葫芦画瓢"进行模仿。机关常写的材料比如通知、报告、汇报稿、讲话稿、经验介绍、致辞等,都能找到范文,只要结合本单位的情况改头换面就是。

刚进机关时,政治处主任要我把在学雷锋先进表彰大会上的两篇经验材料改为新闻稿。我从来没写过新闻稿,情急之下便从报纸上找来两篇进行模仿,很快两篇稿子在报纸上相继登出,在机关引起了不小的轰动。其中有一篇是写后进变先进的稿子。

范文的题目是:一年前是"副班长"　一年后上光荣榜

模仿的题目是:拼搏一年跃登榜首

范文的导语是:在前不久举行的总结表彰大会上,一年前被点名批评的后进连队,今年被评为先进连队,走上领奖台,这一变化在全团上下引起强烈反响。

模仿的导语是:在前不久某团举行的学雷锋总结表彰大会上,三连由后进变先进的经验,在会上引起强烈反响。

尝到甜头后,凡是看到好材料,我都会把它的标题和主要观点抄下来,直到现在仍有这个习惯。现在办公室已有好几本经典材料汇集本。

熟能生巧。多模仿几次,然后逐渐学会创造,形成自己的东西。因此,文字秘书要多收集范文,涉及内容最好是本系统、本单位的,这样针对性、实用性更强。对一些高质量的范文要用心分析,然后想一想,如果自己起草这份材料会怎么样写,再看看范文是怎样写的。起草材料时可对应着范文,从标题、思想、语言、事例到文风,作认真研究和仔细揣摩,再融入自己的认识和个性化语言,这样写出来的材料就能在范文的基础上更进一步。要指出的是,初学者学习借鉴范文无可厚非,但若是每次动笔必靠模仿,不模仿就不会写,那就是问题了。

——资料来源:张瑞志. 公文写作如何入门[J]. 秘书,2010(5).

 技能实操

1. 病文修改

002

机密★5年

平急

北京市人民政府、上海市人民政府联合文件

京政、沪政〔2015〕1号　　　　　　　　　签发人:×××

北京市人民政府、上海市人民政府关于……的通知请指出上述公文版头部分的错误,并制出正确的版头。

2. 写作训练

(1) 请拟制一份公文的上行文格式简表和下行文格式简表,并指出它们的区别。

(2) 请拟制一份联合行文的版头部分,并指出其与单一行文的区别。

第二节 决 定

情境导引

李强自从学习党政机关公文后,经常上网浏览各种公文。这天,他又上政府门户网站,看到了这样两则公文:一篇是《××省人民政府关于对××省体育局的嘉奖令》,另外一篇是《××市人民政府关于表彰优秀教育工作者和尊师重教先进单位先进个人的决定》。李强好奇心大增,同时也很疑惑,同样是表彰先进单位和先进事迹,为什么第一篇要用嘉奖令而第二篇要用决定呢?同时李强也注意到,第一篇嘉奖令的落款,署名是×省长:×××(签名);而第二篇决定的落款是:××市人民政府。为什么嘉奖令落款是省长而不是省人民政府呢?

思 考

1. 可以用来表彰先进人物和先进事迹的公文有哪几种?

2. 命令(令)与决定的联系与区别。

知识导航

一、决定的概念

《条例》规定:决定"用于对重要事项做出决策与部署、奖惩有关单位和人员、变更或撤销下级机关不适当的决定事项。"它是典型的下行文。一般来讲,只有事关全局,政策性强,内容相对重要的事项和工作才使用"决定"行文。

二、决定的特点

(1) 普发性和下行性。普发性是指决定的内容是周知性的,要求所有从事决定内容范围之内的人员都知道,并贯彻执行;同时,也是对有关机关、组织的监督,促使他们贯彻执行决定。从这个意义上说,决定的普发性是很重要的。普发文的发文形式往往是由上级机关、组织直接发至基层机关或组织,或登报发文等。决定内容是专门针对某一地域或某一组织的问题所制作的,不需要大范围的干部群众了解,它就是下行文,对较少的特定的对象起规范作用。

(2) 法规作用和行政约束力。这主要表现在它的领导性、指挥性和强制性上,这三性比起命令(令)来说,没有命令(令)那样严格;但比其他公文文种来说,又是比较强的。需要指出的是,决定的法规作用,不是所有机关与组织的决定都具有这一性质,只有依法授有制定法规的机关做出的决定才具有法规作用,而其他机关与组织做出的决定只对所属单位具有行政约束力。

(3) 相对的稳定性。决定一经做出,在一定时期内不容改变,必须照办。这是它的法规性作用所决定的,不能朝令夕改。在现阶段,我国法制建设还不完善,在很多领域还没有立法,有的虽然立法,但没有实施细则,人们的行为还达不到处处有法可依的境况,在这种情况下,机关与组织需要做出各种各样的决定来补充,这就要求决定应相对稳定。

三、决定的种类

(1) 决策性决定,又称纲领性决定。主要指的是对重要事项做出决策和部署的决定。例如:《国务院关于机关事业单位工作人员养老保险制度改革的决定》《国务院关于深化预算管理制度改革的决定》。

(2) 奖惩性决定。主要指奖惩有关单位或个人的决定。如《国务院关于表彰全国民族团结进步模范集体和模范个人的决定》《国务院关于 2014 年度国家科学技术奖励的决定》《××市人民政府关于给予×××同志撤职处分的决定》。

(3) 变更或撤销决定。主要指变更或者撤销下级机关不适当的决定事项。这里"变更或者撤销"的原决定事项,往往滞后于形势变化或超前于形势发展,不被下级机关所认同,不适于作为决策出台,如《国务院关于取消和调整一批行政审批项目等事项的决定》,《××省人民政府关于取消一批收费项目的决定》等。此外,在人事安排上也可以使用变更、撤销性决定,如《××市人民政府关于撤销××县人民政府任命××同志为××镇镇长的决定》。

四、决定的写作

决定主要由标题+主送机关+正文(+附件)+落款构成。有时,主送机关也可省略。

(一) 标题

标题一般由发文机关、事由和文种组成。如:《中共中央关于经济体制改革的决定》。如果是正式会议讨论的决定,在标题的下面要有"题注",写明在什么会议上通过或批准,并用圆括号括起来,文末不再标注成文日期。如:《全国人民代表大会常务委员会关于修改〈中华人民共和国邮政法〉的决定》(2012 年 10 月 26 日第十一届全国人民代表大会常务委员会第二十九次会议通过)。

(二) 主送机关

决定一般要有主送机关,根据决定的内容和发放的范围而定。但是,普发性的决定和会议通过的决定,一般不标注主送机关。

(三) 正文

决定的正文主要包括三个方面内容:一是决定缘由;二是决定事项;三是结尾。

1. 决定缘由

决定缘由主要说明为什么要做出这个决定,一般包括理论依据和事实依据两部分。它既可以是有关的政策、法规,又可以是来自实际工作方面的情况。这一部分要求文字精当,开门见山,语言概括。内容较少、涉及大家比较熟悉的工作的决定,这部分可略写。此项写完后,一般以"特作如下决定""现决定如下"等用语过渡到事项部分。

2. 决定事项

不同种类的决定,决定事项是不一样的。

(1)决策性决定:主要是对重要事项或重大行动做出安排。

(2)表彰性决定:一般分为三部分,第一部分,主要阐述先进事迹以及对此事进行简要的评析,说明其积极的意义。第二部分主要是对先进事迹的表彰决定,授予的奖励等。第三部分主要是发出希望和号召,向先进人物学习。

(3)处分性决定的正文内容,一般包括四部分。第一部分"受处分人的简历",简明扼要地对受处分人做一个介绍,包括姓名,性别,出生年月,民族,籍贯,历任和现任职务等。第二部分主要是对受处分人所犯的错误做一个详细的说明,即在什么时间,什么地方,什么情况下犯了什么错误,性质如何,后果如何。第三部分主要是什么部门对该受处分人做出什么处分决定。第四部分主要是提出希望和要求,希望该受处分人改过自新,其他人引以为戒等。

(4)变更性决定:主要是对不适当的决定事项做出变更或者撤销,要写明变更的理由和新的处理办法。这一部分根据不同情况,可多可少,或长或短,可以采用一段到底、分条列项、小标题等表述方式。

3. 结尾

决定的结尾有下面几种形式。

(1)提出希望和要求,如例文3、例文4、例文5,结尾都明确提出了希望和要求。

(2)公布施行日期,如例文2"本决定自2015年6月1日起施行"。

(3)其他说明,如后文"学霸见闻"中的例文《上海市人民代表大会常务委员会关于修改〈上海市燃气管理条例〉的决定》的结尾:"本决定自公布之日起施行。《上海市燃气管理条例》根据本决定作相应的修正,重新公布。"

(4)秃尾,决定事项结束后自然结束,如例文1。

(四)附件

部分决定有附件,附在正文的后面。

(五)落款

决定的落款,主要包括发文机关署名、印章和成文日期。会议通过的决定,一般将日期写在标题下面,用圆括号括入。

五、决定写作应注意的事项

(1)要注意决定的必要性。决定用于对重要事项做出决策与部署、奖惩有关单位和人员、变更或撤销下级机关不适当的决定事项。需要决定发文的事情,一般都是比较重要的事情或者是必须要做的事情,这是制发决定必须遵循的重要原则。

(2)要注意决定的正确性。决定提出的意见、原则、方法、措施等,必须是正确的。决定是重要的指令性公文,万一有失误,就会给工作造成严重的影响和损失。

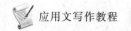

六、文种辨析

决定与命令(令)的区别如下。

从决定的特点来看,决定和命令同样具有强制性、指挥性,但二者也有不同点。

(1) 性质不同。命令把指示性和规定性结合起来,是党和国家的领导机关及领导人对下级机关或者社会人员发布的一种指令性档;而决定则是把指导性和决定性结合起来,是党政机关、社会团体、企事业单位对某些问题或者重大行动做出安排,并需要下级单位和成员贯彻执行的具有法规性的档。

(2) 使用者不同。命令(令)的使用者有明确的限定,根据《中华人民共和国宪法》和《地方各级人民代表大会组织法》的规定:只有中华人民共和国国家主席、全国人民代表大会常务委员会委员长、国务院总理、国务院、国务院各部委以及县级以上各级人民代表大会、人民政府,可以依照法律规定权限发布命令(令)。而决定无此限制,各机关、团体、企事业单位都可以使用。

(3) 语气不同。命令的权威性和指示性,要求下级机关必须坚决照办,不容违背。而决定的指导性,虽然也要求执行公文的内容,但是可以允许下级机关在执行具体内容时,结合自己的特点进行。决定的语气要比命令缓和一些。

(4) 执行要求不同。命令要求执行起来坚决迅速,而且是无条件的。而决定虽然也必须执行,但其安排往往有一定的灵活性和变通余地,有一个理解执行的过程。

(5) 内容繁简不同。命令(令)主要是发出必须做什么和不准做什么的指令,不做或很少做阐述和说明,因此篇幅都比较简短。而决定,除简单的事项性决定外,则不仅提出做什么的要求,而且还阐述指导思想和方针、政策,提出措施和方法,因此篇幅较长,几千字的决定颇为常见,这是命令(令)不能出现的。

 "学霸"见闻

"决定"缘由和事项写作的详略方法

这里简要介绍一下决定的缘由、事项在详略处理上的三种方式。注意,依此类推,党政机关公文都有同样情况。

(1) 略写缘由,详写事项。这是决定的一般写法。不管是哪一种决定,缘由部分都不宜篇幅过长,把有关情况、依据和道理简单交代清楚即可。如《国务院关于在对外活动中不赠礼、不受礼的决定》的缘由只有一句话说明目的:"为改革我国在对外活动中有关赠礼、受礼的规定,特作如下决定。"

(2) 详写缘由,略写事项。这种写法原由部分占了全文较长的篇幅,要求把情况交代得尽可能翔实些,为决定的事项提供依据与前提。

中共中央关于接收宋庆龄同志
为中国共产党正式党员的决定

宋庆龄同志年轻时追随伟大的革命先行者孙中山先生,致力于中国革命事业,从一九二三年第一次国共两党合作以来,忠贞不渝地坚持孙中山先生革命的新三民主义,在中国长期革命的艰难困苦的斗争中,坚定地和中国共产党站在一起;她一贯是共产党的最亲密战友,是中国各族人民包括台湾同胞和海外侨胞衷心敬爱的领袖之一,是爱国主义、民主主义、国际主义和共产主义的伟大战士,是保卫世界和平事业的久经考验的前驱;是全体中国少年儿童慈爱的祖母。她过去多次要求加入中国共产党,最近病重时又一次提出这个请求。中央政治局一致决定,接收宋庆龄同志为中国共产党正式党员。

这份决定内容比较单纯,采用篇段合一的形式,只写了四句话,每一句话算一个层次、一层意思,但大部分的笔墨用在了缘由上,概括地介绍了宋庆龄同志的一生,并做出了高度评价。第一句话概述宋庆龄艰难而光荣的革命斗争经历;第二句话写中共中央对宋庆龄的评价;第三句话叙述宋庆龄长期要求加入中国共产党的意愿;最后用一句话说明中共中央政治局对宋庆龄要求入党的态度,也就是决定的事项。这样写,不仅接收她为中国共产党正式党员的理由充分合理,而且颇具感染力。这篇范文简短而精炼,用语准确而鲜明。一般来说,内容较少的决定适合采用这种篇段合一的形式。

(3)不写缘由,只写事项。这种写法一般用在一些重要或重大的决定上。

上海市人民代表大会常务委员会
关于修改《上海市燃气管理条例》的决定

(20××年10月10日上海市第十二届人民代表大会常务委员会第七次会议通过)

上海市第十二届人民代表大会常务委员会第七次会议审议了市人民政府提出的《上海市燃气管理条例修正案(草案)》,决定对《上海市燃气管理条例》作如下修改:

一、第四条第一款中的"上海市公用事业管理局"修改为"上海市市政工程管理局"。第二款中的"南汇县、奉贤县、青浦县、崇明县和浦东新区、闵行区、宝山区、嘉定区、金山区、松江区",修改为"浦东新区、闵行区、宝山区、嘉定区、金山区、松江区、南汇区、奉贤区、青浦区和崇明县"。

二、第八条修改为:"新建、改建、扩建燃气工程项目,应当符合燃气发展规划,按照国家和本市规定的建设项目审批程序报有关部门批准后实施。"

三、第十一条第一款修改为:"燃气工程竣工后,应当根据工程规模,按照国家和本市的有关规定进行验收。"

四、删去第三十六条第二款中的"市政"。

五、删去第四十三条第一项。

六、第五十条第一款中的"《行政复议条例》"修改为"《中华人民共和国行政复议法》"。

七、条例中的"市公用局",均修改为"市市政局"。

本决定自公布之日起施行。《上海市燃气管理条例》根据本决定作相应的修正,重新公布。

这种决定省略了缘由部分,是因为缘由是法定的,或者众所周知的,不写也不影响决定事项的权威和效用。但是,需要注意的是,缘由不可随便省略,如果不是法定或者周知的,切不可求简而省略。

技能实操

1. 病文修改

表彰决定

各市区、县人民政府：

今年初，三亚市吉阳镇信用社职工××同志为保卫国家财产，面对歹徒，英勇顽强搏斗，最后擒获歹徒。为此决定：授予××同志先进工作者称号。

省希望各条战线的群众、工人、农民、知识分子向××同志学习，胸怀全局，艰苦奋斗，努力工作，为社会主义现代化建设做出更大贡献。

海南省政府
2015年04月24日

请指出这份决定存在的问题，并写出修改稿。

2. 写作训练

请根据以下材料写一篇决定。

2015年8月2日上午10时许，××省××市××乳业冷库突然发生火灾，驻该市消防支队武警战士管××奉命参加现场扑救。他在成功救出数人、再次冲入火海救援时，不幸壮烈牺牲。为弘扬他的英勇事迹和大无畏精神，共青团××省委决定追授他为××省优秀共青团员。

管××，男，汉族，1992年3月出生，××省××市人，入伍前系××市××学院大一学生。2010年12月入伍，系××省××市消防支队一中队三班战士，武警上等兵警衔。入伍以来，作风优良，业务技术过硬，共参加大小灭火战斗700多起，先后荣立个人三等功一次，多次被评为优秀士兵、优秀共青团员。

第三节 公 告

情境导引

这天李强又翻看报纸浏览信息，看到这么一则公告：

××学院七十周年校庆公告

栉风沐雨，春华秋实；如歌岁月，盛世相约。徐州市第七中学走过了70年不平凡而又辉煌的历程，学校秉承"让每一位师生都得到应有的充分发展，不断提升师生的生命质量"的办学理念，紧紧围绕"高质量，有特色，现代化"的办学目标，不断发展壮大，现已经成为江苏省享誉一方的四星级名校。

为弘扬传统，共谋发展，学校将以"母校因你而自豪"为主题，定于2015年12月下旬举行七十周年校庆，诚邀历届校友、教职工届时拨冗莅临！追寻记忆，畅叙情谊，共襄盛典！

即日起，期望历届校友、教职工惠赐各个时期的文物、照片、文献资料、荣誉奖证及其他纪念物品等或复印件，同时征集个人论著成果、回忆文章、诗词曲赋、题词字画等有价值的资料。

特此公告，敬祈周知！

××学院校庆办公室
2015年9月22日

李强看了之后,很是疑惑,他说,《条例》中规定,"公告是适用于向国内外宣布重要事项或者法定事项的公文"。学校校庆也可以用公告吗?

思考

1. 可以发布公告的机关单位有哪些?学校可以发布公告吗?
2. 如果该校征集与该校有关的各个时期的文物、照片、文献资料、荣誉奖证及其他纪念物品,该用何种应用文体?

知识导航

一、公告的概念

《条例》规定,公告是适用于向国内外宣布重要事项或者法定事项的公文。公告一般由级别较高的国家行政机关或者权力机关及其常设机构制发,例如全国人民代表大会、全国人民代表大会常务委员会、国务院或授权新华社制发,各省市人民政府,司法机关,税务机关,海关总署,公证机关等。一般基层机关、地方主管部门及企事业单位不得使用"公告"来宣告事项,公民个人更无权使用"公告"。

二、公告的特点

(一)发文机关的限制性

由于公告宣布的是重大事项和法定事项,发文机关的部门限制在高层行政机关及其职能部门的范围之内。具体说,就是国家最高权力机关(人大及其常委会),国家最高行政机关(国务院)及其所属部门,各省、自治区、直辖市行政领导机关,某些法定机关,如税务局、海关、铁路局、人民银行、检察院、法院等,有制发公告的权利。其他行政机关、社会团体、企事业单位,一般不能发布公告。

(二)发布范围的广泛性

公告是向国内外发布的,传达范围非常广泛。

(三)题材的重要性

公告的内容,必须是非常重要和重大的事情,或者是依法必须向社会公布的法定事项。其内容必须庄重、严肃,体现着国家权力部门的威严。既要能够将有关信息公布于众,又要考虑它在国际国内可能产生的影响。

(四)内容和传播方式的新闻性

公告具有一定的新闻特点。公告的内容,一般都是新近的、广大人民群众应该知道而不知道的事项,需要有关部门以公告的形式告知,在一定程度上具有新闻的特征。另外,公告的发布形式也具有新闻特性,它一般不是以红头文件的方式发布,而是在报刊上公开发布。

三、公告的种类

按照用途,公告可以分为以下两种。

(1)向国内外宣布重要事项的公告。这种公告的内容,必须是国内外关注的大事,而且

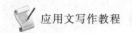

是公开的。一般有以下几种情况：一是国家权力机关的重要决策；二是国内外需要周知的事项；三是对国内外有重大影响的庆典礼仪活动。例如，宣布国家领导人出访、逝世，答谢国际援助，公布重大科技成果等。

（2）向国内外宣布法定事项的公告。这类公告的主要内容是国家机关，特别是立法、司法以及监察机关向国内外宣布有关事项，一般是由有关部门按照法定程序发布的，也有的是因为涉外工作的需要而发布，如公务员招考公告，国家课题申报公告，质量监督公告等。

四、公告的写作

公告的发布形式不同于大多数党政公文，公告除了可以以文件的形式印发外，还可以采取张贴的形式刊载。它在张贴或经广播、电视、报纸等媒体公布时，一般没有版头、主体部分中不需要公布的格式要素与版记。

公告的基本结构是，标题（＋编号）＋正文＋发文机关署名＋印章和成文日期。

（1）标题。公告的标题，主要有两种形式。一种是发文机关、事由和文种组成，如《上海市地税局等关于车辆车税代收代缴有关具体事项的公告》。一种是省略了事由，由发文机关和文种组成，如《中国人民银行公告》《中华人民共和国全国人民代表大会公告》。

（2）编号。公告的编号主要有以下四种形式：一是采用流水号，并用圆括号标注，写法是：(第×号)；二是编号由年份＋流水号组成，并用圆括号标注，如：(2015 年 15 号)；三是与其他党政机关公文相似，采用党政机关公文发布字号，其前提条件是该公告采用正式党政公文形式发布。四是没有编号，该公告往往用于刊登或者张贴的部分公告。

（3）正文。由于公告是公布性公文，面向国内外公众，因此公告一般没有主送机关。

公告的正文内容一般由发文缘由＋公告事项＋结尾三部分组成。发文缘由通常是发布公告的依据、背景或者意义，然后用"特此公告如下""现决定"等惯用语，引出公告事项。公告事项要写得具体明确。如果公告事项简短，内容较少的话，可以一段到底。如果公告事项内容较多，可采取分层次的做法。正文结束之后，结尾部分，有时会用"现予公告""特此公告"等习惯用语；有时加上希望，或者要求，如"请全市各单位、全体市民和过往人员在警报试鸣期间保持正常的工作、生活秩序"；有时公告事项结束后自然收尾。

（4）发文机关署名、印章和日期。

五、公告的写作要求

（1）公告的内容表述应简明扼要，直陈其事，就实避虚，一事一告。

（2）公告的语言要庄重严肃，朴实无华，不发表议论，也不加说明和解释，更不能使用渲染性的语言或形容词进行带有感情色彩的夸张描述。

（3）由于公告具有新闻性的特点，故应及时、迅速地将所发生的重大事项向社会公布，以发挥其应有的作用。

（4）严肃对待，不可乱用。什么是"公告"中的"公"呢？一些人用汉语词典的一般释义去套用公文的专用名称，把它简单地理解为"公开"，是不合适的。这里的"公"与"公文"中的"公"都不可作"公开"来解释，要知它们具有特殊的政治含义，是党和国家权力的象征，因此，它的使用者势必是党和国家的高级管理机关。而且在内容上,必须是"重要事项"或者"法定事项"。一般基层机关、地方各级行政主管部门和企事业单位不得使用"公告"来发布遵守或周知事项,公民个人更无权使用"公告"。至于目前我们在媒体上所看到的那些令人眼花缭乱的"公告"(如迁址、变更电话号码、商品促销、清仓大甩卖、注销账号、丢失证件、发票被窃、增资减资、饭店开业、酒楼开张、迪厅关闭、舞厅大修、招聘人员、出租房屋、招收学员……),理应加以杜绝。

六、文种辨析

公告、通告与公示是公文写作中三个不同的文种。三者都有公开告知的目的,但各有各的适用范围。

(1) 发布机关不同。公告发布的事项会对国内外产生重大的影响。因此有严格的制发权限的要求,其制发机关的层次级别较高,一般的基层机关没有制发公告的权利。通告、公示的制发机关没有严格的级别限制。

(2) 发布的范围不同。尽管通告、公示都属于公开周知的告知性公文,但其告知的范围没有公告发布的范围广。公告所发布的事项是向国内外发布,通告、公示发布的范围仅限于国内与此相关的一定范围内。

(3) 发布的目的不同。公告发布的目的是告知,所发布的事项、传达的信息让国内外都知道。通告发布事项的目的不仅是让人知道,而且要让人遵守。公示是公开某一信息,其目的不仅是告知,而且要征求有关人员的意见,接受其监督。如《××市领导干部任前公示》。

范文导读

天津市人民政府关于试鸣防空防灾警报的公告

为保障城市建设和经济发展,增强全市人民群众居安思危、常备不懈的国防观念和防空防灾应急准备意识,熟悉防空防灾警报信号,根据《中华人民共和国人民防空法》和我市有关规定,决定利用今年全民国防教育日(2013年9月21日)试鸣防空防灾警报。

1. 警报试鸣时间

2013年9月21日上午10时至10时30分。

2. 警报试鸣范围及方式

全市范围的固定警报点、人防车载警报统一鸣响警报信号;

通过电视、手机短信同步发布提示信息;

部分人员密集场所利用室内报警设施同步示警。

3. 警报试鸣信号

预先警报:鸣36秒,停24秒,反复3遍,时间为3分钟;

空袭和灾害警报:鸣6秒,停6秒,反复15遍,时间为3分钟;

解除警报:连续鸣放一长声,时间为3分钟。

请全市各单位、全体市民和过往我市人员在警报试鸣期间保持正常的工作和生活秩序。

特此公告。

天津市人民政府(印章)
2013年9月13日

天津市人民政府选择2013年9月21日这一全民国防教育日进行防空防灾警报试鸣，具有重要意义。尽管警报试鸣范围局限于天津地区，但事项的影响却超越了地区。它不仅涉及"过往人员"与周边省区，而且会影响到国内外媒体。因此，以公告形式向"国内外"宣布防空防灾警报试鸣这一重要事项。"为保障城市建设和经济发展，增强全市人民群众居安思危、常备不懈的国防观念和防空防灾应急准备意识，熟悉防空防灾警报信号，根据《中华人民共和国人民防空法》和我市有关规定"是发布公告的背景、依据和目的，然后用"决定"引出公告的具体事项。公告的正文内容分别从"试鸣的时间""范围及方式""试鸣信号"来表述。结尾部分提出希望和要求，"请全市各单位、全体市民和过往我市人员在警报试鸣期间保持正常的工作和生活秩序"，然后用"特此公告"结束全文。

 "学霸"见闻

公告与通告的用法辨析

公告与通告都是向公众告知的公文，但是在实际应用中，两者常常被混淆使用。譬如，我们常常会在某小区看到"公告"，内容是告知居民停水或者停电；有时，我们也会在某些公共场合看到："公告：此处禁止停车！""公告：此处禁止倒垃圾！"等。究其原因，是没能弄清楚公告和通告的区别。

《党政机关公文处理工作条例》中明确规定，"公告适用于向国内外宣布重要事项或者法定事项"，而"通告适用于在一定范围内公布应当遵守或者周知的事项"。两者的区别还是很明显的。

1. 发布的范围

公告的发布范围是"国内外"。即它的信息传达范围可以对国内，也可以授权新华社对国外公布；而通告的发布范围一般限定在"国内"特定的范围、领域、系统乃至特定的人群内，即发文机关职责权力所及的范围内，如"广州市芳村区人民政府关于限期迁移坟墓的通告"。

2. 发布的事项

公告发布的事项必须是"重要事项"或"法定事项"，其内容庄重严肃，体现着国家权力部门的威严。例如，"重要事项"一般指的是颁布国家法律、法令，宣布国家领导人选举结果，公布国家领导人出访或者外国领导人来访，公布国家重要统计数据等。而"法定事项"指那些根据法律规定必须使用公告发布的事项。如《中华人民共和国专利法》规定，确认发明专利的，要予以公告；《中华人民共和国企业破产法（试行）》规定人民法院受理破产案件后，应发布公告；《中华人民共和国民事诉讼法》规定的需要公告的事项很多，有权利人登记公告、送达公告、开庭公告、宣告失踪公告、宣告死亡公告、财产认领公告、强制迁出房屋公告、强制退出土地公告等。除了上述两大类型外，机关、单位、团体公布其他事项时，则不能使用公告，视其性质和内容的不同，分别可采用通告、启事、海报、广告和通知等文种。

通告所宣布的一定范围内要求人们遵守或周知的事项。它涉及的事项一般都比较具体，业务性强。生活中常见的通告有：供水电部门告知某时间段停水停电的通告；交通部门告知交通管制的通告；机动车管理部门关于机动车辆年度检验的通告；银行发行新版人民币的通告；税务局征税的通告；房产管理局宣布对商品房销售面积进行检查的通告等。通告所发布的事项对它所涉及范围内的单位和人是重要的，但对全社会而言，其意义就不一定显著了。

3. 发布的机关

公告必须由特定的国家机关制作,发布机关级别一般在省部级以上。在通常情况下,有权制发公告的机关有国家最高权力机关(人大及常委会);国家最高行政机关(国务院)及其所属部门;各省市、自治区、直辖市行政领导机关;某些法定机关,如税务局、海关、铁路局、人民银行、检察院、法院等,有制发公告的权力。其他地方行政机关,一般不能发布公告。党团组织、社会团体、企事业单位,不能发布公告。

通告是一种高级机关和基层单位都可使用的文体。不仅行政机关可以制发,社会团体、企事业单位在自己的职权范围之内也可以制发,不受其单位级别的限制。如"××小区管理处关于规范××小区停车管理的通告"。

4. 发布的形式

公告通过报刊或授权新闻媒体公布,一般不用红头文件的方式下发,也不能印成布告的形式公开张贴——红头文件和张贴这两种形式发布信息的范围相对于公告这样一个需国内外知晓其内容的公文来说太有限。通告无限制。可以通过新闻媒体发布,可以用红头文件的形式下发,也可以公开张贴。

5. 发布的强制力

绝大多数公告是向国内外宣布重要或法定事项,是以广泛知晓为目的,无直接强制力或约束力。偶有公告中也提出一些要求(比如全国哀悼日期间,要求停止一切公共娱乐活动),但本身并没有设定强制措施和处罚条款,这种公告的作用重在告知、警示,要求公众自发、自律。

通告中的"执行类通告"主要向受文者交代需要遵守、执行的政策、措施以及其他行为规范,具有强制力,如果受文对象不执行这类通告中的要求,就会受到通告中明确设定的处罚。如,××市政府发通告查禁违禁物品,高考期间公安局道路交通管理部门发通告实行交通管制等。

当然,由于两者均属于向公众告知事项的公文,相似之处也是显而易见的,这也是人们常常误用的原因所在。

第一,从性质上看,二者同属公布性公文。公布性公文无保密要求,一旦发出,往往口耳相传,家喻户晓。

第二,从行文方向上看,二者同属泛行文。发布范围广泛,行文方向泛化,它们的受文者主要是公众。如四川汶川、青海玉树地震,甘肃舟曲特大洪水泥石流灾难后,国务院均授权各媒体向全国发布"国务院公告",设立全国哀悼日并提出具体要求。公告一经发出,全国各单位、中国驻外大使馆、驻外中资机构举行各种悼念活动;同一时间各城市上空防空警报长鸣;无论是全国各族人民,还是海外华侨、各国留学生均响应国务院的要求,自发聚集在一起,用默哀、留言等各种方式表达对遇难同胞的哀思。

第三,从文体结构和写作要求上看,二者基本相同。标题均由发文机关、事由、文种构成,也可省略事由,仅写制发机关和文种;受文对象主要是面向公众,均不写主送机关;正文均由"发文缘由+事项"两部分构成。结尾均用固定用语"特此公(通)告"。由于公告和通告的受文对象主要是公众,他们的阅读和理解能力强弱不一,为了更好地达到使受文对象周知和执行的目的,要求行文用语比其他公文,甚至比一般应用文更通俗易懂,多用短句少用长句,必要时举例使要求更明确。如"××市人民政府关于电话号码启用八位制的通告"中对电话号码升位方法举例:"原'8'字头的电话号码首位后加'1',原'2'至'7'字头的电话号码在首位前加'8'。如,原号码为 8883088 的电话,升位后的号码为 81883088;原号码为 31233456 的电话,升位后的号码为 83123456。"这样,公众一目了然,很好地达到了行文目的。简言之,公告、通告的写作要求,可以概括为四句话:"事理周密无漏洞,条理清楚不啰唆,语言通俗不庸俗,文风严肃不做作。"

——资料来源:柯聪. 公告与通告的用法辨析[J]. 长江工程职业技术学院学报,2013(4).

技能实操

1. 病文修改

通　告

一、乘坐国内航班的旅客一律禁止随身携带液态物品。

二、旅客携带少量旅行自用的化妆品,每种化妆品限带一件。

三、来自境外需在中国境内机场转乘国内航班的旅客,其携带入境的免税液态物品应置于袋体完好无损且封口的透明塑料袋内,并需出示购物凭证。

四、有婴儿随行的旅客,购票时可向航空公司申请,由航空公司在机上免费提供液态乳制品;糖尿病患者或其他患者携带必需的液态药品,交由机组保管。

五、乘坐国际、地区航班的旅客,其携带的液态物品仍执行××航空总局××××年×月×日发布的《关于限制携带液态物品乘坐民航飞机的公告》中有关规定。

六、旅客因违反上述规定造成误机等后果的,责任自负。

本公告自公布之日起施行。

××民用航空总局
××××年×月×日

请指出这份实施方案存在的问题,并写出修改稿

2. 写作训练

××省人民代表大会常务委员会在 2015 年 6 月 10 日的第二十次会议上,审议通过了《××省人民大会常务委员会选举省人民代表大会代表办法》。××省人大会常委会的第 50 号公告予以公布,自公布之日起施行该办法。

请根据以上材料写一篇公告。

第四节　通　告

情境导引

这天,李强看到这么一则消息:央广网五台山 4 月 9 日消息(记者岳旭辉 李楠)记者 9 日晚从山西五台山风景名胜区人民政府了解到,五台山风景名胜区公安局交警大队于 3 月 5 日发布的《关于进山车辆实行管控的通告》,经过一段时间的试运行,发现给广大游客和当地

居民带来诸多不便,当地对此深表歉意。经研究,决定从 4 月 10 日零时起予以取消,待条件成熟后另行发布管控措施。(具体内容详见后文"学霸"见闻)

思 考

1. 为什么山西五台山风景名胜区人民政府取消《关于进山车辆实行管控的通告》?可以发布通告的机关单位有哪些?学校可以发布通告吗?
2. 制作通告时要注意哪些事项?

知识导航

一、通告的概念

通告适用于在一定范围内公布应当遵守或者周知的事项。它是一种直接面对公众的公文,一般采取张贴、登报、广播等形式,使公众知晓。

二、通告的特点

(1) 约束性。通告是在一定范围内公布的人们应当遵守或者周知的事项,它带有一定的约束性,要求相关单位或个人遵守或者执行。

(2) 业务性。指的是某个专门部门为专项业务而发的通告,常用于水电、交通、金融、公安、税务、海关等部门工作的办理事项。不少通告都具有鲜明的行业性特点,如税务局关于征税的通告,机动车管理部门关于机动车辆年度检验的通告,银行关于发行新版人民币的通告,房产管理局关于对商品房销售面积进行检查的通告等,都是针对其所负责的那一部分的业务或技术事务发出的通告。因此,通告行文中要时常引用本行业的法规、规章,也免不了使用本行业的术语、行话。

(3) 广泛性。通告的使用具有广泛性。不仅在机关单位内部公布,而且也向社会公布,内容可以涉及社会各个方面,各级机关、企事业单位、社会团体都可以使用。此外,通告的发布形式也是多样的,可通过报刊、广播、电视、张贴等形式发布。

三、通告的种类

按照用途,通告一般可以分为两种类型,即法规性通告和事务性通告。

(1) 法规性通告,主要指的是用于公布社会各有关方面应当遵守的事项。如公安部门发布的一些交通管制的通告,以及禁止私藏枪支、查处违禁物品等的通告。

(2) 事务性通告,主要指的是公布社会各有关方面应当周知的事项。如公安部门发布的车辆年检的通告,工商部门发布的企业注册、许可证年审的通告等。

四、通告的写作

通告的基本结构是,标题(+编号)+落款。通告的发布范围比较广泛,广开发布的通告,一般不写主送机关。

(一) 标题

通告的标题,主要有两种形式。一种是发文机关、事由和文种组成的,如《××市人民政府关于×××的通告》。一种是省略了事由,由发文机关和文种组成的,如《中华人民共和国公安部通告》《××市房地产管理局通告》。需要说明的是,如果通告的事情紧急,必须立即执行,发文机关可以在通告前加上"紧急"二字,引起人们的关注。

（二）编号

通告的编号主要有以下四种形式:①采用流水号,以此编排号码,如第×号或(第×号);②年份+流水号组成,并用圆括号标注,如:(2015年15号);③与其他党政机关公文相似,采用党政机关公文发布字号,其前提条件是该通告采用正式党政公文形式发布。④没有编号,该种往往用于刊登或者张贴的部分通告。

（三）正文

通告的正文内容,一般由发文缘由+通告事项+结尾三部分组成。

(1) 发文缘由通常是发布通告的依据、背景或者意义,然后用"现通告如下""特此通告"等惯用语,引出通告事项。

(2) 通告事项要写的具体明确。如果通告事项简短,内容较少的话,可以一段到底。如果通告事项内容较多,可采取分层次的做法。

(3) 结尾部分,有时会用"特此通告"等习惯用语;有时加上希望或者要求;有的规定实施日期"本通告自发布之日起实施";有时通告事项结束后自然收尾。

（四）落款

落款即发文机关署名、印章和日期。

五、通告写作的要求

(1) 通告的内容要一文一事,主旨明确。

(2) 通告有时带有一定的专业性,因此要注意尽量选择大多数人熟悉的行业用语。

(3) 通告的核心内容是通告事项,因此事项部分的表述一定要明确具体,让人一看就懂,避免杂乱啰唆。

六、文种辨析

上海某报纸广告栏上刊登了几个高校的招生广告,标题分别是《上海××学院艺术系招生通告》《上海××学院联合招生通知》《浙江××大学招生启事》。同样是招生,为何会出现三种不同的标题,究竟哪一个标题是正确的呢?

通告,通常是向在一定范围内公布应当遵守或者周知的事项。向社会公众发布通告的单位,一般是政权机构或行政部门。而上海××学院在报纸上向广大人民群众发布招生通告,显然是不合适的。

通知,主要用于上级机关告知下级机关或有关人员一定的事项。通知的对象,总在一定范围之内。上海××学院可以向其所属的单位和人员发通知,不适宜在报纸上向全社会广大群众发通知。

而启事指的是单位或者个人有需要公众了解的事项,协助解决的问题,公开向公众说明,以寻求参与、配合或帮助的文体。启事通常贴在公共场所或刊登在报纸、刊物上。因此,大学招生只能用启事。

范文导读

××公司××××有限责任公司关于兼并经营的联合通告

为了促进经营的合理化,经双方认真论证和商定,并报请有关主管部门批准,双方同意兼并,并以××公司为存续公司、××××有限责任公司为解散公司。现将有关事项通告如下:

兹定于××××年××月××日为兼并日。

自兼并之日起,××××有限责任公司的一切权利、义务和债务,悉由××公司(存续公司)承担。

依公司法规定,凡××××有限责任公司的债权债务人,如有异议,请在本通告之日起三个月内提出,逾期提出视为无效异议。

特此通告。

××公司(印章)　××××有限责任公司(印章)
××××年×月×日

这是一篇企业事务性通告。文章以主旨句直陈行文目的,并对有关行文背景作了交代,然后,以文种承启语导出三项通告事项。文章以通告惯用语"特此通告"作结。全文文字精简,庄重明白,事项排列合乎逻辑,是短小精悍的优秀通告。

"学霸"见闻

一则通告引发的思考

2015年4月9日,五台山风景名胜区人民政府发布《五台山风景名胜区人民政府公告》,决定取消五台山风景名胜区公安局交通警察大队于2015年3月5日发布的《关于对进山车辆实行管控的通告》。这则3月5日出台、4月1日正式执行的五台山风景名胜区"禁车"通告就此废止了。那么,这则朝令夕改的政府通告为何实施仅9天就中途流产了?我们先来看一看这则通告。

五台山风景名胜区公安局交通警察大队
关于对进山车辆实行管控的通告

为规范五台山风景名胜区交通秩序,确保景区道路安全、畅通、有序,根据五台山风景名胜区人民政府《关于规范交通秩序强化道路安全的决定》(台景政发〔2015〕7号),对进入五台山风景名胜区的各类车辆实施交通管控。具体事项通告如下:

一、五台山风景名胜区南、西、北三个入山收费站以内的道路为交通管控区域。来山游客的自驾车辆须按规定停放在入山收费站换乘区停车场,游客进入景区或游览景点须乘坐旅游观光车。

二、景区内机关、企事业单位、村庄、宾招、寺庙、学校、经营商户等所有单位及人员的自用车辆,持景区调度指挥中心核发的车辆入山通行证,经入山管理部门查验后方可进入景区,所乘人员须按入山管理部门规定办理进山手续。

景区公安交通管理部门要负责统计核查景区内机关、企事业单位、村庄、宾招、寺庙、学校、经营商户等所有单位及人员的车辆信息,保持现有车辆总量不变。以上单位及人员如需新增车辆,须经五台山车辆交通管控领导组审批后方可购置,否则所购车辆不予核发入山通行证。

三、执行公务的车辆,持本单位介绍信与发生公务关系的部门取得联系,经景区调度指挥中心批准,在景区入山收费站公务窗口办理登记手续,经入山管理部门查验后方可进入景区。

四、执行勤务的公安、部队、消防、医疗急救、市政抢修、抗震救灾、银行、邮政、新闻采访,以及运输鲜活农产品等车辆,持有效证件经入山管理部门查验后方可进入景区。

五、持旅行社与景区观光车公司签订的协议、派团单和带团导游证等有效证件的16人以上(含16人)团队游客车辆,老弱病残孕及婴幼儿等特殊人群乘坐的车辆,须提前预约,凭在入山服务窗口办理的车辆预约通行单和所购票证等,经入山管理部门查验后方可进入景区,但车辆进入景区后须停放在下榻住所或指定停车场,出行须换乘观光车。

六、景区内货运车、农用车(运载非农用产品)、拖拉机等车辆实行限时通行(禁行时间:6:00~20:00)。摩托车、黄标车全天禁行。

本通告从2015年4月1日起执行。

特此通告。

五台山风景名胜区公安局交通警察大队(印章)
2015年3月5日

这则通告之所以引起社会广泛关注乃至争议,主要在于其内容不合规范。这表现在以下几个方面:

其一,通告内容不符合国家的法律、法规。《党政机关公文处理工作条例》(下简称《条例》)规定:公文草拟应当做到"符合国家法律法规和党的路线方针政策。完整准确体现发文机关意图,并同现行有关公文相衔接"。到目前为止,国家还没有出台禁止公民驾车进入风景名胜区的法律,国务院也没有制定禁止公民车辆在风景名胜区通行的行政法规。既然国家法律、法规没有禁止公民驾驶车辆进入风景名胜区,按照"法不禁止即可为"原则,驾车进入风景名胜区就应视作是合法的。这样看来五台山风景名胜区的"禁车"通告,确与国家法律精神不一致。

其二,通告内容损害了群众利益。"规范五台山风景名胜区交通秩序,确保景区道路安全、畅通、有序"是这份通告出台的目的。为了达到这一目的,通告提出了六条具体措施。第一条规定了"交通管控区域",要求"来山游客的自驾车辆须按规定停放在入山收费站换乘区停车场","游客进入景区或游览景点须乘坐旅游观光车"。第五条对第一条作了补充,规定团队游客车辆、老弱病残孕及婴幼儿等特殊人群乘坐的车辆,须提前预约,并"凭在入山服务窗口办理的车辆预约通行单和所购票证等方可进入景区"。第二条对景区内"所有单位及人员的自用车辆"作了规定,强调要"持入山通行证方可进入景区"。第三条和第四条对"执行公务的车辆"进入景区作了具体规定。第六条针对景区内货运车、农用车、拖拉机等车辆和摩托车、黄标车分别做出了实行限时通行和禁行的规定。这则通告从表面上看似乎兼顾了不同群众的需求,而实际上却侵犯了大部分群众的合法权益。因为限制了公民自由驾车出行的权利,必然会损害群众的利益。事实上,无论游客还是景区内居民,都对管控措施存有不同程度的抵触情绪。甚至有数千当地居民前往风景名胜区政府请愿。五台山风景名胜区人民政府在4月9日发布的公告中,承认这一"禁车"通告"给广大游客和当地居民带来诸多不便",并为此"深表歉意"。

其三,通告的部分条款缺乏可行性和可操作性。这则"禁车"通告,规定对"五台山风景名胜区南、西、北三个入山收费站以内的道路"区域实行交通管控,其可行性值得怀疑。此外,对景区内货运车、农用车(运载非农用产品)、拖拉机等车辆实行"限时通行"(禁行时间:6:00～20:00);而对"摩托车、黄标车全天禁行"。后来这份通告流产的命运恰恰说明了该规定缺乏可行性和可操作性。

由于内容上的诸多问题,这则受到人们批评的"禁车"通告仅施行9天就被废止了。这则"短命"通告的流产,也带给我们的公文制作者一些思考:

第一,发文一定要慎重。公文是治国理政的重要工具,对国家的经济、政治、军事、文化具有重要影响。《条例》第十三条明文规定:"行文应当确有必要,讲求实效。"这就明确了行文的必要性原则,强调了发文必须着眼于解决实际问题。公文写作主体制发公文要坚持"确有必要"原则,如果没有特别的需要,或不能解决实际问题,就不可轻易发文。坚持慎重发文,坚决杜绝可发可不发的公文,有利于克服公文处理上的官僚主义、形式主义和文牍主义。

第二,要提高领导者的理论水平、政策水平和管理水平。制作公文是一项理论性、政策性、法律性很强的工作。在实际工作中,常有制作者因不能透彻理解国家的大政方针、不熟悉国家的法律法规而制发出违反政策违背法律的公文的情况。这除了与公文草拟者的素质有关,还与领导者缺乏对公文制作工作的指导有关。《条例》规定:"机关负责人应当主持、指导重要公文起草工作",这就明确了领导者对公文制作工作的领导责任。各级党政机关的负责人应把制文工作当作一项重要工作来抓,加强对公文制作的指导和监督,防止制发的公文出现政治性和政策性偏差。这要求领导者具有较高的理论水平、政策水平和管理水平。从某种意义上说,领导干部的理论政策水平和管理水平决定了公文的质量。

第三,公文起草人员要重视调查研究,提出可行的"对策"。《条例》第十九条规定,起草公文要坚持"一切从实际出发,分析问题实事求是,所提政策措施和办法切实可行";"深入调查研究,充分进行论证,广泛听取意见"。公文写作者起草公文,要切实遵守这一规定,遵循客观事实,提出切实可行的政策措施和办法,使所发公文有的放矢、切实可行。近年来,一些"红头文件"因提出的意见、要求、措施、办法存在问题而受到诟病,如山东省某区人民政府曾下发了《关于促进房地产业加快发展的意见》,要求全区副科级及以上现职干部每人至少销售一套住房,完不成任务的,按比例从所在单位已认定的全年招商引资额中扣减。湖北省某市曾出台文件,要求全市各部门全年完成总价达200万元的当地一种名酒的喝酒任务。黑龙江省某市《关于贯彻执行黑龙江犬类管理规定的通告》规定:"任何人如果被发现带着狗出现在禁养区的公共场所,不仅狗要被杀,狗主人还要被处以200元以下罚款。"这些红头文件提出的意见、要求、措施、办法因不切合实际,没有可操作性。或者决策错误,损害了群众合法权益,所以文件一出台就引发质疑,很快被撤销停止执行。公文写作者应引以为戒,在起草公文时坚持一切从实际出发,深入调查研究,充分论证,广泛听取各方意见,以增强公文的针对性、可行性、可操作性。

第四,审核人员要加强责任意识,把好公文审核关。核稿是公文处理中的关键环节之一,对提高公文质量意义重大。《条例》第二十条明文规定:"公文文稿签发前,应当由发文机关办公厅(室)进行审核。"审核的重点之一是"内容是否符合国家法律法规和党的路线方针政策;是否完整准确体现发文机关意图;是否同现行有关公文相衔接;所提政策措施和办法是否切实可行。"可见,制发公文是一项非常严肃的事情,这种严肃性不仅体现在公文的形式上,更体现在公文的内容上。办公厅(室)的审核人员应该加强责任意识,从内容和形式两方面认真审核,不能有丝毫的马虎。只有审核人员把好公文审核关,才能确保公文主旨正确、依据真实、措施可行。

——资料来源:宋文志. 由"禁车"通告的流产所想到的[J]. 秘书之友,2015(5).

技能实操

1. 病文修改

××县航运管理所航行通告

各航运有船单位:

(一)施工日期:自×××年一月二十五日至三月三十一日止,时间六时至十九时。

(二)施工地点:××市建工局××处江湾供应站××路堆栈码头。

(三)锚泊位置:挖泥船艏、艉锚抛向上、下游各一百米,八字开锚抛向对岸六十米,开锚设有红、白浮标。

(四)注意事项:1. 挖泥船按规定显示信号,加强值班瞭望,随时采取安全措施,锚泊区域内禁止其他船舶停靠;2. 航经挖泥地段的船舶应离挖泥船三百米处鸣笛一长声以便挖泥船松缆让航,然后慢速通过,在挖泥区域内严禁追越,以策安全。3. 如因气候影响则顺延,工程结束后不再另行通告。

二〇一五年一月二十一日

请指出这份通告存在的问题,并写出修改稿。

2. 写作训练

××供电局 2012 年 4 月 16 日发布一项通告。这份通告针对××市连续发生冒充供电局工作人员拆剪线路、拆卸用户电表以及对用户随意停电、断电和进行敲诈勒索等行为,致使电表被盗、电线被剪切以及私接乱拉现象严重,情节十分恶劣。这次事件,给用户造成了经济损失,生活上带来不便,破坏了××供电局的声誉和供用电双方的关系。所以,××供电局特拟作如下通告:关于供电局工作人员上门对用户进行拆装电表、剪接电线、抄表收费、监督用电、修理电器等业务服务时的着装有统一要求:一律为蟹青色军干装电业标志服,佩带闪电帽徽,并随身携带工作证。希望各机关、团体和居民用户要提高警惕,并协助××供电局做好供电工作,严防不法分子扰乱、破坏。对揭发或抓获冒充××供电局的群众表示感谢,并给予一定的物质奖励。

请根据上述材料,拟写一份通告。

第五节 意 见

情境导引

李强自从进入公司后,一直勤勤恳恳地工作。这几天,他随着公司经理和公司销售部人员参加了一个总公司汽车销售经验交流会。回来后,经理召开会议,与会人员围绕着参加这次经验交流会纷纷提出自己的感想和看法。经过认真的讨论和协商,公司就下一步的销售工作提出了一整套计划。但其中有些涉及总公司,需要总公司的配合才能完成。

会后,经理让李强给总公司写一份意见,就公司新的销售计划中需要总公司配合的地方提出建议。建议应根据本次会议的讨论内容,提出具体见解和解决办法。

李强纳闷地望着经理,反问道:"咱们给总公司写意见?还要告诉他们解决办法,这合适吗?总公司可是咱们的上级呀。"

思 考

1. 你认为李强的质疑有道理吗?
2. 下级可以给上级提意见吗?

知识导航

一、意见的概念

意见"适用于对重要问题提出见解和处理办法"。意见在行文方向上既可用作上行文、下行文,又可作平行文。意见文种强调"提出见解和处理办法",在行文中不能只提问题,而是要对重要问题在分析的基础上有所见解,要有解决、处理的办法。

二、意见的特点

(一)内容的多样性

意见既可以对工作做出指导、提出要求,又可以对工作提出建议,或者对工作做出评估、提出批评。它主要用于党政机关,但也可用于人民团体、企事业单位;既可用于上级,又可用于下级甚至基层组织。

(二)行文方向的多向性

意见既可以用作上行文,提出工作建议和参考意见;也可以用作下行文,表现主张,做出计划,阐明工作原则、方法和要求;还可以用作平行文,就某一专门工作向平行的或者不相隶属的有关方面做出评估、鉴定和咨询。

(三)内容的针对性

意见的制发往往是针对工作中急需解决的问题或者必须克服的倾向,因此它提出问题要及时,分析问题要结合实际,提出见解、办法要对症下药,具有可操作性。

(四)作用的多样性

有的意见具有指导、规范作用;有的具有建议、参考作用;有的具有评估、鉴定作用。

三、意见的种类

按照行文方向,意见主要分为以下几种。

(1)上行意见:是下级机关向上级机关就某重要问题发表自己的见解或提出处理问题的办法,以供上级机关决策参考。如《××关于节约使用办公用品爱护办公用具的意见》。

(2)下行意见：是上级机关心全局，对重要问题提出见解和处理办法，供下级机关更好理解落实，采取得力措施去贯彻执行的意见。具体又可分为以下几种。

规划性意见：规划性意见是对某一时期的某一方面的工作提出的大体构想。如《××关于××民营科技园区发展意见》。

实施意见：实施意见一般是为贯彻落实某一重要决定或中心工作所制定的实施方案。如《××关于××城区拆违工作实施意见》。

具体工作意见：对如何做好某项工作提出意见，所涉及的内容比较具体，有时还会有一些可操作性的办法、措施等。例如《××关于继续做好公路养路费等交通规费征收工作的意见》。

(3)平行文意见：就平级机关或不相属机关某重要问题提出建设性意见和可行性处理办法的行文，仅供对方参考。例如《××省人民政府办公厅关于加强嫩江松花江近期防洪建设若干意见修改的意见》。

四、意见的写作

意见一般由标题＋主送机关＋正文＋落款组成。

（一）标题

标题一般由发文机关、事由和文种组成，如《国务院办公厅关于全面加强和改进学校美育工作的意见》《国务院关于全面建立困难残疾人生活补贴和重度残疾人护理补贴制度的意见》。有时标题中文种名称可以根据实际需要加上必要的修饰成分，如"指导意见""若干意见""实施意见""处理意见""参考意见"等，如《国务院关于建立健全粮食安全省长责任制的若干意见》《国务院办公厅关于加快电动汽车充电基础设施建设的指导意见》等。

（二）主送机关

绝大多数意见都有主送机关。上行、平行意见，通常写一个主送机关；下行意见，有时是一个，有时是多个。

（三）正文

意见的正文内容，一般由意见缘由＋意见事项＋意见结语三部分组成。

(1)意见缘由：即开头部分，一般简明扼要地说明行文的原因、依据、背景、目的或者意义等，回答"为什么提意见"。然后用"现提出以下意见""现制定意见如下"等过渡句引出下文。

(2)意见事项：就是对有关问题或者某方面工作提出的见解、意见或者解决的方法。一般按照"提出问题——分析问题——解决问题"的结构统领正文。撰写时要注意三点：一是全面系统。二是准确具体。三是层次分明。在意见的行文中，一般既有工作的基本原则，又有具体的政策措施，撰写时应当分层叙述，不宜交织进行。

(3)意见结语：有的意见是意见事项结束之后自然结尾，有的意见以"以上意见供领导决策参考""以上意见供参考"等结尾。如果报请上级审定后需要转发至更大的范围执行的意见，常用"以上意见如无不妥，请批转……执行"等习惯用语。

（四）落款

落款即发文机关署名、印章和成文日期。有些意见将发文机关署名和成文日期置在标题下面。

五、意见写作的要求

（1）在文种的选择上，不是"重要问题"不得采用意见。

（2）目标要明确。由于意见具有多属性质，可上行、下行、平行，因此在制发意见前，应确立目标，弄清楚针对什么问题，达到什么目的。上级机关就亟待解决的重要问题，可以提出原则性要求，阐明处理问题的具体办法；下级机关就面临的重要问题，可以提出工作见解和可行性建议；不相隶属机关就需要协调的重要问题，可以提出供对方参考的意见。

（3）要注意语言得体。上行时，语气宜温和谦恭；平行时，语气应平和温婉；下行时，语气应果断诚恳。

范文导读

国务院办公厅关于全面实施城乡居民大病保险的意见

各省、自治区、直辖市人民政府，国务院各部委、各直属机构：

城乡居民大病保险（以下简称大病保险）是基本医疗保障制度的拓展和延伸，是对大病患者发生的高额医疗费用给予进一步保障的一项新的制度性安排。大病保险试点以来，推动了医保、医疗、医药联动改革，促进了政府主导与发挥市场机制作用相结合，提高了基本医疗保障管理水平和运行效率，有力缓解了因病致贫、因病返贫问题。为加快推进大病保险制度建设，筑牢全民基本医疗保障网底，让更多的人民群众受益，经国务院同意，现提出以下意见。

一、基本原则和目标（略）

二、完善大病保险筹资机制（略）

三、提高大病保险保障水平（略）

……

七、强化组织实施（略）

……

人力资源社会保障、卫生计生部门要加强对各地实施大病保险的指导，密切跟踪工作进展，及时研究解决新情况新问题，总结推广经验做法，不断完善大病保险制度。加强宣传解读，使群众广泛了解大病保险政策、科学理性对待疾病，增强全社会的保险责任意识，为大病保险实施营造良好社会氛围。

国务院办公厅
2015 年 7 月 28 日

这是一份国务院办公厅关于全面实施城乡居民大病保险的意见。标题由发文机关、事由和文种三个要素组成。正文开头简明扼要地写明意见的背景、根据、目的，以"经国务院同意，现提出以下意见"过渡下文；主体部分从七个方面提出了要求，内容具体，条理清晰，便于下级机关遵照执行。

"学霸"见闻

"意见"与其他公文的区别

在15种党政机关公文中,从广义上看,"请示""报告""通知""函"等都有提出见解和处理办法的作用,但与"意见"有明显的区别,都不能替代"意见"的独特作用。

1. "意见"作为上行文时与"请示""报告"的区别

1) "意见"与"请示"的区别

（1）内容涉及范围不同。"请示"一般只针对本单位内部问题而不涉及其他单位。"意见"则可以对超出本单位职权范围的问题提出见解和处理办法。

（2）行文动机不同。"请示"一般是针对具有明确审批权限的事项,本单位职权范围内不能决定或解决不了的事项,或者由于意见分歧需要上级机关裁决的问题等,基本属于被动行文。"意见"涉及的则是事关全局的普遍性问题,就重点、难点、热点问题提出处理办法供领导参考,多数情况下是主动行文。

（3）行文目的不同。"意见"重在为上级机关献计献策,供上级机关参考。"请示"是为了说服上级机关批准本机关的某一请示事项,或者是说明原因与情况,请求上级机关就工作的原则和方法给予指示。

2) "意见"与"报告"的区别

"报告"适用于"向上级机关汇报工作,反映情况,答复上级机关的询问"。一方面,虽然都是针对某一问题而言,但是"报告"主要是在事后或者事中形成,是反映情况,答复询问,如《铁道部关于193次旅客快车发生重大颠覆事故的报告》就是在事故处理过程中形成的。"意见"则主要是提出见解和处理办法。另一方面,从办理要求来讲,"报告"只要求传阅,如果确有必要也可以转发,而对于下级机关呈送的"意见",上级机关一般应做出处理或给予答复。

2. "意见"作为下行文时与"通知"的区别

"意见"作为下行文时,"文中对贯彻执行有明确要求的,下级机关应遵照执行;无明确要求的,下级机关可参照执行。""意见"主要涉及的是下级机关工作中带有全局性、方向性的重要问题,上级机关一般都是从宏观上提出一些原则性要求。"通知"的主要作用之一是传达上级机关要求下级机关具体办理或有关单位需要共同办理的事项。与"意见"相比,这类"通知"的指令性、规定性、可操作性更强一些。

3. "意见"作为平行文时与"函"的区别

"意见"作为平行文时,"提出的意见,仅供对方参考"。

（1）针对内容不同。"函"涉及的是具体事务性问题,"意见"则是针对重要问题而言。

（2）答复方式不同。"函"的目的一般是就某一事项请求对方协助解决、办理或批准,对方以"复函"答复;"意见"则重在就有关重要问题提出见解和处理办法,请对方参考,对方以"意见"或者以"通知"转发,比如《××市人民政府办公室转发市政管理局关于组织开展20××年雨季前房屋安全大检查工作意见的通知》。

（3）行文范围不同。"函"主要是"商洽工作,询问和答复问题,请求批准和答复审批事项"。而"意见"使得平行机关和不相隶属机关之间可以就某些问题提出见解和建议,有利于共谋发展。

综上所述,"意见"被列为法定文种,无论从其适用范围来讲,还是从其自身特点而言,都有其他文种不可替代的作用。坚持"意见"的法定地位,有利于促进社会政治文明的进步,有利于促进公文的规范化适用。

——资料来源:吴凤敏,张徐迟."意见"的不可替代性[J].秘书,2009(2).

技能实操

1. 病文修改

××××分行关于对基层营业机构进行调整的意见

×××××:

针对全省基层营业机构的经营状况,为适应商业银行经营管理的要求,优化资源配置,提高经营效益,根据总行确定的办行经营思想、市场定位及创新组织体制的要求,现提出如下实施意见调整优化基层营业机构的工作。

一、指导思想和原则。(略)

二、调整范围和形式。(略)

三、方法步骤。(略)

四、有关要求。(略)

二〇一五年三月十五日

请指出这份意见存在的问题,并写出修改稿。

2. 写作训练

请以下面一则新闻报道为背景材料,写一份加强党政干部作风建设的意见。其中见解和处理办法要合情合理,切实可行。

江西官员开会迟到遭省长当场批评:耽误多少事

在4月1日召开的全省防汛工作电视电话会上,省长鹿心社对某厅局负责同志迟到一事,当场提出批评:开这么重要的会,为何迟到?倘若是在抢险救灾,这迟到15分钟要耽误多少事啊!省长一席话直截了当,不避不绕,戳到了作风问题的痛处,令人警醒。

省长批评开会迟到现象,并非小题大做。会风体现作风,作风反映一个干部对待工作的态度。一些地方、一些场合,会风懒散现象依然存在。古人说"持身要严""一处弛则百处懈",说的就是律己的重要性。只有心存敬畏、慎独慎微、勤于自省,才能把作风建设不断引向深入。

转变作风,唯有严字当头、实处着力。中央强调的"三严三实",是修身正心的重要守则,是干事创业的行动准则。今年全国两会期间,习近平总书记在参加江西代表团审议时,对江西工作提出了"一个希望、三个着力"的重要要求,为我们进一步做好各项工作指明了方向。加快推动我省经济社会发展,实现与全国同步全面建成小康社会,"着力推动作风建设"是重要保障。领导干部必须把加强作风建设摆在极端重要的位置,以锲而不舍、驰而不息的决心和毅力,使作风建设要求真正落地生根。

第六节 通 知

情境导引

经过一段时间的学习,李强对公文的熟悉也日益加深。2015年9月26日这一天,李强刚一上班,领导就对他说:"马上要国庆放假了,你根据国务院下发的文件,拟写一份单位的放假通知。通知中要各部门注意安全。"

思 考

1. 什么情况下需要用到通知?
2. 拟写放假通知,哪些要素是必不可少的?

知识导航

一、通知的概念

《条例》规定:通知"适用于发布、传达要求下级机关执行和有关单位周知或者执行的事项,转批、转发公文"。

二、通知的特点

(1) 应用的广泛性。通知的使用范围非常广泛。在发文机关方面,上至最高的行政机关,下至基层单位,都可以用通知行文;在内容方面,大到全国性的重大事项、行政法规,小到单位内部告知一般事项,都可用通知行文。

(2) 内容的周知性。通知的功能十分明显,即有周知性。通知用于传达信息、告知事项,或要求办理、遵照执行,因此具有周知性。但是,要明确认识的是,通知只对主送机关范围中的对象有周知性。

(3) 明确的指导性。通知在发布规章、布置工作、转发文件时,都明确阐述处理问题的原则和具体措施、方法,如需要做什么事、怎么做、达到什么要求等。这说明通知具有指导功能。

(4) 明显的时间性。在党政机关公文中,通知的时间性是非常强的,通知事项或要求办理的事情,往往都有很强的时间要求,有的通知,如会议通知,只在指定的时间内有效。

三、通知的种类

1. 发布性通知

发布性通知主要是用于发布一些行政法规、规章制度、办法、措施等。当这些文件不适宜用命令(令)发布时,往往用通知行文,标题中常常出现"印发"两字。如《国务院关于印发促进大数据发展行动纲要的通知》《国务院关于印发三网融合推广方案的通知》。

2. 批转性通知

批转性通知主要指的是上级机关根据工作需要和本机关的职权范围,批准并转发下级机关的公文。上级机关所批转的公文必须是来自所属的下级机关的,被批转的公文是通知正文的一部分。如《国务院批转发展改革委关于2015年深化经济体制改革重点工作意见的通知》。通知的发文机关是国务院,其下发的通知文件是发展改革委制定的《关于2015年深化经济体制改革重点工作意见》,而发展改革委是国务院的下属单位,因此用批转性公文。再比如《国务院关于批转财政部权责发生制政府综合财务报告制度改革方案的通知》。

3. 转发性通知

转发性通知主要指的是用于转发上级机关、平级机关和不相隶属机关的通知,例如《××省人民政府转发国务院关于加强出入境中介活动管理的通知》(转发上级机关的文件);《国务院办公厅转发国务院体改办等部门关于城镇医药卫生体制改革指导意见的通知》(转发平级机关的文件);《××省人民政府办公厅转发省政协办公厅关于贯彻省有关发展个体私营经济的〈决定〉、〈条例〉情况的调查和建议的通知》(转发不相隶属机关的文件)。

批转文件与转发文件的区别在于所转发的文件来源不同。对于下级机关的文件,应加以批准、认可然后转发下去;对于上级机关、平级机关和不相隶属机关的文件则无权批准,只起传达作用。

4. 指示性通知

指示性通知又称布置性(部署性)通知,工作通知。是上级机关对下级机关布置任务、指示和安排工作时使用的一种下行文。其内容是布置任务、部署工作、交代方法、阐明原则,指导性较强。如《国务院关于加强出入境中介活动管理的通知》《××市人民政府关于实行住房货币分配有关问题的通知》《××市人民政府办公厅关于开展全市安全生产大检查的通知》。

5. 告知性通知

告知性通知又称知照性通知。主要用于向有关单位或群众告知某件事件,转达信息,交代事项时使用。如《国务院办公厅关于国庆节放假的通知》。

6. 任免通知

任免通知是任命或者免除工作人员职务的一种通知。如《××市人民政府关于任免××等同志职务的通知》。

7. 会议通知

会议通知指的专门为召开会议而发布的通知。会议通知一般要求交代召开会议的目的、意义、时间、地点、主要内容、参会人员以及对与会者的要求。

四、通知的写作方法

通知一般由标题+主送机关+正文+落款组成。

(一)标题

(1)通知的标题可采用完全式,写明发文机关、公文主题和文种,以示庄重,如《国务院办公厅关于加强旅游市场综合监管的通知》。如果标题字数过多,可省略发文机关名称,使标题获得语言简练、主题突出的效果,如《关于2016年3月国债、财政部代办兑付的地方政府债兑付兑息有关事宜的通知》。对公文主题的揭示,应当力求准确、简明、概括。需要强调的是,通知的省略式标题不能省略事由。

(2)标题的文种名称前面加说明文字。在下列三种情况下,均可在标题的文种名称前加上一定的说明性的文字。

① 通知的事项十分紧急,可加"紧急"二字,如《关于加强灾后防疫工作的紧急通知》《关于认真做好中纪委、中组部换届风气督导组来我县开展督导工作有关事项的紧急通知》。

② 通知是由多个机关单位联合发出,可加"联合"二字,如《××市税务局等部门关于开展税收财务物价检查工作的联合通知》。

③ 继前一段公文发出后因故须再发一个补充通知时,通常将"补充"二字写在文种名称前,如《关于2016年重点工作安排的补充通知》。

以上所述只是公文标题写作的一般要求,批转、转发通知的标题,下文详细说明。

(二)主送机关

通知均应标明主送机关,以利于通知事项、要求的办理、执行。

主送机关的名称一般用全称,也可用规范的简称。如主送机关为多个同类型机关,则用其统称。如市级机关向下一级多个同类型机关发文,其主送机关就写成"各区、县人民政府,市级各部、委、局,各直属机构"。不可用笼统不明的泛称,如"各有关单位"。

(三)正文

批转、转发性通知的正文内容有比较固定的格式,后文专门讲述。一般通知正文内容的结构是:发文缘由+通知事项+结尾。

1. 发文缘由

发文缘由这一层通常以一个自然段完成:或简述形势、背景、基本情况;或直接点明通知的根据、原因及目的;或对通知主要内容作"导语"式的概述。段末往往采用"现将有关事项通知如下""现作如下通知""特通知如下"之类的语句作为段落过渡语承上启下。

2. 通知事项

通知事项是正文的主体和实体部分,是对通知内容进行具体阐述。这一层次的写作必须要求明确,交代具体。其基本构成是:布置任务,阐明工作原则,拟订方法措施,交代注意事项。通知事项简单,可采用一段式。通知事项较多时,可采用条款式。

3. 结尾

结尾通常用以提出本通知的执行要求。执行要求有三种写法:务实型、务虚型和套语型。

(1)"务实型"要求是落实办理具体事务的执行要求,这一类型的结束语,是将执行要求单独列出,然后分条列陈阐述。

(2)"务虚型"要求则是以发出号召、提出希望、加以强调的形式,对本文件的执行做宏观的大原则的要求。如《关于在小学减轻学生过重负担的紧急通知》,其结束语"各地要立即行动起来,采取有效措施,其实把小学生的过重负担减下来。同时,要遵照本《通知》精神,做好减轻中学生过重负担问题",提出的就是务虚型要求。

(3)"套语型"要求的写法是以模式化的结尾语表明执行要求及方式,如"以上各点,望遵照执行""请认真贯彻落实"或"参照执行"之类。

（四）落款
落款即发文机关署名印章和日期。

五、不同类型通知的写法

（一）发布性通知的写作
发布性通知，主要由标题＋主送机关＋正文＋落款组成。

1. 标题

发文机关＋关于＋印发＋文件名称＋的通知，例如，《国务院办公厅关于印发2015年食品安全重点工作安排的通知》《国务院办公厅印发关于县级公立医院综合改革试点意见的通知》。

2. 正文内容

正文主要有两种形式。

（1）要发布的文件已经……同意，现印发给你们，请结合实际，认真组织实施。例如："《2015年食品安全重点工作安排》已经国务院同意，现印发给你们，请认真贯彻执行。"

（2）现将文件印发给你们，请认真贯彻执行。例如："现将《服务业发展'十二五'规划》印发给你们，请认真贯彻执行。"

3. 落款

发文机关署名、印章和成文日期。

4. 附注

附注注明所要发布的文件。发布性通知，附带文件已经成为固定形式。附件原文置于公文正文后。如《国务院办公厅关于印发2015年食品安全重点工作安排的通知》，其中，《2015年食品安全重点工作安排》就是附带的文件，也是通知内容的一部分。

（二）批转性通知
批转（转发）性通知的结构，也主要是标题＋主送机关＋正文＋落款组成。

1. 标题

标题由发文机关＋批转（转发）原发文机关文件＋通知组成。在写这类通知的标题时，要注意以下几点。

（1）当发文机关的级别大于原发文机关时，标题中要用批转两字。当发文机关级别小于原发文机关或者与原发文机关处于同级或者不相隶属机关时，则用转发两个字。例如：《国务院关于批转交通运输部等部门重大节假日免收小型客车通行费实施方案的通知》，其中，通知的发文机关是国务院，被批转的公文的发文机关是交通运输部等部门，国务院的级别高于交通运输部，因此公文标题用"批转"两个字。《国务院办公厅转发教育部等部门关于做好进城务工人员随迁子女接受义务教育后在当地参加升学考试工作意见的通知》，由于国务院办公厅与教育部同属于国务院的下属部门，因此用"转发"性公文。

（2）当被转的公文是通知时，标题只需保留一个通知，即"发文机关转发（原发文机关）原通知标题"，例如《广东省教育厅关于转发教育部关于加强中小学网络道德教育抵制网络不良信息的通知的通知》，就要改写成《广东省教育厅转发教育部关于加强中小学网络道德教育抵制网络不良信息的通知》。

（3）如果是多层转发的公文，可以省去中间过渡的机关，直接写本机关转发原始发文机关及其原通知标题，在正文中说明转发情况。如果被转发的公文是几个单位联合行文，可以保留主办单位的名称，后面加"等单位"或者"等部门"。例如，《××大学关于转发××省人力资源社会保障厅、教育厅、财政厅关于转发人力资源和社会保障部、教育部、财政部关于开展高校毕业生就业推进行动的通知的通知的通知》，可简化为《××大学转发人力资源和社会保障部等部门关于开展高校毕业生就业推进行动的通知》。

2. 正文

正文与发布性通知比较相似，主要有两种：①上级机关同意……（文件），现转发给你们，请认真贯彻执行。②……（文件）已经……（上级机关）同意，现转发给你们，请认真贯彻执行。

3. 落款

落款即发文机关署名、印章和成文日期。

这类通知，同发布性通知一样，附带文件已经成为固定形式。附件原文置于公文正文后。

（三）会议通知

会议通知有两种形式。①通过文件传递渠道发出的通知，一般要写明——召开会议的原因、目的、会议名称、主要议题、会议时间与地点、报到时间与地点、到会人员、到会者需准备的材料、差旅费报销方法、联系单位、联系人与联系方式，有的通知还附上会议日程安排等。②供机关、单位内部张贴或者广播的会议通知，可不写受文对象，在正文中写清楚会议时间、地点、会议内容、参会人员以及准备的材料等。

（四）任免通知

任免通知的写法比较固定，标题一般是《××关于……任职的通知》或者《××关于……职务任免的通知》。如《上海市人民政府关于徐志虎同志任职的通知》《北京市人民政府关于孙文锴和王孝东同志职务任免的通知》。正文一般是任免决定＋任免对象，"经……研究决定，任命……为……"。

六、文种辨析

通报和通知都有告知性特点，但适用范围、目的要求、表达方式都有所不同。

（1）适用范围不同。通知用于批转和转发文件，任免和聘用干部，告知需办理和周知的事项等一般工作；通报则仅仅用于表彰先进，批评错误，传达交流重要情况这3项重点工作。

（2）目的要求不同。通知的目的是告知事项，布置工作，部署行动，有严格的约束力，要求受文机关遵照执行；通报的目的不在贯彻执行，而是通过正反两方面的典型教育人们，或通过传达重要精神和情况引起人们的注意，而没有具体执行的事项。

（3）表达方式不同。通知的写作主要采用说明，告知人们做什么，怎样做；通报则兼用叙述、议论和说明等表达方式。在叙述先进事迹或者错误事实、陈述情况时用叙述；在对事实做分析评述或提出希望、号召时用议论，在公布表彰或奖惩决定、意见时用说明。

七、通知的写作要求

（一）下发切忌随意

由于发布通知是要求所属单位贯彻执行或者周知的，它的目的在于指导和推动工作得以深入开展，因此，要注意发布的必要性，讲求实效，严禁随意滥发。

（二）内容明确具体

各种通知的通知事项和执行要求都必须写得明确具体，以利于受文者的理解和执行。这一要求也体现在标题的拟写上，作为法定公文的通知的标题不宜省略"公文主题"部分，以使读者一目了然。

（三）力求简明有序

通知不宜长篇大论，应力求精简。内容稍复杂的通知宜采用分条列项式结构，以求层次的条理化；简短通知虽不可用条列式写法，也必须层次井然，眉清目楚。

范文导读

国务院关于印发全国海洋主体功能区规划的通知

各省、自治区、直辖市人民政府，国务院各部委、各直属机构：

现将《全国海洋主体功能区规划》印发给你们，请认真贯彻执行。

国务院
2015年8月1日

全国海洋主体功能区规划（略）

国务院办公厅印发关于支持戏曲传承发展若干政策的通知

各省、自治区、直辖市人民政府，国务院各部委、各直属机构：

《关于支持戏曲传承发展的若干政策》已经国务院同意，现印发给你们，请结合实际认真贯彻执行。

国务院办公厅
2015年7月11日

关于支持戏曲传承发展的若干政策（略）

以上两篇范文都是发布性通知。标题由发文机关、印发、事由和文种组成。正文内容比较固定，由印发语＋执行语组成，"现将……印发给你们，请认真贯彻执行""……已经国务院同意，现印发给你们，请结合实际认真贯彻执行"。发布的文件（全国海洋主体功能区规划，关于支持戏曲传承发展的若干政策）附在落款后面，作为通知的一部分。

国务院办公厅转发银监会关于促进民营银行发展指导意见的通知

各省、自治区、直辖市人民政府，国务院各部委、各直属机构：

银监会《关于促进民营银行发展的指导意见》已经党中央、国务院同意，现转发给你们，请认真贯彻执行。

国务院办公厅
2015年6月22日

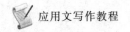

关于促进民营银行发展的指导意见(略)

银监会

这是一则转发性通知,发文单位是国务院办公厅,其与被转发文件的发文单位银监会属于平级机关,因此用转发。正文内容非常简单,由转发语和执行语组成:"银监会《关于促进民营银行发展的指导意见》已经党中央、国务院同意,现转发给你们,请认真贯彻执行。"最后是发文机关署名和成文日期。而转发的文件"《关于促进民营银行发展的指导意见》"则放在正文内容之后,作为通知的一部分。

国务院关于中国人民抗日战争暨世界反法西斯战争胜利70周年纪念日调休放假的通知

各省、自治区、直辖市人民政府,国务院各部委、各直属机构:

2015年是中国人民抗日战争暨世界反法西斯战争胜利70周年。为使全国人民广泛参与中央及各地区各部门举行的纪念活动,2015年9月3日全国放假1天。为方便公众安排假日期间生产生活,特作如下调休:9月3日至5日调休放假,共3天。其中9月3日(星期四)放假,9月4日(星期五)调休,9月6日(星期日)上班。

调休放假期间,各地区、各部门要妥善安排好值班和安全、保卫等工作,遇有重大突发事件,要按规定及时报告并妥善处置,确保有关纪念活动顺利进行。

国务院
2015年5月13日

这是一则工作通知。标题由发文机关、事由和文种组成。正文内容的第一段,是发布通知的原因、目的以及通知的具体事项。由于通知事项单一,与通知缘由合为一段。结尾部分,是提出希望和要求。落款是发文机关署名、印章和成文日期。

北京市人民政府关于孙文锴和王孝东同志职务任免的通知

各区、县人民政府,市政府各委、办、局,各市属机构:

经2015年5月29日北京市第十四届人民代表大会常务委员会第十九次会议决定:

任命孙文锴为北京市农村工作委员会主任。

免去王孝东的北京市农村工作委员会主任职务。

北京市人民政府
2015年6月13日

上海市人民政府关于徐志虎同志任职的通知

各区、县人民政府,市政府各委、办、局:

市人民政府决定:

任命徐志虎为上海市城市管理行政执法局局长。

特此通知。

上海市人民政府
2015年10月9日

以上两篇范文是任免性通知。这类通知写法比较固定,标题由发文机关+关于+……任免+通知。正文内容一般由"任免决定+任免事项"组成。

河北省商务厅关于召开全省机电产品进出口工作会议的通知

各设区市商务局,各扩权县商务主管部门:

为全面贯彻落实国务院办公厅42号文件精神,促进我省机电产品进出口工作,加快增

长方式的转变,经研究决定,召开全省机电产品进出口工作会议,现将有关事项通知如下:

一、会议主要内容(略)

二、参加人员(略)

三、会议时间(略)

四、会议地点(略)

五、会费标准

请各设区市商务局,各扩权县商务主管部门于×月×日前将参加会议人员名单报省商务厅。

联系人:……;联系电话:……

附件:报名回执

河北省商务厅
××××年×月×日

这是一则会议通知。开头是通知的缘由,然后用惯用语"经研究决定,召开……会议,现将有关事项通知如下"引出下文。正文内容包括会议内容、参加人员、会议时间、会议地点、会费标准五个部分。并有联系人和联系电话以备工作需要。附件的回执部分,是与会人员应填写并寄回发文单位的表格。表格中一般有姓名、性别、年龄、职称、民族、工作单位、能否赴会等内容,以便会议主办方掌握与会人员信息。

"学霸"见闻

"特此通知"的用法探析

笔者应邀到一单位去作有关公文写作与处理的讲座,在翻阅该单位历年的《文件汇编》时,发现每一份通知的末尾都有一个"特此通知"。那么,该做法是否正确呢?如果欠妥或者不正确又该怎么做呢?

1."特此通知"使用中的常见问题

"特此通知"在实际公文活动中的使用,主要存在以下问题:一是滥用。就像笔者所见到的那个单位,每一份通知都用"特此通知",这里边极少数可能是恰当的,大多数可能是多余的。二是位置错误。有的置于正文之后下一段的顶格位置,有的置于正文之后下一段居中或靠右的位置,有的甚至置于发文机关名称和成文日期的正上方。三是标点使用不当。"特此通知"后到底用不用标点符号,学术界争论很大、莫衷一是,这造成了实际使用中的严重混乱:有的用标点,有的不用标点;有的用句号,有的用感叹号;有的甚至用黑体加以突出。

2."特此通知"的正确使用

(1) 在什么情况下需要使用,在什么情况下不需要使用。简短明了、精练准确,这是公文写作的基本要求。因此,"特此通知"的使用应遵循这样一条原则:能不用就不用,能少用就少用。一般来说,下面几种情况不需要使用"特此通知"。

① 印转类通知中一般不用。这里主要是指批转、转发文件的通知和印发、发布有关规章、文件的通知。这类通知讲究开门见山、直奔主题、意尽言止,因此无须赘言。

② 正文开头已经写明了"现将……情况通知如下:"的一般不用。这主要是为了避免前后重复,同时也为了使行文显得简短精要,收到文约而事丰的效果。通知中有这种情况的占绝大多数,所以绝大多数通知不用写特定结束语。例如:《国务院办公厅关于继续做好房地

产市场调控工作的通知》(国办发〔2013〕17号)因为开头有"为继续做好今年房地产市场调控工作,促进房地产市场平稳健康发展,经国务院同意,现就有关问题通知如下:"这样的表述,所以结尾再没有使用也不能使用"特此通知"。

③通知本身已经有了结尾部分的一般不用。通知的结束语除了使用专用术语"特此通知"外,还常用以下三种写法。a.总结式结尾:总结全文内容,以深化观点,加深读者印象;b.希望式结尾:发出号召,提出希望,展望未来,激励斗志;c.说明式结尾:说明生效与施行时间、适用对象及有关事项。如果通知已经以这几种方式收束全文,后面就没有必要书写"特此通知"了。

除了上面几种情况外,根据行文目的和内容需要,是可以以"特此通知"作结的。这种情况下通知的事项相对比较重要,如重要的人事任免、机构调整、预算决算执行完成情况等;有时,也可能是出于保持公文结构完整的需要而使用。

(2)"特此通知":应当标注在什么位置。关于这个问题,目前学术界已经达成共识,即标注在正文结束后的下一行前面缩进两个字的位置。其他诸如居中、靠右一侧或置于发文机关名称正上方都是错误的。

——资料来源:王安应."特此通知"的用法探析[EB/OL].http://www.appliedwriting.com.

 技能实操

1. 病文修改

关于××市××区教育局召开勤工俭学工作会议的通知

为了深入贯彻教育部教发〔××××〕××号及××市人民政府×政〔××××〕××号文件精神,全面推进素质教育,不断提高勤工俭学服务于教育的水平和质量,区教育局决定召开××区勤工俭学工作会议。

一、会议时间

201×年3月17日。

二、会议地点

区教育局七楼会议室。

三、参加对象

各乡镇中心学校、直属高中、民办学校有关领导,校办企业负责人。

四、会议内容

(一)总结××区200×年勤工俭学工作,部署200×年工作任务。

(二)签订200×年校办企业安全生产综合目标管理责任书。

(三)表彰先进。

五、差旅费自备,回单位报销。

请各与会人员安排好工作,按时参加会议。

201×年3月14日

请指出这份通知存在的问题,并写出修改稿。

2. 写作训练

根据上级关于食品加工行业的卫生状况进行一次全面大检查的通知精神,××县卫生局决定召开食品加工卫生工作会议,部署卫生检查工作,于2014年6月1日发出会议通知。

通知会议时间为 6 月 5～6 日两天,报到时间为 6 月 4 日下午 3:00～5:00,报到地点在县第一招待所。要求参加人员范围是:全县各类食品加工单位各到一名负责人,各乡、镇及县工商联派一名代表列席会议。另说明住宿费用可回单位报销,伙食费个人自理,按有关财政规定给予补助。

请根据以上材料写一份会议通知。

第七节 通　　报

情境导引

马上要到一年一度的年终总结大会了。这天李强一上班,领导就拿着一些资料对他说,这是今年要表彰的各个部门和个人名单,你根据实际情况拟一份通报。

思 考

1. 什么情况下可以用通报?
2. 表彰性通报的正文内容包括哪几方面?

知识导航

一、通报的概念

通报适用于表彰先进、批评错误、传达重要精神和告知重要情况。通报的应用范围也比较广泛,可以用来表扬好人好事;也可以用来批评错误,总结经验教训;还可以用来互通情况,传达重要精神,沟通交流信息。

二、通报的特点

(1) 功能的引导性。无论是表彰通报、批评通报还是情况通报,都对一定范围内的单位或个人有所示范、有所教育、有所警戒,即通报有着显著的教育功能,其告诫和要求的方式是加以引导。

(2) 内容的典型性。通报通过典型事例达到启发式教育的目的,告诫人们应该注意什么问题,发扬什么精神,克服什么倾向,来改进和推动工作。通报的内容必须是重要的,典型的。

(3) 事实的准确性。通报的内容必须以事实为依据,而且通报的事实必须准确、真实。

(4) 行文的及时性。无论表彰先进、批评错误,还是传达精神、沟通信息,通报都必须抓住时机,及时行文,只有这样,通报才能够发挥其教育和指导作用,时过境迁的通报就没有意义了。

三、通报的种类

根据不同的内容性质和写作目的,通报可以分为三大类。

(1) 表彰通报:用于在一定范围内表彰先进人物、先进集体及其先进事迹,以此激励、调动积极性和推广先进经验。

(2) 批评通报：这类通报还可细分为批评错误通报和处理事故通报。前者用于在一定范围内批评、惩处犯错误的人、单位或批评不良倾向。如《中国人民银行关于10家金融机构违反"约法三章"处理情况的通报》所批评处理的就是具有典型性的严重违纪单位。后者用于处理重大事故。发批评通报，不宜针对小错误、小事故，而须针对后果严重的错误和事故。

(3) 情况通报：适用于传达重要精神和告知重要情况。从其用途即可知其尚可细分为两种：侧重传达精神的指导性情况通报，侧重告知情况的介绍性情况通报。前者要针对所通报的情况进行分析并提出意见和要求，如《国务院关于克服官僚主义进一步转变工作作风提高办事效率有关问题的通报》，在对国务院某些部门存在的突出问题作了陈述和分析之后，提出了解决问题的若干"精神"（即方针性、指导性要求）。后者重在向下级介绍某些重要信息、情况，不作详尽分析，也不提出具体要求。

四、通报的写作

通报主要由标题＋主送机关＋正文(附件)＋落款组成。

(一) 标题

标题一般都是由发文机关、事由和文种组成的。不同类型的通报，标题略有不同。表彰性通报，标题中往往会带有"表彰"二字，例如《国务院关于表彰国家科委等单位长年深入基层开展扶贫工作的通报》；处理事故的批评性通报的标题，可在文种名称前加"处理"二字，如《××××关于化学系实验室漏水事故的处理通报》；情况通报的标题可在文种名称前缀以"情况"一词，如《××××关于近期纪检工作的情况通报》《广州市住房和城乡建设委员会关于2015年度建筑节能与绿色建筑设计质量专项检查情况的通报》。

(二) 主送机关

大多数通报都有主送机关，少数普发性通报可以不写主送机关。

(三) 正文

不同类型的通报，正文内容的写法是有所区别的。但正文的基本结构，大多包括通报缘由＋通报事项(表扬、批评或情况)＋分析(精神、意义等)＋决定(表彰或批评、处分等)＋希望和要求这几个方面。

1. 表彰性通报

正文内容一般分为四部分，第一部分，叙述先进事迹，主要是什么人或者单位，在什么时间做了什么事情，取得什么成绩或者效果。第二部分，分析先进事迹的性质、意义、精神等。第三部分，对先进人物做出表彰决定。第四部分，提出希望和要求，号召向先进人物学习等。

2. 批评性通报

批评性通报主要包括两种，一种是对个人的批评通报，写法同表彰性通报基本一致，先写出错误事实，然后在分析评论的基础上写出对当事人做出的决定，最后提出希望和要求，让大家吸取教训，引以为戒。另一种是对国家机关或者集体的批评通报。这种通报旨在通过恶性事故的性质、后果，特别是酿成事故的原因的分析，总结教训，提出告诫，改进整顿措施,从而达到指导工作的目的。正文一般包括:叙述事实、分析原因、做出决定、提出要求、改进措施,等等。

3. 情况通报

情况通报的正文内容,一般包括叙述情况;分析情况,阐明意义;提出指导性意见。写情况通报时要注意叙述事实的六要素:什么人或哪些人、什么时间、什么地方、做了什么事情、为什么做、后果是什么?要注意叙述的顺序和详略,一般先写重要情况,后写次要情况。如果是事故通报,可采取倒叙形式,先写事故造成的重大损失,再写事故的发生、经过以及处理情况。

各类通报的结构内容如表 2-1 所示。

表 2-1　通报结构一览表

种类 内容	表彰通报	批评通报	情况通报
情况缘由	缘何发通报,或叙述主要事迹 (时、地、人、事等要素)	缘何发通报,或公布错误事实 (时、地、人、事等要素)	介绍情况或 传达重要精神
分析评价	评价意义、重要性、经验等	分析根源、危害性、教训等	表明意见和态度
决定事项	表彰及奖励决定	处理、处分决定	
希望要求	号召学习先进榜样,弘扬精神	要求吸取教训,引以为戒	努力方向,改进的措施

(四)落款

落款即发文机关署名、印章和日期。

五、文种辨析

"命令""决定"和"通报"3 个文种都可用于奖励先进典型,如何区分呢?《国务院办公厅关于实施〈国家行政机关公文处理办法〉涉及的几个具体问题的处理意见》(国办函〔2001〕1号)文件,在论及以上 3 个文种的区别时指出:"各级行政机关应当依据法律的规定和职权,根据奖励的性质、种类、级别、公示范围等具体情况,选择使用相应的文种。"虽然文件针对的是原《办法》,但是文种的适用范围和功能没有变化,在实施《条例》的今天,依然值得借鉴和遵守。一般来说,地方政府机关、单位表彰先进用"通报";重大事项,影响范围广的先进典型,用"决定"表彰;"命令"由于文种使用受到职权范围严格限制,根据《中华人民共和国宪法》第八十条、第八十九条、第九十条、第一百零一条等条文,只有国家主席、国务院、国务院所属各部委和县以上人民政府,才能依照法律规定的权限发布相关的命令(令),因此,嘉奖令表彰的单位或个人,要在全国范围内都有重大的影响。

六、通报写作的要求

(一)事实准确、完整

事实准确、完整是通报写作的第一要义。有关事实的六要素、有关事件的全过程、有关单位和人物的基本情况,都要写得准确、完整。应平实地概述,不宜详述或描写,更不能夸张、渲染。

（二）议论精当、简明

表彰、批评性通报要对通报对象作评价、定性，情况通报要对通报的情况做估计、判断，因而必须运用议论方法进行分析、归纳。但是不宜像议论文那样写出严谨完整的推论过程，可省去细致的论证，由确凿的论据（有关事实或情况）直达合理论点（定性结论和执行要求）。

（三）措施恰当、具体

对表彰、批评对象做出的决定、处理，对有关精神和情况提出的看法和对策，都应恰切适当（有关政策依据、事实根据和科学根据）并具体可行。

范文导读

广州市住房和城乡建设委员会关于
2015 年度建筑节能与绿色建筑设计质量专项检查情况的通报

各有关单位：

根据《民用建筑节能条例》、《广东省民用建筑节能条例》和《广州市绿色建筑与建筑节能管理规定》以及国家和省建设行政主管部门的工作要求，为进一步加强我市建筑节能与绿色建筑管理工作，我委在各施工图审查机构开展自查的基础上，于 7 月组织开展了全市民用建筑项目的建筑节能与绿色建筑设计质量专项检查。现将检查的主要情况通报如下。

一、总体情况

本次专项检查共抽查了 36 个项目的施工图设计文件，包括 14 个居住建筑，22 个公共建筑项目，涵盖绿色建筑一星、二星和三星等所有等级，涉及全市所有施工图审查机构。项目检查结果表明我市建筑节能和绿色建筑设计质量总体情况良好，具体表现在：

一是设计审查进一步规范。各施工图审查机构将绿色建筑和建筑节能的设计内容纳入审查范围，所有受检项目均提交了绿色建筑和建筑节能设计说明专篇、计算书等迎检材料。

二是设计质量有了明显提升。受检项目中未发现违反建筑节能强制性标准和绿色建筑评价标准控制项的情况，设计单位对绿色建筑项目均进行了深化设计。

三是建设单位进一步提升了对绿色建筑的认识，建设高星级绿色建筑的积极性有所提高。受检项目中按二星及以上标准设计的项目 5 个，占比 13%，且设计质量优于其他项目。

二、存在问题

本次检查中也发现我市建筑节能与绿色建筑设计和审查方面仍存在一些共性和个性问题，具体表现在：

一是部分项目设计表达需进一步细化。如电气专业施工图中功能房间照明质量指标取值笼统，给排水专业施工图中关于非传统水源安全用水的说明阐述不清，节水器具选型不够明确。

二是专业设计的局部内容需进一步深化。如部分项目的绿色建筑指标计算书、环评报告等资料不全，需二次深化设计的专业未明确绿色建筑控制指标和措施。

三是个别项目对相关政策法规的执行尚不到位。如个别公共建筑项目未按相关规定安装用电分项计量装置。

三、处理意见

(一)中船龙穴基地工人宿舍区 B-1#楼等 4 个项目设计文件质量较好,满足建筑节能设计标准和绿色建筑评价标准各项要求,对上述项目的建设单位、设计单位和施工图审查机构予以通报表扬(详见附件 1)。

(二)彭上商务中心项目未进行用电分项计量设计,违反《民用建筑节能条例》第十八条,花都区秀全中心新校区建设工程 1#科技综合楼的施工图未严格落实绿色建筑设计措施,对上述项目的建设单位、设计单位和施工图审查机构给予通报批评,记入企业诚信档案(详见附件 2),由市建筑节能与墙材革新管理办公室(以下简称市节能墙革办)督促相关单位完成整改,在 8 月 30 日前将整改意见报我委建筑节能与科技设计处。

(三)其他项目检查发现的一般性问题由市节能墙革办反馈给建设单位,由建设单位督促施工图审查机构和设计单位对设计文件修改完善并抓紧申报绿色建筑设计标识。

(四)各有关单位要进一步加强建筑节能、绿色建筑政策法规和技术标准的学习贯彻,增强绿色节能意识和实施能力。

附件:1. 2015 年建筑节能与绿色建筑设计质量专项检查优秀项目清单
　　　2. 2015 年建筑节能与绿色建筑设计质量专项检查整改项目清单

广州市住房和城乡建设委员会
2015 年 8 月 24 日

这是一则情况通报,正文内容的前言部分,是通报的背景,然后用"现将检查的主要情况通报如下"这一过渡句引出通报的具体事项。正文内容的第二部分,按照"总体情况""存在问题""处理意见"三个层次安排。附件是优秀项目和整改项目清单。落款是发文机关广州市住房和城乡建设委员会(印章)和成文日期。

 "学霸"见闻

奖惩类公文的写作要点

奖惩类公文主要指的是专门用于表彰奖励或者批评处分的公文。按照《党政机关公文处理工作条例》,奖惩类公文主要包括命令(令)、决定和通报。而命令(令)只能用来表彰,即嘉奖令。而决定和通报,既可以用来表彰,也可以用来批评。分别是表彰决定,批评决定,表彰通报,批评通报。尽管奖和惩,一正一反,但它们都是人事管理工作中必不可少的手段。而它们的写作,无论是总体思路还是结构布局,有着一定的规律可循。归纳起来,主要有以下四点。

1. 明确写作思路,把握整体布局

奖惩类公文的写作思路和整体布局,要符合人们的一般思维规律。既然写奖惩,首先就需要交代清楚奖惩的事实依据,写清楚奖惩的理由根据,以便受文者理解和接受。"奖"的事实依据就是被表彰人员或者集体的先进模范事迹、突出的成就和功绩;"惩"的事实依据就是被批评、处分的人员或集体所犯的严重错误以及恶劣影响。叙述、交代事实依据时,还要略加评议,使"事实"的意义、性质更加突出。然后,发文机关就要针对这种"事实"表明自己的态度和处理决定,或赞扬、表彰,或批评、处分,给予什么样的表彰或者处分也要写清楚,这就是全文主旨——奖惩决定。最后,再从"奖惩决定"延伸、扩展开去,以"希望号召"的形式向被奖惩者和有关人员、机关单位提出进一步做好工作的要求。

概言之,奖惩类公文的写作思路和整体布局宜分三个步骤(或部分)展开:开头交代奖惩的事实依据并略加评议——中间针对所述"事实"做出奖惩决定——结尾以"希望号召"的形式提出要求。这三个部分紧密相连,是一种连环递进式的结构。

2. 交代奖惩依据,适当加以评议

奖惩类公文的开头,一般都是叙述、交代奖惩的事实依据并适当加以评议,写清楚要奖惩的理由根据,使所写公文做到言之有据。这是奖惩类公文写作的逻辑起点,具有开篇定调的重要作用。写这部分需要注意:①使用概括性叙述;②适当加以评议。

3. 以目的句领起,引出奖惩决定

开头交代、评议完奖惩的有关事实后,接着在中间部分就要写奖惩决定。发文机关要针对事实表明自己的态度和处理决定,或赞扬、表彰,或批评、处分。奖惩决定一般都是用"为了……"或者"为……"这样的目的句形式。奖惩决定要写清楚什么机关单位决定,给予什么单位或者个人什么形式什么性质的表彰或处分。这部分的写作要注意以下两点。

(1) 奖惩形式的多样性组合

表彰通常有四种基本形式:一是授予荣誉称号(颁发证书和奖牌);二是记功(限于军队系统);三是给予物质奖励;四是通报表彰。批评处分的形式比较多样,主要有"撤销职务""开除公职""行政记过""罚扣奖金""通报批评"等。

(2) 奖惩对象名单的处理方式

对奖惩对象名单可以有两种处理方式:奖惩对象的人数或者机关单位的数量比较少时,可以直接写在正文中;如果数量比较多时,需要单独形成附件材料加在正文后面。

4. 希望号召结尾,扩大奖惩影响

奖惩类公文的结尾部分,一般都是以"希望号召"的形式对两方面的人员和机关单位提出相关要求。如表彰类公文,一是希望受表彰的人物或集体再接再厉,发扬成绩,不断进取,以便取得更大的成绩;二是号召大家向先进人物和单位学习,以他们为榜样,把工作做好。批评处分类公文一般只针对受文机关提出要求,希望受文机关以此为戒,吸取教训,把工作做好。

——资料来源:张南平. 例谈奖惩类公文写作要点[J]. 应用写作,2010(2).

 技能实操

1. 病文修改

××市人民政府办公室通报

全体市民:

根据反映得知,近日来本市部分地区有一种令人人心惶惶的传说,称原流行于某国的恶性传染病登革热已传入本市,并已造成30人死亡。经本市防疫部门证实,这是完全没有任何事实根据,本市至今未发生过一起登革热的病例。经核查现已查明,这一消息源于本市《晨报》一二年4月1日的一则"愚人节特别报道"。《晨报》这种不顾国情照搬西方文化极不严肃的做法是非常错误的,已经给全市人民的稳定生活带来了极其恶劣的影响。目前有关部门已对本报做出停刊整顿并责令其负责人深刻检查等待纪律处分的处理。有关单位应吸取这一教训,采取措施以予杜绝。

××市人民政府启
2012 年 4 月

请指出这份通报方案存在的问题,并写出修改稿。

2. 写作训练

中国人民银行××分行发出一份关于元旦期间银行系统安全保卫工作情况的通报。收文对象是中国人民银行各县、市支行。通报内容根据抽查部分县市支行汇报和三级分行的全区库款、机关院内、职工人身三安全的情况,首先做有关情况通报,包括:①党组织重视。②健全各项规章制度,并检查、督促、落实。③进一步重申了枪支弹药专人保管、专人放置。④元旦前对大部分县行做了节前安排,节日期间检查、节日后有书面汇报、表扬做得好的县市。

请根据如上材料,整理之后拟写一份通报。

第八节 报 告

情境导引

经过一段时间的学习和工作,李强的公文写作能力得到很大的提高。这天李强刚一上班,领导就拿着一叠资料对他说:"李强,这是我们单位这半年来贯彻落实中央八项规定的一些文件。你也亲身参与了单位的一些活动。你结合着这些材料和你参加的活动,写一份有关我们单位贯彻落实中央八项规定的报告,写好后交给我审阅。"

思 考

1. 李强要撰拟的这份报告,应该重点叙述哪些方面?
2. 报告中可以夹带请示事项吗?

知识导航

一、报告的概念

报告适用于向上级机关汇报工作、反映情况,回复上级机关的询问。报告是陈述性的上行文,它能够使上级机关及时了解下情,掌握其工作情况,听取下级机关对某方面工作的意见或建议,从而更好地指导下级机关的工作。

二、报告的特点

(1) 行文的单向性。报告是下级机关向上级机关汇报工作、反映情况时使用的单方向上行文,一般不需要上级机关给予答复,这是与请示最明显的区别。

(2) 内容的真实性。报告是就本地区、本单位、本部门工作或者实际发生的某些情况向上级机关所做的汇报,必须以事实为依据,有喜报喜,有忧报忧,不夸大成绩,也不掩饰问题,所写的报告必须是真实可信的。

(3) 功能的沟通性。报告起着下情上传的作用。上级通过下级提供的信息,能够对下级有所了解,实现上下沟通、密切关系。

(4) 表达的陈述性。报告是以叙述和说明为主要表达方式的公文,所采用的语言是陈述性质的,要简明扼要,准确无误。

三、报告的种类

（一）按性质可分为综合报告和专题报告

（1）综合报告反映的是工作的全面情况。这种报告的写法通常是上一个阶段工作情况的全面汇报与下一个阶段的工作计划相结合，是工作汇报与工作计划的结合体。这样，上级领导不但可以了解已经完成的工作的情况，还可以了解新的工作的打算和安排。有的综合性工作报告也可以只汇报工作情况。

（2）专题报告。专题报告是就某一专项工作向上级机关进行汇报。一事一报，篇幅不长。

（二）按用途可分为工作报告、情况报告、答复报告和报送报告

（1）工作报告：这类报告主要指的是汇报工作的报告。即下级机关单位向上级汇报某一阶段工作的进展情况、工作成绩、经验、存在的问题以及下一阶段的工作安排和设想打算。

（2）情况报告：这类报告主要指的是向上级机关反映情况的报告。汇报的情况一般是重大情况、特殊情况或者出现的新动向。

（3）答复报告：这类报告主要指的是答复上级机关询问事项的报告。

（4）报送报告：这类报告主要指的是向上级机关报送物件或者有关材料的报告。

（三）按发文方式可分为呈报式和呈转式报告

（1）呈报式报告主要是指向上级机关汇报工作、反映情况的报告，这是一般国家机关使用最多的一种形式。

（2）呈转式报告比呈报式报告的内容要复杂一些。这种报告除去向上级汇报工作以外，还要提出意见和建议，并请求上级机关批准和要求其他有关部门照此意见和建议执行。这种报告的名称，实际上也包括了这样两层意思，一是"呈"，一个是"转"。"呈"在这里的意思是"上报"与"汇报"，"转"在这里的意思是"转批"。

四、报告的写作

报告的基本结构是标题＋主送机关＋正文＋落款。

（一）标题

报告的标题一般由发文机关、事由和文种组成，如《中国人民银行××市支行关于国家债券发行情况的报告》《铁道部关于193次旅客快车发生重大颠覆事故的报告》《达县人民政府关于达县河市镇两企业污染环境及调查处理的情况报告》。报告的标题也有省略发文机关的省略式标题，如《关于国务院各部门清理法规的情况和今后意见的报告》《关于2015年春季重大动物疫情防控工作的报告》《关于307国道××段立交桥积水堵车的情况报告》。

（二）主送机关

报告属于报请性上行文，主送机关一般只能有一个，即负责受理报告的上级机关。特殊情况下可以有多个，如在事情紧急需要多级领导机关尽快知道灾情、疫情时。另外，除了上级机关负责人直接交办的事项外，不得以机关名义向上级机关负责人报送报告。一般不得越级报告。

（三）正文

报告的正文一般由报告缘由、报告事项和结束语三部分组成。

报告缘由：以概括性语言简要说明报告的背景、主要内容和结论等。段末常用"现将有关情况报告如下"等过渡语引出报告事项。

报告事项：此部分是报告的实体内容。其基本构成大致为：工作（情况）陈述及分析、经验或教训总结、处理措施或今后的计划。一般宜采用分列式结构，分条列项安排内容，务求层次井然、条理清楚。

报告结语：通常以"特此报告"，"特此报告，请审阅"，"以上报告，请审查"，或"以上报告如有不妥，请指正"等惯用尾语作结。

不同类型的报告，因其内容有异而在正文写法上有所不同。

（1）工作报告。工作报告往往带有工作总结的性质，重在汇报已做了哪些工作，是怎么做的，取得了哪些成绩，尚存在什么问题，今后的打算。此类报告内容丰富，篇幅较长，尤其应该强调"言之有序"地安排结构。工作报告正文的主要内容包括以下几个方面。

① 基本情况：简要陈述工作概况和基本做法。

② 成绩和经验：具体陈述工作的开展情况，工作中的认识、采取的措施、取得的成绩，并进而从工作实践中升华出理性的认识，总结出工作经验，以指导今后的工作。

③ 问题和教训：陈述工作中存在的问题、缺点，进而分析原因并总结教训。

④ 对策、措施和今后打算：针对所述情况及经验教训，提出改进工作的措施或今后工作的打算。

不同目的的工作报告，对上述各项内容有不同的侧重点。重在总结经验、教训的工作报告，应当注重工作情况的分析，对经验和教训详作归纳；重在汇报工作情况的工作报告，则应详述工作情况、过程、做法，略写经验、教训。

（2）情况报告。情况报告是向上级"反映情况"的报告。所谓"情况"，主要是指事件、现象和问题。具体说来，情况指的是以下两种。其一，"负面"情况：事故、灾情、案情、敌情；工作中发生的严重问题或重大失误；突发事件。其二，重要情况：重要的社情、民情、组织及其成员的情况，如社会生活中的新动态、有关政策规定出台后群众的反映等；举办重大活动、召开重要会议的基本情况；贯彻执行上级重要指示、精神的情况，督促办理或检查某项重要工作的情况如财务、税收、物价、质量、安全、卫生等项工作的检查结果。

情况报告正文部分写作内容一般包括：陈述情况或问题，进行原因分析，提出基本看法（有时可提出处理意见或建议）。

反映事故、灾情的情况报告，参照国务院颁发的《特别重大事故调查程序暂行规定》进行规范化写作，其具体内容、结构为：简要叙述事故发生的时间、地点、单位，事故的简要经过、伤亡人数、直接经济损失的初步估计，采取的措施及事故控制情况，事故发生原因的初步判断，对事故的看法和态度。

情况报告的写作还应注意以下三点。

① 应"一事一报"。情况报告一般都是专题报告，内容集中、单一。

② 应及时报送。情况报告时效性极强，以使上级尽快了解下情，做出决策。对于特大事故，国务院明确要求事故发生单位必须在特大事故发生24小时内写出情况报告送有关上级组织，以利于有效制止事态的发展和减少损失。

③ 应建议具体。若提出处理意见或建议,必须写得具体、明确而简要。

缘由,有的概括叙述总的情况,有的则只是简要地叙述情况,并且与原因、目的、依据等放在一起。

事项,是向上级报告的具体内容,一般采用条项并列式,篇幅较长的采用小标题。

结语,常用的有"特此报告""专此报告""以上报告如无不妥,请批转各地执行"等。

(3) 答复报告,要有针对性地回答问题,问什么回答什么,不能答非所问。

(4) 报送报告的事项,一般包括报送说明、报送的材料、文件的名称等。

(四) 落款

落款即发文机关署名、印章和日期。

五、报告的写作要求

(1) 如实反映。下情上报必须真实确凿,报告不实将导致上级决策失误,影响大局。汇报成绩是不能虚报夸大,反映问题时不能文过饰非,应以具体情况和确切数据为主要内容,如实直陈。

(2) 重点突出。在结构上要注意内在的一个要求,详略结合,重点突出。重要的层义,一定要突出出来,放在前面讲,认真论述。重点材料,也要放在前面叙述,还要详细地写。作为报告,往往所写的事情本身是典型的。这一事例中的材料,要将其中能说明问题和主旨的重点,详细地展开来。这样,就能达到点面结合的要求。

(3) 精当分析。对情况、事实的分析、判断必须采取"去粗取精、去伪存真、由此及彼、由表及里"的态度和方法,力求抓住本质;在提出解决办法和意见时,要有的放矢、切实可行,力避泛泛空谈。同时切记简明扼要,不可将公文写成议论文。这一要求与如实反映要求是相互依存的关系,必须将两者结合起来,不能只讲道理而不具体事例,那将使报告内容空泛;也不能满足于罗列事实,堆砌材料而不总结升华,那样的报告十分肤浅。

(4) 点面结合。"点"是重点和典型的具体事例,"面"是宏观情况或工作全局。在报告的写作中,不能烦琐罗列具体事例,也不只作全面情况的概述,而应根据发文主旨以典型事例凸显重点,以概况略述展示全局,详略得当地安排材料,使报告既有深度又有广度。

范文导读

××乡人民政府关于发展民俗产业的报告

市政府:

根据市政府《关于进一步发展民俗产业的决定》精神,我乡积极探索山区新农村建设的途径,确定以桃花沟、刘家营、三水塘村为南线民俗旅游重点村,现将我乡发展民俗产业计划报告如下:

一、具体思路

(一) 培育特色民俗村。(略)

(二) 整体规划民俗村。(略)

(三) 开发采摘园。(略)

(四) 挖掘艺术特色。(略)

二、预期目标（略）

特此报告。

×× 乡人民政府

×××× 年 × 月 × 日

这是一篇专题工作报告，报告的内容是向上级汇报某一方面工作的具体情况。标题用的是完全式标题，在标题的事由中显示出该报告汇报的工作是关于发展民俗产业的专项情况。主送机关是市政府，发文机关是 ×× 乡人民政府。很显然，主送机关和发文单位是一种直接的上下级关系，这刚好体现了报告这种公文收、发文单位之间的关系。该报告的正文开门见山，一开头便用一句话表明本工作报告的发文目的，随后从"具体思路""预期目标"两个方面进行工作汇报。限于篇幅和教学的需要，这里没有全文登录该报告内容，但是从登录的部分内容可以看出，该报告较好地体现了专题性工作报告的写法，较好地达到了行文目的。

北京市文物局关于报送 2016 年度文物出、入境展览计划的报告

国家文物局：

贵局《关于请报送 2016 年度文物出、入境展览计划的通知》（文物博函〔2015〕2780 号）收悉。经发文向全市相关单位征求意见并汇总，北京市 2016 年度出入境展览计划项目共有四项，其中出境展览三项，分别是房山云居寺管理处报送的《中华文化奇迹——房山石经文化展》、北京市颐和园管理处报送的《颐和园慈禧珍宝展》与大钟寺古钟博物馆报送的《古钟拓片精品展》；入境展览一项，为中华世纪坛艺术馆报送的《博尔迪尼和"美好时代"——意大利 19—20 世纪绘画精品展》。现将 2016 年文物出、入境展览计划报上，请审阅。

特此报告。

附件：2016 年文物出、入境展览计划

北京市文物局（印章）

2015 年 9 月 16 日

（联系人：王静；联系电话：64042770）

这是一篇报送报告，这类报告主要指的是向上级机关报送物件或者有关材料的报告。标题《北京市文物局关于报送 2016 年度文物出、入境展览计划的报告》，其中"报送"二字点明了报告的种类。开头是报告的原因，正文内容言简意赅，写出了报送的具体事项。结尾采用习惯用语"特此报告"，并有附件。附注处注明联系人和联系电话，以利于联系和工作的更好开展。

"学霸"见闻

评改一份"报告"

×× 县教育局关于乡镇中小学校舍普查情况的报告

县政府：

根据县政府 2014 年 12 月 15 日通知精神，我局会同各乡镇政府对全县 ×× 个乡镇中小学校舍情况进行了全面的调查。整个调查工作于 2015 年 3 月结束。现将有关情况报告如下：

一、全县乡镇现有中小学×××所,校舍总面积××万平方米。其中达标校舍面积为××万平方米,占总数的××%。

二、在未达标校舍中,属于严重危房已不能完全使用的占××%,经简单维修尚可在秋季开学继续正常使用的占××%。目前,全县共有××所乡镇中小学校舍全部属于严重危房,需重新规划建设。

三、为解决危房校舍影响正常教学的问题,我局近两年来协调相关乡镇政府,尽可能地就近临时安排,保证不中断教学。但由于校舍长期难以固定,导致相当部分学生流失,辍学现象一度达该类学校学生总数的××%。

四、为最大限度地缓解这一现象,在此次校舍情况普查前的一年中,我局已动用当年全县校舍维修经费的90%计××万元,尽可能保证一般可维修校舍的正常使用。故截至目前,此类校舍未影响到各相关学校的教学。

五、由于××所中小学校舍已不能继续使用,故普查过程中我局与相关乡镇政府共同考察,详细测算,拟定出重建校舍所需各项费用,列表如附件,为保证秋季新学年开学时新生能正常入学,并能进一步降低辍学率,请县政府考虑2015年5月底前一次性拨转款×××万元,由我局统一调配,各相关乡镇政府亦做好准备。一旦经费到位,即可立即开工,力争在2015年8月底前建好新校舍并交付使用。

以上报告,请予审阅。

附件:(略)。

××县教育局
××××年×月×日

这是一篇政府部门向上呈送的公文,该报告行文思路清晰,内容有序,语言严谨简明语体应用得当,显示了公文拟制者较强的语言能力。

但是,按照公文使用的规范化要求衡量,这份报告尚存在以下几点较为突出的不足:

第一,该报告第一段,"根据县政府2014年12月15日通知精神"引文不规范。党政机关公文有规定,引文应该先引标题,后引发文字号,这样才便于收文者查阅、核对。

第二,报告内容明显包含着请示事项。即第五点请求拨付转款的请求。《党政机关公文处理工作条例》中规定,"报告"不得夹带请示事项。

从该报告可以看出,一些公文的拟制者在公文的写作方面还存在不规范的现象。《党政机关公文处理工作条例》中指出,"公文是党政机关实施领导、履行职能、处理公务的具有特定效力和规范格式的文书"。因此,公文在拟制时,一定要注意规范和完整,这样才有利于政令畅通,有效地处理各种工作。

——资料来源:张冠英. 评改一份"报告"兼谈公文的"规范"问题[J]. 应用写作,2004(9).

技能实操

1. 病文修改

关于××高速公路塌方事故的报告

××市建设委员会:

×××年×月×日,××高速公路××路段发生塌方事故,造成一定的伤亡后果。事故发生前,桥面上发散有二三十名工人,已浇铸了近200立方的混凝土,而且违章施工,按照施工程序应分两次浇筑的混凝土却一次浇铸,估计事故原因是桥面负荷过重。事故发生后,近 200 名消防员、工地工人、公安干警到现场紧张抢救,抢救时间持续近 28 小时。据查,该工程承建商是××市市政总公司第一分公司。

特此报告。

××市政工程总公司

××××年×月×日

请指出这份报告存在的问题,并写出修改稿。

2. 写作训练

火灾发生于 2014 年 12 月 20 日凌晨 2 时 40 分,地点是××市晨光区购物大厦。相关情况为:经过两个多小时的扑救,于 5 时明火全部扑灭。该大楼二层经营的商品以及柜台、货架、门窗等全部烧毁,直接经济损失达 50 万元。造成此次重大火灾的直接原因,是二楼的一个个体裁剪户经二楼经理同意,从总闸自接线路,夜间没断电导致电线起火。追究这次火灾发生的原因,为该大楼领导对安全管理工作极不重视,内部管理混乱,安全制度不健全,违章作业严重等问题,因而造成了惨重的经济损失,教训十分深刻。对此次火灾的处理如下:火灾发生后,市政府、市商务局十分重视,三次派人员到事故现场调查,并对事故进行认真处理,责令该百货大楼二楼经理刘××停职检查,个体裁户李××罚款 5 000 元,并听候进一步处理。今后要吸取的教训是切实加强对安全工作的领导,尤其加强对零售企业的安全管理,及时消除各种不安全的因素和隐患,为企业创造良好的经营环境。

请根据上述材料,整理之后以××市商务局的名义给××省商务厅拟写一份事故情况报告。

第九节　请　　示

情境导引

不知不觉间,李强来到财政局上班已有一年时间,由于勤恳好学和积极上进,领导对他很是满意。这天,领导拿着一份文件对他说:"李强啊,你来单位上班,表现很好。这是今年我们市翰林人才市场大型招聘会的邀请函。我们单位办公室刚好缺少一名文案人员,你拟一份请示给局领导,并和人事处的几位同事一起去招聘会看看有没有合适的人选。"李强兴高采烈地答应了,很快便在电脑上打出几行字:

请　示

尊敬的李局长:

刚打出这几个字,李强就停下来,自言自语:"不对,请示不能给领导个人的。而且,标题也不好,不能光说请示,一定要说明请示的事项,我要重新思考思考再写。"

思　考

1. 请示的标题一般由哪几部分组成?可以直接写请示吗?
2. 请示可以直接给领导个人吗?

知识导航

一、请示的概念

请示是适用于向上级机关请求指示、批准的公文。请示属于上行文，与报告不同的是，请示需要上级机关的答复。

二、请示的特点

（1）陈请性。请示是向上级机关请求指示和批准的公文，行文内容具有请求性。

（2）求复性。请示的行文目的是请求上级批准，解决某个具体问题，要求上级做出明确答复。

（3）超前性。请示行文时机具有超前性，必须在事前行文，等上级机关做出答复之后才能付诸实施。

（4）拟议性。请示绝非单纯提问的公文，不能只是向上级征询某事项应该"怎么办"，而须就某事项提出具体可行的拟议（建议、要求、方案等），请求上级予以定夺。

（5）单一性。请示事项具有单一性，要求一文一事。

三、请示的种类

请示主要有两种常用的类型，一种是请求指示的请示；一种是请求批准的请示。

（1）请求指示的请示：这类请示一般在以下几方面使用：一是涉及政策法规方面的疑难问题时；二是遇到新情况、新问题无章可循时；三是平行机关之间意见分歧，难以统一时使用的请示。

（2）请求批准的请示：这类请示一般在以下三种情况下使用：一是所办之事缺乏人力、物力、财力；二是对要解决的问题负有责任但又不在自身权限范围之内；三是提出某一事项的解决方案，按照法定程序报请批准。

四、请示的写作

请示一般由标题＋主送机关＋正文＋落款＋附注组成。

（一）标题

请示的标题，一般是由发文机关＋事由＋文种组成，如《吉林省人民政府关于增拨防汛抢险救灾用油的请示》《××学院关于增拨教育经费的请示》。有时也可以省略发文机关，如《关于丹霞山风景名胜区列为国家重点风景名胜区的请示》。

标题只写《请示》二字是错误的。在写请示标题的时候要注意，不能将请示写成"请示报告"；由于请示本身含有"请求指示""请求批准"的意思，因此标题中尽量不要出现"请求"或者"申请"这样的词语。《三河乡人民政府关于请求增拨谢家湾水库出险加固工程经费的请示》这一标题就欠妥，应删去"请求"一词。

（二）主送机关

请示的主送机关,只能有一个,即负责受理请示的直接上级机关。如果受双重领导的机关向上请示工作时,主送一个上级机关,抄送另一个上级机关。请示一般也不允许越级,只有在特殊情况下(如发生战争、严重自然灾害、重大突发性事件等)才可以采用越级行文的方式。

（三）正文

请示的正文一般由三部分组成,即请示缘由＋请示事项＋请示结尾。

(1) 请示缘由,就是"为什么请示"。这一部分关系到请示的事项能否得到批准,因此请示缘由一定要充分。常见的开头方式有以下几种。

① 原因目的根据式:"由于(鉴于)……为了……根据……";
② 原因目的式:"由于……为了……";
③ 目的根据式:"为了……根据……"。

请示缘由之后一般用"为此,现就××问题请示如下"或"特作如下请示"或"为此,特请求……"或"特恳请……语句"过渡,引出请示事项。

(2) 请示事项,指的是请求上级机关批准、帮助、解答的具体事项。请示事项要具有可行性与可操作性。对需要上级机关审批的事项,应进行具体明确的说明,为了有利于审批,还可以进一步提出切实可行的办法、措施与建议。不能只写问题,不表明看法。另外,切记,一份请示只能写一件事情。

(3) 请示结尾,一般是另起一行,常常用"当否,请批复""以上请示,请予审批""以上请示,若无不当,请批准"等习惯用语。如果是批准性请示,结束语的写法是:"以上请示,如无不妥,请转批各地、各部门执行"。

（四）落款

落款即发文机关署名、印章和日期。

（五）附注

《党政机关公文处理工作条例》指出:"'请示'应当在附注处注明联系人的姓名和电话。"附注在成文日期的下一行,用括号注明联系人的姓名和电话,以便上级机关及时联系。

五、文种辨析

在15种党政公文中,请示可以说是一种非常敏感的公文,下级机关向上级机关拟制这种公文,一定要格外慎重。因为,下级机关向上级机关请示什么事项,其目的都是为了得到上级机关的认可和批准。而如果没有得到上级机关的认可和批准,那么下级机关的工作可能将陷入一种被动局面。所以,拟制请示,下级机关对于所请示的事项,事先应该有一个基本分析,看条件是否具备,是否成熟,如果条件不具备、不成熟,就不要轻易拟制请示。如果事先能与上级机关进行沟通,在了解了上级机关的主要意向以后再行文,情况会好一些。另外,有时下级机关明知所请示的事项上级机关批复起来有一定的难度,也要向上级机关提出请示,虽然可能不会得到上级机关同意的批复,却可以使上级机关了解有关情况、引起重视并明确责任。如此,有关工作一旦出现了问题,下级机关可能就不会面临完全被动的局面。

请示,对于下级机关工作的作用是不言而喻的。但是,现在还有人在需要写作请示的时候说"打个报告",甚至还有人使用编造的"请示报告"文种。这就更加需要认清请示的特点,注意请示与报告的区别,掌握请示的写法。

请示和报告都是在实际工作中应用广泛的文种,它们既有相同之处,又有区别。相同之处是两个都是写给上级的上行文,公文里都有陈述意见反映情况的内容。区别有以下几点。

(1) 行文目的不同。请示是为解决具体问题,请示上级指示或审核批准的,必须批复、回答;报告多为上级了解和掌握情况,沟通上下级联系,着重汇报工作,多数不需要回复。

(2) 行文时限不同。请示跟报告相比,时间要求更紧迫。请示必须事前行文,未得到回复,不能行事。决不能先斩后奏,无组织无纪律。报告既可以事前行文,也可以在事后或事情进行中行文。

(3) 内容要求不同。请示不仅要向上级陈述理由,写清楚自己提出的具体要求,明确请求上级机关的指示和回复,还必须一文一事,不能就同一件事向两个或更多的上级机关请示。报告只把需要汇报的事情写清楚即可,文中一事、数事都可以。

六、请示的写作要求

(1) 一文一事。一份请示只能写一件事,这是《条例》所规定的,也是实际工作的需要。如果一文多事,可能导致受文机关无法批复。

(2) 单头请示。请示只能主送一个上级领导机关或者主管部门。如果需要,可以抄送有关机关。这就可以避免出现推诿、扯皮的现象。

(3) 不越级请示。这一点,请示与其他党政公文是一样的。如果因特殊情况或紧急事项必须越级请示时,要同时抄送越过的直接上级机关。除个别领导直接交办的事项外,请示一般不直接送领导个人。

(4) 不抄送下级。请示是上行公文,行文时不得同时抄送下级以免造成工作混乱,更不能要求下级机关执行上级机关未批准和批复的事项。

范文导读

山西省财政厅关于企业库存涤棉布调整价格差额大于
国家流动资金部分能否增拨的请示

财政部:

你部《关于企业库存涤棉布调整价格差额的财务处理问题的意见》(财企字〔20××〕第129号),我厅业已转发。据临汾、长治等十多个地市反映,有些企业国家资金很少,库存涤棉布调整价格差额大于国家流动资金。超出国家流动资金的部分如何处理,能否增拨流动资金?请核实。

山西省财政厅
20××年×月×日

(联系人:……;联系电话:……)

这是一篇比较典型的请求指示性请示。请求的事项很明确,即"能否增拨流动资金"。这一内容是该请示的发文机关"山西省财政厅"无权自己解决的问题,因此只得向上级机关即"财政部"请示,以期得到财政部的指示。这就是请求指示性的请示所起到的最主要作用。从写法上说,该请示也体现了请求指示性请示的写法要求。标题用的是完全式标题的形式。正文先说明请示的缘由,写得清楚而具体,随后是请示的事项,最后明确提出请求。这样不但使上级了解了情况,也为上级进行有针对性的答复提供了条件。

××市人民政府关于对××河大堤局部段进行拆改建设的请示

省人民政府:

  为了更好地解决××河城市段与××大街、××街两河口防汛问题,根据《关于修建××大街××街洞口防洪应急度汛工程的复函》精神,我市按照300年一遇防洪标准,在两河口份上、下游建设永久性防洪应急度汛工程。目前,该工程已经开工建设,预计×月中旬完工。今后××河城市段北堤局部段的防洪任务将由该工程承担,取代××路桩号×××至×××段××河大堤原有的防洪作用。我市拟结合××大街改造工程,将此段××河大堤拆改,同时将××大街由原来的下穿××路改为上跨××路。这样,既可以满足防洪度汛的需要,又可缓解我市交通紧张状况,更好地体现大城市的雄伟气势,提升城市形象。

  妥否,请批复。

××市人民政府
××××年×月×日

(联系人:……;联系电话:……)

  这是一篇比较典型的请求批准性的请示。它与上一种请求指示的请示相比较,区别还是很明显的。请求指示的请示,是发文机关自己不知道该如何是好,请上级机关做出指示;而请求批准的请示则是发文机关已经知道该如何去做,但是必须得到上级机关的认可与批准。本范文正是这样一种请示。对于应该怎样去做,该请示的发文已经有了明确的意见,即"将此段××河大堤拆改,同时将××大街由原来的下穿××路改为上跨××路"。该请示所要做的,就是请求得到上级主管的认可与批准。因此,无论从内容还是从写法上说,本范文都可以算做一篇较好的请求批准性请示,可资参考学习。

"学霸"见闻

请示类公文标题事由错误例谈

  标题是公文的眼睛。俗话说"看文先看题",标题的规范与否直接影响公文的效力和阅文者的情绪。请示类公文是下级单位为请求上级指示、批准事项而呈报的公文,请示者一般都希望自己所请示的事项能尽快得到解决。因此,在拟制请示类公文时,应特别注意标题的规范与正确。

  "事由"是公文标题的核心,标题的好坏主要看事由写的是否正确、清楚。事由部分一般由"关于+动宾词组、主谓词组或介宾短语"构成。这方面出现的问题较多,主要有以下几点。

(1) 动宾搭配不当。如《关于解决××资金的请示》。这属于动宾搭配不当。"解决"的对象应该为"问题""矛盾""纠纷"等,而"资金"只是一个具体的事项名称,如果在资金后面加上"问题"就通顺多了。

(2) 缺少动词。动词是"事由"中最重要的部分,如果没有了动词,所请示的事项就无从谈起了。如《关于车辆的请示》,因缺少动词让人十分困惑:是想买车还是报废车辆?因此,必须根据具体情况添加相应的动词。

(3) 缺少主语。例如《关于出国考察的请示》,因缺少主语让人费解,到底是谁出国?完整的标题应为《关于××同志出国考察的请示》。

(4) 事由不清。一般来说,公文的标题既要简明又要和公文的内容相符,可有些请示的标题让人弄不清楚请示的事项是什么。如一家单位要改造河流,因资金缺口较大,需要资金支持,于是向上级写了一份《关于××河流改造的请示》。其本意是要申请资金,而标题的意思却是要改造河流,很显然题不对文。

(5) 冗长啰唆。公文的标题要简明、概括,尽量避免使用长句,可有些单位拟制标题非常啰唆,《关于××同志参加由××组织的××代表团赴××国进行考察的请示》。

(6) 词语重复。如一家单位《关于申请购买接待车辆的请示》,这里:"申请"就显得多余,因为"请示"这一文种本身已经包含了"申请"的意义。与其类似的词语如"请求""呈请"等,在请示类公文标题里都应该避免使用。

(7) 乱用介词。公文标题里可以适当用一些介词,构成介宾短语,使语义更加清楚,逻辑更加严密。可有些单位却乱用介词,如《关于对××学校建成后有关问题的请示》,很明显,"对"在这里是多余的,应删掉。

——资料来源:方玉军. 请示类公文标题语病种种[J]. 秘书之友,2003(12).

技能实操

1. 病文修改

关于申请拨给灾区贷款专项指标的申请

省行:

×月×日,××地区遭受了一场历史上罕见的洪水袭击,×江两岸乡、村同时发生洪水,灾情严重。经初步不完全统计,农田受灾总面积达 38 000 多亩,各种农作物损失达 100 多万元,农民个人损失也很大。灾后,我们立即深入灾区了解灾情,并发动干部群众积极开展生产自救。同时,为帮助受灾农民及时恢复生产,我们采取了下列措施:

一、对恢复生产所需的资金,以自筹为主。确有困难的,先从现有农贷指标中贷款支持。

二、对受灾严重的困难户,优先适当贷款,先帮助他们解决生活问题。到×月×日止,此项贷款已达××万元。

由于这次灾情过于严重,集体和个人的损失都很大,短期内恢复生产有一定的困难,仅靠正常农贷指标难以解决问题。为此,请省行下达专项救灾贷款指标××万元,以便支持灾区迅速恢复生产。

以上报告当否,请批示。

××银行××市支行
2015 年 09 月 08 日

请指出这份请示存在的问题,并写出修改稿。

2. 写作训练

请根据以下材料,以××省经济管理干部学院和××省乡镇企业局的名义给××省教育厅写一份请示。

××省乡镇企业管理人员的文化、业务素质低,具有本科以上学历的管理人才尤为紧缺。据统计,真正是管理专业毕业的本科生平均每个企业尚不足××人。从局部形势发展看这种情况适应不了"加快发展第三产业"和"加快发展乡镇企业"的要求;从国家形势发展看,更不适应社会主义市场经济的需要。××省经济管理干部学院、××省乡镇企业局根据有关调查得知,在全省乡镇企业中,有××人为曾参加过全国普通高校统一考试、各科总成绩达××分的高中毕业生。×省经济管理干部学院、××省乡镇企业局拟把这些人中其他方面条件较好者直接招为"乡镇企业管理"本科生,系统学习后充实到乡镇企业中。为此,××省乡镇企业局同××省经济管理干部学院商定,拟从××××年×月起开办"乡镇企业管理本科班"。欲向××省教育厅写一份请示,其中包括:

一、招收专业

1. 经济贸易(含外贸)专业,××人,学制××年。

2. 乡镇企业管理专业,××人,学制××年。

3. 财务与会计专业,××人,学制××年。

二、招收对象

三个专业的招收对象均为××年(含××年)以来参加过全国普通高校统一考试,总成绩达××分以上,并在乡镇企业工作满一年以上的人员。

三、毕业待遇

学生学习期满,成绩合格,由××省经济管理干部学院发给经省教育厅验印的本科学历证书;省乡镇企业局拨给转干指标并负责分配工作。

第十节　批　　复

情境导引

这天,李强又在看公文。他看到一篇《关于若干问题的批复》,原文这样写道:

关于若干问题的批复

××乡政府并县计划生育办公室、电影公司:

对你乡的多次请示,一并答复如下:

一、原则批准你乡建立水果生产工贸公司,负责本乡水果的加工、销售工作。

二、今年你乡要盖礼堂一座,并准备开辟为对外营业的影剧院,有利于活跃农村生活,增加宣传阵地,基本同意你们这一要求。

三、你乡提出试行《关于违反计划生育规定的处罚办法》,最好不执行,因为这个办法违反上级有关精神。

特此作答。

××县政府

××××年×月×日

李强看了很是奇怪,他说,一般情况下,公文都是一文一事,难道批复是下行文,可以好多问题一起批复?

思 考

1. 一份批复可以批复多个问题吗?
2. 该批复存在哪些问题?

知识导航

一、批复的概念

批复适用于答复下级机关的请示事项。它是专门针对下级机关的请示而发的,一般是"一请示一批复"。是典型的下行文。

二、批复的特点

(1) 被动性。批复必须以请示为存在条件,先有请示后有批复。任何一份批复都是因为有请示才形成的,这一点和大多数主动行文的党政公文不同。

(2) 针对性(对应性)。批复内容有很强的针对性,请示什么事项就批复什么事项,绝不能离开请示的内容来批复。因此,批复的内容是由请示的内容来决定的。批复的针对性还体现在批复的主送单位只能是请示单位,涉及的有关单位可以抄送。

(3) 权威性。请示的事项是发文机关无权解决的问题,这就需要直接上级机关表态并回复。因此,批复带有权威性。

(4) 指挥性。批复是上级针对下级的请示所做的指示和表态,是上级对指挥权、领导权的行使,下级必须遵照执行。涉及重要事项和重大问题的批复,还可能具有法规作用。

(5) 可行性。指示性批复一般要对下级讲明若干政策规定、注意事项和工作原则,使下级开展工作有章可循、有据可依、有法可行;同意性批复则只批准切实可行的请示事项,反之则不予批准。

(6) 单一性。批复针对请示而作,既然请示只能"一事一请",批复也只应"一请一复",请示什么就批复什么。"一请一复"还意味着不能在一份批复中同时批答多份请示,也不能在一份批复中对下级作其他事项的请示。

三、批复的种类

根据批复的内容,批复大体可以分为以下两种类型。

(1) 指示性批复:这类批复主要针对下级机关请求指示的请示。批复需做出一定的指示性意见或者建议。

(2) 批准性批复:这类批复主要针对下级机关请求批准的请示。批复需做出同意或者不同意的明确答复。

四、批复的写作

批复的基本结构是标题+主送机关+正文+落款。

（一）标题

批复的标题，可以分为以下三种形式。

(1) 三元素标题：发文机关＋事由＋文种，如《国务院关于全国水土保持规划（2015—2030年）的批复》《国务院关于环渤海地区合作发展纲要的批复》。

(2) 四元素标题：发文机关＋表态用语＋事由＋文种，如《国务院关于同意将广东省惠州市列为国家历史文化名城的批复》，这里增加了表态用语"同意"。

(3) 五元素标题：发文机关＋表态用语＋请示机关＋事由＋文种，如《国务院关于同意吉林省撤销江源区设立白山市江源区的批复》。这个标题不但有表态用语"同意"，还有请示机关（即原发文机关）"吉林省"。

（二）主送机关

批复的主送机关，即原请示单位。如果要求更多的机关单位知晓和执行，可以用抄送的形式。

（三）正文

批复的正文，一般由批复依据＋批复内容＋批复结语三部分组成。

(1) 批复依据，主要是引述来文，先写明请示的来文日期＋标题＋发文字号，然后用习惯用语"收悉"，"收悉"之后，还可以加上"经研究""经×××研究""根据……规定"，然后用"现对有关问题批复如下"引出下文。如《国务院关于左右江革命老区振兴规划的批复》的正文内容第一句话：

"发展改革委《关于报送左右江革命老区振兴规划（修改稿）的请示》（发改西部〔2014〕2880号）收悉。现批复如下"。

(2) 批复内容，主要是针对请示的事项做出的相应批复。如果是指示性质的批复，则要提出指示性的意见；如果是批准性质的批复，则要表明同意或者不同意的态度，并说明理由。批复的正文内容，不能笼统地以"同意你们的意见"做答复。

(3) 批复结尾，一般用"此复""特此批复"等习惯用语。

（四）落款

批复的落款即发文机关署名、印章和日期。

五、批复的写作要求

(1) 有请必复，一请一复。收到下级的请示必须用批复作复，批复事项必须针对请示事项。批复是与请示相对应的公文。批复是直接上级用来答复下级请示的公文。请示和批复紧密结合，这在党政公文中是唯一的。可以说，有请示就必须有批复。

(2) 鲜明表态，明确指示。批复中必须对来文请示事项明确表态，不能模棱两可，含糊其辞。批复中所作指示，可以是宏观的、原则性的，但仍须旨意明确，不能有歧义。

(3) 及时批复，切忌拖延。批答下级机关的请示事项，是上级机关的职责所在，必须及时批复以免贻误工作。上海、重庆等市党委和政府规定：上级机关收到下级机关的请示后应在15天以内给予答复。

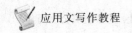

范文导读

国务院关于同意将广东省惠州市列为国家历史文化名城的批复

广东省人民政府：

你省《关于申报惠州市成为国家历史文化名城的请示》（粤府〔2014〕41号）收悉。现批复如下：

一、同意将惠州市列为国家历史文化名城。惠州市历史悠久，遗存丰富，文化多元，底蕴深厚，城区传统格局和风貌保存完好，具有重要的历史文化价值。

二、你省及惠州市人民政府要根据本批复精神，按照《历史文化名城名镇名村保护条例》的要求，正确处理城市建设与保护历史文化遗产的关系，深入研究发掘历史文化遗产的内涵与价值，明确保护的原则和重点。编制好历史文化名城保护规划，并将其纳入城市总体规划，划定历史文化街区、文物保护单位、历史建筑的保护范围及建设控制地带，制定严格的保护措施。在历史文化名城保护规划的指导下，编制好重要保护地段的详细规划。在规划和建设中，要重视保护城市格局，注重城区环境整治和历史建筑修缮，不得进行任何与名城环境和风貌不相协调的建设活动。

三、你省和住房城乡建设部、国家文物局要加强对惠州市国家历史文化名城规划、保护工作的指导、监督和检查。

国务院
2015年10月3日

这是一篇同意性批复。开头是批复依据，引述原文并加上习惯用语"你省《关于申报惠州市成为国家历史文化名城的请示》（粤府〔2014〕41号）收悉。现批复如下"。正文内容表明态度"同意将惠州市列为国家历史文化名城"，并说明理由。正文的二、三则明确提出组织实施的要求，明确而具体，简洁而有力，是一篇比较典型的同意性批复。

北京市高级人民法院关于对彩票管理规程提起诉讼人民法院不予受理的批复

××区人民法院：

你院《关于彩票纠纷是否受理的请示》（×法〔20××〕××号）及所附有关材料均已收悉。经研究认为，北京市公民王嘉铭在认购中国体育彩票过程中，认为摇奖现场混乱、财务制度不公开、摇奖程序和技术有误、开奖前未提前停售彩票，对北京市体育彩票管理中心和北京市××区公证处提起诉讼，其关于"请求人民法院依法确认中国体育彩票第01004期发行摇奖活动无效、判令重新摇奖一次"的诉讼请求，既不是平等主体间的人身、财产关系，也不属于在行政机关实施具体行政行为中产生的纠纷，而是对彩票活动的内部管理规程有意见。此类纠纷，不属于民事诉讼和行政诉讼的调整范围，故对彩票管理规程提起的诉讼，人民法院不予受理。特此批复。

北京市高级人民法院（印章）
××××年×月×日

这是一篇否定性批复，该批复的结论是否定性的，其否定的事项是一位公民关于"重新摇奖一次"的请求。该否定性批复最成功的地方在于不但否定了该请求，同时还对于为什么做出这样的否定进行了解释,而且解释得有理有据,切中要害。否定性的批复就该如此写作,既要明确地表明否定的态度,同时一定要解释清楚否定的理由。要有理有据,使人口服心服。

"学霸"见闻

公文批复小议

唐朝贞观年间,齐州人段元冲上书朝廷,指责时弊,措辞激烈,满朝文武大为震惊,请旨力斩段元冲,以儆习顽。唐太宗力排众议,在段元冲的意见书上批道:"他说的话如果对,便是忠实;他说的话如果不对,便是狂妄。忠实的话,应该倾听;狂妄的话,不值得计较。这好比一尺大的雾,遮不住天,也无损于天之大;一寸大的云,蔽不了太阳,也无损于太阳的光明——关于段元冲,就不予追究罢了!"

好一个"不予追究"!这个批复充分表明李世民在听取不同意见方面不失为一个明君。

弹指间,历史前进到20世纪80年代,公文批复的行文格式今非昔比,语言文字大相径庭,时有不少批复的典范供学习、参考。但是不能不看到,官僚主义作风在批复这种文体中的表现还是十分顽固的。有一篇小小说《书法家》就辛辣地讽刺了这种不良现象。一次书法展览会闭幕,馆长请来领导高部长题词,高部长沉吟片刻,捋捋袖子,拿起毛笔,赫然在纸上写下两个字:"同意"。周围观看的人忍俊不禁,馆长又请高部长再写几个别的字,高部长想了又想,毫无愧色地说:"还是不写了吧,能写好的就这两个字。"生活中更有不批具体意见,互相推诿,推卸责任,造成公文"旅行"的事情,一个文件,上交领导,请求批复。甲批:"拟同意";乙写:"考虑同意";丙言:"拟考虑同意";丁曰:"拟不同意";戊说:"是否可再考虑"……推来推去,层层批复,却都含糊其辞,这里面除了官僚主义的阴魂在作怪,还有一个如何写批复的问题。

批复是上级机关答复下级机关请示事项的文件,具有明确的针对性和指示性,多用于对一些具体工作请示的答复。这种批复,有时由上级领导机关的负责人自己执笔来写,有时由上级领导机关中的秘书根据领导研究的意见负责写出。在写批复之前,执笔人必须十分熟悉下级机关所请示的问题,必要时还要进行调查研究,否则有可能出现错误。同时还要掌握批复的方法。

——资料来源:舒安娜.公文批复小议[J].领导科学,1987(2).

技能实操

1. 病文修改

关于举办第十六届亚运会图片展览的答复

××市文化馆

你们的报告收到了,对是否举办第十六届亚运会图片展览的问题,你们看着办。所需费用,从你馆业务经费中开支。

此外,关于元旦演出节目,请你们抓紧排练。

就此回复。

××市文化局
2010年12月03日

请指出这份批复存在的问题,并写出修改稿。
2. 写作训练

××大学拟召开一个关于大学生心理与健康人格教育的全国性研讨会,此事需要省教育厅批准。请你代该学院拟写这份公文给教育厅,文中需用到的时间、地点等可自拟。并请代省教育厅写一份回复的公文。

第十一节 纪 要

情境导引

这天,李强随公司领导一起外出开会。开会前,领导反复交代李强,开会时一定要做好会议记录,会后写一份纪要。

思 考

1. 领导为什么叮嘱李强,会议记录要在开会时记录,纪要是在会后?
2. 会议记录与纪要有何联系与区别。

知识导航

一、纪要的概念

纪要适用于记载、传达会议情况和议定事项。它是会议最后形成的文件,是在一定范围内指导工作、解决问题、检查贯彻执行情况的重要依据。

二、纪要的特点

(1)内容的纪实性。纪要必须如实反映会议的内容和议定事项,不能把会议没有进行或者讨论的内容写进纪要。纪实性是纪要的基本特点,也是撰写纪要的基本原则。

(2)表达的概要性。纪要是对会议情况进行综合整理后形成的。撰写纪要要围绕着会议主旨以及会议的主要成果来整理、提炼和概括。重点是概括会议精神以及会议成果,而不是会议过程,切忌写成会议流水账。

(3)时间的及时性。纪要对写作时限要求的比较严格。一般情况下,会议结束后就要形成纪要。

(4)称谓的特殊性。纪要一般采用第三人称写法。由于纪要反映的是全体参会人员的集体意志和意向,因此常用"会议"作为表述主体,"会议认为""会议指出""会议决定""会议通过""会议号召"等。

三、纪要的种类

按照内容和性质,会议纪要大致可分为如下三类。

(1)办公会纪要。办公会又称例会,一般是指机关、单位的领导班子成员在固定的日期召开的会议,主要内容是研究工作安排、工作进度、确定方针、研究政策、部署工作等。记载这种会议情况和反映这种会议精神的公文即为办公会纪要。这种纪要一般由会议秘书整理成文,经会议主持人签发后正式生效,是反映机关、单位集体领导活动、主要决策和处理日常工作情况的一种内部文件。这种纪要直接发给或摘发给机关、单位的职能部门,使其遵照办理相关事务;也可以印发给隶属机关和单位,用以指导有关工作。如果研究决定的事项需要向上级汇报,也可以用《××关于呈送××会纪要的报告》的方式行文上报。

（2）工作会纪要。工作会议在这里主要是指为解决或协调工作中的某些实际问题而召集和召开的专门性会议。有这种会议整理出的反映该会议内容和会议精神的文件为工作会纪要。这种纪要需经会议领导小组或会议主办机关批准方能生效,它具有决议的性质,要求与会单位共同遵守和执行。

（3）讨论会纪要。讨论会在这里是指各种学术研讨会、理论研讨会、座谈会、协商会、经验交流会,等等,凡是在这些会议之后所形成的纪要为讨论会纪要。这种纪要是将大会的概况、主要议题、讨论情况、会议成果等予以记载、传达,具有传递信息、交流经验的作用。这种纪要对于与会单位和与会人员没有特别的行政约束力,只起交流情况、报道消息和供参考之用。

四、纪要的格式与写作

（一）纪要的特殊格式

（1）特定的版头。根据《党政机关公文格式》的要求。会议纪要标识由"××××××会议纪要"组成。用红色小标宋体字,字号由发文机关酌定。定期召开的会议,其纪要还可以使用专门眉首,如：

××大学校长办公会纪要

第 32 号

××大学办公室　　　　　　　　　　　　　　　　　　　　2014 年 6 月 6 日

（2）特定的文号。作为正式公文的纪要,其发文字号不同于一般公文,其特殊性表现为两种形式。

其一,机关代字后标注"会"字,如××会〔2015〕9 号；其二,按年内会议召开的顺序编流水号,即只编顺序号,如上例,文号为"第 32 号",即在 2014 年召开的第 32 次校长办公会的纪要文号。

（3）无主送机关。纪要一般不标明主送机关,而在版记部分的抄送栏内标注"分送",然后列出受文机关名称。

（4）无落款。《条例》和《格式》均做出规定,纪要不加盖公章。成文时间以题注形式置于标题之下或如上例置于文头左下端。

（二）纪要的写作

纪要主要由标题＋成文日期＋正文组成。

1. 标题

（1）公文式标题。机关名称＋事由＋文种,如《国务院关于加强土地市场管理工作会纪要》。

（2）会名式。会议名称＋文种，如《全国卫生工作会纪要》《全国城市教育综合改革会纪要》。

（3）主副式标题。主标题提出问题或揭示会议主旨，副标题多为"会名式"。如《探讨新时期文学的发展——中国当代文学研究会第二次学术讨论会纪要》《加强未成年人思想道德教育是家庭、学校和社会的共同责任——××市××区教育工作研讨会纪要》。

2. 成文日期

成文日期有两种写法，一是写于标题下，如果是会议通过的纪要，应注明通过日期，如××××年×月×日××××会议通过；还有一种是写于文末，同其他公文一样。

3. 正文

纪要的正文，一般包括三部分，即会议概况（导语、前言），议定事项（主体），结尾。

（1）会议概况。这一部分概述会议的基本情况，包括会议名称、时间、地点、规模等形式要素；会议宗旨、意义、议题、议程成果等内容要素；会议举办者、主持人、与会者等人员要素。以上要素应酌情择要交代，不必面面俱到。常见的写法有两种。

① 分项式。将会以名称、时间、地点、主持人、参加人、会议议程和主要成果等要素依次分行列出，使人一目了然。这种写法多用于办公会纪要。

② 概述式。简明扼要地陈述会议的基本要素以反映会议情况和基本精神。通常用一段文字作此概述。

（2）议定事项。这是纪要的主体部分。一般包括会议研究的问题、讨论的意见、做出的决定和提出的措施办法等。写作时常用"会议一致认为""会议指出""代表在发言中指出""会议强调""会议决定""会议要求"等惯用语引领段落。主要有以下几种写法。

① 综述式。对会议主要精神、领导讲话、研究讨论的重要问题、与会者所形成的共识、提出的任务要求等予以陈述，可采用总分式结构。较复杂的工作会议或经验交流会议的纪要可采用这种写法。

② 条款式。适用于部署工作的会议或办公会议，及研究具体事务事项较多的工作协调会等。写作时可按会议议题将议定事项分门别类，分条列项写出。逐条分别陈述其讨论的意见、形成的决议、提出的任务等。

③ "三部曲"式。即将会议的主要内容分为提出问题、分析原因和解决措施三个方面来写。多用于专题性会议。

④ 发言摘录式。摘录重要发言的要点，按议程为序或按议题分类，予以层次井然的表述。这种写法相似于会议记录，但不是照搬会议记录的所有内容和流水账式的结构。此形式可以更具体反映与会者的见解，常用于较重要的座谈会、学术讨论会或高层领导会议。

（3）结尾。有的提出希望和要求，发出号召，要求有关单位认真贯彻会议精神，努力完成会议提出的各项任务。有的则不写结尾，会议的主要内容分述完了，全文也就自然结束。

五、文种辨析

纪要与会议记录、会议决议、会议简报等同属会议文书这一大类。因为它们都是形成于会议并表述会议有关内容的会议文书，因而在内容、形式诸多方面颇有相近、相同之处。但在具体的性质、功能、产生程序等方面,它们又大有不同,须严加区别,不可混同。要准确把握纪要的特质,应明辨其他会议文书不同于纪要的主要特点:①会议记录是会议发言和过程的翔实记录,是资料性的会议文书,一般不公布、发送,不具备法定公文的效力。②会议简报是报道体文书,形式、内容均较灵活,侧重叙事性地反映会议情况和进程,可在会议各阶段制作,只能作为反映会议情况、信息的参考性资料。③会议决议主要是记载经会议讨论通过的决策事项,主要用于党的会议和人大会议,须与会者按法定程序表决才能通过。

六、纪要的写作要求

(一) 纪"实"提"要",准确概括会议重要内容

要做到准确概括,把握要点,其基本条件就是了解会议的全过程。会前要了解会议召开的目的,会中要收齐会议材料和做好会议记录,会后要及时做好会议材料和会议记录的整理工作。在此基础上进行分析、归纳和概括,准确地把握会议精神和议定事项,使会议纪要具有准确性和提要性。为确保会议纪要的准确性和提要性,一般的会议纪要应由办会的部门负责人审定,重要会议的纪要则应有机关或单位主要负责人签发。一些内容重要、问题复杂的会议纪要,还可以先拟提纲请会议讨论确定,或请示领导指示,写出草稿再交会议讨论。

(二) 有"物"有"序",详明记载会议议定事项

有"物"指的是内容具体,有"序"指的是结构严谨。"议定事项"是会议纪要的实体部分,是会议对工作的具体部署,是贯彻执行的依据,有很强的操作性和政策性,因此表述要明确、具体。同时,要合理安排结构,对议定事项作合乎逻辑的概括、归类,层次分明地加以表述。言之有物、言之有序才能有利于议定事项的执行、检查和落实。

■ 范文导读

全国城市经济体制改革试点工作座谈会纪要
(××××年×月×日)

××××年×月×日至×月×日,国家体纪委在××省××市召开了全国城市经济体制改革试点工作座谈会。31个省、市、自治区、直辖市体委政(办)的负责同志,58个试点城市的负责同志,以及中央、国务院有关部门的负责同志共200多人参加了会议。会上传达学习了中央领导同志最近的重要讲话,交流了试点城市改革的情况和经验,研究了在新形势下要积极推进城市经济体制改革进一步开展的工作。现将这次会议的主要精神纪要如下:

一、统一认识,明确今年改革的方针和任务。

二、进一步简政放权,政企分开,搞活企业。

……

六、精心指导,保证改革健康发展。

与会同志一致表示,当前改革进入攻坚阶段,我们要坚定地贯彻党中央和国务院的部署,精心组织,精心指导,搞好调查研究,把城市经济体制改革引向深入,为建立有中国特色的社会主义市场经济做出新贡献。

这是一则工作会议纪要。正文内容第一段,是对会议基本情况的介绍,包括会议举行的时间、地点以及参加人员。"会上传达学习了中央领导同志最近的重要讲话,交流了试点城市改革的情况和经验,研究了在新形势下要积极推进城市经济体制改革进一步开展的工作"是对会议内容的一个总体概括,然后用"现将这次会议的主要精神纪要如下"引出下文。正文内容的其他段落,分条列项地写出会议讨论的主要事项。最后一段,提出希望和号召。

"学霸"见闻

纪要写作的两个问题

1. 认清文种嬗变之"源"

党政机关公文写作,首先需要确认该选择哪个文种。不同文种有不同写法,同一文种,由于历史嬗变的原因,在不同的历史时期,其文种名称、适用范围、内部分类、内容要素及写法技巧,等等,都会呈现出不同程度的差异性。鉴于此,写作者理应了解各文种的来龙去脉,以便从中进行"你从哪里来"的哲学观照,从而更能在本质上把握该文种写作的精神内核。

纪要的"纪"通"记",是记载、记录的意思,产生于现代应用文体的会议记录。《国家行政机关公文处理办法》规定会议纪要"适用于记载、传达会议情况和议定事项"。2012年4月16日中共中央办公厅、国务院办公厅联合印发的《党政机关公文处理工作条例》规定,"纪要适用于记载会议主要情况和议定事项"。

从以上纪要流变的历史轨迹可以看出,新《条例》规定,从2012年7月1日起,"纪要"取代"会议纪要",其法定性未变,但名称和适用范围发生变化。纪要的主要用途是"记载会议主要情况和议定事项"。故此,从办文的角度来看,纪要更多的是作为阅件而存在,如果要下发执行,势必要假借于其他文种,或其他法规,如通知、办法等。明确了纪要的"源"头,写作者的"活水"自然从中来。

2. 重视材料本身之"纪"

如前所述,纪要的"纪"通"记",是记载、记录之意。从写作学的角度看,纪要的写作素材来自于会议记录,是在会议记录的基础上,紧扣会议主旨,忠于会议精神,经过文字或录音整理,去粗取精、概括归纳而成的。纪实性是纪要的基本特点,也是撰写纪要的基本原则。

因此,撰写纪要,首先要做好会前准备。要掌握会议的全部情况,弄清楚会议的目的、任务、内容和形式,掌握会议的所有文件材料。其次,要认真做好会议记录,撰写者应该参加会议的全过程。做会议记录,一般地,应该做到"有言必录",以同步进行的文字笔录为主,适当辅之以录音。撰写者在综合与会者的发言时,不能断章取义,扭曲他人意见,要尽可能忠实于发言者的原意,使用其原话,保持其语言风格。再次,要特别注意阅读会议的主体文件、材料、领导同志的发言,掌握会议的主要精神。

——资料来源:戴盛才. 浅析纪要写作要注意的五个问题[J]. 应用写作,2013(7).

技能实操

1. 病文修改

脱贫致富座谈会议纪要

××月××日,县委、县政府召开脱贫致富座谈会,参加会议的有××个乡的乡长和××个收入较低村的党支部书记,以及有关的局、公司、厂的负责同志。

县委书记××同志做了题为《振奋精神,发挥优势,努力工作,尽快脱贫致富》的报告。

××、××、××、××、××五个村介绍了脱贫致富的经验,与会者参观了××、××两个村,观看了反映我县乡镇企业发展的录像,进行了热烈的讨论和大会发言。会上,帮助乡村致富的有关单位负责同志都同挂钩大队的党支部书记见了面,进行了初步研究。县长××同志做了会议总结,县委副书记×××同志讲了话。

这次会议目的,是为了更好地落实中央一号文件精神,交流经验,分析、制定措施、克服困难,充分发挥内部潜力,利用本地资源优势,艰苦奋斗,发展生产,千方百计搞活经济,同时动员各方力量给以必要的扶持,达到尽快脱贫致富的目的。

会议指出,××××年××月××日,我县召开治穷致富会以来,通过广大干部和群众的积极努力,我县经济有了较大发展。××××集体部分人均收入不足××元的基本核算单位有××个,××户,××口人。现在集体部分人均收入不足××百元的有××个村,稍超过×××元的有×个村,共××个村,××户,×××口人。同××××年比较,贫困的基本核算单位减少了××%,户数减少了××%,人口减少了××%。但是,就全市、全县比较,这些村的人均收入水平仍然是偏低的,需要继续努力。

与会同志一致认为,为了尽快地实现脱贫致富,首先要树立脱贫志气……

其次要落实具体措施:

1. 深入开展致富大讨论,把群众的思想集中到勤劳致富上来……
2. 继续完善农业生产责任制,努力提高粮食产量……
3. 发挥山多优势,植树造林,以果致富……
4. 积极发展"两户一体",先富带后富……
5. 依靠本地资源,积极办好企业。要利用本地资源,搞一些力所能及的项目……
6. 加强领导班子建设,带领群众致富……

……

第三,各部门要通力协作,共同扶贫致富。

第四,××同志强调,每个村脱贫致富,主要靠自己努力,要争取支援帮助,但不能依赖支援帮助。

……

请指出这份实施方案存在的问题,并写出修改稿。

2. 写作训练

××××年×月×日在××学会会议室召开了××学会会议。参加人员由常务会副会长×××,副会长×××、×××、×××,办公室主任×××,副主任×××,活动中心主任×××。会议内容包括:确定了学会的办公地点。确定了学会的出资要求。增补×××为学会副会长。研究了今年学术会议和常务理事会的安排。

请根据以上材料,写一篇纪要。

第十二节 函

情境导引

为了进一步提高单位的自动化办公能力,李强所在的公司拟请××大学计算机学院的专家为公司办公室人员进行7天的办公室自动化培训。领导把这个任务交给了李强,吩咐他撰拟一份公文给××大学,并说明培训费用由公司按学院规定拨付。

思考

1. 你认为李强该用何种公文给××大学?
2. 对方收到公司的公文后一定要回复吗?

知识导航

一、函的概念

《条例》规定:函"适用于不相隶属机关之间商洽工作、询问和答复问题,请求批准和答复审批事项。"函是典型的平行文,使用时最关键的是"不相隶属",如一个系统内部的平级机关单位是不相隶属的机关单位,在组织上没有领导与被领导的关系、在业务上没有指导与被指导关系的机关单位也是不相隶属的机关单位。这些单位之间互相商洽工作,或者请求批准等事项时,都要用函。

二、函的特点

(1) 使用的广泛性和灵活性。函既可以商洽工作,又可以询问答复问题,还可以请求批准、审批事项,使用范围非常广泛。而且,它的行文方向也比较灵活,既可以上行,也可以下行,但最常用的是作为平行文。

(2) 平等性和沟通性。函主要是用于不相隶属机关之间,双方的地位是平等的。无论是商洽函,询问答复函,还是请求批准函,双方的沟通性很强。

(3) 单一性和双向性。函的篇幅一般比较短小,内容单一,一般一事一函。函既有去函又有复函,有很强的双向性。

三、函的种类

(一) 按照行文方向可分为去函和复函

(1) 去函,即主动发出的函。

(2) 复函,是针对去函所提出的问题或事情,被动答复的函。

(二) 按照用途,可以分为商洽函、询问函、答复函、知照函、请求批准函

(1) 商洽函:这类函主要指的是不相隶属机关单位之间商洽工作、联系有关事宜时使用的函,例如,洽谈业务、要求协作、联系租赁、商调干部等。

(2) 询问函:这类函主要指的是不相隶属机关单位之间的一方对有关事宜不清楚、有疑问时向另一方发出询问的函,例如,了解情况,核查问题,催办事宜等。

(3) 答复函:这类函主要指的是收到来函的机关单位被动行文对对方的询问函或者请求批准函给予答复的函。

(4) 知照函:这类函主要指的是不相隶属机关单位之间告知对方有关工作或者活动时使用的函。

(5) 请求批准函:这类函主要指的是发文机关单位向没有上下级关系的有关主管部门

请求批准某一事项时使用的函。

四、函的写作

函的基本结构是：标题＋主送机关＋正文＋落款。

1. 标题

常用的标题有以下几种。

（1）发文机关＋表态用语＋事由＋文种，如《国务院办公厅关于同意建立服务业发展部际联席会议制度的函》，这里的表态用语是"同意"。

（2）发文机关＋事由＋文种，如《××公司关于人事调查的函》。

（3）商洽函和请求批准的函，其标题中的"关于"之后，可酌用"商洽""商情""请求"之类的词语，以示礼仪并表明函的用途，如《××关于商借多媒体教室的函》。

（4）复函标题的文种词"函"之前一定要写"复"字。复函标题除常规标题如《国务院办公厅关于四川大学和华西医科大学合并组建新的四川大学的复函》之外，还可采用"双边式"标题，即在事由后写明来函机关的名称，如《××大学关于接受10名语文教师进修事宜给××中学的复函》。

2. 主送机关

函的主送机关一般只有一个。复函的主送机关即去函的发文机关。

3. 正文

函的正文一般由发文缘由＋函事项＋结尾组成。

（1）发文缘由

函的开头应开门见山，直接入题，不转弯抹角，不宜像私人信函那样写"您好""久未通信"等客套话。

如果是去函，简要说明发函原因，或说明根据上级的有关部署、指示精神，或简要陈述本地区、本部门的实际困难和需要，或扼要说明事情的经过和基本情况。

如果是复函，要有引语，即引述对方来函的标题和发文字号。规范的写作模式是："你×《关于×××的函》（××〔××××〕×号）收悉。经研究，函复如下："。

（2）函事项

要直陈其事，事项较多的可采用条列式结构，事项单一则可独段完成。

去函应将商洽、询问、告知或者请求批准的事项予以具体、简洁的陈述，用语应庄重有礼而不恭维逢迎。

复函，须强调针对性。批答函类似批复的写法，批准对方请求的事项，要用"同意""原则同意"等词语明确答复；如果不同意或不完全同意对方请求的事项，应说明政策依据或其他具体理由，并应提出作何处理的建议。其他复函，要针对来函提出的问题、商洽的工作做出明确具体的答复，或表明态度申述理由，或说明有关问题等，用语要讲究礼貌，不宜使用指令性语言。

（3）结尾

不同类型的函有不同的结尾。

商洽函的结尾常用："恳请协助""不知贵方意见如何，请函告""望协助办理，并请尽快见复""望大力协助,盼复"等。

询问函的结尾常用:"请速回复""盼复""请予函复""即请函复"等。

请批函的结尾常用:"请审查批准""当否,请审批"等。

答复函,批答函常用:"此复""特此函复""专此函告"等。

函的结尾一般不用"不胜感激""此致敬礼""谢谢合作"之类的谢词、敬语作结。另外,还要注意避免下行文语气,如"此复"即上对下的口吻,不宜作为复函结语。

五、文种辨析

函是公用信件,但是不能把它仅仅理解成是信件,而应该理解成是国家的正式公文。单从格式上说,函与一般信件也有着明显的区别。首先,函的行文必须有标题,而一般信件的行文是不加标题的;其次,一般信件的落款不加印章,而函的落款是必须加盖公章的。

此外,在撰写复函时,也要注意它与批复的区别。

复函与批复都是回复来文的公文,内容构成基本相同,不同的是,批复是指示性下行文,复函多是平行文;从回文内容看,批复用于对重大原则、政策性问题做出决定或批答,而复函多用于一般性事务的答复;从使用范围看,批复多为上级领导机关使用,基层单位很少使用,而复函没有这个限制,上下级机关之间、平级机关之间、不相隶属机关之间以及基层单位都可以使用。

六、函的写作要求

(1) 正确选用文种。函是平行文,不可用于上行或下行。下级组织向上级组织询问有关问题,可向上级组织的办公部门发函,上级组织向下级组织答复或提出询问,亦由办公部门向下级组织致函。尤其要注意的是:当用请批函时不可错用为请示与批复。如县教育局向县人民政府和地市教育局行文请求批准有关事项,应当用请示;向县城建部门报建设项目,则应当用请求批准的函。

(2) 必须一函一事。函与请示、批复在行文事项上都具有单一性,不可一文数事。

(3) 行文语气谦和。行文语气与行文方向相吻合,是公文用语的原则性要求。函是平行文,因而其用语应为平行语气,即以平等协商的口吻行文,文中应适当使用敬辞、谦辞。即使是批答有关请求的函,也应谦和得体,不能采用批复的语气。

(4) 事简可用便函。用于公务活动的函,有"公函"与"便函"之别。公函特指《条例》中规定的函,是正式公文,商洽、询问、答复的事项比较重要,要按法定公文格式和程序制发和处理;便函用于商洽一般性的事务,形式较简便灵活,可用机关单位的稿笺纸书写,或用A4纸打印,可不编文号,加盖办公部门的印章即可。

📖 范文导读

万达时装有限公司人力资源部关于人事调查的函

阚琳经贸有限公司人事部:

我公司正在进行人事调整工作,根据省政府关于重视选拔任用"海归"人才的精神,我部拟推荐李勇同志担任某部门经理,全面负责该部门工作。为核实李勇同志的情况,烦请贵部协助我公司调查以下问题：

  李勇同志在贵公司工作的起止日期。

  李勇同志在贵公司两次受奖，是何奖项？

  贵公司对李勇同志表现的评价。

  特此函达，请予复函。

万达时装有限公司人力资源部
2015 年 8 月 23 日

  这是询问函，发文单位万达服装有限公司人力资源部与受文单位阚琳经贸有限公司人事部之间是不相隶属关系，故用函行文。标题由发文机关（万达服装有限公司人力资源部）＋事由（人事调查）＋文种（函）组成。正文的开头是去函的原因和依据，主体部分是万达服装有限公司人力资源部向阚琳经贸有限公司人事部询问的三个问题，请对方给予答复。结尾用"特此函达，请予复函"。该函言简意赅，语词恳切。

阚琳经贸有限公司人事部关于李勇同志情况的复函

万达时装有限公司人力资源部：

  贵部《关于人事调查的函》（万时人函〔2015〕10 号）收悉。

  关于李勇同志的情况，经我部与相关部门研究答复如下：

  一、李勇同志在我公司的工作起止日期是 2010 年 9 月 4 日至 2014 年 3 月 20 日。

  二、李勇同志两次获奖，一次是公司 2012 年先进工作者；一次是销售部 2013 年业绩突出奖。

  三、我公司认为，李勇同志是一个很好的管理人才，其业务熟练，能够独当一面；严以律己，能够以身作则；锐意进取，勇于挑战。不足之处是偶有急躁情绪，有时欠合作精神。

  特此函复。

阚琳经贸有限公司人事部（印章）
2015 年 9 月 1 日

  这是一则答复函，复函单位阚琳经贸有限公司人事部就万达时装有限公司人力资源部的三点询问一一作答。复函的开头用"贵部《关于人事调查的函》（万时人函〔2015〕10 号）收悉"，然后用习惯用语"……研究答复如下"过渡到下文。结尾用"特此函复"。该复函内容具体明确，语言得体，是一篇规范完整的例文。

 ## "学霸"见闻

由"函代请示"的提法说起

  "在一些特殊情况下（例如下级机关向上级机关及主管部门询问有关方针、政策、规定和工作中遇到界限不明确的问题，上级机关向下级机关询问工作情况或某一具体问题等），函也应用于上下级组织之间。但这种函只是一种行文形式，它的实质是'函代请示'与'函代通知'。"这是一本发行范围较大的、2013 年出版的公文写作指导用书中的一段话。其中提到的"函代请示"是一种沿用很久的提法。客观地讲，用"函"（"适用于不相隶属机关之间商洽工作、询问和答复问题、请求批准和答复审批事项。"——《条例》）向"主管部门"询问属于该部门职权范围的有关问题而不是向上级机关发"请示"（适用于向上级机关请求指示、批准。——《条例》),是很规范的做法,因为它体现了"发文不升级"的原则,这样来讲"函代请示",尽管不是很严谨,但仍然可以认为是不无道理的。而认为上下级之间也可以互相发"函"询问有关问题或情况,就是严重滞后了。就行政机关而言,自1994年1月1日起,国务院办公厅修订施行的《国家行政机关公文处理办法》在"函"中增加了"适用于不相隶属机关之间"的全指限定,因之"函"不能再用于上下级机关之间。2012年7月1日起,"函"也不能再用于党的机关上下级之间了。这在《条例》中有十分明确的规定。至于所谓"特殊情况",愚以为在公文处理工作中,并不存在必须突破有关规章限制才能发文的"特殊情况",否则,岂不是规章规定不够严谨、有明显缺漏存在吗?以上面一段话中所述的"特殊情况"为例来看,如果必须向上级机关而不是主管部门进行询问的话,则应该用"请求指示"的"请示";而上级机关需要向下级机关询问时,由其办公(综合)部门发"函"给下级机关即可,不必由上级违反《条例》对文种适用范围的规定直接发"函"。(例文请参阅载于《应用写作》2005年第3期的拙文《一份有普遍借鉴意义的询问函》。)至于"这种函只是一种行文形式"的说明,令人产生疑问:难道这样的行文形式就可以不符合《条例》的规定吗?向上级发"请求指示"的"请示"、由上级机关的办公部门向下级机关发"询问函",从选择恰当文种发文的角度看,不也是行文形式吗?两相比较,其实质恐怕就有规范与否的根本性区别了。时至今日,在公文学界仍有不少论者坚持认为"函"可以用于上行文和下行文,可以说这是一种"顽症"了。以前在评议上述不规范提法的过程中,笔者也曾看到持论者进行辩解的文字,其理由有二:一是要全面理解公文文种的含义,而不是死抠某一条文;二是要尊重鲜活的公文运作实际。笔者认为这些理由十分牵强。有关公文文种的含义(包括适用内容与适用范围),并非整套的理论体系,仅是规范的具体要求,以往国务院制发的《国家行政机关公文处理办法》和中共中央办公厅制发的《中国共产党机关公文处理条例》是这样,现正施行的《条例》也是这样。对其的理解,并不存在全面抑或片面之分,只有准确与否的区别;至于说到公文运作实际,只能是由规范的要求去约束,而不能反过来允许所谓"鲜活"的实际去冲击规范。那种把某些机关单位出现的违反《条例》的公文文例,如有些书中引用的《××省科学技术委员会关于询问贯彻全省科学技术工作会议情况的函》(主送该省各地、市科委),作为依据说明函可以用于上下级机关之间,这实际是将误例当正例,其作用就不是指导而是误导了。

——资料来源:张冠英.由"函代请示"的提法说起——再谈公文写作指导中的"滞后"现象及其他[EB/OL].http://www.appliedwriting.com.

技能实操

1. 病文修改

××大学关于解决进修教师住宿的函

××大学校长办公室:

首先,我们以校方的名义向贵校致以亲切的问候。在此,我们冒昧地请求贵校帮助解决我校面临的一个难题。

事情是这样的,最近,我校为了培养师资,选派了5名教师到××学院进修。但因该院基建工程尚未完工,学校住宿紧张,我校几位进修教师的住宿问题几经协商仍得不到解决。在进退维谷的情况下,我们情急生智,深晓贵校府高庭阔,物实人济,且有乐于助人之美德。因此,我们抱一线希望,冒昧地向贵校求援,请求贵校救人之危,伸出援助之手,为我校进修教师的住宿提供方便。为此,我们不胜感激!有关住宿费用等事宜,统按贵校的有关规定办理。

以上区区小事,不值得惊扰贵校,实为无奈,望能谅解。最后,再次恳请予以关照!

××学校

××××年×月×日

2. 写作训练

为提高青年教师的业务水平和科研能力,武陵大学拟派三位教师×××、×××、×××赴北京大学经济学院、法学院、中文系访学一年,费用由武陵大学财务处统一支付。请代学院拟写一份联系函,并代北京大学拟一份复函。

第三章 信函文书写作

第一节 信函文书知识概述

情境导引

西汉时,蜀中才子司马相如与富商之女卓文君的爱情故事,可以说是中国历史上的一段佳话,但他们的爱情后来也是多有波折。

司马相如后来飞黄腾达,曾经给卓文君写过一封信,信中只有"一二三四五六七八九十百千万"十三个数字,要卓文君回复(数字"万"之后,本该是"亿",通"意",司马相如独独没写"亿",也预示着对卓文君"无意")。

聪敏过人的卓文君,略一思考,就在纸上写下如此诗句:

一别之后隔山水,两地悬念盼夫归。只说是三四月,又谁知是五六年。七弦琴无心弹,八行书无可传,九连环从中折断,十里长亭望眼欲穿。百思想啊千系念,万般无奈把郎怨。

万语千言说不尽,百无聊赖十依栏。重九登高看孤雁,八月中秋月不圆,七月半烧香秉烛问苍天,六月伏天别人摇扇我心寒。五月石榴如火焰,偏遇阵阵冷雨浇花端。四月枇杷未黄,我欲对镜心意懒。急匆匆,三月的桃花随水转。飘零零,二月的风筝线儿断。噫,郎呀郎,巴不得下一世你为女来我作男。

司马相如接到卓文君的书信后,羞愧难当,与卓文君和好如初。

一封书信挽救了一段美好的姻缘,从中可以看出书信的作用还真不小。

思 考

1. 卓文君给司马相如写的信,属于私人书信还是专用书信?
2. 这种书信在语言表达上有何特点?

知识导航

一、信函文书的概念

信函文书,又称书信文书,是指个人与个人、个人与组织、组织与组织之间,运用文字交流思想感情、沟通情况的一种应用文。书信有一定的格式要求,通过邮寄、传送等方式传递给对方。

书信一般分为两种类型,一种是一般书信,一种是专用书信。一般书信是指私人之间互相往来的信件,专用书信多用于个人和单位之间,单位和单位之间的事务往来。

二、信封的写法

目前信封的写法主要有两种:横式信封和竖式信封。不管哪种信封,都要写清楚收寄双方的邮政编码、地址和姓名。国内常用的是横式写法,下面简要地进行介绍。

收信人的邮政编码写在信封的左上角固定的方格内。

收信人地址写在收信人邮政编码的下一行,地址应详细写明省、市、县(区)、乡(镇)街道和门牌号码的全称。

收信人的姓名写在信封中间,字体可以稍微大一些,姓名后可加"先生""女士""同志"等。

寄信人的地址和姓名写在收信人姓名下一行,姓名之后可以加上"缄""寄"等字样。

寄信人的邮政编码写在信封右下角。

需要注意的是,寄往国外的书信,信封写法与国内刚好相反。收信人地址一般写在信封的右下边,寄信人地址一般写在信封的左上角或者背面。收信人地址按照由小到大排列。应用对方国家通用的语言或者英文书写。

三、书信的写作

书信的写作有较为固定的格式,即"书信体格式",一般由称谓＋问候语＋正文＋祝颂语＋落款五部分组成。

1. 称谓

称谓是对收信人的称呼,独占一行,第一行顶格写,一般包括敬辞、姓名、称呼三部分,可以根据与收信人的亲疏关系灵活处理,如"尊敬的××老师""亲爱的爸爸妈妈"等。

2. 问候语

写在第二行空两格的位置,独立成段。问候语应注意针对性,根据不同对象表达不同的问候。如"您好!""好久没写信了,十分想念"等。

3. 正文

正文另起一行,是书信的核心和主体部分,一般应交代写信的原因、事情的具体事项和结束语。正文的写作要求是语言顺畅、条理清晰、措辞得体。

4. 祝颂语

祝颂语是进一步表达祝愿,加深情谊。一般分两行书写。第一行空两格写"此致""顺颂""敬颂"等,另起一行顶格写"敬礼""教祺""工作顺利"等。祝颂语要根据不同的对象书写,如给长辈写信,可写"祝您安好""敬颂健康"等;给平辈写信,可写"祝你进步""祝你工作顺利""祝全家幸福"等;给晚辈写信,可写"希望你努力学习"等。

5. 落款

落款即署名和日期。

四、书信的写作要求项

1. 格式要合乎规范

一般书信的格式是约定俗成的,写信合乎规范能够体现出写信人的自身修养和对收信人的尊重。

2. 语言要真挚得体

一般书信可以用口语化的语言,语气上要感情真挚,能够给看信人以"见字如晤"的感觉。

3. 内容要条理清晰

写信时,交代事项应条理清楚,让收信人对书信传递的信息有明确的把握。

范文导读

一位母亲要求公开的一封信:给她那不懂事的孩子

儿子,今天你又装作若无其事地暗示妈妈,说市中心的房价又在飙升,如果再不行动,或许以后你和女友连一间栖息的小屋都没有。我淡淡地看你一眼,终于没有像你希望的那样,说出"妈妈给你们买"这样的话来。而你,也在尴尬的沉默里,随即气嘟嘟地放下碗筷,甩门出去。我从窗户里看着你远去的背影,瘦削,懒散,有一点任性,你还是赖在父母怀里,始终不肯独立。

可是,亲爱的儿子,你已经25岁了,有一份稳定的工作,有一个需要呵护的女友,还有两位日益老去、需要你照顾的父母,难道这些还不足以让你成熟、让你彻底地离开父母的羽翼、放下啃老的惰性、独自去承担一个成人应该承担的责任吗?

记得从很小的时候,你就习惯有事找妈妈。你总是说:"妈妈,我的衣服脏了,你帮我洗洗。""妈妈,明天我们去郊游,你帮我收拾好要带的行李。""妈妈,女友想吃老醋茄子,记得下班后给她做。"

一直以来,我也习惯了听你这样吩咐,总以为,对你的每一点好,你自会记得,且在将来我们老去时,可以得到你同样细心的呵护和照料。而我和你的父亲,也节省下每一分钱,为你在银行开立了单独的账户,只为某一天,你拥有了自己小家的时候,能取出那些钱来,给你一份切实的帮助。

可是如今,我却发现,这样牺牲自己、全力为你的方式,并没有培养出我们想要的那个懂得珍惜的孩子,却反而造就了一个羽翼退化、意志严重消磨的社会弃儿。我们越是爱你、纵容你对父母无休止的依赖和索取,你心底里的自私和懒惰就越是无休止地滋长……

你5岁那年,要妈妈帮你整理满地的玩具;10岁的时候,看见同学脚上气派的皮鞋,你就哭闹着让我也去买;15岁时,你写情书给班里的女孩子,说:"我妈妈认识很多人,谁要是欺负你,尽管告诉我";20岁那年,你读大学,每次打电话来总是抱怨,说食堂的饭菜如何糟糕。

如今,你每天回家来蹭饭,还时常带女友回来居住,我一边工作,一边还要为你们的一日三餐奔波劳累。这番忙碌,让我连一丝的微笑也无法挤出。

我终于承认,25年来,我对你无节制的宠爱,是一个多么大的错误。

亲爱的孩子,我不得不残忍地告诉你,今天之前你的生活与我息息相关,而你今后的道路,我将不再过问。

也请你,像那些自立自强的人一样,从父母的身边搬走,用自己的薪水租房去住。我会给你鼓励和勇气,可是我不会再给你金钱上的帮助。

孩子,妈妈很抱歉,不该这样爱你。而你,也应该对你的所作所为感到愧疚。那么,就让我们彼此原谅,重新开始吧。

这是一则令人深思的书信。在这封信中,妈妈回顾了25年来自己对孩子的娇惯和宠爱,本以为父母的爱会让儿子懂得珍惜,懂得感恩,但结果是儿子对父母无休止的依赖和索取。妈妈的反思是值得令人警醒。这封信不仅仅是一个个案,同时它也反映了中国传统的那种认为"爱孩子就是给他一切"教育方式的不足。

"学霸"见闻

口语里没有的词语不要写在书信里

口语里不说"您们"(nín men),书信里也就不该写"您们"。关于这件事,我受到很多的攻击。有人写文章和我辩论,说"您们"是不应该反对的。昨天我还收到一篇短文,说"您们"是新生事物,叫我不要枪毙它。我一向主张言文一致,所以我反对写"您们"。但是我并没有权力枪毙它。但是,口语里并没有"您们",中国几千年来没有"您们",不见得就是没有礼貌。刚才说的那位同志和我辩论的文章很有分量。他说最近话剧《丹心谱》里用过"您们"。我说,《丹心谱》作者写"您们"是他的自由,但是演员在舞台上说 nín men 则是不妥当的,因为口语里没有的东西,说出来不真实。这个问题不很重要。既然许多人反对,那就各行其是吧。写到这里,我查了一查《现代汉语词典》,词典里只收"你们",不收"您们",那是对的。不写"您们",那么,要写尊称的时候,该怎么办呢?旧版《现代汉语词典(试用本)》说:"注意:复数不说'您们',只说'您二位''您几位'。"有人批驳说:"如果有 360 个人,难道要说'您 360 位'吗?"我认为,旧时说"诸位",现在说"同志们"不就可以代替"您们"了吗?对父母也不必说"您二位",可以说"爸爸妈妈"。再者,就叫"你们"也不是没有礼貌。叫"你们"也未尝不可。

——资料来源:王力.青年同志们谈写信[EB/OL]http://www.docin.com/p-968254144.html.

第二节 申 请 书

情境导引

上了大学,李明积极向党组织靠拢,通过党课的学习,进一步加强了对中国共产党的认识。怀着对中国共产党的强烈向往,在建党节即将来临之际,他郑重提出申请,表达他迫切加入党组织的心情。

思 考

你认为李强该用哪种书信来表达他的这种迫切加入中国共产党的心情?

知识导航

一、申请书的概念

申请书是个人或集体向有关部门或者领导表达愿望、提出要求并请求批准时使用的一种书信体文书。申请书使用范围很广,如入党、入团、转学、调动、出国探亲或留学等均可使用申请书。

二、申请书的特点

(一)目的明确单一

申请书是为解决具体问题而写作的,希望解决什么问题,希望如何解决,都必须表达清楚。申请书一般只提出单一的申请事项,不宜将多种事项混在一起。如果有多项请求,可以分别写作多份申请书。

（二）语言礼貌得体

申请书是向有关主管部门提出请求，希望得到批准或协助，因而用语不能太随意，更不能无礼，应表现出礼貌或郑重的态度。

三、申请书的种类

申请书的使用范围广泛，根据申请内容的不同，大致可以分为以下几类。

（1）思想政治方面：申请加入中国共产党、工会、参军等。

（2）工作学习方面：入学申请书、工作调动申请书等。

（3）日常生活方面：申请住房、申请开业、申请困难补助等。

四、申请书的写作

申请书一般由标题＋称谓＋问候语（可省略）＋正文＋结语＋署名和日期组成。

1. 标题

标题主要有两种，一种是事由＋文种，如入党申请书，工作调动申请书等；一种是直接文种"申请书"做标题。

2. 称谓

称谓顶格，写明接收申请的单位名称或领导人姓名。申请书的称谓一般只有一个，这样便于及时得到回复。称谓前面一般加一个敬辞，如"尊敬的党组织""敬爱的……"等，后面用冒号。

3. 正文

正文空两格。一般包括以下四方面内容。

① 申请人基本情况，即"自报家门"，姓甚名谁，工作单位等，简单的概括介绍一下自己，让接收申请的单位或者领导有一个基本了解。

② 申请的具体内容。这是一个重点，申请内容一定要具体，表达清楚明白。

③ 申请的原因和理由。

④ 决心和要求。譬如：加入组织：表明自己一定会按照规章办事，严格做到组织对自己的要求等。建设项目、开业：表明自己的决心，好好做，让领导放心等。申请助学贷款等，就表明自己好好学，不辜负……

我们以入党申请书为例，介绍正文的具体写法。入党申请书的正文是全文的关键部分，通常是先介绍一下个人的实际情况、家庭成员以及社会关系。然后，写明申请入党的动机、理由、对党的认识、自己的决心等。对个人情况的介绍可以简单一些，重点要放在入党的动机、对党的认识和自己的决心上面。

入党申请书的正文内容一般比较长，要注意分段落。主要包括以下几个方面。

（1）对入党的态度，即"我志愿加入中国共产党，愿意为共产主义事业奋斗终生"。

（2）对党的认识，主要是对党的性质、纲领、奋斗目标、宗旨、党的路线、方针、政策的认识。

（3）入党动机，就是参加中国共产党的目的，即为什么要加入党组织。写这部分要联系自己的思想实际,可以写通过学习党的基础知识、听了党课、参加了有意义的活动以后的思想演变过程,要全心全意为人民服务等。

（4）自己在政治、思想、学习、工作、作风、纪律等方面的主要表现,特别是对自己存在的缺点和不足要敢于指出,并向党组织表明改正的决心和努力方向,如何以实际行动争取入党。

（5）结尾,一般可写"请党组织在实践中考验我",或"请党组织看我的实际行动"等作为正文的结束。

4. 结语

一般表示敬意的话:"此致敬礼";或者表示感谢的话、希望的话"请党组织考验我"、"请领导批准"、"如能尽快解决,将不胜感激"之类的尾语。

5. 署名和日期

在申请书的尾部右下侧写上申请人的姓名和申请日期。如果申请书系打印,亦应手写签名,以示郑重。

五、文种辨析

在生活和工作中,当需要向他人提出某种请求并得到协助或批准时,就要使用申请书。公务类申请书要注意与请示区分。虽然二者都是提出请求,希望予以解决,但受文对象不同。申请书是写给没有隶属关系的有关主管部门,而请示属于上行公文,一定是下级写给上级的。

六、申请书写作的注意事项

（1）一事一文。一份申请书一般只能提出一个要求,便于领导或组织研究解决。
（2）申请的事项要明确具体,理由要真实充分,实事求是,不能虚夸和杜撰,否则难以得到上级领导的批准。
（3）用语要得体,态度要诚恳,不能使用命令式,要挟式的语气。

范文导读

入党申请书

敬爱的党组织：

我志愿加入中国共产党,愿意为共产主义事业奋斗终生。

中国共产党是中国工人阶级的先锋队,是中国各族人民利益的忠实代表,是中国社会主义事业的领导核心。我们党以马列主义、毛泽东思想、邓小平理论为指导思想,自1921年创建至今,中国共产党从小到大、从弱到强、从幼稚到成熟,不断发展壮大;从建党之初仅有的50多名党员,逐步发展到今天拥有数千万党员的执政党。党的辉煌历史,是中国共产党为民族解放和人民幸福,前仆后继、英勇奋斗的历史,是马克思主义普遍原理同中国革命和建设的具体实践相结合的历史;是坚持真理、修正错误、战胜一切困难、不断发展壮大的历史。中国共产党无愧是伟大、光荣、正确的党,是中国革命和建设的坚强领导核心。

作为一名团员,一名党的预备队中的一员,我一直严格要求自己,用实际行动来证明团员的先锋作用。随着年龄与文化知识的增长，我对党的认识也越来越深，加入到党组织中的愿望也越来越强烈。

大学是我人生的一个新起点，没有追求与真理，人便会庸庸碌碌；没有信念，就缺少了人生航线上的航标。要成为21世纪的优秀年轻人，就要向中国共产党这个光荣而伟大的组织靠拢；只有在党组织的激励和指导下，我才会有新的进步，才会充分发挥自己的潜能，为国家、为人民、为集体做出更多的贡献。为了早日加入中国共产党，我将争取做到以下几点：

一、思想上严格要求自己，学习党的理论知识，用党员的标准来要求自己。

二、努力学习文化知识，刻苦钻研，争取每一科都达到"优秀"，为以后走上工作岗位打下坚实的基础。

三、积极参加学校各项活动，发挥自己的特长，真正起到先锋模范作用。

四、日常生活中，时刻保持与同学的良好关系，热心主动帮助有困难的同学。做到朴素、节俭，发扬党员的优良传统。

今天，我向党组织提出入党申请；我深知，我身上还有许多缺点和不足，今后，我要自觉接受党员和群众的帮助与监督，努力克服自身的缺点，争取早日在思想上、进而在组织上入党。

最后，我再一次向党组织提出我的入党申请，我决不辜负党组织的期望，愿接受党组织对我的任何考验。

此致

敬礼

申请人：×××
××××年×月×日

这份入党申请书开门见山地交代了"我志愿加入中国共产党，愿意为共产主义事业奋斗终身"的态度，然后详细地介绍了自己对党的认识，自己迫切希望加入中国共产党的愿望和决心。感情真挚，语气诚恳。

"学霸"见闻

辞职申请书正文写作技巧

辞职申请书是员工向所在单位或上级主管部门提交的请求解除劳动合同关系的一种事务性文书。无论我们辞职的理由是什么，都应力求在辞职申请中展现个人的品德、胸怀、素养等综合素质，在内容、格式、措辞等方面不应有半点马虎。

下面，我们不妨通过一篇范文来探究一下辞职申请书的写作规范及注意事项。

辞职申请书

尊敬的领导：

很遗憾自己在这个时候向公司提出辞职申请。

来到××旅行社已经两年了，我非常感谢公司，感谢各位领导和同事。在这两年时间里，自己得到了公司领导及各位同事的关心和帮助。在这里，我有过欢笑，有过泪水，更有过收获。公司先进的企业文化和良好的工作氛围，让我时刻保持努力学习的动力和积极向上的态度，在这里我能大胆地工作，开心地学习。

但是现在由于个人原因，我不得不提出辞职。我也很清楚这时候向公司辞职，于公司于自己都是一个考验,公司正值用人之际,新旅游项目的启动及其后续工作在公司领导的统筹安排下正在一步步推进。也正是考虑到公司今后在这个项目运营方面的衔接性等原因,本着对公司负责的态度,为了不让公司因我而造成新项目的延误和推迟,经过再三考虑我郑重向公司提出辞职。

我考虑在此辞呈递交之后的一个月内离开公司,这样您将有时间去寻找适合人选,来填补因我离职而造成的空缺,同时我也能够协助您对新人进行入职培训,使他尽快熟悉工作。

能为公司效力的日子不多了,我一定会站好自己最后一班岗,做好工作的交接,尽力让项目做到平稳过渡。离开旅行社,离开曾经同甘共苦的同事,很舍不得。舍不得公司、舍不得领导,也舍不得同事之间的那片真诚和友善。

短短的两年时间,我亲眼见证了××旅行社的发展和变化,很遗憾我不能再为公司辉煌的明天贡献自己的力量。衷心祝愿公司领导及各位同事工作顺利!祝愿××旅行社前途美丽而光明,祝愿公司的业绩一路飙升!

此致

敬礼

李××
201×年×月×日

这是一位在××旅行社任职两年的从业者在离职时向公司递交的一份辞职申请书。此文无论是格式结构、行文措辞,还是礼仪感情等,都颇为讲究,不失为一篇辞职申请书的"范本"。

从格式上看,辞职申请书与其他申请书大体相同,基本上由"标题、称谓、正文、落款"四部分组成。正文是申请书的核心和主要内容,一般分为四部分。

(1) 开门见山,提出申请。例文开篇直陈诉求,向领导提出辞职申请,直截了当,不含糊,并以"遗憾"一词,表达对公司的留恋之情,紧接着第二段表达了自己的感激之情。这些情感的表达会给对方留下很好的印象,能使接下来的离职变得更为顺利。

(2) 陈述辞职的原因与理由。这部分是辞职申请书的重头戏所在,一定要做到有理、有据、有情。例文中的理由陈述只用了"由于个人原因"一句话,这句话用得很是巧妙,有时候辞职的真实原因并不适合详细地讲出来,一句话含糊带过也是一种策略。今天可能因为某种原因,让你觉得自己的工作走进了死胡同,但是不久你或许可能需请现在的同事帮忙写推荐信,或许未来的某一天你需要和现在的单位或同事合作也说不定,所以不要图一时的痛快而毁掉本可很好地维系的良好关系。在某种程度上讲,辞职申请应努力做到"好聚好散",所以,无论此刻你的心情多么痛苦、难堪或者委屈、无奈,一旦决定离开,都没必要在辞职信中有兹毫流露,因为你的目的是离开,而不是诉苦。礼貌、真诚、谦逊、宽容在这里不但不会降低你的身份,反而会彰显出你人格的魅力。

(3) 表明离职时的要求和态度。正如例文第4、5两段中所表述的,为了能为公司站好最后一班岗,自己会在辞呈递交一个月后离开。聪明的离职者往往会在这里再次打出高明的情感牌——因为实际上,一般单位对离职都有一个明确的时间规定,比如辞职申请获得批准以后一个月或半个月等。而作者这样说,就将被动变成了主动,就显得自己对公司至仁至善、对工作善始善终,令人感动。

(4) 结尾再送祝福,并另起一行,用规范的致敬语收笔。例文结尾处作者再次表达对公司、对领导、对同事的恋恋不舍之情,并送上诚挚的祝福,可谓情真意切,给人留下辞职实属无奈之举的印象,恰如雅虎创始人杨致远辞职信中所说"一日雅虎人,终生流淌着紫色的血"(紫色:雅虎的代表色),让人感觉人虽走心却留,达到了人走情更浓的效果,可以说辞得艺术,走得漂亮!最后规范的致敬语的使用,同样彰显出作者的郑重与礼貌。

可以说,无论是什么原因的离职,其初衷也都是为了自己的未来。但在这篇例文中,作者也表明是为了公司的发展,对公司的负责,不得不说此作者是棋高一招。尤其是正文部分,内容表述层次分明,行文结构合理,讲究措辞礼仪。内容上的真挚表达显示出作者的智慧和水平,另外,无论是从结构还是从语言上来看,也都不失为一篇漂亮之作。

值得一提的是,和辞职申请书一样,辞职报告、辞职信、辞职书、辞呈等都具有向单位、领导表明辞职意图的功能。它们的区别在于,从文字上说,辞职申请是劳动者申请辞职,但是申请还有一个批准的过程,申请的结果由单位控制,把最终决定权交给了单位。而辞职信(辞职报告)则是明确表达劳动者要求辞职的想法,是自己主动的选择,单位不得阻挠或拖延。但,无论采用那个文种,都需要辞职者用心经营,方能做到走得漂亮。

——资料来源:马俊霞,耿云巧.如何写好辞职申请书[J].应用写作,2015(9).

技能实操

1. 病文修改

留校申请书

尊敬的学校领导和各位老师:

您们好!

今天,我怀着十分激动的心情向母校递交这份留校申请书。作为母校培养起来的新一届大学生,能够留下继续为母校的成长发展而工作,是我今生今世最大的梦想!

××大学是一所充满朝气的学校,在校生活的每一天我都能感受到这样的氛围。无论是教学管理,还是课余生活、后勤保障和社团活动等都让我难以忘怀、十分留恋。

我对自己留校工作,是有信心的:(1)思想觉悟高。从高中向党组织递交入党申请书,到成为党外活动积极分子,到大学党课结业,我都坚持用马列主义,毛泽东思想和邓小平理论来武装自己的头脑,坚持自己的共产主义信仰,使自己的世界观、人生观和价值观不断提高,今后,我将更加努力学习,为争取早日成为一名优秀的共产党员而努力奋斗。(2)班级管理工作经验丰富。三年高中、四年大学,我一直担任着班长职务,在多位老师的培养下,在同学们的帮助下,我逐渐形成了自己独特的处理问题和解决问题的方法,对班级管理和学生管理有深刻的体会。如能留校,我将继续不断丰富和发展自己的管理办法,增强协调处理问题的能力,使母校的学生管理工作更上层楼。(3)认真、拼搏、努力的工作精神。我热爱母校,又有学生管理工作经验,这些都成为我留校工作的基础。我相信,我能秉承"宽容,严谨,勤奋,创新"的工作原则,保持高昂、进取的精神风貌,积极参与学校各项建设,为学校的明日辉煌贡献我的全部聪明才智。

"不积跬步,无以至千里;不积小流,无以成江海",我深信通过我们共同努力,母校势必很快跻身于世界名校之列。

最后,请校领导批准我的申请,使我早日成为母校的一员。
此致
敬礼!

李××

请指出这份实施方案存在的问题,并写出修改稿。

2. 写作训练

(1) 李明从江苏信息工程职业技术学院计算机系毕业后,自己筹措资金70万元,在××路××号租房一处,欲开办一个电脑公司。

请代李明写一份开业申请书。要求:语言简洁,写明申请的理由,表明自己的态度。

(2) 学校为保证学生身体健康,在学生宿舍实行晚上11点强制熄灯的制度。但现在正值期末,复习很紧张,不少学生在熄灯后利用走廊处的灯光看书。同学们希望期末临考这一个月,熄灯时间能延长到晚上1点。

请你代表同学们写一份申请书,阐述理由,向校领导提出申请。

第三节 倡议书 建议书

情境导引

据《××晚报》报道,××市宏福苑小区1 000多名住户为出行难联名上书,要求设立快速公交车站。此前,该小区出行主要依赖803路公交车,但近日由于803新开通了803大容量快速车,并对原803路公交车进行了改线,致使该小区原设的803站点被撤。而新开803快速车又没在此设站,这使附近的宏福苑、美丽家园、龙祥小区近4 000户业主出行受到不小影响。因此,小区1 000多名居民联名上书,希望将803快速公交车在宏福苑设站,并向负责快速公交运营管路的公交集团畅达通公司提交此建议书。

思考

1. 什么是建议书?
2. 建议书与党政公文中的意见有何不同?

知识导航

一、倡议书

(一) 倡议书的概念

倡议书是公开提倡某种做法,或者倡导某种活动,号召鼓动大家响应的一种专用书信。

(二) 倡议书的特点

1. 广泛的群众性

倡议书不是对某个人或某一小集体而发的,它的受众往往是广大群众,或是部门的所有人,或是一个地区的所有人,甚至是全国人民。所以,其对象十分广泛。广泛的群众性是倡议书的根本特征。

2. 响应者的不确定性

倡议书的对象范围往往是不确定的,即便是在文中明确了倡议的具体对象,但实际上,有关人员可以表示响应,也可以不表示响应,它本身不具有很强的约束力。即便是与此无关的别的群众团体,也可以有所响应。

3. 倡议书的公开性

倡议书就是一种广而告之的书信。它是要让广大的人民群众知道了解,从而激起更多的人人响应,以期在最大的范围内引起共鸣。

(三)倡议书的种类

(1) 按照性质划分,倡议书可以用于工作事务,公益活动,国内事务,国际事务等。

(2) 按照用途划分,倡议书多用于学习榜样,呼唤道德,发起竞赛,组织群体活动等。

(四)倡议书的写作

倡议书一般由标题＋称谓＋正文＋落款组成。

1. 标题

倡议书的标题主要有以下三种写法。

(1) 在第一行中间,直接写"倡议书"即可。

(2) 倡议内容＋文种,如《携手共建节约型校园倡议书》。

(3) 双行标题,如《让人类多一些朋友——爱鸟、护鸟、保护野生动物倡议书》。

2. 称谓

倡议书的称谓可依据倡议的对象而选用适当的称呼。如"亲爱的同学们""广大的妇女同胞们"等。有的倡议书也可不用称呼,而在正文中指出或者直接体现在标题中,如《致农民兄弟的倡议书》。

3. 正文

倡议书的正文内容,一般包括以下几个方面。

(1) 写明倡议书的背景、原因和目的。倡议书的目的是为了引起广泛的响应,只有交代清楚倡议活动的原因,背景和目的,人们才会理解和信服,才会自觉的行动。

(2) 写明倡议的具体内容和要求。这是正文的重点部分。倡议的内容一定要具体化。开展怎样的活动,都做哪些事情,具体要求是什么,它的价值和意义都有哪些?都需要一一写明。倡议书的具体内容一般是分条列的,这样写往往清晰明确,一目了然。

(3) 结尾要表示倡议者的决心和希望或者写出某种建议。倡议书一般不在结尾写表示敬意或祝愿的话。

4. 落款

倡议书的落款,在右下方署上倡议者单位、集体或者个人名称或姓名,并署上发倡议的日期。

(五)倡议书的写作要求

(1) 论说充分。倡议的目的是为了号召、鼓动大家参与或者响应某种活动,因此论说一定要充分,交代清楚背景、目的和原因,让人们主动积极参与。

(2) 可行性强。倡议书发出的倡议内容和要求,一定要切实可行,避免空虚的倡议。

(3) 鼓动性强。倡议书的语言一般比较有号召性,鼓动性,具有较强的说服力。
(4) 倡议书的篇幅不宜过长。

二、建议书

(一) 建议书的概念

建议书是指个人、单位对某一问题或情况向领导、集体或他人陈述出自己的看法,提出某种积极有益的主张或者建议时使用的一种专用书信,有时也叫意见书。

(二) 建议书的特点

(1) 建议书是面对有关部门或上级领导提建议时使用的一种书信。它没有公开倡导具体实施的特点,而只是作为一种想法被提出来,具有较强的文本性特点,作为一种假想的条条而存在。

(2) 建议书是必须被有关部门、领导批准认可后才能被实施的。所以建议书具有较强的可塑性,它不是最终的定文形式,它可以被修改,被增删,甚至被弃之不用,这要由具体的情况来定。

(三) 建议书的种类

建议书多用于工作事务,就政策法规、组织结构、工作程序、方式方法等提出建议。

(四) 建议书的写作

建议书一般由标题+称谓+正文+落款组成。

1. 标题

建议书标题的写法一般有:①直接由文种"建议书"或者"建议"组成;②由建议内容+文种组成,如《北京大学法学院大学招生考试制度改革建议书》,还有的是建议者+建议内容+文种组成,如《我给家乡环保提建议》。

2. 称谓

在标题的下一行顶格写受文单位或者个人姓名。

3. 正文

建议书的正文内容,一般包括以下几个方面:

(1) 阐明提出建议的原因、理由以及自己的目的、想法,即发文缘由。发文的缘由要具有合理性,这样才有利于你的建议被采纳。

(2) 建议的具体内容。建议的内容要具有可行性和可操作性,以便接受者考虑采纳。如果建议内容较多,多采用分条列项写作。这样就清晰明了,一目了然。

(3) 提出自己希望被采纳的愿望和想法,并写上表示敬意或者祝愿的话。

4. 落款

落款,在结语的右下方,署上提建议的单位或者个人姓名,并署上成文日期。

(五) 文种辨析

倡议书中虽然也带有建议的性质,具有建议的实际功效,但它多是面对一定范围内的群众,一般采取公开发表的形式广而告之。

建议书主要是个人向组织或下级向上级提出的积极主张,希望组织或上级采纳,其读者属指定读者,不公开发表。

（六）建议书的写作要求

（1）建议书要具体明确，有针对性。建议书要将自己建议的具体内容，采取的措施、方法、步骤等一一列出，少说大话。

（2）建议书要把握好分寸，不说过头话，不用过激语言。

（3）建议书的语言要精练，准确，篇幅一般不宜过长。

范文导读

"厉行节约，反对浪费"倡议书

干部职工同志们：

最近，习近平总书记针对我国在餐饮环节上浪费严重的问题做出重要批示，号召全党、全社会厉行勤俭节约，反对铺张浪费。为把我委机关干部职工的思想和行动迅速统一到中央的决策上来，我们发出如下倡议：

一、树立正确的价值观。牢固树立节约光荣、浪费可耻的意识，大力弘扬艰苦奋斗、勤俭节约的优良传统，与文明握手，向陋习告别。

二、节约用水。合理使用水资源，用完水后或见到滴水的水龙头，请及时拧紧，发现损坏的及时报修；提倡循环使用自来水，避免大开水龙头。

三、节约用电。充分利用自然光照，杜绝"长明灯"。工作或学习结束后请及时关掉相应电器的电源，如电脑主机、显示器、饮水机等；减少电梯使用，节约使用空调，长时间离开办公室注意关灯，关空调。

四、节约用纸。减少会议，减少文件，减少文印材料，坚持发短文，提倡双面用纸、电子办公；多开视频会议，多利用网络、广播、信息显示屏等形式进行宣传，减少纸张消耗。

五、节约用餐。积极倡导餐桌文明之风，就餐时提倡适量盛取，勤拿少取，做到不剩饭剩菜。

六、生活节俭。培养良好的生活习惯，提倡绿色出行，合理消费，适度消费。不盲目攀比，不超前消费，不浪费粮食。

节俭是一门课程，需要我们每个人去学习；节俭是一种美德，值得我们每个中华儿女去传承。厉行勤俭节约，反对铺张浪费贵在平时，重在坚持。让我们积极行动起来，从我做起，从现在做起，从节约一顿餐、一滴水、一度电、一张纸等小事做起，形成崇尚节俭的道德风尚，为建设"节约型机关"，树立国资委机关良好形象做出积极的贡献。

直属机关工会 直属机关妇工委
直属机关团委 委机关服务中心
2015 年 1 月 25 日

这是"厉行节约，反对浪费"的倡议书。标题由倡议内容和文种组成，称谓是面向广大的干部职工。正文第一段是写倡议的背景和目的，然后用"我们发出如下倡议"引出倡议的具体事项；最后一段是倡议的决心和要求。整篇倡议书格式规范，倡议内容具体而详细，文章语言具有一定的号召性和鼓动性，是一篇比较不错的倡议书。

"学霸"见闻

倡议书缘由撰写要求

倡议书的缘由,就是为什么向人们发起倡议,或者说,就是倡议的目的、依据、原因等相关内容。缘由,在倡议书的写作过程中应该是全文的重点。在写作的时候,应引起高度重视。既然向相关人员发出号召,倡议其积极参加,那么,凭什么呢?凭行政命令?倡议书不是公文,显然不具备这方面的"权限"。那么,倡议书要想打动人,引起人们的情感共鸣,只能靠"情"字或"理"字。靠"情",就是通过"煽情"的言语、感人的情节、凄楚的场景、催人泪下的情感,去慢慢地触动读者、感化读者、影响读者,或者去征服读者,从而使读者或者受到心灵的强烈震撼,或者跟着流下同情的眼泪,并进而使其毫不犹豫地积极响应,献出爱心。

如某校学子韩××不幸遭遇车祸,生命垂危,为抢救其生命而在全校范围发起募捐倡议,其中写道:"尊敬的老师、亲爱的同学:临近毕业,大家都沉浸在对未来美好的畅想中,然而,一个飞来横祸却降临在一位不幸的女孩身上,她就是我院09级本2班的韩××同学!2013年5月11日,韩××同学从309公交车上跌落,不幸后脑着地,脑部受到严重创伤,情况相当危急,于当天下午送至××省人民医院重症监护室。5月12号上午8点,脑部情况恶化,紧急手术,时间长达4个半小时。手术虽然很成功,但韩××同学还没有完全脱离危险期,在未来3天到7天的水肿期和感染期内仍有生命危险。更不幸的是,由于受伤部位集中在左半脑的功能区域,即使能安全度过危险期,韩××同学的语言和肢体功能都会受到很大影响。韩××同学的父母都是下岗工人,还有一个常年瘫痪在床的90多岁的爷爷,家里生活十分拮据。这个贫寒的家庭,面对着高达几十万的医疗费,无疑是晴天霹雳,雪上加霜,让韩××同学一家束手无策……"这份倡议书情真意切,在情感的渗透方面可以说是成功的或比较成功的,许多人看到之后为之动容、为之动情。

那么,另一种情况呢,则是靠"理",通过摆事实、讲道理,来达到以理服人的目的,从而让阅读者心悦诚服地认可、支持,进而积极参加所倡议的活动。

缘由部分是倡议书的关键、核心部分。一项倡议活动,响应者是有还是无?或者响应者寥寥还是云集?这主要取决于缘由是否充分,情感是否真挚,论述是否到位。

——资料来源:黄立平,曾子毅. 如何做到"振臂一呼,应者云集"?——谈谈倡议书的写作要求[J]. 应用写作,2015(4).

技能实操

1. 病文修改

疾病捐款倡议书

"一方有难,八方支援",是中华民族的传统美德,今天我们发起爱心募捐活动,目的是让所有具有爱心的人,伸出援助之手,共同救助一名挣扎在死亡线上的学生。

这名学生叫×××,今年××岁,今年春天发现有肌肉萎缩情况,先后到威海二院、文登整骨医院诊疗,期间病情恶化,经手术治疗病情已基本控制,但仍需长期巩固治疗。该生家庭条件困难,为交付巨额医疗费用,父母借遍全部亲朋好友,天天以泪洗面,现已到山穷水尽的地步。

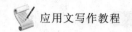

×××，在校是个乖巧听话、勤奋学习的好孩子，深得老师和同学们的喜爱。

作为他的同学、他的老师，我们怎能眼睁睁地让一个年轻的他挣扎在死亡线上？涓涓细流，汇成大海，不论你的能力大小，捐款多少，只要每个人用真诚的心，献出一份爱，编织一份情，就能弥补昨天的缺憾，铸就今天的真情，创造明天的奇迹！

亲爱的老师、同学们，让我们大家共同努力，用实际行动，尽己所能，献出爱心，帮助×××渡过这个难关吧！

德育处、团委
××××年×月×日

请指出这份议书存在的问题，并写出修改稿。

2．写作训练

（1）时代经济的快速发展，环境污染成为民众最为关注的话题，每天都有大量的志愿者在为环境绿化做出努力，保护环境，人人有责，而我们作为生活在蔚蓝地球上的一员，应该从自身做起，呼吁大家共同爱护我们的家园。请你写一份呼吁大家保护环境的倡议书。

（2）根据"情境导引"中的案例，请你撰写这则建议书。

（3）请找出一件生活中最令你不满意的事情，冷静地分析其中的原因，然后给有关部门写一封建议书。

第三节　证明信　介绍信

情境导引

王明和李强是同学，李强是在阳光投资有限公司经理的助理。这天，王明找到李强，说自己有一笔不错的生意，但他是个人，不如公司签合同方便，想让李强帮忙，让李强出具一张以阳光投资有限公司的业务介绍信，签完合同后就还给公司，并许诺事成之后给李强分红。李强迫于同学的情面答应了。后来王明利用阳光投资有限公司的业务介绍信与一家公司签订合同，骗取对方价值100万元的钢材。王明将钢材卖掉后携款逃走。

思　考

1．李强私自出具公司业务介绍信的做法是否可行？
2．开具公司介绍信要注意哪些事项？

知识导航

一、证明信

（一）证明信的概念

证明信是机关团体、企事业单位证明有关人员的身份、经历、学历或某种事情真实性的一种专用书信。它用可靠的材料表明或断定人或者事物的真实性，又称"证明"。

（二）证明信的特点

1．要实事求是，言之有据

一般而言，证明信的内容都是比较重要的事情，既要对被证明人负责，也要对出示证明的机关和接收单位负责,因此,态度一定要严肃认真,对被证明的人或者事情,一定要了解的非常清楚,实事求是,言之有据,切忌弄虚作假。

2. 要言简意赅,简明准确

证明信只需将要被证明的人或事情表述清楚即可,要言简意赅,不需要粉饰和啰唆。另外,证明信不能用铅笔、红笔书写,如有涂改,必须在修改处加盖公章。

(三)证明信的种类

证明信可以从以下几个方面来划分:

(1)按照传达的方式来划分,有邮递的证明信,有随身携带的证明信。

(2)按照证明信的发文者来划分,有以组织的名义写的证明信、有以个人名义写的证明信。

(3)按照证明信的内容来划分,有学历证明、身份证明、健康证明、结婚证明等。

(4)按照格式来划分,有固定格式的证明信和非固定格式的证明信两种。

(四)证明信的写作

证明信一般由标题+称谓+正文+落款组成。

1. 标题

证明信的标题主要有以下两种写法。

(1)在第一行中间,直接写"证明信"或者"证明"即可。

(2)事由+文种,如"关于×××同志××状况(问题)的证明"。

2. 称谓

第二行顶格写上受文单位名称或受文个人的姓名称呼,然后加冒号。有些供有关人员外出活动证明身份的证明信因没有固定的受文者,开端可以不写受文者称呼,而是在正文前用公文引导词"兹"引起正文内容。

3. 正文

另起一行空两格写清要证明的事项。如果是证明学历的,就应写清姓名、性别、年龄、籍贯、何年考入学校、学何专业等;如果是证明是否参加某项活动的,应据实说明参加与否。如参加了,应写清时间、地方、具体情况等;如果证件丢失的,应写清失主姓名、丢失时间、地点、经过、失物号码、特征等。

写完需要证明事项后,应另起一行写"特此证明",也可直截在正文结尾处写,以来结束正文。如果对证明的内容不太熟悉,应注明"仅供参考"等字样。

4. 落款

落款即署名和成文日期。要在正文的右下方写上证明单位或个人的姓名称呼,成文日期写在署名下另起一行,然后由证明单位或证明人加盖公章或签名、盖私章,否则证明信将是无效的。

(五)证明信写作应注意的事项

(1)内容真实可信。因为证明信的内容对收信方来说就是一种凭据,因此开证明信的一方必须真正了解情况,实事求是,高度负责。

(2)语言简洁准确,证明的语言表述必须清楚、准确,不能使用模棱两可、含糊不清的词语,以此来保证证明信的可信度。

(3) 如系手书,必须书写工整干净;如是打印,墨色务必清晰。证明信若有涂改,必须在涂改处加盖单位公章。

(4) 留有存根,证明信一定要留有存根,已被核查,而且必须加盖单位公章,否则无效。

二、介绍信

(一) 介绍信的概念

介绍信是介绍本单位有关人员到外单位参观学习、联系工作、了解情况或出席某种会议等所写的一种专用书信。介绍信具有介绍和证明的双重作用。使用介绍信是为了使对方了解自己的身份和目的,以便得到对方的信任和支持。

(二) 介绍信的特点

(1) 内容绝对真实可靠。介绍信是介绍来人身份的一个有用的证件,它是建立一种良好的合作或有效办理某项事情的有效凭证,因此,介绍信的内容一定要真实可靠,不能虚编假造。

(2) 简明扼要。介绍信只需把介绍的事项写清楚即可,要简明扼要,不可太长。

(3) 加盖公章。介绍信务必加盖公章,以免造成不必要的麻烦。查看介绍信时,也要核对公章和介绍信的有效期限。带有存根的介绍信,存根联和正式联内容要完全一致,存根要妥善保存,以备查考。

(三) 介绍信的种类

1. 书信式介绍信

书信式介绍信一般用印有单位名称的信笺书写,格式与一般书信基本相同。

2. 印刷的介绍信

印刷的介绍信是印刷好的具有固定格式的介绍信。一般带有存根,便于存档和备查。这类介绍信分存根和正页两部分,一般左右排列。左边为存根,右边为介绍信正页。中间以虚线相隔,虚线上印制单位文件字号。正页内容按照所需填写即可。

(四) 介绍信的写作

介绍信一般由标题+称谓+正文+落款组成。

1. 标题

标题一般居中写"介绍信"即可,有时也会注明"××单位介绍信"。

2. 称谓

在标题的下一行顶格写受文单位或者联系人的称呼。一份介绍信一般必须有明确的致送单位,而且只能有一个。

3. 正文

介绍信的正文内容,一般包括三个方面,第一,写出被介绍人的姓名、性别、民族、身份等要素。涉及一定保密范围的事项时,还要注明被介绍人的政治面貌、职务级别等,以便对方妥善接待。如果被介绍者不止一人,一般只介绍带队者的基本情况,并写明总的人数,总人数的数字要大些。第二,简明扼要地写出要接洽的事项和对接洽单位的希望和要求。第三,用较为固定的祈请语、敬语和感谢语,通常是"请予以接洽为荷""请予以支持"等,最后以"此

致 敬礼"结束。

4. 落款

落款,在结语的右下方载明出具介绍信的单位以及日期。

（五）介绍信对的写作要求
(1) 要填写持信人的真实姓名、身份,不得冒名顶替。
(2) 接洽和联系的事项要写的简明扼要,一目了然。
(3) 经过领导过目或者在存根上签字,以示慎重负责。
(4) 重要的介绍信要留存根或者底稿,内容要和介绍信本文完全一致,以备查考。
(5) 书写要工整,不得涂改。若有涂改,涂改处必须加以公章,否则,对方可以不予接待。

范文导读

证 明 信

×××学校：

××同志,性别×,政治面貌××,身份证号××××××××××××××××××。于××××年×月×日至××××年×月×日在我公司××部门从事××工作,工作积极、团结集体,遵纪守法,各方面表现优秀。我单位对本证明真实性负责。

特此证明

××××公司
××××年×月×日

这则证明信从标题、受文单位、正文到落款,都非常符合证明信的写作规范,属于标准的证明信样式。从内容看,这是一份有关个人身份、工作经历及表现的证明信,文中首先写明××同志的性别,政治面貌及身份证号,然后对该同志在××××公司工作期间的表现加以证明。为了说明该证明信的真实性、可信性,最后特加了一句"我单位对本证明的真实性负责",体现了发文单位认真负责的态度。全文内容真实、语言精练,要言不烦,值得借鉴。

介 绍 信

××公司人力资源部：

兹有我校××学院××专业×××同学,前往贵处联系专业实习与就业咨询等事宜,请予接洽并帮助为荷。

此致
敬礼

××大学××学院
2015 年 11 月 6 日

这是一份书信式介绍信,格式与一般书信基本相同,正文内容比较简单,准确地写出被介绍人的基本信息和前往受文单位的目的,结尾用"请予以接洽并帮助为荷"。

"学霸"见闻

介绍信使用的专人负责原则

落实责任制是保证各项工作任务完成的前提,介绍信的使用管理工作也是如此。表面上看似乎管理和使用介绍信既不复杂,也没有特殊要求,有没有专人负责没有多大必要。其实,只要有过这方面工作经验的同志都清楚,使用介绍信进而达到预期的工作目的,确实是一项难度较大的工作。因为管理和使用介绍信涉及两个内容:一是单位印章的管理。我们知道,印章是开具介绍信的关键,离开印章也就失去了介绍信的意义。可见,印章管理在介绍信的管理和使用工作中具有重要作用。二是公文管理。行文是介绍信的重要内容,也就是说介绍信是通过文字表达方式反映其含义和目的的。能否有效地抓住这两个环节直接关系到介绍信管理和使用的实际效果,也势必影响到业务工作效率和单位的声誉。笔者在实际工作中曾见到这样的情况,由于无专人负责管理印章,也没有确定专人负责起草介绍信,结果是介绍信的起草和格式不符合要求,给接收介绍信的单位带来许多不便,竟出现猜字、猜意的情况,不但影响了工作效率和单位的声誉,更严重的是让坏人钻了介绍信管理混乱的空子。因此,要正确认识专人负责管理使用介绍信的重要意义,切实落实责任制。一是专人负责管理使用印章是保密工作和印章管理规定的要求,既可以减少因介绍信管理不善造成的失误,更重要的是可以防止给社会带来不必要的危害。二是专人负责管理公文可以使工作有章可循。不但有利于逐步实现介绍信管理使用的规范化、程序化,也为坚持领导审批和介绍信存根的保管原则创造了条件。

——资料来源:姚一凡. 使用介绍信的四个原则[J]. 秘书之友,1999(9).

技能实操

1. 病文修改

证　　明

××,2005年—2009年就读于××大学。在校期间学习成绩优秀,没有不良记录。

××大学班主任
××××年××月××日

介　绍　信

××公司:

　　您们好!

　　现在有我单位的小李同志前去您们公司,进行调研活动,请做好准备,谢谢!

　　此致

敬礼!

××××公司
××××年××月×日

请分别指出上述证明信、介绍信存在的问题,并写出修改稿。

2. 写作训练

(1)假设南京科技大学将选派王刚(男)、李丽(女)、李宏(男)前去国家图书馆进行为期一周的进修学习,主要学习国家图书馆先进的图书管理方法,这是该学校首次与国家图书馆合作,并且王刚等人以前从未与国家图书馆有过工作上的接触。请你以南京科技大学的名义为王刚等三人出具一封介绍信。

(2)李明是某某大学2005年毕业的本科生,毕业后前往广州工作。不久前在搬家的过程中不慎将大学毕业证和学位证丢失,因为单位要为李明评职称,必须提交本人身份证和学历证明，无奈李明只好向母校求助。请你以某某大学的名义为李明出具一封证明信。

第五节 私人信函

情境导引

"近一个月来，海口街头新增了一批新邮筒，似乎都成为摆设。随着互联网和智能手机的飞速发展，还有多少信件需要通过这里寄出？"近日，网友王鹏发出一条微博，对此表示质疑。南国都市报记者从海口邮政局了解到，去年年底，该局耗资约12万元，将海口市区内50多个老旧的邮筒更换。记者在调查中了解到，现在快递、网络等多种通信工具较为快捷，很少有市民还通过信件与亲朋联系。"耗资更换新邮筒，不就成了浪费资源吗？"不少市民质疑道。海口邮政局市场经营部林副主任在接受南国都市报采访时表示，邮筒是作为邮政网点的延伸服务而设置的："网点晚上不上班，但是一些市民白天邮寄信件不方便，只能晚上投递到邮筒中。"据统计，2012年，海口邮政局共投递了约451万封普通信函，其中平信约200万封，挂号信约250万封。"200万封平信中，有大部分都是邮寄明信片、公司信件。"据介绍，现在快递服务发展较为迅速，作为高档次信函服务满足市场需求，但是平信作为邮政普遍服务的一部分，低档次的服务也要兼顾。他说，设置邮筒、信箱等，是为了满足不同人群的邮寄需求，不能仅从经济角度看待这一问题。

思 考

1. 对海口邮政局更换邮筒的一事谈谈你的看法。
2. 网络时代人与人时间是否还需要书信交流？

知识导航

一、私人信函的概念

私人信函是个人与个人之间，借助文字的形式，起到交流感情、沟通信息、传递经验、相互慰勉、排忧解难等作用的应用文体。它有一定的格式，并通过邮寄、传送或网络等方式传递给对方。

在日常生活中，书信是人们最常用的应用文体，是人际联系的重要工具。有什么话要说，就可以直截了当地写出来，寄给对方。特别是在亲朋好友之间，当你孤寂烦恼时，书信会带来温暖与慰藉；当你遇到问题一时难以解决的时候，书信会带来开启心窍的钥匙；当你身体不适需要求医时，书信会带来亲切的问候和灵方良药；当你在事业上取得成就的时候，书信会带来美好的祝愿和诚挚的鼓舞；当你在外地工作或长守边防久久没有接到家信时，你对家信是怎样的渴望呢？唐代大诗人杜甫曾说过"家书抵万金"，恐怕不为过吧？而很多书信也因文字和思想的高度成为千古名篇。

司马迁的《报任安书》，信中司马迁表白了自己"不能推贤进士"的苦衷，叙述了因李陵事件而受刑的始末，道出了忍辱著书的目的、决心和动力，倾诉了久郁胸中的痛苦悲愤的心情，揭露了统治者的昏庸残暴。它是研究司马迁生平、思想和创作情况的宝贵资料，对于人们认识汉武帝时期的社会政治有重要的参考价值。诸葛亮《诫子书》是诸葛亮写给其子诸葛瞻的,全文短短86字,虽阐述的是敬业奉献、修身养性、治学做人的深刻道理,读来发人深省。林觉民的《与妻书》其情殷殷,其言切切,虽儿女情长,更有英雄气壮。令人读之不禁潸然泪下。鲁迅与许广平的通信集《两地书》真实地记录了自许广平先生首次致信鲁迅先生,直到他们婚后有了可爱的小海婴这么大时间跨度的生活历程,从社会学角度来讲,人都是社会的人,《两地书》的内容大部分也描绘当时的人文环境和社会状况。今天的读者,透过这些细节可以了解到鲁迅和许广平相识以后,真挚的爱情给他们带来的欢乐,相互之间郑重的责任感使他们的生活更加充实。翻译家傅雷的《傅雷家书》是一本励志教科书,是充满父爱的教子名篇。

时至今日,这些饱含深情的家书,充满了治学、治家、治国之道,家书是他们一生生活的写照,不仅在文学上也在史学上留下了地位。读来仍然让人为之动容。和它们一样,很多家书已经悄然沉淀进历史,成为一种书信文化,除具有文学历史价值外,还兼有美学、书法、礼仪、邮政、包装、纸张等诸种文化之美。

当电话和互联网闯进我们的生活,书信逐渐落寞,这是科技发展的必然结果,谁也没法逆转。但私人信函有现代通信手段无法取代的功能,"个性化表达"就是其中之一。就像"字如其人""见字如晤"等所言,书信里的字迹能够反映书写者的内心活动。与之相比,短信、微信的表现形式是格式化的,它们按照统一标准发出,书写的个性消失了,人的个性也被消磨和掩饰了,从中很难看到发送人当时的情感状态和情绪波动,看不见一个活生生立体的人的内心世界。不仅是个性化的笔迹,还有精心选择的信封、信纸和邮票,甚至连信纸的折叠方式、邮票的贴法都大有讲究。对这些,很多上了年纪的人都有所体会,这种带着写信人特有气息与温度的信札是一种多媒体的传播,收信人对书信的反复欣赏与把玩,能够捕捉到全方位的信息。而现在普遍采用的电话、短信与电子邮件等沟通方式,虽然加快了沟通的速度,但也消解了交流的深度,成为一种碎片化的浅交流,其实这也是当代消费文化的一种体现。

总之,私人信函对于人们的生活是密切相关的。不可否认,现在有了更加方便快捷的通信方式,如电话、手机、短信、互联网等,但在一定情况下,书信仍是不可替代的。即使是可以用电话、手机短信代替家信、情书等,但其感觉和个中滋味是截然不同的。而且,电话和手机短信等是不能作为信证长久保存,更不便于典藏和出版留给后人享用的。因此,书信的重要作用是非同一般、毋庸置疑的。

二、私人信函的种类

私人信函的种类一般有两种:

(1) 按通信的对象分,有给家人的信(家书)、给友人的信、给同事的信等。

(2) 按书信的目的和内容分,有家常书信、请托书信、劝勉书信、祝贺书信、慰问书信、致谢书信、辞谢书信、恋爱书信等。

三、私人信函的特点

和其他文体相比,私人信函独具特色:

(1) 独特的格式。包括信封和信瓤两大部分。

(2) 写信人和收信人,一般都只有一个人或者少数人,相互之间都有特定的关系和联系,都是为了达到一定的交往目的,才用书信这一文体形式的。

（3）内容的真实性、实用性和非公开性。写信人和收信人之间的文字笔谈，并不是为发表而写的，也不打算或根本不愿让收信人之外的任何人阅读，仅仅是双方之间或是说明事情、互通信息，或是沟通交流思想感情，或是排解分忧，等等，因此，其内容是真实的，实用的，其感情流露也是自然的、真实的、诚挚的，没有任何的虚假和作秀。同时，两个人相互之间的文字笔谈属于非公开性的，甚至在一定程度上具有隐私性。因此，一般情况下，不是收信人，不得拆阅别人的书信。

（4）内容丰富和多样性。一般的应用文及公务信函大多力避烦琐，私人信函则不然。它可以在一封信里说许多事情，只要层次分明，段落清楚就行。书信不但不避烦琐，有时还以琐屑为乐。尤其是家庭书信，常常不是为了什么重大事情而写，而只是用来不断地沟通情况、交流感情、告知学习工作生活情况，乃至家务琐事、天气冷热等。

（5）语言的独特性。一般应用文的语言注重简明、精练而庄重，极少用抒情、象征和描写之类文学语言。而书信则不同，因为是双方之间的"笔谈"，所以常常有一些只有彼此了解、旁人不解其意的"隐语"，除了双方之外，别人是很难看懂的。这些隐语、密言，写信时只要提到，双方就会因"心有灵犀一点通"而产生情趣。而且，书信中还常常确妒语、戏语，使人情绪轻松，感情亲密。至于书信语言的抒情和议论更是频频出现，是其他应习史体无法可比的。

（6）形式风格的自由和多样性。私人信函，既可以是说明文，也可以是记叙文，还可以是议论文，既可以用散文的形式，也可以用诗歌的形式，同一封信里也可以交叉使用或糅合在一起使用。所以，私人信函这种体裁写起来非常自由。同时，个人风格也表现得最为突出。同是一个人写的信，因为与收信人的关系不同，行文、语言、口吻等自然有很大差异；不同的人给同一个人写的信，其差异更会迥然不同，他们的风格、气质、教养、口味，等等，都能在书信中明显地表现出来。

四、私人信函写作

私人信函和一般书信一样由称谓、正文、结尾语、落款四部分构成，最大的区别在于正文内容上。

（一）称谓

称谓即写信人对收信人的称谓，它表示写信人和收信人的关系。写在首行顶格处，表示礼貌。称谓后加一冒号。怎样写称谓，由写信人和收信人之间的关系而定。首行除称谓外，不得再写其他。

（二）正文

正文是书信的主体部分。在称谓下面一行空两格处，先写启辞（问候）语，紧接着在问候语下面一行空两格处即可写具体内容。

启辞，就是信文的开场白。中国人做事讲究委婉，两个久别的朋友不能一见面就说：我有个事找你。都要先寒暄一番，方才进入主题。写信也是这样。问候语属于礼貌性语言，按说是不应该缺少的。一般来说，写信都是写给不常在一处、不能面对面交谈的人，先问候一声很有必要。即使谈起对方不愉快的事，多一声问候语，礼貌在先，总会有益处的。

有一个学生这样给父母写信："敬爱的爸爸妈妈：我钱不够用了，再汇点钱来吧。"事情倒是讲明白了，但是开头一点铺垫都没有，让对方觉得很突兀、不礼貌，应该先委婉地问候一下,再进入主题,刚才的信如果改成下面这样,效果会更好。"敬爱的爸爸妈妈:天气渐渐暖和了,可是天气多变,冷暖无常,你们一定要注意随时增减衣服,保重身体"等,这就是启辞。然后再说"我近来用钱的地方比较多,有点入不敷出……"。

古人认为书信中的启辞是一种非常重要的礼仪,"凡称谓之下,当先叙久不通问之语,略致颂扬之词"。意思是写信时,写完称谓和提称语之后首先要寒暄客气一番,然后才能进入主题。寒暄语可以写:很长时间没能问候您非常想念;还可以写:很久以来我就很仰慕您等等。这样便于营造气氛,给对方一个心理准备。

写完问候语,接着写缘起语,即说明为什么写这封信,如"许久没有通信十分思念……"或"最近,有一个问题使我难以释怀……"或"×月×日来信早已拜读……"或"您收到这封信会感到奇怪吧?写这封信的人是谁呢?我是……"当然,缘起话不一定非写不可,不过,有了它,正文的开头会自然些。写缘起语,应当同写此信的目的联系起来,以便自然引出主题内容。

问候语、缘起语之后,就是此次写信的具体内容。具体内容涉及面很宽,但总的原则是先谈对方的事情,然后才写自己的事情,特别是回答对方曾经询问的事情,要有针对性地一一回答清楚明白。然后,写信人想给对方讲些什么、问些什么、商量些什么、要求些什么等,都要在这一部分写清楚。具体内容多时,可以分段写、一事一段,层次清楚,不至于把事情混淆在一起,说不明白,对方读起来也会理不出头绪。重要的事情要写得详尽具体,次要的可简略些。

最后,可以写一些自己的希望、要求或需要再联系之类的话。

(三)结尾语

结尾语即祝颂之类的话,意在表示礼貌。

祝颂词的内容,由写信人和收信人之间的关系而定。一般在正文结束之后另起一行空两格处写起,也可以在正文结束语之后接着写。祝颂词均成对使用,不可只写前一半,后一半缺失。祝颂词前一半可接正文末起,也可另起一行空两格处写,后一半则要另起一行顶格写。

(四)落款

在祝颂词下另起一行靠后起写发信人的姓名,给不熟悉的人写信要署姓和名全称,对熟悉的人只写名或小名即可。日期一般用公历,如用农历则应注明。写在署名下边另起一行,通常要把年、月、日写完全,"日"字恰好落在最后一格内。如果写信的当天是节日或纪念日,日期也可写作"××年清明""××年国庆日"等。

另外,有的信函还有附加内容,如:

(1)附告地址。初次通信,或者自己的通信地址有变动,都应该把新的通信地址告诉对方。可写在署名和日期下面另起一行空两格处写起。

(2)附件说明。如信封里装有照片、邮票或其他邮政法规允许附加寄出的票证等,可在祝颂词下边或署名、日期下边另起一行空两格处写明,如"附上照片两张,请查收"等。

(3)如果信写完之后,临时想起来还有话要说,或代别人捎话,可在日期下边另起一行空两格处写"附"或"另"加一冒号,即可接写,不需再署名和写日期,只写上"另及"或"又及"就行了。

(4) 有时,同一封信,除收信人阅读外,还希望其他有关人看到,旧时常写"××均此"或"××均此不另"。现在通俗写作"××同阅"即可。

(5) 如果写信人以外的人在同一封信上顺便问候收信人,可写"××附笔问候"。

五、私人信函写作的要求

(1) 信封上面收信人和发信人的邮政编码、地址和姓名一定要写得详细、准确、工整、清晰,否则,就会贻误投递甚至成为"死信"。

(2) 正确选择称谓用语、问候语、祝颂词和署名称谓。信瓤上写称谓时应当注意:写给直系亲属的长辈,不要写长辈的名字,而应按亲属关系与称谓,如"祖父、母""父亲""母亲",或"爷爷""奶奶""爸爸""妈妈"等;其他长辈可写排行,如"二伯父""三姨妈"等;也可把名字写在称谓上,如"××叔父"等;也可只写称谓,不写排行名字,如"舅父、舅妈"等。写给平辈的信,可写名字或排行,如"××表兄""二妹",也可不写名字和排行,直接写称谓,如"姐姐""弟弟"等。夫妻间称谓,只写名字或昵称即可。写给晚辈的信可用名字+称谓,也可名字中的一个字+称谓,或用排行称谓,如"华儿""明侄"或"二女""三娃"等。不是亲属关系的人,一般都称"××同志",或姓氏+职务,如"×处长",关系较密切的朋友,可直接写对方的名字,德高望重的尊长,可在姓后或姓与名的第一个字后加一"老"字,如对费孝通可写作"费老"、对季羡林可写作"季老"等。写信人署名前的自我称谓也应当正确选择,给长辈写信,可在名字前左上方写"孙儿""儿""女儿"或"学生"等;平辈之间,则可写"姐""弟",字体比名字稍小些;给晚辈写信,可以不署名,只写"父字""母字""二舅"等即可。

(3) 正文写作目的要明确,重点要突出,意见要完整。所谓目的明确,就是写信的原因,讲述的重要事情,希望收信人做些什么等,要用最简洁的语言表达出来,要尽量说完全、透彻,不要说一半留一半,让收信人看了摸不着头脑,写信人写信的目的也难以达到。

(4) 语言要肯定,用语要恰当。书信用语要直截了当,是就是,非就是非,不要拐弯抹角,含糊其词。在用语方面,给不同的对象写信要有所区别,给长辈写信,用词要恳切、谦逊、有礼貌;给晚辈写信,虽可用一些教诲语词,但要和善可亲,使对方乐意接受,不能板着脸有训诫之意;平辈友人间,用语应当诚信平等,亲切自然。

(5) 写信要处处顾及收信人的特点。例如,收信人的性别、年龄、身份、经历、文化程度、性格特点、兴趣特长等,写信时都要考虑到。特别是文化程度差别比较大的亲友之间,高文化者给低文化者写信,要尽量写得通俗易懂,不隐不曲,多用口语,少用书面语,不用或少用成语典故、文言词语等。如要是替别人写信,要把发信人和收信人之间的关系弄清楚,要从发信人的角度出发,以发信人的口吻说话,发信人要说什么,有什么要求和希望,都要尊重发信人的意见写,写完之后,要读给发信人听,若有疏漏应立即更正补充,直至发信人没有异议,才算成功。友人之间通信,应该多谈共同感兴趣的话题,不要一厢情愿、絮叨不休。

(6) 文字要简练,字迹要清楚。把话写得清楚明白就行,适可而止,不要啰唆,亲人之间可稍有例外。不要用生僻、晦涩难懂的词语,不要套用陈词滥调。字迹清楚的要求是,只要在双方可以接受的范围内,无论楷体或行草,都要写得清清楚楚,不可自造字词、自由简化,尤其是地名、人名、时间、数字等。如果写不清楚,极易误事。

(7) 要细心,莫大意。日常生活中,多数人写信必事出有因,不得不写,写作时常常是信手拈来,一气呵成,不删不增,不留底稿,写完就寄发,疏漏之事,时有发生。不是要紧的事,写错了、漏掉了一两字，问题不大。但是，如果把要紧的事漏掉了，写错了，就会产生不好的后果，所以，每次写完信之后，一定要逐字地检查，如有疏漏，应立即改正之后方可寄发。

范文导读

陶行知给母亲的信

母亲：

  家中从前寄来的信，如今都收到了，并未遗失，只是来得慢些。

  儿从母亲寿辰立志，决定要在这一年当中，于中国教育上做一件不可磨灭的事业，为吾母庆祝并慰父亲在天之灵。儿起初只想创办一个乡村幼稚园，现在越想越多，把中国全国乡村教育运动一齐都要立它一个基础。儿现在全副的心力都用在乡村教育上，要叫祖宗及母亲传给儿的精神都在这件事上放出伟大的光来。儿自立此志以后，一年之中务求不虚度一日；一日之中务求不虚度一时：要叫这一年的生活，完全的献给国家，作为我父母送给国家的寿面，使国家与我父母都是一样的长生不老。

  实验乡村师范开办费要一万五千元，经常费要一万二千元，朋友们都已答应捐助，只要款项领到，就可开办。阴历原想回家过年，无奈一切筹备事宜必须儿亲自支配，不能抽身。倘使款项早日领到，或可来京两星期。如果到了腊月廿七还没有领得完全，那年内就不能来了。好在家中大小平安，儿亦平安康健，彼此都可放心。

  昨日会见冬弟，知道金弟在西安尚好，可以告慰。冬弟亦较前强壮。

  桃红小桃三桃蜜桃给我的拜年片子都是很有意思很有价值，儿已经好好的保存了。

  敬祝健乐。

行知
一月廿日

  陶行知是我国伟大的教育家。读完此信便对行知先生更加的钦佩。信文先禀告母亲，信全收到，并未遗失，体现了作者对母亲的心理细致的体察。而接下来作者则谈自己在这一年中的打算，那就是立志要办好乡村教育，而不辞辛劳地投入实践。作者"一年之中务求不虚度一日，一日之中务求不虚度一时"的话语淋漓尽致地展示了一个有追求和抱负的志士的人生观念。此句堪为人生的座右铭。接下来作者具体谈到阴历年前的工作安排，回不回家如何打算均在文中写出。中国有句古话：儿行千里母担忧。作者是怕家中的母亲牵念自己，所以要详尽地说出可能出现的情况。信尾的问候和祝愿的话，富有生活情趣。在这封信里，表达了陶行知先生对母亲的敬爱之情，以及为全国乡村教育做贡献的宏图壮志，亲情与爱国情的统一，国事与家事的并举，是此信在思想内容方面的突出特点。此信语言典雅精练，朴实庄重，也值得大家学习与仿效。

"学霸"见闻

启辞的种类

  启辞的内容还要注意根据不同的写信对象运用不同的话题以便引出主题，就好比诗歌中的比兴手法，先言他物以引起所歌咏的事物。启辞主要有以下几大类。

  第一类是表示时间飞逝。比如，费念慈写给近代名家缪荃孙（字筱珊）的信开首是："筱珊仁兄世大人足下:岁月易得,时节如流,别来行复三年矣。"又如熊克武在写给胡适的信中说道:"适之先生道察:在昔留学沪滨,同学先后几及千人,岁月易得,忽忽十余年矣。"这类词还有:白驹过隙,寒暑三度;春风东去,夏风南来;光阴似箭,日月如梭;光阴荏苒,时序频迁;寒暑易节,春秋换季;人间岁改,天上星回;时光流水,日月飞梭;岁月不居,时节如流;岁月荏苒,裘葛几易;岁月如驶,忽迩十载;岁月易得,弹指人生;岁月易逝,十载一瞬;岁月难驻,人生易老;物换星移,春秋三度。

第二类是表示阔别叙旧的。比如毛泽东写给美国进步新闻记者、《西行漫记》的作者埃德加·斯诺的信中启辞就是这样的内容:"自你别去后,时时念到你的,你现在谅好?"

有关阔别叙旧的内容,对不同的收信人会有不同的说法。

写给父母的信,经常说:叩别尊颜,已逾数月;自违慈训,倏忽经旬;拜别尊颜,瞬经匝月;暌违严训,倏忽经月。"匝月""经月"都是指一个月。还可说"拜违膝下,寒暑已更",意思是与父亲或母亲分别已经过了一年了。

写给长辈或自己尊敬的人,启辞经常说:揖别尊颜,瞬经匝月;不瞻光霁,数月于兹;疏逖德辉,忽经一捻;暌违道范,荏苒数年;奉别尊颜,忽匝数月。比如严复写给汪康年的信开头为"穰卿老兄足下:奉别忽匝两月,盛暑,伏惟起居安吉为颂"。

以性别而论,给男性尊长写信开头可说"叩别威颜,已逾数月",其中"威颜"代指男性尊长收信人。给女性尊长写信开头可说:"疏奉慈颜,瞬已经年",还可说"自暌慈度,数月于兹",意思是自从告别了您,到现在已经有几个月了。也可说"自违慈训,倏忽经年",意思是自从告别后,一会儿就过去了一年。比如,毛泽东写给舅父舅母的信:"甥自去夏拜别,忽忽经年。"

给老师写信时可以说:不坐春风,倏经旬日;奉违提训,屈指月余;不亲讲席,瞬已经年;疏奉教言,寒暄几易;不奉教言,忽经三载;不晤尊颜,流光匝月;久违提训,屈指年余。这些词的意思大致都是很久没有见到您并听您的教诲了。比如吴俊升写给他的老师胡适的信开头是:"适之先生著席:违教忽忽数月,时殷驰慕。"

用于平辈的启辞有:"不奉清谈,忽将一月",意思是我们有将近一个月没能坐在一起好好聊聊了;"奉别芝光,屈更裘葛",意思是与你分别之后,时间已经过去好几年了,"裘"是冬天穿的衣服,"葛"是葛布做的衣服,这里泛指夏衣,"裘葛"代表冬天和夏天;"揖别丰标,蟾圆几度",意思是与您分别以来,月亮都圆过好几回了,"丰标"是美好的容貌风度,这里指收信人。"蟾",传说月亮上有蟾蜍,这里代指月亮。

第三类,书信中的启辞还常常以倾诉思念开始。比如,严庄写给胡适的信开头是:"适之学长:久未晤,念甚。"意思是很长时间没有见面,很想念你。这类词还有"久不相晤,实深渴想""久未会晤,渴念殊深""暌违日久,思念不减""握别以来,深感寂寞""揖别数月,时深系念""一别累月,思何可支""久不通函,至以为念""久疏音问,驰念正殷"。都是表示很长时间不见,心中很是想念的意思。比如:杨杏佛致胡适的信就是:"适之足下:久不通函,至以乃念。"周恩来致蔡廷锴(字贤初)的信中写道:"贤初先生惠鉴:久违教范,驰想时殷。"还可以从上次分别的情景开始写,比如黄宗培写给胡适的信中就说:"适之先生:前年暑假曾在邑中一面,匆匆未及多谈,至以为怅。"

——资料来源:王红娟.书信中的启辞[J].应用写作,2012(11).

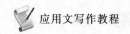
技能实操

1. 病文修改

书　　信

亲爱的爸爸妈妈爷爷奶奶：

您们好！

好久没有给您们写信了，您们好吗？

今天是国庆节，学校放假了，本来我想回家的，但想想坐飞机那么贵，我也就忍住了。为了我上学，您们花了很多钱，等放寒假我再回家吧。

我在学校挺好的，这里的老师、同学都很亲切，虽然我有点想家，但我还是以学习为重，请您们不要牵挂。

放寒假了我一定回家，给您们讲讲学校的事情。

孙儿大刚
10月01日

请指出这份书信存在的问题，并写出修改稿

2. 写作训练

又逢一年中秋佳节，可是远在外地求学的你无法回去与家人团聚，请根据自己的实际情况写一封家书。

公关礼仪文书写作

第一节 公关礼仪文书知识概述

情境导引

不学礼,无以立,这是孔子教导他的儿子孔鲤时说的话。古代帝王用礼乐来教导民众,以求天下归心,四方安宁。中国传统礼仪,在古代中国社会曾经产生过巨大的凝合力。经过了漫长的岁月,"礼"的力量依然博大而厚重,而现代的社交礼仪文书则生动地体现了这一特点。无论是邀请类礼仪文书、致谢类礼仪文书、祝贺类礼仪文书还是慰问类礼仪文书,都在社会交际和社会活动中起着调整和沟通人际关系的作用,使得人们之间的沟通和交流更融洽和谐。

思 考

1. 现代的社交礼仪文书包括哪些种类?
2. 社交礼仪类文书的语言有何特点?

知识导航

一、公关礼仪文书的概念

公关礼仪文书,是指国家机关、企事业单位、社会团体或个人在社会交往、礼仪活动和商务活动中使用的一种应用文体,它是为了一定的礼仪目的或者在礼仪场合下使用的一种文书。

公关礼仪文书有"事""文""礼"三个组成要素。"事"指事务活动,即公关礼仪文书的内容;"文"指文辞,即社交礼仪文书的表达形式;"礼"是礼仪礼节的简称,即公关礼仪文书主要用于礼仪交际目的。

二、公关礼仪文书的特点

1. 礼仪性

在礼仪文书中,往往借助较多的礼貌用语为重要的表述手段,使自己的行为举止和礼仪文书都合乎礼仪规范。

2. 沟通性

人类是相互依存的,并以此结成相互之间的人际关系。公关礼仪文书是人们之间了解和交际的一种礼节性文体,人与人之间,人与组织之间,组织与组织之间通过礼仪文书相互交流、沟通,表示关切、祝贺,等等,来增进友谊,加强联系。

3. 程式性

礼仪是一种以仁、义、礼、智、信等价值观念为中心的文化形态。在发展进程中，公关礼仪文书的某些写作体例和使用方法已经约定俗称，形成一种程序化的写作。

4. 针对性

公关礼仪文书一般都有比较明确的阅读对象，对象的性别、年龄、职业、身份、学识、爱好、习惯等不同，用语和方式也不同。

三、公关礼仪文书的种类

现代公关礼仪文书的种类很多，根据其内容不同，可以大致划分为邀请类礼仪文书、致谢类礼仪文书、祝贺类礼仪文书、慰问类礼仪文书。

1. 邀请类礼仪文书

邀请类礼仪文书是人们为了举办各种纪念活动、交往活动向受文对象（受文单位或受文者）表达郑重邀请的社交礼仪文书，包括请柬、邀请函等。

2. 致谢类礼仪文书

致谢类礼仪文书是人们为了表达感谢受文对象的帮助、支持、关心而使用的社交礼仪文书，包括感谢信、表扬信、答谢词等。

3. 祝贺类礼仪文书

祝贺类礼仪文书是人们因节日、重要纪念日、庆典、晋升、获奖、乔迁、婚寿等喜事，向受文对象表达祝贺之情的社交礼仪文书，包括贺信、贺词、贺电、贺卡、祝词、祝酒词、祝寿词等。

4. 慰问类礼仪文书

慰问类礼仪文书主要是指国家政府机关、企事业单位、社会组织或个人向国内外有关单位或个人表示慰问、致哀的社交礼仪文书，包括慰问信、悼词等。

 "学霸"见闻

我国古代社交礼仪文书的种类

纵观先秦到明清的几千年间，大体有四类社交礼仪文书蔚为可观，且对当今礼仪文化的发展和繁荣产生重要影响。

一类是以传递信息、沟通人际情感为主的书札信函类文书。周一良的《书仪源流考》认为，中国历史上专门论及信函仪式和程式的书籍，最早"可以上溯到西晋著名书法家索靖。"两千多年来，各种"书仪""书牒""尺牍"之类写作指南的书籍时有出现，对指导人们写作社交书信起到了较大作用。

二类是以挽悼死者、寄托哀思为内容的丧祭哀悼类文书。宋玉《对楚王问》中收录的《下里》即是先秦时期的挽歌代表作。在民间的礼仪活动中，除了哀辞，还有"讣闻""讣告"。

三类是以庆贺、道谢、应酬为内容，表达人际友情的祝告答赠类文书。

四类是以立身、处事、治学为内容，训诫后辈儿孙的家训格言类文书，如《颜氏家训》《朱子治家格言》《曾文正公家训》等。

——资料来源：史华楠. 论我国社交礼仪文书的起源与演进[J]. 扬州大学学报人文社会科学版，2001(5).

第二节 请柬 邀请函 聘书

情境导引

张明是广晟电器集团有限公司的秘书,10月8日是公司的五十周年庆典大会。届时,公司将开展一系列庆祝活动。10月1日到10日,公司将在北京国际展览中心召开新产品推展会,举办为期十天的推展活动;10月6日,公司将召开辞旧迎新的全体职员大会,会上,公司领导将表彰奖励一批表现优异的部门及员工,并邀请相关家属参加晚上的庆功晚宴;10月8日庆典当天,将邀请工商局局长赵勇局长致辞,并聘请××大学计算机中心李刚教授作为公司的技术顾问。领导吩咐张明根据资料整理出相关的文件。

思考

1. 张明需要写出几份文件,分别使用哪几种文体?
2. 请柬与邀请函的联系和区别。

知识导航

一、请柬

（一）请柬的概念

请柬又称请帖,是国家机关、社会团体或个人邀请有关单位、人员参加会议、典礼或某些活动时,为表示对邀请对象的尊重和邀请者的郑重态度而发出的礼仪性文书。请柬的适用范围十分广泛。从使用对象看,机关、团体、个人均可使用。从内容看,大至国家级大型宾宴、纪念活动、祭奠仪式,小至个人生日婚宴都可使用。

（二）请柬的特点

（1）礼仪性。请柬用于公众交往活动,语言典雅,语气谦恭,显示了邀请者的诚意和热情,充分体现了对被邀请者的尊重和礼貌。

（2）简明性。请柬篇幅短小,文字精练准确,内容简明单一,只需要写名邀请的对象、举办活动的名称、时间、地点以及表示邀请的话即可。

（3）美观性。请柬一般制作精美,图文并茂,形式多样。

（三）请柬的种类

按照不同的角度,请柬可以分为不同的种类。

（1）按照用途来分,请柬可以分为以下四种。

① 活动类请柬:包括各种类型活动,如博览会、展览会、洽谈会、服装节、啤酒节、文艺演出等。

② 会议类请柬:包括各种会议,如学术会议、庆功会、表彰会、座谈会、经验交流会等。

③ 仪式庆典类请柬:包括各种仪式和庆典,如剪彩仪式、竣工仪式、结婚仪式、毕业典礼仪式、周年庆典等。

④ 宴会类请柬:包括各种类型的宴会,酒会、茶会、晚宴、招待会等。

（2）按受文对象来分,可以分为专发式请柬和普发式请柬。

(3) 按书写方式来分,可以分为横排式请柬和竖排式请柬。
(4) 按语言形式来分,可以分为白话文请柬和文言文请柬。

(四)请柬的写作

请柬一般由标题＋称谓＋正文＋落款组成。

1. 标题

请柬的标题一般只写文种,即"请柬"或者"请帖"。应在首行居中位置,字迹要工整、美观。

2. 称谓

专发式请柬有明确的受文对象,称谓按照书信体格式,居左定格书写被邀请的单位名称或者个人姓名。姓名时一般要写明其职务或职称。为表示尊敬,可在前面加上"尊敬的""尊贵的"等。普发式请柬没有固定的受文对象,而是在一定范文内分送,故不写称谓。

3. 正文

(1) 引语

请柬的引语只是两三个字,即"订于""兹定于""谨定于"等。

(2) 时间

活动举办的时间要完整地写明年、月、日、时,以便于参加者准时前往。

(3) 地点

活动举办的地点一定要明确。如果是小型活动,人数较少时,还要写清楚"×楼×号房间"等具体地点。

(4) 活动名称

活动的名称要写完整,以便于被邀请者明白所参加的事项。

(5) 结尾

结尾一般都是邀请语,如"敬请(恭候)光临""欢迎莅临指导""敬请届时出席"等。

4. 落款

落款,即发文单位或个人署名,以及发柬日期。

(五)请柬写作的要求

(1) 请柬的语言一般比较庄重文雅,有时采用文言词语,使得邀请显得正式和郑重。
(2) 请柬写好后,要掌握好发送时间,太早容易遗忘,太晚会贻误时间。
(3) 请柬一般制作比较精美,要求纸面美观悦目,书写工整,有时图文并茂。

二、邀请函

(一)邀请函的概念

邀请函又称邀请信,邀请书,是活动主办方邀请有关人员(亲朋好友或知名人士、专家)出席隆重会议、典礼,或者参加某些重大活动时发出的礼仪性文书。

(二)邀请函的特点

1. 礼貌性强

邀请函属于礼仪性文书,礼貌性是邀请函的基本原则,要充分表达对被邀请者的尊重和礼貌。

2. 语言简洁

邀请函要注意语言的简洁明了,一般把活动交代清楚就行,不需要太长太深奥。

3. 时效性强

邀请函用于邀请客人前来参加特定的活动,为表示礼貌和尊重,同时便于来宾从容安排事务,一般要提前几天发出。

（三）邀请函的种类

邀请函通常可分为普通邀请函和正式邀请函。

1. 普通邀请函

邀请的对象一般是朋友、熟人,只要表明邀请的意图,说明活动的内容、时间、地点即可。这种邀请函的篇幅可以非常简短,内容和格式也比较简单。

2. 正式邀请函

这类邀请函一般由会议或者学术活动组委会的某一个负责人来写,以组委会的名义发出,而且被邀请者通常是比较有威望的人士。因此,这类邀请函的措辞要正式一些。在写作时,通常首先表明邀请对方参加的意图以及会议或者学术活动的名称、时间、地点;然后,要对被邀请者的威望和学术水平等表示推崇和赞赏,表明如果被邀请者能够接受邀请,会给会议或者活动带来很好的影响;接着要说明会议或者活动的相关事宜,表达希望对方能够参加的诚意。

（四）邀请函的写作

邀请函一般由标题＋称谓＋正文＋结尾＋落款组成。

1. 标题

请柬的标题有以下几种写法:

（1）只写文种,即"邀请函"或者"邀请信""邀请书",应在首行居中位置,字迹要工整、美观。

（2）邀请者＋文种名称,如"××公司邀请函"。

（3）邀请事由＋文种,如"××职业技能大赛邀请函"。

（4）邀请者＋邀请事由＋文种,如"××有限公司关于举办新产品发布会的邀请函"。

2. 称谓

顶格写上被邀请的对象,后加冒号。发给个人的,可以加上"尊敬的""尊贵的"等以示尊重。

3. 正文

邀请函的正文内容,一般是先向对方简单问候,然后说明邀请的背景、目的、意义,举办活动的名称、内容、方式、时间、地点以及邀请对象所做的工作,等等,并对被邀请者发出得体、诚挚的邀请。如果附有门票、入场券等票据或者凭证,要和邀请函一起送给对方。如果相距较远,则应写明交通路线以及来回接送方式等。其他如差旅费。活动经费的开销来源。被邀请者所准备的文件材料等也要在正文中讲清楚。最后还要注明联系人与联系方式以备联系方便。为了方便安排活动或者会议,可以附上回执,请对方注明是否参会以及关于住宿和预定回程票等事项的说明。

4. 结尾

结尾一般都是邀请语，如"敬请（恭候）光临""敬请参加""敬请届时出席"等。有时也可以用"此致敬礼"结尾。敬语一般用比较典雅的语言。

5. 落款

落款，即发文单位或个人署名，以及发函日期。如果以单位名义发的邀请函，还需要加盖公章。

（五）文种辨析

请柬和邀请函都为为邀请客人来参加某项活动而提前发出的礼仪性文书。两者功能相同，但在使用时又有所区别。

请柬的内容比较简单，但礼仪性很强，侧重于礼节性的活动，如迎宾客、开幕式、婚礼等。通常用语典雅，制作精美，格式固定。

邀请函的使用范围更广一些，内容也比较具体，要说明活动的基本情况和具体安排，说明邀请客人的原因，语言礼貌，比较平易。一般来说，邀请函都有求被邀请者回复是否接受邀请，请柬则不用回答。

（六）邀请函写的作要求

（1）语气须尊敬。邀请函的主要内容与通知类似，但又带有几分商量的意思，它不能是行政命令式的态度，所以在用词上一定要礼貌。有些邀请函在开头还应解释一下自己不能亲临面邀的原因，以免引起不必要的误会。

（2）事项须周详。邀请函是被邀人进行参加活动做必要准备的一个依据，所以，各种事宜一定要在邀请函上显示出来，使受邀的对象有备而来，也会使活动主办方减少一些意想不到的麻烦。

（3）发送须提前。邀请函要让被邀人早些拿到邀请，这样可以使他们对各种事务有一个统筹的安排，而不会由于来不及准备或拿到邀请信时已过期而参加不了相应的活动。

三、聘书

（一）聘书的概念

聘书，也称聘任书或者聘请书，它是用于聘请某些有专业特长或名望权威的人完成某项任务或担任某种职务时而制作的一种礼仪应用文。

随着我国人事制度的改革，聘书的使用范围越来越广。它适用于外单位人员参与本单位技术攻坚或某项任务的完成；适用于请本单位人员从事受聘人专长以外的工作；还适用于请外单位有关人员从事某项活动。聘书表现了聘者对受聘人的信任、尊重，有利于受聘人充分发挥其聪明才智。

（二）聘书的特点

1. 严肃性和规范性

聘书是劳动力需求方对劳动者进行选择之后，决定对其正式聘用时所形成的具有法律效力的文书。聘书一旦发出，双方都将承担着特定的法律责任，不到期满，任何一方都不得随意中止聘用关系,除非有特殊的原因,才能以除名或辞职的方式中止这种关系。有些聘书,还要写明受聘者的工作内容和工作目标,作为受聘者是否完成工作任务的标准。因此,聘书的制作和发送是非常严肃的事情,要合法,要规范,要明确。

2. 凭据性

聘书是受聘者上岗工作的凭证,也是受聘者保护自己工作权利的依据。当然,它也是用人单位衡量受聘人员是否履行职责、是否完成任务的依据。对于双方而言,聘书都有重要的凭据作用。如果双方发生纠纷,需要劳动仲裁部门部门或法律部门解决纠纷,聘书也是依法解决的重要证据。

3. 双向选择性

聘书是在双方自愿的基础上形成的,具有双向选择性。招聘单位有权向受聘者发出聘请意愿,受聘者也有权决定自己是否应聘。在双向选择的过程中,双方的利益都有可能得到保障。

4. 规定的期限性

聘书都要写明聘用的期限,长期工作聘书可以是一年或数年,临时工作的聘书则到临时工作结束时自动终止。一些名誉性的兼职,有可能长时间有效,没有明确的时间期限。

(三)聘书的种类

根据不同的划分方式,聘书有不同的种类。

(1)按照聘期的长短,聘书可以分为长期工作聘书和短期工作聘书。

(2)按照聘书的内容,聘书还可以分为两类,一类是公司企业聘用专业人才以利于公司企业发展的聘书;一类是学校团体或其他单位为扩大影响力及知名度,聘请有名望的人作顾问、作指导的聘书。

(四)聘书的写作

聘书一般由标题+称谓+正文+结尾+落款组成。

1. 标题

聘书的标题,一般是印刷好的,在封面上印有"聘书"二字。字号要求较大,制作美观、大方,可以套红、烫金。书写的聘书在用纸的第一行中间书写"聘书"或"聘请书"字样。

2. 称谓

称谓有两种写法,一种是顶格写上被聘请的对象,后加冒号。一种是称谓在正文内容中写明。对被聘者的称谓要写全称,不可以用"王律师""李教授"之类不确定的称呼。

3. 正文

聘书的正文内容,一般包括以下几个方面。一是交代聘请的原因和请去所干的工作,或所担任的职务。二是写明聘任限限。如"聘期两年""聘期自××××年××月××日至××××年××月××日"。三是聘任待遇。聘任待遇可直接写在聘书之上,也可另附详尽的聘约写明具体的待遇,这要视情况而定。最后,正文还要写上对被聘者的希望。这一点一般可以写在聘书上,但也可以不写,而通过其他的途径使受聘人切实明白自己的职责。

4. 结尾

结尾一般都是表示敬意或者特定的结束语"此聘"等字样。

5. 落款

落款,即署名和日期。要写明聘请单位的名称以及加盖公章。如果以个人名义发出的聘书,应当有个人签名。

（五）聘书的写作要求

（1）内容要清楚。在聘书正文中,要交代清楚聘请担任的职务、聘请的时限、聘任的报酬、到岗的时间,等等。

（2）格式要规范。聘书也是一种重要的礼仪性文书。写作聘书用词比较讲究,行文比较严谨,开头常常用"兹聘请""特聘请""敬聘"等字眼,以示对被聘请者的尊重。

（3）语言要简洁。聘书一般比较简短,只要把事情讲清楚即可,不需要抒情、议论。

范文导读

请　　柬

尊敬的……：

兹定于2015年10月8日10:00在……广场举行……开工奠基典礼。敬请届时光临。

××有限公司
2015年10月1日

这是商务活动中常见的请柬,有明确的受文对象,用语正式、规范。

请　　柬

第八届精密仪器展销会将于2015年11月1日～11月20日在北京国家展览中心举办,欢迎莅临指导!

展览时间:每天8:00～17:30

×××

这是活动中使用的普发式请柬,没有固定的受文对象,而是在一定的范围内分送。这样的请柬可以只有署名,没有成文日期。

纪念抗战胜利70周年书画展邀请函

尊敬的_____先生/女士:

2015年9月14日至16日,以"两岸携手,同纪抗战,共建和谐,共谋发展"为主题的"纪念抗战胜利70周年名人名家书画邀请展"将在_____画院举行,书画展共展出闽、台以及港、京、皖、豫、粤、赣、津、沪等地名人名家作品200余件。

现特邀您出席,共同欣赏抗战纪念名画,缅怀抗战不屈历史。

××××
2015年9月1日

这份邀请函称谓以"尊敬的……"表示对邀请对象的尊重,正文内容简短精练,点明活动的时间、内容、地点。结尾"现特邀您出席,共同欣赏抗战纪念名画,缅怀抗战不屈历史",既体现了对邀请请对象的礼貌相邀,又突出了"抗战胜利"的意义。

聘　　书

兹聘请李明同志为××汽车有限公司维修部总设计师,聘期自××××年×月×日至

××××年×月×日,聘任期间享受公司总设计师全额工资待遇。

此聘

××汽车有限公司
××××年×月×日

这则聘书交代了受聘者的职务、期限、聘酬待遇等。文字短小精悍,语言简洁明了、准确流畅。

"学霸"见闻

必须亲自领取的"聘书"

许多年前,一个华裔年轻人在西雅图华盛顿大学拿到了博士学位。随后他在当地一个广告公司找到了一份大众传播的工作。幸运的是,与年轻人经常来往的三个重要客户——微软、星巴克、波音,很快都发现他是一个可造之才,于是都伸出了橄榄枝,要聘他到自己的公司里。微软和星巴克很快给年轻人寄来了正式聘用文书,文书里特别说明了工作待遇有多么丰厚。当时,进微软是所有年轻人的梦想,因为进去就代表前途无忧。就在年轻人准备签下微软的聘书带着它去上班时,波音公司的一个服务人员打来电话,请他过去领取聘书。他很奇怪,认为寄过来就可以,何必再费时间跑一趟呢?但对方很耐心,告诉他一定要前往领取,还笑着表示,他可能会有惊喜。

年轻人觉得盛情难却,于是去了一趟波音公司。刚到公司门口,负责接待的人就领着他往公司的组装车间走去,一边走还一边说:"我先带你参观一下,何为真正的波音。"

年轻人第一次见到了全世界最大的车间。21架飞机同时在组装的宏伟场景,看得年轻人既震撼又感动。要知道,从小到大,他都期盼着以后能在一个又大又好玩的环境里工作。眼前的波音公司,不就是最好的选择吗?年轻人向接待人员索要聘书,接待人员笑了:"刚才的参观就是波音公司发给您的聘书!我们送给您这份特殊的聘书,请您相信,您的才华,在波音一定能得到施展!"年轻人再一次被感动。第二天,他就拎着行李箱走进了波音公司。果然,在波音大舞台上,这个名叫陈建德的年轻人拳脚得以伸展,没过几年,他就成了美国波音(中国)公司副总裁。

鲜活的情境,特别的感受,能让人从感官到心灵都受到震撼与撞击。不仅仅是在吸纳人才的环节,在整个管理的流程中,领导者都要善于制造和利用各种情境,让决策真正深入人心。

——资料来源:张珠容. 必须亲自领取的"聘书""情境领导力"[J]. 中外管理,2015(4).

技能实操

1. 病文修改

请　　柬

亲爱的小李同学:

12月24日是我们的结婚典礼,作为我最好的大学同学,你一定要参加啊。

好友大刚
2015年10月20日

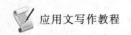

邀 请 函

尊敬的XX董事长：

我们公司准备在2015年10月20日召开公司十周年庆典大会，邀请您参加，请您一定要准时出席。

××××公司
2015年10月19日

聘 书

李明老师：

我是××学校摄影部的部长，我们准备在11月15日—25日举办一个摄影展。但是有很多问题我们不明白，想聘请您担任我们的指导老师。请您同意我们，好吗？

部长：张元
2015年10月19日

请指出上述请柬、邀请函、聘书存在的问题，并写出修改稿。

2. 写作训练

（1）学完了本节请思考，"情境导引"中张明需要写哪些礼仪类文书？请您代他撰写出相应的文书。

（2）请将白居易诗歌《问刘十九》："绿蚁新醅酒，红泥小火炉。晚来天欲雪，能饮一杯无？"改写成现代文体的邀请函。

（3）假设你所在的公司12月20日～22日要召开公司的第九届运动会，欲聘请××同志担任裁判员。请你撰拟这份聘书。

第三节 祝词 贺词

情境导引

"拜年拜年，福寿双全，鞠躬行礼，红包见现。"每到逢年过节，人们之间总会互相问好，表达对彼此的祝福。

思考

1. 现代社会，用来表达美好祝愿的社交礼仪类文书有哪些？
2. 什么时候用祝词，什么时候用贺词？祝词与贺词有何联系与区别？

知识导航

一、祝词

（一）祝词的概念

祝词又称祝辞，是在喜庆仪式上对特定对象所说的表示祝贺、期望的话，常见于各种庆典、寿辰、婚礼或节日祝贺等。

（二）祝词的特点

1. 喜庆性

祝词一般都是在比较喜庆、比较欢快的日子发表，为的是增加喜庆气氛。

2. 礼仪性

无论是在何种场合下发表的祝词，都是用来表示美好的祝愿或者庆祝，体现的是一种礼节性的仪式。

3. 简要性

祝词往往简明扼要，很少有长篇大论式的发言，只要体现出祝贺、喜庆、祝福之意即可。

（三）祝词的种类

祝词一般可以分为以下四种：

（1）祝事。这类词常用于重大会议开幕、工厂开工、商店开业、工程竣工、展览剪影以及纪念活动等。这类祝词既有祝愿、希望的意思，也有庆贺、道喜的意思，有时也叫贺词。它要求感情真挚，饱满热烈，用词准确，切合实际。

（2）祝酒。这类词常用于各种比较正式的宴会、酒会，在公关活动场合使用较多。主人通过祝酒词传达美好的祝愿，并把自己对客人的欢迎和感谢之情都热情洋溢地表达出来。它要求用词热情洋溢，充满激情，富有哲理和情趣，表达温文尔雅，恰到好处。

（3）祝寿。这类词的内容大多是对祝寿对象表示良好的祝愿。在祝词中，既祝愿对方健康长寿，又赞颂他（她）取得的业绩以及做出的贡献，还可以表达祝词人的尊敬和爱戴。这类祝词要求语言平易自然，不过分雕饰，应根据被祝寿者的年龄、品格、业绩、家庭等状况来写。

（4）祝婚。这类祝词是在结婚典礼仪式上使用的。为亲友做证婚人，或参加其婚礼，都可以发表祝词。祝婚词的内容一般是祝愿新娘新郎婚后美满幸福，赞颂他们的容貌、道德、才华，颂扬他们的结合等。

（四）祝词的写作

祝词一般由标题＋称谓＋正文＋落款组成。

1. 标题

祝词的标题有三种写法。

（1）在第一行中间直接写"祝词"即可。

（2）何种场合＋祝词，如《在中国国际服装节招待会上的祝词》。

（3）致辞者＋对象＋祝词，如《广州市人民政府春节祝词》。

2. 称谓

在标题的下一行顶格写对被祝者的称呼，后加冒号，常见的有"尊敬的各位来宾，各位朋友""尊敬的各位女士，各位先生"等。

3. 正文

祝词的正文内容一般包括致辞者简介、问候与祝贺、意义评述等几个方面，由引语＋主体＋结尾组成。

（1）引语

引语大多是致辞者简介和问候语。致辞者简介即说明致词人身份，如"首先，我代表×

×× 公司""受×× 委托"等;问候语大多是向受祝者致意,并表示祝贺、感谢或问候等。

(2) 主体

不同类型的祝词,主体稍有不同。如果是祝事,要祝愿此事顺利进行,早日取得成功,同时颂扬已取得的成果与业绩,并阐述其意义与作用;如果是祝酒,要回顾双方友谊的历史,并祝愿双方的友谊与合作有新发展;如果是祝寿,要简述并赞颂寿者的经历、品格、已取得的成绩,以及做出的贡献;如果是祝婚,要赞颂新郎新娘的才貌、品德以及结合的意义等。

(3) 结尾

正文结束后要写一句礼节性的结束语,再一次表示祝愿或者感谢,有时还可以提出希望和鼓励。如果是祝酒词,则用习惯性结尾:"现在我提议,为……干杯!"

4. 落款

落款是在结语的右下方署上致辞者名称和发祝词的具体时间,必要时署名前加上致辞者的职务。有时署名和日期写在标题下面。

(五) 祝词写作的要求

(1) 语言精练。祝词只是庆典活动中的一个组成部分,如果祝词太长、占用太多时间会遭人反感,因此语言一定要精练。一篇祝词只要把祝贺的意思表达出来就可以了,能短则短,力求言简意赅。

(2) 用词准确。祝词的主旨虽然是赞颂,但对被祝者业绩的概括、赞扬还是要力求准确、严谨,恰如其分,只有这样,才能让人觉得真实可信。

(3) 感情真挚。祝词是对人对事表示祝贺祝愿,因此,致词人首先要有发自内心的真情实感。如果对被祝者缺乏真挚的感情,则祝词就不能起到烘托气氛的目的。

(4) 语气亲切。祝词都是在欢快、喜庆的气氛里发出的,因此,祝词人的发言要平易、亲切、自然,要尽量缩短与听众的情感距离。

二、贺词

(一) 贺词的概念

贺词是对重要节庆、重大成绩等表示庆贺的社交礼仪文书。一般多是对取得的成绩、重大节日、生活中的喜庆事件等表示祝贺。贺词往往是面对被祝贺者发表的,如国家主席的新年贺词,就是在电视上面对全国观众发表。在不能当面向被祝贺者表达时,可采用贺信或者贺电的方式来传达祝贺之意。如屠呦呦获得诺贝尔奖时,李克强总理发贺信向屠呦呦表示祝贺。

(二) 贺词的特点

1. 祝贺性

贺词的一个重要特点就是它的祝贺性。祝贺者通过贺词来表达对对方的祝贺和赞颂。

2. 简明性

贺词一般比较简短,只要表达出祝贺、祝福、赞扬等心意即可。

3. 真挚性

贺词是对被祝贺者的真心祝福和赞扬,因此一定要感情真挚,热情洋溢。

(三)贺词的种类

贺词的使用范围非常广泛,大致可以分为新年贺词、生日贺词、会议贺词、庆典贺词等。

(四)贺词的写作

贺词一般由标题+称谓+正文+落款四部分组成。

1. 标题

贺词的标题一般有以下几种写法,一是直接由贺词组成,一是由祝贺内容+文种组成,如《新年贺词》,还有的是致辞者+致辞场合象+文种词,如《中国共产党中央委员会致中国国民党革命委员会第十二次全国代表大会的贺词》。

2. 称谓

在标题的下一行顶格写对被祝贺单位或者人员的名称或者姓名,后加冒号,如"××××有限责任公司""中国体育代表团的全体运动员们"等。

3. 正文

贺词的正文内容一般包括三个方面:第一,概括写明祝贺的事由,热烈赞颂对方所取得的成就及其重要意义;第二,分析对方取得成绩的原因,给予适当评价;第三,进一步表示热烈的赞扬和祝贺,并热情地鼓励和殷切地希望对方取得更大的成就。

4. 落款

贺词的落款在结语的右下方,署上致辞者名称和发贺词的具体时间,必要时署名前加上致辞者的职务。有时署名和日期写在标题下面。

(五)文种辨析

祝词与贺词的使用场合基本一致,表达的情感也非常类似,因此,祝词与贺词有时被称为祝贺词。它们的共同之处就是二者都是用于向被祝贺的人或事表示祝贺,在行文上都富于强烈的感情色彩,都有具体喜庆场合的针对性。因此,祝词和贺词在很多场合下可以通用。如祝寿词也可以称为贺寿词,新婚祝词也可以称为新婚贺词等。

但是,祝词与贺词所拥有的含义并不完全相同,二者还是有着一定区别的。祝词的使用,一般针对的对象是事情尚未成功或者未实现的事情,此时仅仅表示祝愿、希望达到目的或实现祝愿;贺词所贺的对象,一般是事情已经完成或者即将完成,此时用贺词表示庆祝与贺喜,如祝贺新年到来,庆功会,荣任升职等,一般采用贺词的形式来祝贺。

(六)贺词写作应注意的事项

贺词的写作要求一般要掌握两个方面,一是充分表达祝贺之意;二是正面赞扬为主。贺词就是祝贺之词,是就重大节日、喜庆事件、典礼落成等事项表示祝贺的礼仪文书。在写贺词时,应以饱满的热情,对所祝贺之事或人表达出热情洋溢的祝贺。正面赞扬为主,是贺词的基本立场,也许所祝贺之事或人存在些许不如意之处,如体育代表团获得了巨大成绩也有一些失误,在写贺词时需要正面肯定成绩,以正面赞扬为主,不必对缺点进行评点。

范文导读

祝 酒 词

各位来宾、朋友们：

晚上好！

中国国际××展览会今天开幕了。今晚，我们有机会同各界朋友欢聚，感到非常高兴。我谨代表中国国际贸易委员会××市分会，对各位朋友光临我们的招待会表示热烈的欢迎！

中国国际××展览会自上午开幕以来，已引起了我市以及外地科技人员的浓厚兴趣。这次展览会在××市举行，为来自全国各地的科技人员提供了经济技术交流的好机会。我相信，展览会在推动这一领域的技术进步以及经济贸易的发展方面将起到积极作用。

今晚，各国朋友欢聚一堂，我希望中外同行广交朋友，寻求合作，共同度过一个愉快的夜晚。

最后，请大家举杯：

为中国国际××展览会的圆满成功，

为诸位的身体健康，

家人幸福，

干杯！

×××
××××年×月×日

这是商务活动中常见的祝酒词。正文部分包含以下几层意思：一是表明自己代表谁讲话；二是对来宾的问候和欢迎；三是说明中国国际××展览会在××市举办的意义；四是表明希望；最后，"请大家举杯：为中国国际×××展览会的圆满成功，为诸位的身体健康，家人幸福，干杯！"是祝酒词的固定结尾。该祝词简短精练，感情热烈真挚，富有感染力。

"学霸"见闻

习近平的新年贺词为何令民众动容

习近平办公室的书架上整齐码放着一排排书籍以及多张与家庭、个人有关的生活照片：他与家人推着轮椅上的父亲习仲勋，他牵着母亲齐心的手散步，他与夫人彭丽媛的合影，以及他在福州骑着自行车载着女儿。尽管这几张照片此前已经公布过，但它们出现在习近平办公室的书架上，还是颇有意味，让人读出了温情，感受到了办公室主人的情怀，最重要的是它们反映出了办公室主人的家庭观念。

鲁迅诗曰："无情未必真豪杰，怜子如何不丈夫？知否兴风狂啸者，回眸时看小於菟。"连猛虎尚能频频回顾它心爱的幼息，身为万物之灵长的人类不更应该有血有肉？无论是国家元首还是政府首脑，他们也有七情六欲，哪怕公务再繁忙，也压制不了他们的情愫流露，比如奥巴马曾在办公室与女儿玩藏猫猫的游戏，奥巴马说过："这就是为人父母的一切，那些珍贵的时刻、与孩子共处的时光，会让我们对孩子的未来充满兴奋与自豪。"英国首相卡梅伦是个超级奶爸，2010年8月，其夫人产下小女儿佛罗伦萨，卡梅伦立即放下公务，请了两周假陪伴夫人与小女儿，成了英国第一位请陪产育婴假的首相。

在不少人看来,家庭照只是花絮,习近平的新年贺词所释放的价值观更值得咂摸。比如,贺词里有这么一句话:"我们推进改革的根本目的,是要让国家变得更加富强、让社会变得更加公平正义、让人民生活得更加美好。""公平正义"的提出激起了舆论涟漪。应该说,公平正义是个频繁见诸公共媒体的词语,习近平并非第一次提及公平正义,比如去年1月7日在全国政法工作电视电话会议上,以及去年2月23日下午就全面推进依法治国进行第四次集体学习时两次强调,"努力让人民群众在每一个司法案件中都能感受到公平正义";再比如,去年4月28日同全国劳模代表座谈并讲话称:"要坚持社会公平正义,努力让劳动者实现体面劳动、全面发展。"如果此前针对的是司法案件中的民众或劳动者,那么此次新年献词中的公平正义,面向的则是全体国民,旨在让社会变得更加公平正义。联系到2012年十八大七常委走出来时,习近平提到了美好的生活,提到了蓝天白云,提到了富强,唯独没提到公平和正义,这显然是一个非常好的完善。

对于大多数人来说,他们也许没兴趣思考习近平新年贺词的种种信息,但从他的朴实表达或能有所感动,比如习近平"祝福老人们健康!祝福孩子们快乐!祝福每个家庭幸福安康!"还向坚守岗位或奔波各地的人送去问候和平安,这足以令人动容。

——资料来源:王石川. 习近平的新年贺词为何令民众动容? http://news.ifeng.com/opinion/wang-ping/xinnianxianci/,有删减.

 技能实操

1. 病文修改

学校建校三十周年庆典祝词

亲爱的老师、同学们:

大家好!今天××大学迎来了三十周年华诞。值此喜庆时刻,我谨代表学校党政班子全体成员,向多年来为了××大学的发展勤勤恳恳工作的全体教职员工们,为了××大学的荣誉而刻苦攻读的全体学子们,表示崇高的敬意和衷心的感谢!你们辛苦了!

斗转星移,岁月沧桑。风风雨雨,××大学走过了三十年的光辉岁月。历经三十年的拓荒播种,这里已成为一片沃土,一株株幼苗茁壮成长,桃李成荫,春华秋实。

回首往昔,我们骄傲,展望未来,我们向往,恩随荫庇,我们感激,承前启后,我们深感任重道远。成就是昨天的句号,开拓是永恒的主题。在新的岁月里,在新的征程中,我们将紧紧把握时代的主旋律,狠抓"三风"建设,积极推进"名师"工程,大力推进素质教育,向着"积淀文化底蕴、注重精细管理、打造××品牌、创办特色学校、培育一流人才"的目标迈进,争取更大成绩,报答所有关心××大学的父老乡亲们的拳拳之心。我坚信:××大学的明天会更灿烂!为了明天,干杯!谢谢大家。

请指出这份祝词存在的问题,并写出修改稿。

2. 写作训练

(1)李晓春老师在教育战线上耕耘一生,桃李满天下,在他85岁寿诞之日,他的学生欢聚一堂,共祝李老师寿诞快乐。假设你是李老师的学生,大家推举你为代表,向李老师发表寿诞祝词。请拟写这份祝寿词。

(2)2015年10月1日是阳光计算机科技有限公司成立三十周年纪念日。该公司是一家注重科技研发,重视培养人才的创新型公司,曾经为瑞克公司培训了30多名技术人员。

请你以瑞克公司总经理的名义给阳光计算机科技有限公司发一份贺词。

第四节　欢迎词　欢送词　答谢词

情境导引

渭城朝雨浥轻尘，客舍青青柳色新。劝君更尽一杯酒，西出阳关无故人。

——王维

"多情自古伤离别"，王维这首清新隽永的诗歌流传千年而不衰，永恒地向世人传达着那份无可奈何的依依惜别之情。

古人常常用诗词表达他们与友人之间的依依惜别之情。现代社会人们常常用什么社交礼仪文书表达他们的这种惜别之情？

知识导航

一、欢迎词

（一）欢迎词的概念

欢迎词是在正式的会议、活动或庆典上，主人或主办方对来宾表达热烈欢迎的致辞。我们平时所说的欢迎词多指对来宾的欢迎，除此之外，致欢迎词还包括两种情况：一是欢迎本土、本地、本单位外出人员回归时使用，例如代表团出访回来、体育健儿外出参赛回来等；二是欢迎本单位新成员到来时使用，如学校的新生入学，部队的新兵入伍，公司的新职工入职等。

（二）欢迎词的特点

（1）感情浓郁。欢迎词带有鲜明的感情色彩，字里行间蕴含着主人或者东道主对客人浓郁、热烈、真挚的情感。

（2）篇幅简短。欢迎词一般是为了烘托和渲染气氛，多为礼节性的开场语，因而其篇幅要简短精悍，切忌长篇大论。

（3）行文欢快。欢迎词的语言应呈现出一种欢乐、明快的风格，使人如沐春风，有一种"宾至如归"、愉快的心情。

（三）欢迎词的种类

按照不同的角度，欢迎词可以分为不同的种类。

1. 按表达方式不同分类

（1）现场讲演欢迎词。一般由欢迎人在被欢迎人到达时在欢迎现场口头发表的欢迎稿。

（2）报刊发表欢迎词。这是发表在报刊或公开发行刊物之上的欢迎稿。它一般在客人到达前后发表。

2. 按社交的公关性质分类

(1) 私人交往欢迎词。私人交往欢迎词一般是在个人举行较大型的宴会、聚会、茶会、舞会、讨论会等非官方的场合下使用的欢迎稿,通常要在正式活动开始前进行。私人交往欢迎词往往具有很大的即时性、现场性。

(2) 公事往来欢迎词。这样的欢迎词一般在较庄重的公共事务中使用。要有事先准备好的得体的书面稿,文字措辞比私人交往欢迎词要正式和严格。

(四)欢迎词的写作

欢迎词一般由标题+称谓+正文+落款组成。

1. 标题

标题的写法主要有以下几种。

(1) 只标示文种,在第一行居中写上"欢迎词"。

(2) 致辞者+致辞场合+文种名称,如《张承洲副校长在"感恩·法制·责任教育报告会"上的欢迎词》。

(3) 致辞场合+文种名称,如《在"重温创业路、再展石油情"欢迎招待会上的欢迎词》《〈台湾历史研究〉创刊一周年暨台湾史研究理论与方法学术座谈会欢迎词》。

(4) 致辞者+对象+文种,如《广州市市长张广宁致亚奥理事会评估团的欢迎词》。

(5) 双行标题,即主副标题,主标题是对全文主题的提炼与揭示,副标题有致辞场合和文种构成,如《携手同行共创明天——"今贵州"上线暨全媒体矩阵推出仪式欢迎词》。

2. 称谓

在标题下另起一行,顶格写上欢迎对象的名称,如"尊敬的××主席及夫人""亲爱的××大学的各位同仁"等。如果是群体,可以写上"女士们""先生们""朋友们""同志们"等。

3. 正文

欢迎词的正文内容由引语+主体+结尾组成。

(1) 引语。引语部分无论是对来宾。本单位的外出人员,还是即将加入团体的新成员,都要表示热烈的欢迎、诚挚的问候和谢意。引语中还应该表明说话者自己的身份,一般可以直接自报家门,"职务+姓名";在规格较高的场合,还常常使用外交辞令,"请允许我以……的身份,代表……向远道而来的各方嘉宾表示热烈的欢迎"。"我谨代表……向……表示热烈的欢迎。"

(2) 主体。主体部分要根据欢迎对象的具体情况来写。欢迎的对象如果是来宾,就要阐述来访的意义、目的和作用,赞颂客人方面取得的各种成绩。或者回顾双方友谊的历史,赞颂主客双方的友好合作。

如果是欢迎即将加入团体的新成员,一般要表示对新成员的信任和期待,要描绘携手共创美好未来。

如果是欢迎执行任务归来的团体或个人,就要肯定或赞颂其执行公务所付出的艰苦努力,所创造的业绩,取得的荣誉。

(3) 结尾。结尾一般都是再次表示祝愿或者希望,如"祝各位身体好、工作好、家庭好、事业好,一切都好!""再一次向各位表示热烈的欢迎""让我们携手并进、共创辉煌!"等。

4. 落款

落款即致辞单位或致辞人姓名,成文日期。如果标题下面有致词人姓名和日期,则落款可以省略。

(五) 欢迎词写作应注意的事项

(1) 欢迎词是出于礼仪的需要而使用的,因此要十分注意礼貌,称呼用尊称,感情要真挚。

(2) 措辞要慎重,勿信口开河,同时要注意尊重对方的风俗习惯,应避开对方的忌讳,以免发生误会。要能得体地表达自己的原则立场,在一些重要的外交场合,措辞尤其要注意分寸。即使双方有异议或者分歧,要采取委婉曲折的方式进行表达。

(3) 篇幅短小,言简意赅。一般的欢迎词都是一种礼节性的外交或公关辞令,宜短小精悍,不必长篇大论。

二、欢送词

(一) 欢送词的概念

欢送词是在送别宾客的仪式或会议结束时,主人对客人或会议代表的离去表示热情欢送的社交礼仪类文书。一般在会议闭幕、客人来访结束、领导离任、成员离开组织等情况下都要表示热烈的欢送,表达依依惜别之情。

(二) 欢送词的特点

(1) 口语性。在欢送词中,一般要用热情、诚恳的语言把惜别的感情表达出来,语言要简洁明了,朗朗上口,遣词造句也应注意使用生活化的语言,使送别既富有情趣又自然得体。

(2) 惜别性。有句古诗说的好:"相见时难别亦难",中国人重情谊这一千古不变的民族传统精神在今天依然十分重要,所以欢送词中的依依惜别之情要溢于言表。当然格调也不可过于低沉。尤其是公共事务的交往更应把握好分别时所用言辞的分寸。

(三) 欢送词的种类

根据欢送词的言致对象不同,欢送词大致可以做出以下形式的划分。

1. "涉外型"欢送词

"涉外型"欢送词用于欢送回归的来宾,其中包括来访的国际友人或代表团以及来华工作的外国朋友,也包括国内的外地区、外单位前来考察、访问、交流经验、联系业务或应邀参加某种大型会议的宾客。

2. "涉内型"欢送词

"涉内型"欢送词用于欢送离去的内部人员。这些人员的行踪,有的是"有去有回",即为了某项特殊使命而暂时离去,不久的将来一般还会回归到本地区、本单位来,如青年入伍、战士出征、代表团出国参赛等。在离去的内部人员中还有一类是"有去无回者",完成某种学业、某项工作或者永久地脱离原单位,一般不再回归的人员,如毕业的学生、部队转业的官兵、离队的运动员与教练员、调离或者退休的干部和职工,等等。向他们所致的欢送词,可称为"久别型"欢送词,常包含着浓重的依依离情。

（四）欢送词的写作

欢送词一般由标题＋称谓＋正文＋结尾＋落款组成。

1. 标题

标题的写法主要有以下几种。

（1）只标示文种，在第一行居中写上"欢送词"。

（2）致辞者＋致辞场合＋文种名称，如《自动化系团总支致大学生志愿服务者×××的欢送词》。

（3）致辞场合＋文种名称，如《在欢送××同志荣升新岗位座谈会上的欢送词》。

（4）欢送对象＋文种，如《致2015届毕业生的欢送词》。

2. 称谓

在标题下另起一行，顶格写上欢送对象的名称，用语要礼貌得体，一般有"尊敬的""亲爱的"等以示尊重。如果是群体，可以写上"女士们""先生们""朋友们""同志们"等。

3. 正文

欢送词的正文结构是引语＋主体＋结尾。

（1）引语。引语一般都表示"送别"。送体育健儿出征等可用"热烈欢送……""我代表……热烈欢送……"；送别友人、同事或来访的客人，则应有惜别之意，如"依依不舍地送别……"。

（2）主体。欢送词的主体部分，要根据送别对象的具体情况来写。

① 送别友人、同事，应该主要回顾过去的友好关系、一同走过的经历等，表示永远不会忘记。

② 送别将要暂时离开本地的，如外出执行重要公务、体育健儿出征等，送别时就要展望前途或者表示勉励，鼓舞士气，为之壮行。

③ 送别来访的客人，主要是描述来宾在此所做的事情，完成的工作，双方友好的合作等，还要写一下对今后双方合作的期望。

4. 结尾

结尾一般都是表示祝愿，如"祝……取得更大的成绩""祝旅途愉快，一路顺风"等

5. 落款

落款即致辞单位或者致辞人姓名，成文日期。如果标题下面有致词人姓名和日期，则落款可以省略。

（五）文种辨析

欢迎词和欢送词作为重要的社交礼仪文书，具有相同点，也有不同之处。

1. 欢迎词与欢送词相同之处

（1）具有礼仪性、委婉性、口语化的特点。欢迎词和欢送词常用于国内外交往中，都是出于礼仪的需要，因此应该特别注意礼貌礼节，尊重对方的风俗习惯。

（2）感情真挚。主人在发表欢迎词或者欢送词的时候，都要表现得感情真挚，发自肺腑，使人有一种宾至如归的亲切感，这样可以增进彼此之间的感情和友谊。

（3）内容简洁。欢迎词和欢送词都是讲话稿，因此要求内容言简意赅，通俗易懂。

2. 欢迎词与欢送词不同之处

(1) 发表的时间不同,场合不同。欢迎词是在客人到来的时候发表;而欢送词是在客人离去的时候发表。

(2) 表达的内容不同。欢迎词重在"迎"字,表示对客人的热烈欢迎。欢送词重在"送",表示对客人的依依惜别。

(六) 欢送词写作应注意的事项

(1) 热情洋溢、真诚感人。从开头称呼到结尾祝福都要体现出尊敬和亲切的感情,切忌语言粗俗,表情冷漠。

(2) 礼貌周全,分寸适度。并适时地运用幽默言辞,以营造一种愉快轻松的气氛。

(3) 语言简洁生动,口语化,适合听众。

三、答谢词

(一) 答谢词的概念

答谢词是在特定仪式上对他人的热情接待、款待、安排、欢迎、观照、鼓励、祝贺、馈赠等友善行为表示诚挚谢意时所使用的一种社交礼仪文书。

(二) 答谢词的特点

(1) 感情真挚。既然是答谢,就要动真情、吐真言,虚情假意、矫揉造作或者言不由衷,只能引起对方的反感。

(2) 简明扼要。答谢词要简短,做到文约旨丰,言简意赅,不宜冗长拖沓。

(三) 答谢词的种类

答谢词大致可以分为以下两大类。

(1) 用来答谢别人招待的致辞,常用于宾主之间,既可以用在欢迎仪式上,与欢迎词相应;也可以用于欢送仪式、告别仪式,与欢送词相应。

(2) 用来答谢别人帮助的致辞,常用于捐赠、庆祝、颁奖乃至毕业等仪式上,答谢词除了表示感谢外,还往往表达良好的祝愿。

(四) 答谢词的写作

答谢词一般由标题+称谓+正文+结尾+落款组成。

1. 标题

标题的写法主要有以下几种。

(1) 只标示文种,在第一行居中写上"答谢词"。

(2) 致辞者+致辞场合+文种名称,如《×××在欢送宴会上的答谢词》。

(3) 致辞场合+文种名称,如《在××××颁奖典礼上的答谢词》

2. 称谓

称谓的写法同欢迎词、欢送词相似,在标题下另起一行,顶格写上答谢对象的名称,用语要礼貌得体,一般有"尊敬的""亲爱的"等以示尊重。如果是群体,可以写上"女士们""先生们""朋友们""同志们"等。

3. 正文

答谢词的正文首先是对主人的盛情款待表示感谢;其次是用具体的事例对主人所做的

一切安排给予高度评价,对主人的热情招待表示衷心的感谢,对访问取得的收获给予充分的肯定;然后谈自己的感想和心情,比如颂扬主人的成绩和贡献,阐述访问成功的意义,讲述对主人的美好印象等。

4. 结尾

结尾一般都是再次表示感谢,并对双方关系的进一步发展表示诚挚的祝愿。

5. 落款

落款即致辞单位或者致辞人姓名,成文日期。如果标题下面有致词人姓名和日期,则落款可以省略。落款一般是书面发表时署上,在现场致辞时没有必要读出。

(五)答谢词写作应注意的事项

(1)答谢词一定要对主人的热情款待表示真挚的感谢,要真情流露,不能矫揉造作。

(2)如果是与欢迎词相对时使用的答谢词,一定要注意与欢迎词内容的呼应。主人致欢迎词在前,答谢词要对欢迎词的某些内容照应,这是对主人的尊重。即使预先准备了答谢词,也要在现场应变发挥。

(3)篇幅力求简短,不要长篇大论。

范文导读

欢 迎 词

尊敬的各位领导、专家、同仁、朋友们:

大家下午好!

阳春三月,暖意融融。非常高兴各位领导、专家在百忙之中莅临××公司检查指导工作。各位领导、专家的到来不仅是对我们工作的检查指导,更是给我们提供了一次极好的学习交流机会。在此,我代表公司及全体员工对各位表示最真挚的感谢和最热烈的欢迎!

××公司由山西××集团与北京新能投资有限公司共同投资兴建,位于××市××县××乡,项目设计总装机容量100MW,一期工程装机容量49.5MW,一期工程共安装33台单机容量1.5MW的金风风力发电机组,设计年发电量1亿kW·h。

作为这次盛会的东道主,我们真诚地欢迎所有参加这次会议的领导、专家、同仁和朋友们。我们将以这次会议为契机,认真学习借鉴各方面的先进经验,取长补短,开拓创新,不断强化员工业务技能培训,建设一支业务精良、纪律严明、思想高尚、作风过硬的四有员工队伍,为推动山西新能源良性循环发展,为山西电力的长远发展建设,贡献一份力量!

让我们以此次会议为契机,以"××精神"为动力,以作风建设为抓手,有力推动科学发展、和谐发展,让"××精神"开出绚丽之花、让会议要旨结出丰硕成果!

最后,欢迎各位领导、专家多提宝贵意见。祝大家身体健康,万事如意,谢谢大家!

×××
××××年×月×日

这是东道主××公司对来宾所致的欢迎词。开头用欢快的笔调对客人表示真挚的欢迎和感谢。中间是东道主××公司对自己公司的一个简要介绍,并对会议的召开表

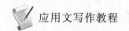

示热烈的期望,最后是再次欢迎和祝福。该致辞语言诚恳,情感充沛,是一篇较好的欢迎词。

欢送××同志出国学习的致辞

亲爱的朋友们:

  大家晚上好!

  今天是一个令人欣喜而又值得纪念的日子,经过公司的决定,××同志将要出国发展学习。这既让我们为××能有这样的机会而感到高兴,也使我们对多年共事相处的同事即将离开而感到难舍难分。

  ××同志××××年来到公司工作,至今已有十三个年头。作为公司的一名老员工,他为人忠厚、思想作风正派、爱岗敬业、遵守公司各项规章制度,尊重领导、与同事之间关系和睦融洽。对于我们来说,没有谁能够取代××的位置。尽管我们将会非常想念他,但我们祝愿他在未来的日子里得到他应有的最大幸福。在这里我代表公司的领导和全体人员对××同志所做出的努力表示衷心感谢。同时公司也希望全体人员学习××同志这种敬业勤业精神,努力做好各自的工作。

  "莫愁前路无知己,天下谁人不识君。"在此我们也希望××同志继续关心我们的企业,并与同事之间多多联系。

  最后,祝××同志旅途顺利,早日学成归来!

×××
××××年×月××日

  这是公司领导欢送公司员工出国学习的致辞。正文内容包括以下几个方面:一是对该员工对公司所做贡献的肯定和赞扬;二是对该员工的祝福和希望;三是勉励其他员工向他学习;最后再一次表达对该员工的祝福。该欢迎词字里行间充满了对该员工依依不舍的感情,并有真挚的祝福和希望,语言亲切诚恳,富有感染性。

答　谢　词

尊敬的××先生,

尊敬的××集团公司的朋友们:

  首先,请允许我代表××××代表团全体成员对××先生及××集团公司对我们的盛情款待表示衷心的感谢!

  我们一行六人代表××××公司首次来贵地访问,此次来访时间虽然短暂,但收获颇丰。仅五天时间,我们对贵地的电子行业有了比较全面的了解,与贵公司建立了友好的技术合作关系,并成功地洽谈了……电子技术合作事宜。这一切,都得益于主人的真诚合作和大力支持。对此,我们表示衷心的感谢!

  电子业是新兴的产业,蒸蒸日上,有着广阔的发展前景,贵公司拥有一支由网络专家组成的庞大队伍,技术力量相当雄厚,在……技术市场上一枝独秀,我们有幸与贵公司建立友好的技术合作关系,为我地电子业的发展提供了新的契机,必将推动我公司的电子业迈向一个新台阶。

  最后,我代表××××公司再次向××××集团公司表示感谢!并祝贵公司迅猛发展,再创奇迹!更希望彼此继续加强合作,共创明天!

×××
××××年×月×日

这是一篇来访者对主人的热情款待表示感谢的答谢词。开篇首先表达了真挚的感谢之意，接着写明致谢的原因，强调了双方建立合作关系的重大意义，并对对方给予的支持表示衷心的感谢，最后表达了希望进一步加强合作的良好愿望。文章语言简洁明快，热情友好，充分表现出致辞者发自肺腑的诚意。

 "学霸"见闻

答谢词的类型、写作内容与结构形式

一、答谢词的类型

"答谢"的缘由来自两个方面：一是接受了别人的"好处"，或是接受了别人的帮助；二是受到了别人的"招待"。也就是说，其中的任何一种情况都应该答谢。由此可以给"答谢词"作一个界定，即在庄重的礼仪场合下对别人的招待或者帮助表达谢意的致辞。依据不同的致谢缘由和致谢内容，答谢词可以划分为两个基本类型。

1."谢遇型"答谢词

"遇"即招待、款待。"谢遇型"答谢词即用来答谢别人招待的致辞，常用于宾主之间，即可用于欢迎仪式、会见仪式上与"欢迎词"相应，也可用于欢送仪式、告别仪式上，与"欢送词"相应。

2."谢恩型"答谢词

"恩"即受到的好处，即别人的帮助。"谢恩型"答谢词即用来答谢别人帮助的致辞，它常用于捐赠仪式上或某种送别仪式上。

二、写作内容与结构形式

1."谢遇型"答谢词应以"双方关系"为重点

虽说"谢遇型"答谢词是用来答谢别人的招待的，但是对"招待"的感谢往往说不了多少话，说多了便会显得浅薄或者俗气，由于它是用于"宾主"之间的致辞，其"客情"来自于双方交往，故而应"借题发挥"，在"双方关系上"大做文章。

2."谢恩型"答谢词应以"致谢缘由"为重点

施恩、助人乃一种急人之难、"雪中送炭"式的义举，受恩、受助者最为感动甚至终生难忘的，便是这种义举发生的背景与来由（即"致谢缘由"）。因而在他们表达谢意时，自然会将这种"致谢缘由"从根到梢地说清楚（因为"念念不忘"，所以才会"喋喋不休"）。另外，从施恩、施助者的心理角度来看，他们的义举本不图回报甚至不求回谢，当面对答谢人的致辞时，他们并不想听到过分、过多的感谢，只希望听到"为什么要谢我"。俗语云"无功不受禄"，致谢人只有将"致谢缘由"说清楚，才便于对方接受。因此，"谢恩型"答谢词，应该以"致谢缘由"作为写作重点。

"谢遇型"答谢词：致谢缘由与致谢语——谈关系、叙交往、颂有益、述原则——表达愿望、再致谢意。

"谢恩型"答谢词：受助心情——致谢缘由——致谢意、表决心（即以实际行动答谢对方）。

——资料来源：韩大伟.谈谈答谢词的写作[J].应用写作，2006(01).

技能实操

1. 病文修改

退休欢送词

尊敬的女士们、先生们,各位来宾:

今天是我校德高望重的老领导、桃李天下的老教师×××同志的退休喜宴。在这祥和喜庆的美好时刻,我代表××学校、代表×××校长,向光荣退休的×××校长表示崇高的敬意! 向前来祝贺的各位来宾表示深深的谢意!

一支粉笔两袖风华,三尺讲台四季晴雨,滴滴汗水滋润桃李芬芳满天下。×××校长既是我们的同事,又是我们的长辈,更是我们的老师。从他的身上,最能体现学校教师的精神,最能看到××学校的成就与辉煌。

×××校长1972年4月投身教育事业,踏上了为师从教的漫漫人生路。从那时起,他就扬起了理想的风帆,勇敢而坚定地摇动着人生的小舟,历经时代变迁的风浪,紧跟教育发展的步伐,终于声闻遐迩、功成名就。我们为我们有×××校长这样一位师长而备感骄傲和自豪!

×××校长几十年如一日,为xx教育做出了巨大的贡献。××学校的每一项成就,××学校的每一个变化,××学校的每一次发展,都饱含着×××校长的心血和汗水。不管是在教学岗位上还是在领导岗位上,都兢兢业业,甘于奉献,像春蚕吐尽心中的爱,像红烛燃放心中的情。"倾尽丹心育桃李,奉献韶华铸师魂"。他以无私的奉献和缤纷的桃李赢得了社会的尊敬。让我们再次用最诚挚的谢意,感谢×××校长对教育的倾注和执着,对学校的关心和厚爱!

××教育的兴盛,决然离不开这样无私奉献的人民教师!××人民的记忆,也决然忘不了这样辛勤付出的人民教师!尊敬的×××校长,学生、家长、学校、社会永远不会忘记您的!

退休教师的今天就是我们在职教师的明天,我们要始终把退休教师工作摆在重要位置,努力使老同志老有所养、老有所为、老有所学、老有所乐。同时,也希望老同志一如既往地关心、支持教育,继续为××学校的教育改革、教育发展做出新的贡献。我们坚信,有退休教师的关心支持,有在职教师的辛勤耕耘,有全校上下的共同努力,××学校的明天一定会更加美好!

尊敬的×××校长,××学校永远是您的家,欢迎您常回家看看!××学校全体师生感谢您为学校发展所付出的心血和努力。我们一定会传承文明的薪火,不辜负您的殷切期望,为把××学校办成人民满意的学校而不懈努力!

祝×××校长身体健康,心情愉快,福如东海,寿比南山!

请指出这份欢送词存在的问题,并写出修改稿。

2. 写作训练

(1) 新生开学典礼上,请你分别拟一份校领导、教师代表的欢迎词,并分析它们的不同之处。

(2) 请你代表学校的领导为即将毕业的学生写一篇欢送词。

第五节 感谢信 表扬信 慰问信

情境导引

20世纪50年代初,周恩来总理首次乘坐由我国驾驶员独立驾驶的飞机进行国事访问。当飞机成功起飞并平稳飞越新疆昆仑山脉时,全体机组人员异常兴奋,大家齐声高唱《红梅赞》,高亢的歌声响彻云霄。在这种情况下,周总理没有忘记指示随行的秘书给守卫在新疆红旗拉甫边防站的官兵们发去一封慰问信,赞扬他们默默无闻地为祖国的安宁奉献自己的青春,这封慰问信令边防站的官兵们备受鼓舞,这件事当时在全国上下被传为佳话。

思考

1. 什么情况下用到慰问信?
2. 不同种类的慰问信,正文内容有何不同?

知识导航

一、感谢信

(一)感谢信的概念

感谢信是在得到其他单位或个人的关心、支持、帮助等之后,为向对方表达诚挚谢意所使用的书信体专用文书。

在建设社会主义和谐社会的进程中,好人好事层出不穷。感谢信是人们交流感情、增进友谊、团结互助的桥梁,也是对正义、勇敢、真诚等高尚行为的肯定和赞扬,它能够温暖人心,促人上进,推动社会主义精神文明建设的发展。感谢信的使用范围广泛,感谢相助、感谢捐赠、感谢祝贺、感谢鼓励、感谢慰问等都可以使用。感谢信可以写给感谢对象个人,也可以写给感谢对象的所属单位,还可以写给报社、杂志社、电台、电视台等新闻媒体,甚至通过网络传播。

(二)感谢信的特点

(1) 内容的真实性。感谢信中所叙述的人和事必须是真实存在和发生的,要有确切的感谢对象。

(2) 感情的鲜明性。感谢信通过鲜明而强烈的感情色彩表达感谢与赞扬之情,并能够使知晓者受到感染和教育。

(3) 功能的表扬性。感谢信除了感谢的意思外,还兼具表扬的功能,借以表扬有先进思想和行为的人。

(4) 时间的及时性。感谢信的制作和发布要迅速及时,时间拖得太久,就会显得不够礼貌和真诚。

(三)感谢信的种类

1. 按感谢对象划分

(1) 给集体的感谢信:一般是个人在遇到困难时,得到了集体的帮助,使自己渡过了难关,走出了困境,用感谢信的方式表达自己的感激之情。

(2) 给个人的感谢信：是个人或单位为了表达对某个人给予的帮助而写的感谢信。

2. 按感谢信的发表形式划分

(1) 开张贴的感谢信：包括登报、电台广播或电视台播报的感谢信。

(2) 寄往单位或个人的感谢信。

(四) 感谢信的写作

感谢信一般由标题＋称谓＋正文＋落款组成。

1. 标题

(1) 以文种名称为标题，即《感谢信》。

(2) 感谢者＋感谢对象＋文种名称，如《×××全家致××社区的感谢信》。

(3) 感谢对象＋文种名称，如《致×××同学的感谢信》《致平安物业公司的感谢信》。

2. 称谓

在标题之下另起一行顶格书写受信者的名称。受信者的名称可以是单位名称，也可以是个人姓名。受信者多是感谢对象的所属单位或其本人，但是当感谢者受到感谢对象的帮助而后者没有留下姓名和单位时，感谢者将感谢信写给新闻媒体希望借助新闻媒体予以宣传并表示谢意，这时的受信者则是新闻媒体。个人姓名前常加上"尊敬的"等敬语，写给感谢对象所在单位领导的，一般用泛称，称谓后加冒号。

3. 正文

称谓下另起一行空两格书写，一般由陈述事实、赞颂对方、表明态度三部分组成。

(1) 陈述事实，即感谢的事由。精练地叙述事情的前因后果，写清事件发生的时间、地点、原因、结果等要素，着重表现感谢对象在整个事件中体现出来的先进事迹以及高尚品格。

(2) 赞颂对方，是要赞扬感谢对象在事件中表现出来的可贵精神，表达真挚的谢意。

(3) 表明态度，要写明向对方学习，做好本职工作的态度和决心。

另外，正文开头最好交代一下感谢者的身份，还可以表达一下激动的心情。

4. 结尾

写上敬意的话，感谢的话，如"此致敬礼""致以诚挚的敬意""最崇高的敬礼""致以诚挚的谢意"等。

5. 落款

在结尾的右下方署上感谢者的名字和日期。

(五) 感谢信写作应注意的事项

(1) 事实要精当。陈述事实是正文的关键内容，只有用事实说话，后面的赞颂和决心才让人信服。事实的陈述在交代清楚时间、地点、原因、结果等要素的基础上，做到重点突出，文字精练。为了增强感谢信的感染力，叙述感谢对象的事迹时，可以将叙述与议论、抒情结合在一起。

(2) 情意要恰当确切。对感谢对象的评价与赞颂要恰如其分，实事求是，不要夸大和吹捧；对感谢对象的感谢话语要符合双方的身份，如年龄、性别、职业、学历等；表达自己的决心和行动要符合实际，切实可行。总的来说，要做到以事表情，以情达意。

二、表扬信

（一）表扬信的概念

表扬信是表彰某些单位、集体和个人的先进思想、风格、事迹的一种专用书信，它主要用于作者在日常工作、生活中受益于被表扬者的高尚品行（或者被其品行所感动），特向被表扬者所在单位或其上级领导致信，以期使其受到表彰、奖励，使其精神发扬光大。

（二）表扬信的特点

（1）表彰性。表扬信是对做了好人好事的单位或者个人的一种表彰和肯定，因此，表彰性是它的显著特点之一。写表扬信的目的之一就是希望做了好事的单位或个人受到表彰。

（2）宣传性。表扬信不仅具有表彰性，还具有一定的宣传性。写表扬信的目的也是为了宣传先进思想和事迹，号召大家学习，以形成良好的风气，提高全民素质。

（3）感谢性。表扬信和感谢信一样具有感谢的特点，表达写信人的感谢之情。

（三）表扬信的种类

表扬信大致可以分为以下两类。

（1）以领导机关或群众团体的名义表彰其所属单位、集体、个人，这类表扬信可以在授奖大会上由负责同志宣读，也可以在报刊上刊登，在广播上广播。

（2）群众之间的互相表扬。这种表扬信不仅赞扬对方的好品德、好风格，也有感谢的意思，这种表扬信可直接寄给本人或所属单位，也可将表扬信寄给报刊、电台刊登或广播。

（四）表扬信的写作

表扬信一般由标题＋称谓＋正文＋结尾＋落款组成。

1. 标题

表扬信的标题一般是直接文种做标题，居中写"表扬信"。

2. 称谓

在标题的下一行顶格写被表扬的单位或个人。如果是写给个人的，应在姓名之后写上"同志""先生"等字样，后加冒号。如果是张贴到某机关、单位的表扬信，开头可不写受文单位。

3. 正文

（1）交代表扬的缘由。重点叙述人物事迹的发生、发展、结果及其意义，叙述要清楚，要突出重点。事实本身就具有很强的说服力，因此，要让事实说话，少讲空道理。

（2）在叙述的基础上可加上适当的议论和热情的表扬，表示要向被表扬者学习。

正文是表扬信的重点，要满怀感激之情把对方的好思想、好作风和先进事迹概括地写出来，然后加以表扬。

4. 结尾

如果是写给被表扬者所在单位或领导的，可提出建议："××同志的优秀品德值得大家学习，建议予以表扬"等。如果直接写给本人，还要适当谈些"深受感动""值得我们学习"等方面的内容。最后要表示祝愿的话，如"谨表谢意""向你学习"等话语，然后另起一行，顶格写"此致，敬礼"和"祝好""谢谢"等敬语。

5. 落款

单位名称或个人姓名,如果以个人名义写表扬信,应在后边详细写明发信人的地址,签上自己的姓名,并在下方注明年月日。

(五)文种辨析

表扬信和感谢信都是对别人某种行为的肯定与表扬,但侧重点不一样。表扬信是侧重表扬某人,表扬某人做了什么好事,可以不是当事人自己写;而感谢信则是表达对某人帮助的感谢,是当事人自己写的。表扬信侧重于对当事人的鼓励和肯定,也就是对其进行褒奖和赞扬;而感谢信体现了对当事人的感激和报答,主要是对于给予自己帮助的感动。

(六)表扬信的写作要求

(1)要素要齐全。表扬信的内容一般有四个要素,即——人,表扬谁要明确;事,做了什么事情,时间、地点、主要内容要交代清楚;这件事说明了什么思想,发扬了什么风格;有什么影响和作用。写作表扬信是一定要全面构思和下笔。

(2)在表扬信中,要充分地反映出对方的可贵品质、动人事迹,做到见人、见事、见精神,不能以空泛的大道理代替具体事实。

(3)在表扬和赞颂时,要恰如其分,实事求是,不夸大,也不缩小。在叙述的过程中,适当加以议论、评价,以便突出其思想境界。

(4)表扬信的语气要热情、恳切、情尽文畅,文字要精练朴素。

三、慰问信

(一)慰问信的概念

慰问信是以单位或个人的名义在重大节日或者发生重大事情时,向做出贡献或者遭受困难的人员以及单位表示问候、关怀、安慰和鼓励的一种专用书信。

(二)慰问信的特点

(1)慰问性。慰问信主要用来向有关集体或个人表示慰问、关怀和问候。常会使人感到温暖和欣慰。

(2)公开性。慰问信具有社会礼仪的性质,有关方面会根据需要将之公布于众,具有公开性的特点。

(3)鼓舞性。慰问信是组织或个人在某个特殊时刻向在某方面做出特殊成绩、贡献或者遭遇灾害、损失的集体或个人表示慰问的信函,内容应以激励和鼓励为主。

(三)慰问信的种类

根据内容针对性的不同,慰问信可以分为三大类。

(1)节日慰问信,用于在重大节日来临时向有关单位或个人表示问候、祝福,肯定和赞扬他们以前所做的工作,并祝福他们今后的工作、学习、生活更上一层楼。如在教师节、建军节到来之际,慰问全国教育工作者和人民解放军的慰问信。

(2)表彰式慰问信,对有杰出贡献的集体或个人的成绩加以肯定,鼓励他们再接再厉,继续努力,再立新功。

(3)灾难性慰问信,对遭受灾害或遇到巨大困难的集体或个人表示慰问,激励他们战胜困难,走出困境。

（四）慰问信的写作

慰问信一般由标题＋称谓＋正文＋结尾＋落款组成。

1. 标题

慰问信的标题一般有三种写法。

（1）以文种名称为标题，即《慰问信》。

（2）由慰问对象＋文种名称，如《给抗洪部队的慰问信》《致全校师生的新年慰问信》《致离退休老干部的新春慰问信》。

（3）由慰问者＋慰问对象＋文种名称，如《贵州省人民政府残疾人工作委员会致全省残疾人朋友们的慰问信》。

2. 称谓

在标题的下一行顶格书写被慰问者的名称，慰问对象比较单一时，直接列出即可，如教师节的慰问信，慰问对象主要是教师和其他非专任教师的教育工作者，其称谓可以写"全体教师及教育工作者"。如果慰问对象涉及多个方面，一般按照先主后次的顺序予以排列。要覆盖到慰问对象的各个方面，不可遗漏。

3. 正文

慰问信的正文一般包括以下几部分。

（1）开头部分的"致谢与问候"模块，该部分要开宗明义地交代清楚向谁表示慰问。

（2）主体部分的"回顾过去与展望未来"模块，这一模块要根据慰问对象和慰问目的的不同来选择合适的内容。不同类型的慰问信，在正文部分的叙述略有不同。但一般应包括两方面内容，一是写慰问信的原因；二是写希望与感受。如果是表彰性慰问信，信的正文内容就着重写赞扬、歌颂对方的功绩，并鼓励他们再接再厉；如果是灾难性慰问信，信的内容侧重写对对方表示关心和支援，鼓励他们战胜困难，使其精神和物质上都能够得到一定的安慰和支持；如果是节日慰问信，要肯定和赞扬他们所做的工作，并表达节日祝福。

（3）结尾部分的"致谢与祝愿"模块。这一部分一般写上表示希望、祝愿、鼓励的话。

4. 落款

落款部分包括写信单位或者个人姓名，成文日期。

（五）文种辨析

感谢信和慰问信都是书信体文书，但区别也是明显的。一是内容侧重点不同。感谢信重在表示感谢，多讲对方对自己的帮助和支持；而慰问信重在表示慰问，多讲对对方的勉励和激励。二是写作对象略有不同。感谢信可以感谢单位，也可以感谢个人；慰问信多是对某些单位、集体或群众表示慰问。

（六）慰问信的写作要求

（1）对象要明确。应根据不同的对象确定内容和重点。

（2）感情要真挚。应该以高度的热情，赞颂、关怀或者慰勉对方，使人受到宽慰、激励或者鼓舞。

（3）语言要亲切。慰问信的语言要流露出充沛真挚的感情，语言要亲切生动，可以使用抒情的表达方式，切忌用公式化、概念化的词语，也不宜用刻板的公文语言。

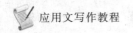

范文导读

感谢信

××学院领导与全体师生：

  我是贵校××班学生赵×的家长。我的孩子今年3月不幸患了严重的心肌炎，不得不住院治疗。在孩子住院期间，贵院××校长与××班的同学曾多次到医院探望、慰问，给她送来了许多营养品和鲜花。特别使我们感动的是，校团委和学生会在得知我孩子没有医疗保险，医疗费和住院费开支大，而我家经济收入又很低的情况后，立即在全院师生中开展了"献上一片爱心"活动，筹款肆仟零伍拾陆元，送到我孩子的病床前，帮助我们解决了困难，温暖了我们一家人的心，增强了孩子战胜疾病的信心和勇气。

  为此，我们全家对贵院师生这种高尚的爱心、无私的精神表示由衷的感谢！

  现在，赵×的身体已经基本痊愈了，不久她就能回校继续念书。她表示：一定要把大家的关怀和爱心化作力量，克服困难，刻苦努力，迎头赶上，争取以优良的成绩来回报大家给予她的春天般的温暖。我们家长决心更加努力地工作，以实际行动来感谢你们。你们的高尚行为我们将永远铭记在心。

  此致

敬礼

赵×家长 赵××
××××年×月××日

  这份感谢信通过对感谢对象所给予帮助的客观陈述，将感谢对象的先进事迹和高尚品格呈现出来，平静的叙述中饱含着感谢者的深情，做到了以事表情，感情饱满。

表扬信

北京阳光物业管理有限公司：

  2015年9月19日10:30左右，贵公司保洁员王华在对忠华小区20单元8层楼房进行清洁时，发现1007室内有水流出并及时通知物业前台。经我部检查发现是该户主外出，自来水龙头未关好，贵公司保洁员王华及时发现安全隐患并通知物业前台，避免了业主遭受更大损失。我部认为贵公司保洁员王华这种认真负责的工作态度应予以奖励。为了树立工作中的优秀典范，忠华管理部特发表扬信致贵公司，并给予保洁员王华人民币150元奖励。

北京世纪物业管理有限公司忠华管理部
2015年9月23日

  这篇表扬信简短而又明确。开头叙述了事情发生的时间、地点以及经过，然后提出对受表扬人物进行表扬和奖励。文字简洁，感情真挚。

习近平向全国广大教师致慰问信

全国广大教师们：

  第二十九个教师节到来之际，我正在遥远的乌兹别克斯坦进行国事访问。首先，我代表党中央、国务院，向全国1 400万教师致以诚挚的问候和崇高的敬意！祝大家节日快乐！

  长期以来，我国广大教师认真贯彻党的教育方针，默默耕耘、无私奉献，用爱心、知识、智慧点亮学生心灵，培养了一批又一批优秀人才，为我国教育事业发展、为国家发展和民族振兴做出了突出贡献。

百年大计，教育为本。教师是立教之本、兴教之源，承担着让每个孩子健康成长、办好人民满意教育的重任。希望全国广大教师牢固树立中国特色社会主义理想信念，带头践行社会主义核心价值观，自觉增强立德树人、教书育人的荣誉感和责任感，学为人师，行为世范，做学生健康成长的指导者和引路人；牢固树立终身学习理念，加强学习，拓宽视野，更新知识，不断提高业务能力和教育教学质量，努力成为业务精湛、学生喜爱的高素质教师；牢固树立改革创新意识，踊跃投身教育创新实践，为发展具有中国特色、世界水平的现代教育做出贡献。

各级党委和政府要把加强教师队伍建设作为教育事业发展最重要的基础工作来抓，提升教师素质，改善教师待遇，关心教师健康，维护教师权益，充分信任、紧紧依靠广大教师，支持优秀人才长期从教、终身从教。

全社会要大力弘扬尊师重教的良好风尚，使教师成为最受社会尊重的职业。

祝全国广大教师身体健康、工作顺利、生活幸福！

习近平
2013 年 9 月 9 日

——资料来源：习近平向全国广大教师致慰问信. 人民日报，2013-09-10.

这是习近平主席在 2013 年教师节来临之际向广大教育工作者致以节日祝福的慰问信。开篇直接点题，说明自己的身份，并向广大教师表达节日慰问和祝福；接下来，是对教师这一职业的肯定和赞颂以及对广大教师的殷切期望和要求；最后，"祝全国广大教师身体健康、工作顺利、生活幸福！"再一次送上节日祝福。全文洋溢着真挚的感情，充满着党和政府对广大教师诚挚的问候和崇高的敬意。

 "学霸"见闻

表扬信与感谢信的内涵解读

表扬信与感谢信是人们在日常生活中经常用到的两种文体，都有赞美、褒奖好人好事的作用，有一些相似之处。但两者的内容侧重点和写法有所不同。表扬信是侧重表扬某人做了什么好事，可以不是表扬对象行为的直接受益者写的；而感谢信则是直接表达对某人帮助的感谢，一般是给感谢对象行为的直接受益者写的。

表扬信是集体或个人对某些单位或个人的模范事迹、先进思想表示赞扬时所写的一种专用书信。它主要用于向被表扬者所在的单位或集体致信，以期被表扬者受到表彰、奖励，使其精神发扬光大。表扬信可以是上级对下级（或下属单位）或个人的表扬，也可以是群众之间的相互表扬。表扬信的作用主要是弘扬正气、褒奖善良，以表扬为主，重在提倡和鼓励高尚品行和传统美德，具有发文的公开性。当然，在撰写时，要用具体的事迹来反映被表扬者的先进思想和美德，不要以空洞的议论代替事实；要恰如其分，不要任意拔高，夸大其词。

感谢信是对别人的关心、支持和帮助表示谢意的一种专用书信。它在现实生活中的使用频率非常高。一份发自肺腑、充满深情的感谢信是人们交流感情、增进友爱、团结互助的桥梁，也是对正义、勇敢、真诚等高尚行为的肯定和赞扬。它能够温暖人心，促人向上，推动社会主义和谐社会的建设。感谢信的对象可以是单位、集体，也可以是一个人或几个人。写信者一般都是对方给予关心、支持和帮助的直接受益者，可以是单位也可以是个人。写作时要把感谢对象的先进事迹、模范行为等叙说清楚,同时,表达感谢要诚挚、中肯、实在,不要过于恭维,否则会使人感到虚伪与不实。

——资料来源:张蕊新.例谈表扬信与感谢信的写作之异[J].应用写作,2013(6).

技能实操

1. 病文修改

感 谢 信

尊敬的校领导:

您们好!

我是贵校大一新生李强同学的妈妈,我来信代表我全家向贵校感谢,贵校的辅导员黄老师在我孩子生病住院期间,对李强悉心照顾,并垫付了医药费,使得李强得到及时的诊治。如果没有黄老师及时垫付医药费,我孩子的病情将严重恶化,我全家十分感谢黄老师。

在李强住院期间,黄老师把他当作自己的孩子一样照顾,并经常和医生沟通,了解李强的病情;李强的同班同学也经常去看他,并买了很多水果和营养品。我们都很感动。

我们全家十分感谢黄老师以及所有关心李强的老师和同学,谢谢你们,好人一生平安!

此致

敬礼

李强的妈妈
2015 年 07 月 02 日

表 扬 信

××公路局:

我院秘书系×××等四名学员,前不久在贵局毕业实习两个多月,得到了贵局领导和办公室人员政治上的热情关怀,业务上的耐心指导,生活上的细心照顾。实习的时间虽然不长,他们却取得了很大的成绩,达到了预期的目的。为此,我们特向贵局表示衷心的感谢,希望他们能够得到贵局的表扬。我们也会以他们为榜样,认真工作,为人民服务。

此致

敬礼

××学院
××××年×月×日

慰 问 信

尊敬的离退休教职工:

您们好!

金秋送爽,丹桂飘香,值此新世纪第六个九九重阳节来临之际,谨向全校的离退休老同志们致以亲切的节日问候!今年10月2日是我国传统的老人节,我们继承优良的"敬老"传统,向您们致以崇高的敬意!

老年人是社会成员的重要组成部分,老同志的经验和智慧是党和国家的宝贵财富。忆昔日,您们呕心沥血,任劳任怨,用辛勤的汗水谱写了一首首人生的赞歌。看今朝,学校的蓬勃发展,有您们不可磨灭的贡献。学校的不断发展更是蕴含着您们的劳动和智慧,凝结着您们的青春汗水。今天您们虽然离开了工作岗位,但仍然为了学校的进一步发展壮大建言献策,发挥您们的优势。在您们身上凝聚着中华民族的优秀品质,永远是我们新一代学习的榜样。

"莫道桑榆晚,为霞尚满天。"衷心地希望全校离退休教职工活到老、学到老,与时俱进,老有所为;更期盼一如既往地关心学校的改革与发展,关心学校今年11月份本科教学评估,支持学校的建设。

祝全校离退休教职工家庭幸福、身体健康、延年益寿,在祥和、和谐的氛围中,幸福地安度晚年生活。

请指出上述表扬信、感谢信、慰问信存在的问题,并写出修改稿。

2. 写作训练

(1) 请你仔细回想曾经帮助过你、给你留下深刻印象的人,给你的这位恩人写一封感谢信,以此表达你的感谢之情。

(2) 假设你昨天打篮球的时候不小心把脚扭伤了,无法站立。当时有一个陌生的同学主动站起来背你到医务室。到医务室后那位同学默默地离开了。请你据此写一封表扬信。

(3) 假设海南沿海地区遭到台风袭击,农作物、树木、房子都严重损坏,老百姓生活受到很大影响。请你以海南省省长的身份给海南省的百姓写一份慰问信。

第六节 启事 声明

情境导引

某保健品公司因业务发展需要决定向社会公开招聘业务经理1名,业务员8名,公司在当地某日报上刊登了招聘启事。

2010年,有传闻称,××集团策划了"××奶粉性早熟事件""××集团高管已被公安机关拘留"。对此,内蒙古××乳业(集团)股份有限公司发表了《关于××被诬陷策划"××性早熟事件"的声明》,以此来澄清自己。

思 考

1. 启事有什么用途?
2. 启事与广告有什么区别?
3. 声明在社会公关中有何作用?

知识导航

一、启事的写作

(一) 启事的含义和特点

"启"字含有"陈述"的意思,"事"即"事情"。启事就是公开陈述事情。启事是机关、企事业单位、团体或个人,需要向公众说明某事或希望公众协助办理某事时使用的一种事务文书。

启事的特点是告启性、简明性、公开性。启事一般在大众媒体或通过张贴等方式公布。

(二) 启事的种类

(1) 根据公布的方式,启事可分为张贴启事、报刊启事、广播启事、电视启事。

(2) 根据启事的目的可以分为请求协作型启事和声明知照型启事。

① 请求协作型启事的目的是希望得到别人的帮助和配合,这类启事的事务性、实用性很强。

请求协作型启事包括四个小类——寻人寻物等寻找类启事;招领遗失物品、走失亲人等招领类启事;征稿征婚招聘等征求类启事;周年庆典婚礼庆典等聚会类启事。

② 声明知照型启事的目的仅是让别人知晓某件事或某种心意,不需要别人采取相应的行为,这类启事多带有公关宣传性质。

声明知照型启事包括三个小类——迁移地址、更正事项等通知类启事;遗失证件、支票,更换厂名、印章等声明类启事;道歉、鸣谢、祝贺等陈情类启事。

(三) 启事的结构和写法

1. 标题

(1) 以文种作标题,如《启事》《紧急启事》;

(2) 以事由作标题,如《招聘》《寻人》;

(3) 以启事单位和文种作标题,如《××公司更名启事》;

(4) 以事由和文种作标题,如《"羊台烽火记忆·纪念抗战胜利70周年"散文启事》;

(5) 由启事单位、事由、文种构成标题,如《成都建工工业化建筑有限公司招聘启事》《中国联通铜仁市分公司招聘启事》等。

2. 正文

正文将有关事项一一交代清楚,具体说明启事的内容。

正文一般包含启事目的、原因、具体事项、要求等。如果内容较多,可分条列项,逐一交代明白。文末结束语可写上"此启""特此启事""谨此启事"等,亦可略而不写。如果是鸣谢启事,则写"谨此启事以感谢";如果是道歉启事,则写"谨此启事以致歉"。

正文部分是体现各种启事不同性质和特点的关键部分,应依据不同启事的内容和要求,变通处置,注意突出启事的有关事项,不可强求一律。

寻人寻物启事主要写明要寻找的人或物的基本特征、丢失的时间与地点、联系的地点与电话号码、对协助寻找者的酬谢等。

更名启事主要说明更改名称的原因、更改名的全称、更改名称后的服务宗旨及业务范围等。若是经济实体,还要写明更改名称的单位对债权和债务的权利与义务等。

开业启事则应写明开业单位的名称、概况、性质、地点、经营项目和开业时间等内容。

招聘启事一般包括招聘单位基本情况、招聘对象、应聘条件、招聘待遇、招聘方法等内容。

征文启事应写清征文的目的、主要内容、具体要求、截稿时间、投寄方式、出版形式、如何奖励等。

征订启事要写明征订报刊书籍的性质、内容、特点、价目、征订单位及截止时间等。

3. 落款

落款应写明启事单位名称或个人姓名和启事日期。如果标题或正文中已写明单位名称,此处可以省略。有的启事还需要写明单位地址、时间、电话、电子邮箱、联系人等。凡以机关、团体、单位的名义张贴的启事,应加盖公章,以示负责。

（四）文种辨析

1. 启事与通知的区别

启事的诉求对象要么是公众,要么是不确定的。如果受文对象比较明确,有行政隶属关系的,则用通知。比如,某厂要让员工来换工作证,就可用通知,因为对象是明确的。如果是要让公众提供自己珍藏的该厂历史资料的,则可用启事,因为对象不明确,不知道谁手上有需要的史料。

2. 启事与通告的区别

个人不能用通告。行业管理性的内容用通告,如城管部门贴出的《菜市场迁址通告》。单位中有公关性质的事务用启事。比如,开业启事、厂庆启事等。

3. 启事与广告的区别

如果是固定的、长期的、大批量的商品、贸易信息,则可视为广告,如果是临时性的、偶然性的、个别的信息,则用启事。如大学生毕业前出售旧书、旧车等的启事,某居民出租房屋、与人调房的启事。

4. 启事与海报的区别

海报是向公众报道或介绍有关电影、演出、文体活动、学术报告等群众关心或喜闻乐见的活动时,用于传播消息的一种张贴性文体。启事与海报都具有告启性,而不具有强制性与约束力,都可在公共场所张贴。但两者是有明显区别的。

（1）内容范围不同:启事可以反映政治、经济和生活等多方面的内容,使用的范围较广,而海报则通常用于报道文化、娱乐、体育活动等方面的消息。

（2）表现形式和表达风格不同:启事一般只以文字的形式来告知,语言严肃庄重,海报则可以作美术加工,图文并茂,生动活泼,可以用夸张性、鼓动性的语言。

（3）公布方式不同:启事除张贴外,还可以通过广播、电视、报纸、网络传播,海报一般在公共场所张贴、悬挂。

（4）使用对象不同:启事是单位或个人均可使用,而海报多是单位使用,个人一般不用。

（五）启事写作的要求

（1）要正确标示文种名称,不能将"启事"写成"启示",因为"启示"是启发、开导、使人有所领悟的意思。也不能用"公告""通告""通知""公示"之类的党政机关公文文种名称。

（2）告启事项的表述要严密、完整。表述清楚,不遗漏应启之事。内容单一,一事一启,便于公众迅速理解和记忆。联系方式等要交代清楚。内容较多的可分条列项,并在字体、字号等文本格式方面做些处理,使其内容醒目。

（3）用语简明得体,态度诚恳,措辞礼貌,不要使用命令式或要挟性的语言。

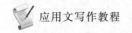

二、声明

(一) 声明的概念

声明是指单位或个人就有关事项或问题向社会表明自己立场、态度的一种启事类应用文。

声明不能写成"申明","申明"的意思是"郑重说明"。"声明"是指"公开表示态度或说明真相"。

声明可以在报刊登载,也可以通过广播、电台播发,还可以进行张贴。设有新闻发言人的单位也可通过发言人发布声明。

(二) 声明的特点

(1) 公开性。声明就是要公开宣布,让公众知晓,通常还要在媒体发布,具有公开性。

(2) 表态性。声明通常对相关事项或问题进行事实披露或澄清,并表明自己的立场和态度。表态性是声明的本质特征。

(3) 警示性。一些声明具有警告和警示他人,保护自己合法权益的意图和作用。

(三) 声明的作用

(1) 表明立场、观点、态度的作用。

(2) 警告、警示的作用。

(3) 保护自己合法权益的作用。

(四) 声明的种类

1. 国家、政党声明

这是由某个国家、政党或其领导人对重大的国际、国内问题所发表的声明,或两个及两个以上国家、政府、政党、团体及其领导人在举行会议或会谈中,就共同关心的问题表明立场,或说明各方就双边或多边问题所达成的协议以及各自享有的权利和义务而发表的声明,这类声明,属于正式文件,如《中越联合声明》《中华人民共和国和印度共和国联合声明》《各国共产党和工人党关于乌克兰最近局势的联合声明》等。

2. 机关团体与个人发布的一般性声明

一般性声明通常有两类。

(1) 法律声明,正在受侵害或可能会受侵害的组织或个人,通过传媒表示自己的维权立场或态度。这类声明,可以同时起到树立组织形象,扩大知名度的作用。如和讯网刊载的《老百姓等19家连锁药店联合声明要求阿里健康彻底出局》,新华网甘肃频道刊载的《赵丽颖工作室声明:从未授权任何公司募集资金》即属此类声明。

(2) 遗失声明,在自己遗失了支票、证件等重要凭据或证明文件时,为防止他人冒领冒用而发表的声明,目的是为了提醒公众及有关部门注意。如遗失声明、作废声明等即属此类。

(五) 声明的写作

声明通常由标题、正文、落款三个部分组成。

1. 标题

(1) 以文种名"声明"为题。

（2）以"发文机关＋文种明"为题,如《商务部商业改革司声明》。

（3）以"态度＋文种明"为题,如《郑重声明》《严正声明》。

（4）以"事由＋文种"为题,如《知识产权声明》《关于有人冒用本公司名义进行商业活动的声明》。

（5）以"发文机关＋事由＋文种"为题,如《腾讯集团关于反商业贿赂行为的声明》《××市人民政府关于〈××时报〉失实报道的郑重声明》《济南市教育局关于2015年中考招生信息发布的声明》。

有的声明标题还由主副标题构成,如2014年3月26日签署的《中华人民共和国和法兰西共和国联合声明——开创紧密持久的中法全面战略伙伴关系新时代》,采用的就是主副标题的形式。

2. 正文

正文通常分为三个层次。

（1）写明发表声明的原因,包括作者对基本事实的认定。这是发布者表达自己立场和态度的基础,要写得准确而简洁。如果是授权律师发表声明,开头必须写清受谁的委托。

（2）表明发布者的立场和态度,有时直接写明下一步将要采取的行动,写作时。要视声明的重点而定。如果重在披露或澄清事实,可以采取概述的方式;如果重在说明问题,可以依照一定的顺序或以条文的方式逐一表达;如果重在主张某项权利,可以将该内容单列一段声明如果需要公众协助的事项,还应在文中或正文左下方写明联系方式。

（3）结束语。有的声明以"特此声明"作为结语,以示再次强调;也可以不写。

3. 落款

（1）署名。正文之后署上发布者名称,可以是单位,也可以是个人。

（2）日期。即发布声明的日期。一般情况下,需要精确到日。

（六）文种辨析

声明与启事的区别如下。

（1）二者适用范围不同。启事意图在告知大众应该知道的事项,适用范围较广。声明也是告知大众相关的事项,但其重点是澄清事实、说明真相,同时表明自己的态度和观点。如寻物、招领用启事;遗失证件用声明来告知大众证件作废。征婚常用启事,离婚则常用声明。开业、庆典、迁移办公地点用启事,商品、商标遭侵权则用声明。

（2）二者态度、措辞不同。启事的态度温和,语言谦和。声明的态度严肃慎重,措辞较强硬,在正文结束时,常用"特作如下声明""特此声明"等词语。启事则正常结束,没有专门的结束语。

（七）声明写作的要求

（1）声明的内容要真实,表述要简明扼要,措辞要得体。

（2）声明内容不能侵犯他人权利。有的声明大多为了维护自己的合法权益,但在表达自己的态度、立场时,要注意不能侵犯他人合法权益。

（3）遗失声明登报时另有格式。遗失声明在报纸上刊登时,报社通常会从广告处理和版式设计的角度对其格式进行处理。

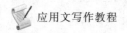

范文导读

公司更名启事

为适应技术、产品和市场的发展需要,经公司股东大会及安徽省商务厅批准,并在安徽省工商行政管理局完成工商变更登记手续,"安徽安利合成革股份有限公司"更名为"安徽安利材料科技股份有限公司",英文名称由"ANHUI ANLI ARTIFICIAL LEATHER CO., LTD."变更为"ANHUI ANLI MATERIAL TECHNOLOGY CO., LTD."。

更名后,公司人员和组织不变,主营业务不变,经营范围不变,证券简称(安利股份)、证券代码(300218)不变。原安徽安利合成革股份有限公司的全部业务由安徽安利材料科技股份有限公司承继经营,原安徽安利合成革股份有限公司的所有资产、债权、债务和其他一切权利义务由安徽安利材料科技股份有限公司享有和承担。

公司地址:安徽省合肥市经济技术开发区桃花工业园拓展区(创新大道与繁华大道交叉口)

公司电话:0551-65896888　68992815　传真:0551-63858888　68991640

安徽安利材料科技股份有限公司
2015年6月1日

以上两篇启事均具备启事的告启性、简明性、公开性特点,范文的标题主旨鲜明,正文内容目的、原因、事项及要求齐全,通信联络方式清楚,格式规范,文字精练、明晰,篇幅短小,值得学习借鉴。

声　　明

我厂"×××"商标已在国家工商行政管理总局核准注册,2001年4月被广西壮族自治区行政管理局评为"广西著名商标"。产品的外观设计已于1994年获得国家外观设计专利(Z L93307762.9)。根据国家《商标法》和《专利法》的规定,我厂享有"×××"商标专用权和外观设计专利权,受法律保护。

我厂的"×××"系列产品是严格按照国家药品标准生产,并经严格检验和监督的药品,保证质量,深受广大消费者欢迎。最近发现一些厂家生产的消毒剂擅自使用"×××"的产品名称或者包装,在市场上混淆视听,以假乱真,蒙骗群众,严重侵犯了我厂的"×××"商标专用权,也严重损害了消费者的合法权益。

敬请广大消费者在选购时认准源安堂"×××"牌正宗药品,以防误购、误用假冒产品。特此声明。

×××制药厂
××××年×月×日

这份声明目的是要让公众知晓,对相关事项进行事实披露和澄清,并表明自己的立场和态度,维护自己的合法权益。声明针对性强,对相关问题做出了澄清,全文内容齐全,语气恰当。

"学霸"见闻

旅游合同声明"可调整行程"有效吗

金秋9月,王路带着一家人兴致勃勃地参加了一个由20余人组成的旅行团,到上海参观游览"世博",然而行程中发生的一些意外却让旅客们很不愉快。按照行程计划,到达上海的第二天游览"世博",但导游未跟大家协商,擅自将游"世博"的行程改为第三天。就在第二天晚上,一场突如其来的暴雨使世博游览计划被迫取消。游客返回后,要求旅行社按照规定双倍赔偿"世博"门票,而旅行社只愿意原价退还"世博"门票,拒绝赔偿。

旅行社退赔理由是旅游合同中已经做出声明:本公司在保证不减少行程的前提下,保留调整行程的权利。这就是说,旅行社和导游都有调整行程的权利,团队出发前已经告知游客,游客已经知情。况且取消游览"世博"是不可抗力造成的,旅行社没有过错,所以不应承担赔偿责任。

那么,取消游览"世博"究竟是不可抗力还是旅行社违约?这则事先声明是否具有法律效力?这样的声明对游客是否具有约束力呢?

首先,旅行社的声明显失公平,不具有法律效力。其次,旅行社的行为属于违约,应当承担赔偿责任。最后,旅行社提出此次取消游览世博是因为暴雨,属于不可抗力是不正确的。综上所述,发生这样的事故,王路及一行人可以与旅行社协商解决,如果协商不成,可以到当地旅游局或消费者协会投诉,也可以到合同签订地法院起诉。

——资料来源:大律师网. http://www.maxlaw.cn/l/20150910/828005022593.shtml.

 技能实操

1. 病文修改

××××音像诚聘

1. 业务助理:数名,大专文化,懂电脑操作,能熟练运用 Office 办公软件(限女性)。
2. 业务代表:数名,熟悉音像市场,有音像工作经验者优先。

有意者请带个人简历亲临面试。

联系人:张××

电话:××××××××

声 明

豪家门业的税务登记证正副本遗失,声明作废。

2015年五月三日

请指出上述两份病文存在的问题,并写出修改稿。

2. 写作训练

(1) 广厦房地产开发有限公司拟招聘仓库管理员、空调技术员、给排水技术员、清洁助理、物业管理等多名工作人员,请为其拟写一则招聘启事。

(2) 假如你是鸿途股份有限公司的财务会计,不慎遗失了单位的一张支票,请你拟写一份适合在报纸上刊登的声明。

第五章 求职文书写作

第一节 求职文书概述

情境导引

2012年1月,华中科技大学机械学院的硕士研究生袁勇的《毁容学子的求职信》(详见后文"学霸见闻")引起了社会的广泛关注。他在信中述说了自己因毁容而受到的种种不公和磨难,不仅高考录取受挫,而且求职也屡屡被拒。但他在信中并不是怨天尤人,满纸牢骚,而是展示了自己虽然受到不公正的待遇,但仍然自强不息,积极乐观的心态。求职信在新浪博客发表后,很快得到广大网友的支持和理解,许多网友自发替袁勇找工做出谋划策,还有网友在微博上开辟"助毁容硕士找工作"的专题讨论,转发袁勇的励志故事和求职困境。不少企业老板被袁勇自强不息的精神所感动,愿意为他提供与所学设计专业相关的工作岗位。

思 考

1. 求职类文书包括哪些?
2. 求职类文书有何特点?

知识导航

一、求职文书的概念

求职文书是指求职者在求职过程中向用人单位讲述个人自身的学识能力、专业技能、职业特长和求职愿望,请求录用的一种书面材料。求职信、简历、自荐信、竞聘演讲稿等都属于求职文书。

二、求职文书的特点

1. 具有明确的目的指向性

求职文书的目的性很明确,就是寻求工作。因此,求职类文书的重点在于叙述与所求职位相关的专长、才能、经验、优势等,以吸引用人单位和领导的注意力。

2. 具有多方面的技巧性

求职文书要讲究技巧,文字要谦逊有礼,措辞讲究分寸,既要恰如其分地陈述自己的条件和长处,也要考虑到用人单位和领导的心理。

3. 具有表述内容的针对性

求职文书的内容是具有针对性的,就是针对所求的工作岗位来写,以介绍自己的优势为主要内容,优点要讲够,强项要突出,成果要具体,专长要鲜明。

三、求职文书的种类

按照不同的角度,求职文书可以分为不同的种类。

根据求职文书形式的不同,求职文书可以分为表格式(如简历);信函式(如求职信);文章式(如竞聘演讲稿)。

根据求职者身份的不同,求职文书可以分为毕业生求职书、待业人员求职书、从业人员求职书。

根据求职文书内容的不同,求职文书又可分为求职信、简历、自我介绍、竞聘演讲稿等。

 "学霸"见闻

毁容学子"求职信"的投寄形式

与一般求职信向用人单位定向投寄的形式不同,袁勇这封求职信采用在网络媒体新浪博客公开发表的形式。按常规的求职形式,袁勇因外貌缺陷而屡屡受挫,特殊的身份、坎坷的求职经历,使他萌生打破常规、另辟蹊径的念头,而新兴的媒体工具则为他采用博客的求职形式提供了极大的便利。与常规的求职形式相比,博客求职形式有其特有的优势:一是更能吸引眼球,引人关注;二是网络媒体受众更广,可借助其传播的广泛性造势,扩大社会影响;三是博客具有强烈的个人色彩,便于抒写个人情志,因之更易引发受众的共鸣。

附:求职信原文

尊敬的各位领导、各位老板、各位朋友:

新年好!

我是个遭受毁容的学生,湖南湘潭人,是华中科技大学机械学院一名即将毕业的硕士研究生,工业设计专业。秋季招聘会期间我非常努力地面试了多家公司,而且大多通过了前面几轮笔试和面试,但是最终只得到回去等消息的结果。我知道,是容貌不好被拒绝。

9岁时的意外被害,致使我面部受伤。2004年高考就因为容貌问题被长沙某大学退档拒之门外。历尽千辛万苦复读,最终以更加优异的成绩考上了更好的华中科技大学,还修了建筑学双学位,本科加权84.7分,第二名保送研究生,全额奖学金,硕士加权86.7分,专业成绩一直排名前列,担任学生会干部,积极参加各项活动,还创建创意工作室,获得国家奖学金、校三好、校优干、校品德模范等大大小小各种荣誉,我努力让自己变得优秀,从而获得大家的认可,希望通过后天的努力让自己能有一方自己的天空,没想到现在,又是因为同样的问题被一次次拒之门外。

现在回首往事,回想这一路走来的坎坷,一次次手术的痛苦,我觉得老天这样苦我心智……是为了降大任于我也。我希望有一天等我有所成就了可以写本励志型的自传,诉说我这不平淡的人生。我还要去帮助那些身体有障碍的少年儿童,帮他们走出阴影,重新去发现和认识这个世界的美。我要用亲身经历告诉他们,他们会过得比正常人更加幸福。命运虽然和我们开了个不小的玩笑,但是我们不能和自己的命运开玩笑。我们要清楚知道自己的路不好走,因此一定要付出比常人更多的汗水。不要怜悯,我们希望用自强自信来赢得尊重,积极乐观每一天。

我很喜欢摄影,身边认识的不认识的朋友都喜欢让我给他们拍照,我也很乐意认识新的朋友。点击下面链接可以看到我拍的照片 http://www.moko.cc/YPDstudio 希望我的摄影和设计能给更多的朋友带来快乐。喜欢户外运动以及球类活动，身高181cm，体重75kg，打中锋位置获得篮球联赛团体冠军2次，身体非常健康。我觉得自己只是面貌比别人差点而已，其他方面一点不落后。

我能熟练使用 Photoshop、Coreldraw、Rhino、3dsMAX、AutoCAD 等设计软件，做过产品、UI、Web、Icon 等设计课题以及实践。此外，还会制作视频以及动画。希望从事产品设计、视觉设计、交互设计、摄影或者其他与设计相关的工作。相信通过很短时间的适应和学习，我能很好的胜任贵公司的工作。我现在只是希望求得一份稳定的工作，在工作岗位上做出一番成绩。

最后，希望各位领导、老板、朋友给我发展的机会。衷心地感谢帮助我的好心人，感谢您的阅读，衷心期待您的回复，希望我能有幸为公司的发展添砖加瓦。祝身体健康，一切顺意。

袁勇
2012年1月29日

——资料来源：李小林．用文字改变自己的命运——一封饱浸辛酸泪水求职信的评析[J]．写作，2012-Z3．节选．

第二节 求 职 信

情境导引

冯坤从铜仁学院秘书学专业毕业后，在一家公司做前台。在一年的工作中他觉得自己各方面的专业能力都有了明显提高，准备在年底换一份工作。这天，他从网上得知鸿途股份有限公司正在招聘一名秘书，他很感兴趣，决心一定要抓住这个机会。但要获得面试机会，他还必须先提供一封能引起对方注意的求职信，那么，这封求职信该如何撰写呢？

思考

1. 冯坤为了获得面试的机会，是否可以在求职信中对自身的能力和经历夸大其词或者虚构事实？

2. 冯坤在撰写求职信时应该注意哪些问题？

知识导航

一、求职信的概念

求职信是求职者向用人单位自我推荐、表达求职愿望、陈述求职理由、提出求职要求并明确表达渴望被录用的一种专用书信。求职信在当今社会的应用十分广泛，是求职者向用人单位介绍自己、推荐自己，以谋求工作职位的一种文书，写好求职信是敲开职业大门的重要步骤。

二、求职信的特点

1. 针对性

求职者应对单位或雇主有所了解，对所求取的职位有所了解，对自己的条件有所了解，针对自己实际能力和雇主所需职位的要求来写作求职信。正所谓"知己知彼，百战不殆"。另外针对不同企业的不同职位，求职信的内容也要有所变化，侧重点要有所不同。这样，求职信表现出的诚恳、专业的态度,就会获得用人单位的认可。

2. 自荐性

求职信主要是推销自己,表达自己对应聘职位的兴趣以及介绍自己最突出的能力和条件。求职者与单位或者雇主之间从未谋面,互不相识,先要作"纸上的会见",要善于自我推销。所以求职信要让用人单位觉得这个岗位非我莫属,向他们显示"我是最合适的人选"。美国专门教人谋职技巧的德比公司副经理安尼艾斯托克说"你所做的就是把你的长处亮出来"。

3. 竞争性

择业择人是双向选择,求职就是竞争,是一场见不到硝烟的"战争",尤其是那些知名度高、实力雄厚的大公司、大企业,人才竞争格外激烈。要在竞争中取胜,必须突出自己的优势,在求职信中应将自己的长处淋漓尽致、实事求是地表现出来,以求在竞争中取胜。

4. 沟通上的礼仪性

求职信既是向用人单位展示自己个人才能与专长的过程,也是向对方展现自己个人修养与礼仪的机会。"知识就是财富,能力创造奇迹,人品决定前途。"求职信一定要态度诚恳,谦恭有礼,表达得体。

三、求职信的种类

根据求职者的不同身份,求职信可以分为以下三种:一是毕业生的求职信;二是待业、下岗人员的求职信;三是在岗者的求职信。

根据求职对象的情况不同,求职信分为有明确单位的求职信和广泛性的求职信。

四、求职信的写作

求职信的写作,一般由标题+称谓+正文+敬语+落款组成。

(一)标题

求职信的标题一般是直接文种做标题,居中写"求职信"。

(二)称谓

称谓比较灵活,对于明确了用人单位负责人的,可以写出负责人的职务、职称,如"尊敬的李校长""尊敬的蒋处长""尊敬的刘经理"等。如果对于不甚明确的单位,可写成"人事处负责同志""尊敬的领导"等;称谓要庄重得体。

(三)正文

正文包括引言+主体+结尾三部分。

1. 引言

引言的主要作用是尽量引起对方的兴趣看完材料,并自然进入主体部分,因此引言要引人注目,一般包括介绍自己的基本情况和应聘缘由和目的几个方面。

(1)介绍自己的基本情况,包括姓名、就读学校、专业名称、何时毕业等基本情况。

(2)要直截了当地说明从何渠道得到有关信息以及写此信的目的,表明你不是漫天撒网。如:"我叫李民,男,现年22岁,毕业于××大学会记专业。从《××日报》看到贵公司招聘一名专职会计人员的消息,自信凭本人的水平和能力,能够胜任此工作。"

引言是正文的开端,也是求职的开始,介绍有关情况要简明扼要,对所求的职务,态度要明朗,而且要吸引招聘单位有兴趣将你的信读下去,因此开头要有吸引力。"我是一名在读硕士研究生,今年7月将从××大学××院(系)毕业,久闻贵校大名,慕名求职,恳切地渴望得到贵校青睐。"较多使用礼貌语言,很得体。写求职意向时,求职者应当根据自己的实际能力在求职信中注明自己所求职位,然而有的求职者因担心竞争太强,在求职信中不敢注明自己所求的职位,抱着"随他们去安排"的心理。有的干脆写"……愿意在贵单位任何职能部门工作"之类的话,其实这恰好表明你任何职位都不合适。

2. 主体

主体部分是求职信的重点,写清自己的才能和特长,这是求职的关键。要针对用人单位的需求,有针对性地介绍自己,譬如自己的专业、工作能力、社交能力、其他特殊技能等。努力使自己的描述与所聘职位要求一致,不能泛泛而谈,一定要针对你所应聘的职位有针对性地写。有人事经理曾经说过,一个讨厌的麻烦就是有的候选人只是描述他的或她的技能而不涉及具体工作。

因此,求职信的主体部分,要强调你可以做哪些工作,曾经取过哪些成绩,获得什么成就。与简历不同,求职信不必面面俱到,要有技巧地根据招聘单位的需要,突出自己的技术专长,展示自己的业绩与能力。运用事实和数据说明能力,不用一些空洞的赞美词。

一位求职者在求职信中这样写道:"我希望这样的人生,它在经历了无数场风雨后成为一道最壮丽的彩虹……请用您的目光告诉我海的方向……我渴望成为你们中的一员,我渴望奉献我所拥有的一切,请用真诚的心灵拥抱我最热烈的胸怀……"这些文字确实很美,但打动不了用人单位,相反,却给人一种作秀、幼稚的感觉。

应届毕业生:突出自己的专业。罗列与求职目标岗位相关的课程以及相关的技能证书。写出自己在校所获得的奖励以及与招聘职位相关的一些实践活动。

跳槽者:用事实和数据来说明你过去的工作成绩;要具体,客观。集中笔墨介绍最近的或者突出的一两项工作,一定要与你要谋求的职位相关。

3. 结尾

信的结尾一般是提出希望和要求,如:"希望您能为我安排一个与您见面的机会"或"盼望您的答复"或"敬候佳音"之类的语言。这段语气要肯定、热情、诚恳、有礼貌,把你想得到工作的迫切心情表达出来;但要适可而止,不要啰唆,不要苛求对方。另外要留下你的电话、手机、E-mail 等联系方式,请用人单位尽快答复并给予面试机会。通常结束语后面应写表示祝愿或敬意的话,如"此致""敬礼""祝您身体健康、工作顺利、事业发展"等。

(四)落款

署名和日期,用"敬上""谨上"等以示礼貌和谦逊。发信的年月日要完整。求职人一定亲笔签名,表示郑重和敬意。若有附件,可在信的左下角注明。例如"附件1:个人简历""附件2:成绩表"等。

五、求职信的写作要求

(1)语言要礼貌、客气。求职信是求职者直接向用人单位发出的,由于双方互不认识,所以书面的引文语言十分重要。通常称对方"贵公司""贵校";自称要谦虚,如"慕名求职"等。语气可以正式但不能僵硬,不要依靠词典,说一些文绉绉的话语。

（2）通俗易懂：写作要考虑读者对象的知识背景，不要使用生僻词语、专业术语。

（3）言简意赅：在重点突出、内容完整的前提下，尽可能简明扼要，切忌面面俱到。篇幅不宜过长，一般不要超过一页纸。

（4）三段内容为上策。第一段，开门见山表明自己的求职愿望。第二段，集中罗列自己与职位相匹配的优势及工作经历等。第三段，请求对方阅读自己的简历，给自己一个面试的机会。

（5）不能千篇一律，要写出自己的闪光点。要有针对性，不要使用模糊、笼统的字眼；多使用实例、数字等具体的说明；切忌泛泛而谈，华而不实。

范文导读

求 职 信

尊敬的××旅行社经理：

　　您好！

　　我叫×××，毕业于××旅游学院导游服务专业。从《××日报》获悉贵社将要招聘三名导游人员。带着年轻人的自信，我冒昧写信应聘，自信能够胜任此职位。

　　本人对导游工作有极浓厚兴趣，该工作要求从业人员具备多方面素质：高度的责任心、广博的知识面，组织能力、协调能力、应变能力、语言表达能力、与人沟通能力以及流利的英语、活跃的思维等条件。

　　在大学期间，我下苦功夫学习专业知识，如导游基础、导游实务、旅游历史文化、旅游美学、旅游地理等；认真学习基础学科，如大学英语、旅游应用写作、普通话等，并参加过计算机操作技能的严格训练，这使我有能力胜任贵单位的工作。

　　此外，还专门进行过口才艺术和创新学方面的训练，这将有利于我与贵社的客户建立融洽的业务关系，并进行创造性的工作。从事这项工作，对于我来说将是一个极大的挑战，也是难得的机遇。它将磨砺我快速成长，对社会做出应有的贡献。

　　我曾在×××旅行社实习半年，并利用寒暑假进行社会实践，将校园里学到的知识与实践结合起来。在学校，我是校园之声的主持人，采编了大量宣传稿件，利用业余时间义务导游，在学院举行的导游词创作比赛中获得过一等奖。其他关于该项工作的任职资格，请见随信附上的个人简历。

　　我知道自己年轻，缺少工作经验，不过，年轻本身也是财富，我有的是青春、朝气、热情。我爱导游工作，我有信心将导游工作做好。希望能够加入贵社来进一步提高自己。我热切期盼您的回音。

　　此致

敬礼

求职人：×××
2015 年 4 月 10 日

　　这是一封大学生求职信。信的开头简要地介绍自己的姓名、专业和学校，以及从"《××日报》获悉贵社将要招聘三名导游人员"的信息，并非常自信地说明自己能够胜任此职位。接下来正文的其他部分，分别从"对导游工作的认识""上学期间所学的课程及专业技能""自己的特殊技能和特长""实习经历"几个方面有针对性地介绍自己。考虑到导游工作的特点，还详细地介绍自己"专门进行过口才艺术和创新学方面的训练"，为自身增加了砝码，显示了

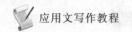

自身的特殊才能。另外这篇求职信在态度的把握上,有分寸、不张扬、不自卑,在介绍自己能力的同时,也表明了自身的不足,并表示在实际工作中不断进取的态度,自信中有谦和。格式上符合写作要求,讲究礼仪,语气委婉客气。

 "学霸"见闻

撰写求职信要有的放矢,避免泛泛而谈

在写求职信的过程中,必须使求职信的内容尽可能与招聘单位的要求相吻合,避免写出的求职信千篇一律,这就要在写求职信的过程中做到知己知彼,有明确的求职意向,并通过具体的事例来展示自己的能力。也就是说,求职信的写作必须要有针对性,具有针对性的求职信才能为自己赢得更多成功的机会。

很多求职信中的内容大致都会包括对自己毕业的院校、所学专业的介绍;自己的能力、特长、兴趣爱好等,例如下面这封求职信的内容:

我叫××,是××大学××系××××专业的一名学生,将于今年×月毕业。在校期间我系统地学习了××××、××××等有关理论,具备了扎实的专业基础知识;同时还具备较好的英语听、说、读、写、译等能力;能熟练操作计算机办公软件。我还在课余时间阅读了大量书籍,不但充实了自己,也培养了自己多方面的技能。

此外,我还积极地参加各种社会活动,抓住每一个机会锻炼自己。我在学生会、班委会任职期间,组织并参与了多项活动,这让我具备了吃苦耐劳的精神,也具备了团队合作的意识,我想这些都是在将来的工作中必不可少的。

我的兴趣爱好广泛,喜欢体育运动,也喜欢唱歌、旅游、摄影等。

在择业之际,我得知贵公司有良好的企业文化,重视人才,因此寄上我的求职信,希望能得到一个工作的机会。

这封求职信涵盖的内容应该说是比较全面的,但是这样的一封求职信没有体现出求职者明确的求职意向,更没有向招聘单位证明自己是适合某项工作的合适人选,所以这样一封求职信是不可能求职成功的。在求职的过程中,很多的毕业生都是这样写求职信的,可以说是千篇一律、内容雷同,如果这样写求职信,那么求职信就失去了它的作用,没有了价值。

一封好的求职信应该清楚地表达出自己的求职意向,并且能够说清楚为什么自己是这个岗位最适合的人选。所以,求职信的写作要避免千篇一律的内容,这就需要求职者在写求职信时,要针对不同的单位和不同的工作岗位,在内容和风格上有所侧重,让招聘者认为你综合素质是与你所应聘的岗位是完全吻合或是十分接近的,这样才能有成功的机会。例如:要去应聘的是文秘工作,那么在求职信中就要尽可能地表现出稳重、细心的特点以及具有良好的协调组织能力;应聘的是科研工作,那就需要表现出自己严谨求实、坚忍不拔的品质;应聘的是销售工作,那就要突出开朗、热情,善于表达和沟通的特点。

总之,求职信所要表达的内容必须是与要应聘的工作要求是相一致的,只有最大限度地与工作岗位的要求相吻合,才能够得到面试的机会。

——资料来源:黄苹. 突出针对性是写好求职信的关键. 太原城市职业技术学院学报,2011(11). 节选.

技能实操

1. 病文修改

求 职 信

尊敬的领导：

您好。首先感谢您在百忙之中亲阅一位普通学子的求职信。

寒窗苦读，为的是梦想的实现；如今，学业初成，振翼待翔，获得一个施展才华的舞台是我最大的心愿。临近毕业之际。谨向贵公司自荐，现将本人情况作一个简单介绍。

我是一名来自××科技大学××专业的本科毕业生，主修课程……（略）。

大学四年，我认真完成了本专业开设的所有课程，各科成绩良好，掌握了深厚的专业理论和技能；同时，我充分利用课余时间，阅读了大量的相关书籍，拓宽了我的知识面，为毕业后的工作打下了坚实的基础。我认为，作为一名合格的大学毕业生，知识是其左手，能力是其右手，而人品则是其灵魂、敏行捷思的朝气，真诚豁达的品质和敬业务实的精神，是一个新时期人才必备的素质，而这正是我大学四年所追求的目标。

我出生于一个普通的农民家庭，农村生活铸就了我纯朴、善良的性格，辛勤劳作的父母使我深知学习机会的来之不易。在大学四年里，认真、刻苦是我生活的概括。在竞争中获益，在挫折中成长，四年，我变得更加坚强、自信和执着。

怀着对未来美好的憧憬，我来接受您的甄选。当我陌生的名字映入您的眼帘，从您拿起我个人资料的那一刻起，我便心存感激，期盼与您有进一步的交流和探讨。用青春写下每一句承诺，让时间来作证，给我一个机会，我会用成绩来证明您的选择。

随信附上简历一份以及主修课成绩单一份。

再次感谢您在百忙之中所给予我的关注，并祝您的事业百尺竿头，更进一步！

此致

敬礼

求职人：×××
××××年×月×日

请指出这份求职信存在的问题，并写出修改稿。

2. 写作训练

根据自己的实际情况，给适合自己事业发展的某单位人事部写一封求职信。要求格式规范，内容完备，语言得体。

第三节 简 历

情境导引

蒙牛公告称，蒙牛乳业之前于2010年6月26日以及4月30日分别发布了公告和通知函，在这两份文件中，对该公司执行董事丁圣的简历描述有误，董事会特此进行澄清，表示丁圣已在南开大学的工商管理专业进修完成相关课程，而非毕业于该大学及持有其工商管理硕士学位。

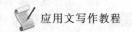

该澄清公告称,之前发布的公告和通知函中,有关丁圣的简历一段进行修订如下:"丁圣先生,42岁,内蒙蒙牛副总裁兼低温液体奶本部总经理。丁先生于2003年加盟内蒙蒙牛,拥有丰富的乳业从业经验。丁先生于南开大学进修完成工商管理专业相关课程。"

同时,蒙牛也宣布将之前发布的2009年年报中对执行董事丁圣的简历作上述同样的修订。

受到近日某某的"学历造假门"事件影响,很多名人纷纷修改自己之前公布的简历,而修改的主要内容就是学历。这被网友戏谑为名人的"自我人肉"。

一时间,出版社、网站忙得不亦乐乎,有的紧急发出纠错声明,有的则是悄悄更改网页。有媒体报道,据某百科类网站技术人员表示,仅7月7日至8日两天时间,就有近百位名人的简历被修改,并且该数字还在持续增加。

在名人的简历被纷纷修改删减的同时,一些新生词汇也开始出现在网上。据悉,随着某某"学历门"逐渐升级,词条库中还被网友添加创造了一些相关新词,如"西毕生",即泛指来自美国西太平洋大学,并在中国身处要职的中国毕业生。

——资料来源:蒙牛发公告更正高管学历. 北青网—北京青年报,2010-07-11.

1. 如何看待简历造假现象?
2. 如何撰写简历中的工作经历和实践经历?

知识导航

一、简历的概念

简历是求职者客观简要地介绍自己的学习经历、实践或工作经历、自己的能力、个性、成绩经验等基本情况,突出个人特长或特点,以达到求职或应聘目的的一种文书。简而言之,简历是一份关于求职或者应聘的个人情况的简介。

求职简历一般包括个人基本情况、履历、能力、特长、求职意向、联系方式等。

二、简历的特点

(1)真实性。简历反映的个人情况一定要真实准确,不能夸大或者伪造。真实地记录和描述,能够使阅读者对你产生信任感,赠加印象分。

(2)浓缩性。简历是个人简要经历的说明,因此,简历要一目了然,目的明确、语言简练,篇幅减量压缩在1~2页之纸内。

(3)针对性。即简历要针对不同的行业、不同的企业、不同的岗位来准备。在简历的安排上,要有所侧重,尽量突出那些与应聘岗位相关的经历与技能。

三、简历的种类

根据写作方式的不同,简历可以分为表格式简历、文字式简历、文字表格综合式简历。

根据使用地区的不同,简历分为中式简历、港式简历、美式简历等。

根据时间安排的不同,简历可以分为时序型简历和倒叙型简历。时序性简历,即按照时间的先后,列举自己的学习、工作、培训方面的经历,刚毕业的大学生大多采用此类型的简历。倒叙型简历,即把最新最近的写在简历前面,这种简历写法受到人力资源工作者的青睐,毕竟时间有限,要在 15 秒左右看出一个人是否有进一步接触的价值。

四、简历的编写

简历的编写是一个复杂、系统的过程,主要包括以下四个步骤。

(1) 做好准备工作,了解自己、了解公司、了解求职的岗位。

(2) 搭建简历的框架,明确简历要写的内容。一般情况下,简历的内容要包括六部分,个人基本信息,求职意向,教育背景,实践和工作经历,个人技能,其他事项(获奖情况)(后文重点阐述)。

(3) 版面设计。一份好的简历,除了对内容方面的要求之外,在外观上也要讲究精美好看。字体大小适中,排版端庄美观,疏密得当。

(4) 检查与评估。从应聘企业、岗位要求、个人发展三个角度评估制作好的简历,确保简历内容完整,逻辑清晰,拼写无误。

下面重点讲述编写简历的第二步,即简历的写作。

简历的写作主要有标题＋个人基本信息＋求职意向＋教育背景＋实践和工作经历＋个人技能＋获奖及荣誉。

1. 标题

一般直接写"个人简历""简历""求职简历""×××(姓名)简历"。

2. 个人基本信息

一般包括姓名和联系方式(如电话、通信地址或者电子邮箱等)。

3. 求职意向

主要说明自己想要从事的工作岗位。

4. 教育背景

学校正规的教育、自我提升和学习经历、参加专业机构的培训等内容都可以在教育背景中说明,但前提是培训经历要与应聘的工作相关。教育背景要说明毕业院校、系别、专业、学位和成绩;对于没有工作经验或跨专业的求职者来说,也可以将主修课程和辅修课程列出来。

5. 实践和工作经历

这是一个重点,是个人能力和素质的关键内容。实践经历包括专业实践、社团实践和志愿者实践。重点叙述通过这些实践经历,锻炼了你哪方面的能力,取得了哪些成绩,有什么收获。工作经历,主要是参加工作后各阶段的情况,要注意突出自己的才能、贡献,取得的业绩等。

6. 个人技能

个人技能包括外语水平、计算机能力、各项认证考试资格、从业证书等,只要是与应聘职位密切相关,都可以在简历中着重提出,并附上相关证书。

7. 获奖及荣誉

这是应届毕业生着重列出的内容,在学校获得的荣誉、奖学金、参加的校园活动和比赛的获奖等,都有可能成为简历的亮点。

五、简历写作的要求

（1）突出重点。简历的写作要突出重点，与应聘的工作无关的事情尽量不写，对应聘的工作有意义和价值的决不能漏掉。多用事例和数字来说话。重点突出你适合这份工作的优势和能力。

（2）语言准确。不要使用拗口的语句和生僻的字词，更不要有错别字和病句。外文简历不要出现拼写和语法错误。句式以简明的短句为好，文风要平实严肃，以叙述、说明为主。动辄引经据典、抒情议论是不可取的。

（3）扬长避短。简历中个人优势要突出强调，对应聘不利的尽量不写。

（4）评价客观。简历中涉及对自己的评价，一定要准确客观，真实是简历最基本的要求，要尽量提供个人简历中提到的业绩和能力的证明资料，并作为附件附在个人简历的后面。一定要记住是复印件，千万不要寄原件给招聘单位，以防丢失。

范文导读

个人简历

姓　　名	张　媛	性　别	女	近期免冠照片
出生年月	1986.9	政治面貌	中共党员	
户　　籍	××省××市	民　族	汉　族	
身　　高	172cm	健康状况	良　好	
联系电话	158××8546	电子邮箱	yuanqing××@163.com	
求职意向	文　员	毕业院校	××大学	专业	秘书学
主修课程	秘书学概论、秘书实务、秘书写作、办公自动化、公共关系学、人力资源管理、秘书礼仪、文书档案与管理、企业与行政管理、基础写作					
证书情况	计算机一级证书；初级商务策划师； 秘书四级证书；机动车驾驶证					
获奖情况	2008年被评为院级"优秀共青团员"； 2009年被评为院级"三好学生"； 2010年被学院评为"寒假社会实践先进个人"					
实践与学习	大二寒假，在××县检察院实践，主要从事文员工作； 大三寒假，在城市生活旗舰店做假期工，主要从事销售工作； 大三寒假，在××市区摆地摊销售鞋品					
任职情况	班级团支部书记，系团总支组织委员，系团总支副书记。 在任职期间曾多次组织班级团员活动，在贯彻院团委精神的同时，又提高了班级的凝聚力。在院系活动（迎新晚会、辩论赛、文化艺术节等）中不仅做到发散思维搞创新，还有效控制预算、节省开支					
自我评价	本人有较强的责任心、协调能力和沟通能力；工作耐心、细致；有积极的人生态度。坚定地认为：有付出一定有收获，有努力就离成功很近					

这份表格式简历内容全面、描述简练，自身与求职岗位所需的能力得以体现，使招聘方便于迅速阅读，对求职者有一个初步的印象。

"学霸"见闻

资深 HR 谈如何写求职简历

作为 HR,用在筛选简历上的时间很少,每场招聘会都会收到成百上千份简历,想让 HR 把你简历上的每一个字都看到是不可能的。

HR 筛选简历就两个过程:先是初选。这个过程很快。每份简历只看几个关键词,10~20 秒就会看完一份简历,大概选出 20% 左右的简历进行复选。复选阶段,我们对每份简历看得比较仔细,主要是为了进一步了解每位求职者,在简历中寻找几个有针对性的面试问题。这个阶段,淘汰率不是很高,基本上都会得到面试机会。因此,简历的重要性不言而喻。

对于 HR 来说,会选中什么样的简历呢?除了求职者符合用人单位的各项硬指标如学历、证书、年龄外,挑选简历的另一个重要标准就是:符合 HR 的口味。

简历的格式大同小异,一般包括以下几项。

1. 封面

封面包括学校名称、姓名、专业等简单信息,有的还会附上一张学校某处景观的照片。有的简历写上格言警句,会让封面看起来不那么空,但是一定要记住,格言警句要慎重选择。比如,有一份简历上面的格言是:"走自己的路,让别人去说吧!"这就会适得其反。这名毕业生很可能想体现个性,可对企业来说,这样的"刺头"员工敢招吗?

2. 正文

(1) 个人基本信息

个人基本信息包括姓名、性别、年龄、学历、学位等。一定要写明所学专业,这是 HR 关注的重点。如果你是中共党员或是预备党员,一定要注明,在同等条件下,这是你的优势。身高体重和健康状况可以省略。在签订正式合同之前,企业都会组织员工进行一些常规性体检。有些人喜欢把自己的联系方式写在前面,这有些不妥。建议把联系方式放到后面去,因为没有哪个招聘人员一上来就对你的联系方式感兴趣,还是把重要的信息放在前面为好。

(2) 求职意向

最好的方法是多准备几份不同的简历,每份简历只写一个求职意向,比如人力资源,简历的其他内容全部围绕着这一主题写,这样你的简历看起来更有针对性。

(3) 教育背景/学习经历

有些毕业生会把自己中学的学习情况写上,这不需要,从大学写起就行。如果你在校期间参加过一些相关的技能培训,应该写到简历中。

(4) 工作经验,社会实践

一般来说,应届毕业生没什么工作经历,所以在招聘过程中,HR 不会强调这一点。至于社会实践,你可以把在校期间的实习或其他经历写上,如在学生会任某部长,做过哪些事,出过哪些力,取得过哪些成绩……要写得详细些,切记不能随便乱编。另外,工作经历或社会实践要挑重点写,不要胡子眉毛一起抓,要把重要的写在前面,分清主次。

(5) 课程

不少毕业生往往只是罗列自己学过的课程,没什么条理性。建议毕业生最好把自己的课程分类。比如,管理系的学生,在写自己的课程时可以分为管理类、营销类、财会类、金融类、经济类等,这样招聘人员在看你的课程时就一目了然了,更有针对性。毕业生列课程时,要挑出与应聘职位相关的课程,不要把学过的课都写上。

(6) 计算机、外语水平

只要列举一些熟练的办公软件即可,包括 Word、Excel、PPT。很多毕业生在写英语能力时,常用的字眼是良好的听说读写能力。这是个很模糊的概念,应该说得具体些,比如,能和外国人自由交流或在某比赛中获得什么奖项。这样写会使你更具竞争力。写简历切忌那些空洞的词语。

(7) 奖励证书

凡是获得的奖励都应写上,如奖学金、优秀干部称号等。技能证书会增加你获得面试的机会,比如像注册会计师这样的多科目考试,即使你没有全部通过,也不要紧,把你通过的科目写上。

(8) 特长爱好

很多毕业生在这里会罗列很多词语,比如,性格开朗、待人热情、工作细心、办事高效、能吃苦耐劳、有较强的组织能力等,以为会让 HR 刮目相看。其实,要想吸引 HR 的眼球,不如只挑几个词,在这些词的后面举个简单的例子证明。比如,说自己组织能力强,可以列举自己独立组织过的某个活动,效果如何。那些与工作相关的特长一点要展开写,比如说自己写作水平好,可以说自己非常擅长写应用文、各种报告等。另外,与职位无关的特长、爱好不必写,太多了会失去重点。

3. 照片

有不少求职者的简历中附照片。附不附照片,因人而异。对于那些相貌出众的应聘者来说,附上一张效果不错的照片,会给你赚得不少印象分;那些相貌平平的求职者不一定非要在简历上贴照片,有时会适得其反。还有一些毕业生,在自己的简历上贴了张很久以前读高中时的照片,让 HR 感觉就如同是个孩子,结果可想而知。

4. 各种证书复印件

这个也用不着,一般在面试通过以后,企业会要求应聘者出示证书原件,这比复印件更有说服力。

最后总结一下写简历的注意事项:

(1) 简历要简。一到两页就够了,无关紧要的东西不要附,格式要有创新,不要让我们觉得是在填表格。

(2) 突出重点。把自己最想传递的信息重点突出,让招聘人员一眼就能看到。HR 最不喜欢看那些太过于雷同的简历。这样的简历往往被批量淘汰。虽然对于毕业生来说经历相似,但有些毕业生能把一样的事,用不一样的方式写出来,这就是水平。

(3) 不要有明显字词句错误。

(4) 用事实说话,少写空洞的词语。

最后提一下:不少求职者的简历都是彩色打印。一份彩色的简历能给你带来多大的关注度,这个很难说。事实上,很少有公司会注意到求职者的简历到底是彩打的,还是黑白的。HR 注重的是简历的内容,以此对求职者进行判断。

——资料来源:刘夏亮. 让你的简历"跳出来"——资深 HR 谈如何写求职简历[J]. 成才与就业,2012-Z3.

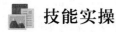 **技能实操**

1. 病文修改

简　历

出生日期：1983-02-01　　性别：女　　婚姻状况：未婚　　身高：156厘米

体重：46公斤

求职意向描述_应聘岗位：文员/电脑打字员/操作员/卫生医疗/护理/保健

岗位描述：文员工作经验：1年期望月薪：4 000～4 500

教育背景

毕业学校

广西中医学院　最高学历：本科　专业：妇幼保健

电脑水平：良好　外语语种：英语　外语水平：良好

教育历程：

1995—2001 在四川广安友谊中学读书

2001—2002 在四川广安第一中学读书

2002—2005 在广西中医学院读书

工作简历

在广西南宁妇幼保健院实习一年

个人能力及自我评价

转眼之间，大学生涯即将走到尽头，而我已从一个无知的小女孩成长为了一名成熟自信的大学生。

在这四年里，我经常去学校阅览室查阅书籍，了解最新的医学论著，增长自己贫乏的知识。为了丰富课余生活，我加入了学院社团，成为一名记者，虽然职位很小，却使我学到许多课本上没有的知识。为了更深入地了解中国传统医学，我参加中级推拿师培训班，并获得中级推拿师证书。不仅如此，我还积极参加各种社会实践，自愿报名参加迎"南博会"市容清洁活动，参加学院举办的无偿献血活动和"学雷锋义诊活动"等，通过这些社会实践，使我开阔视野，结交许多朋友，也使我明白一名合格的大学生不仅要学好本专业知识，还要其他必备的知识。

将要踏上另一个人生旅程，我会努力完善自己，提高自己，在热爱的事业中奉献自己的光和热。

请指出这份简历存在的问题，并写出修改稿。

2. 写作训练

根据你的专业拟写一份个人简历，思考一下自己的特长是什么，将来的工作目标是什么。实现这一目标要具备哪些技能？在小组讨论中进行作业展示并谈谈制作简历的体会。

第四节 自我介绍

情境导引

张小姐和李小姐都是刚毕业的学生,学的都是英语专业,学习成绩都很突出。二人同时应聘一家独资公司的高级秘书职位。人事经理看了简历之后,难以取舍,于是通知两人面试,考官让她们分别做一个自我介绍。

张小姐说:"我叫张某某,今年23岁,刚从某大学毕业,所学专业是英语,江西人,父母均是高级工程师。我爱好音乐和旅游。我性格开朗,做事一丝不苟,很希望能到贵公司工作。"

李小姐介绍说:"我叫李某某,关于我的情况简历上介绍得比较详细了。在这我强调两点:第一,我的英语口语不错,曾利用假期在旅行社做过导游,带过欧美团。第二,我的文笔较好,曾在报纸上发表过6篇文章,如果您有兴趣请过目。"事后,人事经理录用了李小姐。

思 考

1. 人事经理为什么录用李小姐?
2. 自我介绍需要注意哪些事项?

知识导航

一、自我介绍的概念

自我介绍是基于沟通的需要,在某种场合下把自己的基本情况概括地表述出来。进行社交的一把钥匙。向别人展示你自己的一种重要手段。自我介绍好不好,甚至直接关系到你给别人的第一印象的好坏及以后交往的顺利与否。

二、自我介绍的种类

(1) 按照语言来划分,可以分为口头式的自我介绍与书面式的自我介绍。

(2) 按照自我介绍的不同场合来划分,可以分为礼仪式、工作式和交流式。

① 礼仪式自我介绍主要用于一些社交场合,比如聚会,讲座,报告,演出,庆典等。

② 工作式自我介绍主要用于与工作相关的场合,比如求学、应聘,前往陌生单位进行业务联系等。

③ 交流式自我介绍主要用于一些私人场合,突出自由、活泼、个性、特色等。

三、自我介绍的写作

不同种类的自我介绍在写作上有所不同。

礼仪式的自我介绍,一般包括姓名、单位、职务、一些其他客套话,如"您好,我叫×××,很高兴认识您!""各位来宾,大家好!我叫×××,是×××公司的经理。现在,由我代表本公司热烈欢迎大家光临我们的开业仪式,谢谢大家的支持!"

工作式的自我介绍,以联系工作为目的(包括姓名、身份、目的、要求等),如"我叫×××,现在就职于××公司市场部,任助理,请多关照。"

交流式的自我介绍,大多数以交友为目的,介绍的更详细一些,比如自己的基本情况,爱好、特长,等等,要突出个人特色。

我们在这里重点讲述求职面试时的自我介绍。

求职面试时的自我介绍文稿的写作,一般由标题+称谓+问候语+正文组成。

1. 标题

自我介绍的标题一般只写文种,即"自我介绍"。在首行居中位置,字迹要工整、美观。

2. 称谓

自我介绍的称谓,要根据场合而写。如求职面试时,一般会称"尊敬的领导""尊敬的面试官""尊敬的老师"等。

3. 问候语

问候语即向面试官问好。

4. 正文

求职时自我介绍的正文内容一般由以下三个方面组成。

(1) 自报家门——个人基本情况(姓名、毕业学校、专业等)。

(2) 与工作相关的自我展示(特长、优势、能力、对岗位的认识等)。

(3) 求职愿望表达和感谢(渴望得到工作的心情,给自己一个机会;表达自己的态度,尽职尽责、表达谢意等)。

在做自我介绍时,要注意重点介绍以下内容。

(1) 你非常喜欢和热爱这份工作。

(2) 你对这份工作的认识和看法。

(3) 用具体事例证明你有这个能力和优势适合这份工作。

(4) 谈一谈你的其他特长和兴趣爱好。

(5) 表达一下如果录用后你的态度或者做法等。

四、求职面试自我介绍时应注意的事项

(1) 准备自我介绍前,你必须清楚的了解自己的优点、缺点和闪光点。介绍时一定要突出你的闪光点——最值得你骄傲的事情,自己的能力、与别人不同之处。

(2) 了解企业的企业文化、岗位需求和岗位的工作内容。

(3) 介绍时要真诚、不要做作;要有激情,不要像诗歌背诵似的。

(4) 要和面试官有眼神交流,突出你的自信;

(5) 用数字或者具体事例突出自己的闪光点。

(6) 自我介绍的内容要简洁清晰,和应聘岗位不相关的内容不要提。要在名字上下一番功夫。

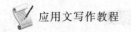

范文导读

在记者招聘会上的自我介绍

各位老师：

早上好！

我叫×××，毕业于××师范大学，所学专业为新闻传播学，今天来应聘记者。

我十分喜爱记者这个职业。在我眼中，记者肩负着神圣的使命，它是联系普通百姓和各级政府的桥梁纽带；是宣传真理、引导舆论、激励群众的喉舌；是把五光十色的世界展现在世人面前的信使。所以，我怀着强烈的社会责任感，希望当一名记者，参与社会舆论工作。

我认为自己胜任记者一职的理由有以下四点：

第一，我有较强的口语表达能力，曾在大学和中学的校级演讲比赛中两次荣获一等奖；第二，我有很强的写作能力，在……读书期间就曾三次在省级作文比赛中获奖，上大学后经常给一些报刊投稿，已有两篇稿件被省级报纸采用；第三，我有做记者的实际工作经验，曾在我校学生会主办的《菁菁校园》报当了两年的记者；第四，我性格外向，交际能力强，在与人交往中能够运用公共关系技巧，持有中级公关员职业资格证书。

我期待着贵报能给我一次实现梦想的机会！

谢谢各位老师！

这是一篇比较优秀的求职面试时的自我介绍。开头是称谓和问候语，显得非常有礼貌。正文内容的第一部分是自己基本情况的介绍（毕业院校和所学专业）和应聘的岗位。语言简洁明了。正文的第二部分是对应聘岗位的认识和看法："在我眼中，记者肩负着神圣的使命，它是联系普通百姓和各级政府的桥梁纽带；是宣传真理、引导舆论、激励群众的喉舌；是把五光十色的世界展现在世人面前的信使。"然后，用一个议论性的句子"怀着强烈的社会责任感，希望当一名记者，参与社会舆论工作"，与记者职业紧密相连。正文第三部分是自己能够胜任记者的理由，紧紧围绕记者需要具备的才能来写（口语表达、写作、实习经历、交际能力等）。论述每一点才能，又举出例子来加以印证。最后是求职愿望表达和感谢。整篇自我介绍针对性很强，并且条理清晰，层次分明。

"学霸"见闻

写作自我介绍文稿应注意的几点

大学生毕业求职时，经常会遇到被招聘单位要求作1~3分钟自我介绍的情况。招聘者或是把它当成筛选应聘者的第一关，或是作为面试时的第一个问题。无论哪一种情况，其目的都是相同的：既是为了了解应聘者的基本情况，更是为了考查应聘者的综合素质尤其是口语表达能力。一些缺乏应聘经验、口语表达能力不强者和没有准备以致过于紧张的人，往往在自我介绍时表现不佳，或语无伦次，草草收场；或抓不住关键，啰啰唆唆，结果不得不在应聘的第一轮竞争中就败下阵来。

那么,如何能在应聘中成功地进行自我介绍呢?一个好办法就是事先写好自我介绍并熟记下来。一般来讲,要写好自我介绍,必须注意以下几点。

1. 针对性强。自我介绍中既可以写才,也可以写德,如:"我有吃苦耐劳、要做就做得最好的实干精神。"才能方面既可以介绍专业知识技能,也可涉及其他知识技能及业余爱好等,当然,所受爱好应对自己应聘的工作有利。此外,还可以谈应聘的原因,如:"我的父母是从事商业工作的。受他们的影响,我从小就对市场营销很感兴趣。"但是要记住一点,一定要针对用人单位所需介绍自己,否则说的太多会适得其反。

2. 突出优势。在自我介绍时一定要突出自己的优势,即根据应聘职位的需要,谈自己适应招聘要求的最突出之处,如:"我的特长是电脑和外语。电脑方面,精通……对……网络编程技术也比较熟悉。外语方面,能熟练使用朝鲜语和日语与人交流,并且通过了国家日语×级考试。"在应聘某些外企的计算机公司时这样介绍自己,就很有可能受到青睐。

3. 叙议结合。自我介绍应以叙述为主,但介绍一方面的情况之后(也可以在这之前)最好有一句小结式的议论,如:介绍自己担任学生干部,组织过不少活动后,总结一句:"锻炼了我的组织协调能力"(也可先说"我有很强的组织领导能力",然后再举例说明自己担任过什么干部,并组织过什么活动);参加过辩论赛取得了好名次,则说:"这次辩论赛增强了我的语言表达能力,使我更加自信";介绍自己除学好专业课外还学习了其他方面的知识,取得了一些证书,就总结说"这些为自己能成为一个适应各种岗位的复合型人才打下了良好基础",等等。

4. 不要太长。单独的自我介绍一般要求讲1~3分钟,一般讲2分钟左右(每分钟150个字左右)即可。太长容易使人厌倦,效果反而不好。因此,在写自我介绍时,应选择自己最突出的方面来谈,另外注意语言简练,通俗易懂。

5. 目标鲜明。当招聘单位招聘的是多种岗位时,在自我介绍中必须说明自己应聘什么职位,如:"我叫×××,毕业于……学校……专业,我应聘的是……"如果对方只招聘一种工作岗位,也可强调自己的某些优势对从事这一工作非常有利。如"我会三种语言,我能用流利的日语会话,并以优异的成绩通过了国家日语×级考试。再加上我是朝鲜族人,既懂朝鲜语,又会汉语,我拥有语言方面的优势。现在我又在自学英语,相信不久的将来会达到比较理想的水平,因此,我认为自己是很适合从事外贸工作的。"

——资料来源:文晓玲.怎样写好求职时的自我介绍[J],应用写作,2002(09).节选.

技能实操

1. 病文修改

自 我 介 绍

尊敬的面试官:

您们好!

我的名字叫王平,今年23岁,我是一名刚刚毕业的大学生,我的专业是计算机。我一直对计算机很感兴趣,我有2级程序员证书,而且我也会做网站,我在大学期间给好几家公司设计过非常精美的网站,受到公司的表扬。

今天我来应聘的是贵公司的计算机程序员的工作,我相信,凭着我的能力,以及我的钻研精神,我一定会做好这份工作,请面试官相信我,给我一个舞台,我一定会发挥得很好。

谢谢!

请指出这份自我介绍存在的问题,并写出修改稿。

2. 写作训练

根据下列不同情况撰写自我介绍文稿。

(1) 如果你是跆拳道协会的会长,协会准备举办一场跆拳道比赛,但是缺乏一定的资金支持。你欲找公司拉取赞助,这种场合下该如何做自我介绍,使公司认可你,从而顺利获得资助?

(2) 如果你参加学校的学生会组织或勤工俭学的面试,如何介绍自己并顺利通过面试?

第五节 竞聘演讲稿

情境导引

李华是一名大一新生,对大学生进公司兼职特别感兴趣,有一天在一家公司的招聘网站上看到一则竞聘上岗演讲的通知:

××公司关于竞聘上岗演讲的通知

通过前期对竞聘活动的动员、组织报名、资格审查等工作的开展,现经岗位竞聘领导小组审定,12位同志具备资格参加竞聘。根据股份公司《关于开展部分岗位竞聘上岗的通知》的安排,兹定于××××年×月×日早上7:30在外贸大厦C座十楼会议室举行竞聘演讲。现将活动安排及要求说明如下:

一、要求每位竞聘者每人发言时间控制在20分钟以内,并尽可能脱稿演讲;

二、竞聘者演讲顺序按预先抽签顺序为准;

三、要求每位竞聘者着正装参加演讲,评委将根据竞聘人员的演讲内容、演讲台风及回答问题情况进行评分;

四、为使竞聘活动更加公开、透明,现场气氛更加热烈,要求各分公司派4~5名员工代表参加。

××有限公司办公室
××××年×月×日

李华看了之后很是疑惑,他说,在高中听过很多励志演讲,比如"高考励志演讲",马丁·路德·金的"我有一个梦想"等;同是演讲稿,它们有什么区别呢?

思考

1. 竞聘演讲稿和普通演讲稿有哪些不同?

2. 如果你是12位同志中的一员,你应该如何写你的竞聘演讲稿?

知识导航

一、竞聘演讲稿的概念和种类

竞聘演讲稿又称竞聘报告、竞争上岗演讲稿、竞聘书,是竞聘者在竞聘会议上向与会者发表的一种阐述自己竞聘条件、竞聘优势,以及对竞聘职务的认识,被聘任后的工作设想、打算等的工作文书。它是应用文写作研究的重要文体之一。

竞聘演讲稿一般按职位类属进行分类,有机关干部竞聘演讲稿,企业干部竞聘演讲稿,事业干部竞聘演讲稿等。

二、竞聘演讲稿的写作

竞聘演讲稿一般由标题+称谓+正文+落款组成。

(一)标题

有的直接以文种为标题,即在正中间写上《竞聘演讲稿》;有的以竞聘职位和文种为标题的,如《教务处处长竞聘演讲稿》。

(二)称谓

一般写"尊敬的各位领导、同志们"等。

(三)正文

正文一般包括五方面的内容。

1. 开头与基本情况

首先向大家问好,并自报家门,介绍自己的基本情况。由于竞聘演讲的时间是有限制的。因此,如何开好头便显得非常重要。有经验的竞聘者常用下面的方法来开头:

(1)用诚挚的心情表达自己的谢意。这种方法能使竞聘者和听众产生心理相融的效果。例如:我非常感谢各位领导、同志给了我这次竞聘的机会。

(2)简要介绍自己的有关情况,如姓名、学历、职务、经历等。例如:我叫×××,××××年毕业于××大学××系,××××年加入中国共产党,现任×××教研室主任。

(3)概述竞聘演讲的主要内容,使评委一开始就能明确演讲的主旨。例如:我今天的演讲内容主要分两部分:一是我竞聘……的优势;二是谈谈做好……工作的思路和打算。

2. 自己的优势

结合竞聘岗位,讲述自己的优势和能力。竞聘者在介绍自己的优势时,一定要有针对性,即针对竞聘的岗位来介绍自己的学历、经历、政治素质、业务能力、已有的政绩,等等。并非要面面俱到,而应根据竞聘职务的职能情况有所取舍。

3. 自己的不足

简要介绍自身的不足之处。竞聘者在介绍自己应聘的基本条件时,要尽可能地展示自己的长处,但不是对自身的不足之处,闭口不言。请看某竞聘者的表述:

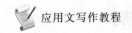

我从没有担任过班干部,缺少经验。这是劣势,但正因为从未在"官潮混过,一身干净,没有"官相官态","官腔官气";少的是畏首畏尾的私虑,多的是敢作敢为的闯劲。正因为我一向生活在最底层,从未有过"高高在上"的体验,对摆"官架子"看不惯,弄不来,就特别具有民主作风。因此,我的口号是"做一个彻底的平民班长"。

4. 介绍任职后的打算

评选者更关心的还是竞聘者任职后的打算。因此,竞聘者在竞聘演讲时,一定要用简明扼要的语言亮明自己的观点,也就是说,要紧紧围绕着听众关心的热点、难点问题,提出明确的工作目标和切实可行的措施。

5. 结尾

好的结束语能加深评选者对竞聘者的良好印象,从而有利于竞聘成功。竞聘演讲常见的结尾方法有:

(1)表明对竞聘成败的态度。这种方法能使评选者感受到竞聘者的坦诚。例如:

作为这次竞聘上岗的积极参与者,我希望在竞争中获得成功。但是,我绝不会回避失败。不管最后结果如何,我都将"堂堂正正做人,兢兢业业做事"。

(2)表达自己对竞聘上岗的信心。例如:

我今天的演讲虽然是毛遂自荐,但却不是王婆卖瓜。我只是想向各位领导展示一个真实的自我。我相信,凭着我的政治素质,我的爱岗敬业、脚踏实地的精神,我的工作热情,我的管理经验,我一定能把副处长的工作做好。如果各位有疑虑,那就请给我一个机会,我绝不会让大家失望。

(3)希望得到评选者的支持。例如:

各位领导、各位评委,请相信我,投我一票!我将是一位合格的处长。

(四)落款

落款,即署名和日期。一般口头的竞聘演讲稿,落款部分不需要读出来。

四、竞聘演讲稿写作的要求

(一)气势要先声夺人

竞聘演讲的一个重要特征就是具有竞争性,要争取听众的响应和支持。而做到这一点的有效方法之一,就是要有气势,"气盛宜言"。这气势不是霸气,也不是骄气,更不是傲气,而是浩然正气。有渊博的才学、正大的精神、对党的事业对人民的深厚感情为基础,作者就不难找到恰当的语言表达形式了。

(二)态度要真诚老实

竞聘演讲其实就是"毛遂自荐"。自荐,当然应该将自己的优点展示出来,让他人从好的角度了解自己。但要注意的是,在"展示"时,态度要真诚老实,不能为了自荐成功而夸夸其谈。

(三)语言要简练有力

老舍先生说:"简练就是话说得少,而意包含得多。"竞聘演讲虽是宣传自己,但绝不可

"长篇累牍、侃侃而谈"。应该用最简练的语言把自己的思想表达出来。

(四)内心要充满自信

著名演说家戴尔·卡耐基曾说过:"不要怕推销自己。只要你认为自己有才华,你就应该认为自己有资格担任这个或那个职务。"当你充满自信时,你站在演讲台上,面对众人,就会从容不迫,就会以最好的心态来展示你自己。当然,自信必须建筑在丰富的知识和经验的基础上。这样的自信,才会成为你竞聘的力量,变成你工作的动力。

范文导读

办公室(政治处)主任竞职演讲稿

尊敬的各位领导、评委、同志们:

大家好!我叫×××,我竞聘的职位是办公室(政治处)主任。我感谢领导和同志们给我这次展示自我的机会,同时,我真诚欢迎领导和同志们对我进行评议和考查。

首先,我竞聘办公室(政治处)主任这个职位,是因为我愿意接受挑战,乐意接受挑战。因为我知道,当好主任是一件不容易的事。办公室(政治处)是一个综合部门,作为主任,不仅是一位科室的负责人,同时又是一个单位的内管家;不仅要有实干精神,还要善于谋略;不仅要熟悉本单位的业务,还需要有广博的知识;不仅要有高超的组织管理水平,而且还需要有良好的人际沟通能力。在这个岗位上更能锻炼人,能更快地提高我自己。

其次,我有信心履行好办公室(政治处)主任职责。我参加工作已有十三年,分别在基层所、基层科、办公室多个岗位锻炼过。特别是在办公室工作的五年,让我积累了较为丰富的工作经验,提高了协调能力、组织能力和人际沟通能力。……我从一名普通干部成长为现在的一名中层干部,并取得了点点滴滴成绩,这都是组织和领导对我的精心培养和帮助的结果,也是同志们的对我的帮助和呵护的结果。在此,我衷心对领导和同志们表示最真挚的感谢!

第三,这次如果我能荣幸担任此职务,我将全力当好四个"员"。一是当好"参谋员"……二是当好"服务员"……三是当好"协调员"……四是当好"管理员"。我要努力提高管理水平,完善各项规章制度,切实改进工作方法,努力开拓创新,调动全体办公室人员的工作积极性和创造性,使办公室形成一个团结协作的战斗集体。

各位领导、同志们,我不会发出"给我一个支点,我能撬动整个地球"等一类的豪言壮语,因为我知道,我的能力和水平有限的。但是我想表达一个愿望:"给我一个舞台,让我来为本局的发展尽一份责任;给我一次机会,还你一个满意。"我要做一头忠诚的牛、老实的马、忙碌的骆驼,为领导做好服务,为全体干部做好服务,为我县司法行政事业做出积极的贡献。

如果这次落选,说明我离领导和同志们的要求还有差距,我不会气馁,将坚决服从领导的安排,不管在什么岗位,继续努力做好本职工作。

谢谢大家!

×××
××××年×月×日

这篇竞聘演讲稿的标题直接点明了主旨,清晰醒目。在开头自我介绍,接着阐述了自己的工作经历和自己具备竞聘职位能力特点,为竞聘该职位提供了可靠的依据,增强了可信度。正文还进一步阐述了自己竞聘成功后的工作设想,结尾处重申观点,客观自我评价。全文有条有理,简介明晰,语气谦虚谨慎,态度大方得体。诚恳而又求实的语言提升了演讲的力度,是一篇成功的竞聘演讲稿。

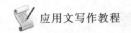 "学霸"见闻

竞聘演讲稿与就职演讲稿内容重点的区别

竞聘演讲稿的内容侧重在对竞聘职务的认识,个人诸多方面的竞聘优势以及超前的施政设想等。竞聘演讲稿的竞争性,决定了演讲稿中要将自身具备的竞聘优势突出出来。竞聘优势指的是竞聘者在德、能、勤、绩几个方面的突出业绩及特长。如:政治思想品德、工作作风、具体业务工作表现等,以及年龄、学历、专业等方面的有利因素。工作的业绩最能够反映竞聘者的实际能力,可以用定性、定量的方式加以展示,使其更具说服力。竞聘者与竞聘职务相应的特殊经历、特长和超出他人的优势,是这部分内容中的重点,也是最具竞争力的因素,要特别加以强调,详细地陈述出来。竞聘演讲等于"竞选演说",还要发表自己的"施政纲领",着重谈工作目标、打算和措施,以获取听众的信任和支持。施政目标与设想是在对竞聘职务有明确认识的基础上,竞聘者根据所竞聘的岗位职责,从自己的实际能力出发,将任职后的打算、设想、措施、办法、目标、效果等集中进行展示,使评委和听众感到你是个人才,可以胜任此项工作。这部分内容是领导和群众比较关注的方面,因此也是竞聘演讲稿的一个重要组成方面。

而就职演讲稿的内容侧重于发表施政纲领,公布任职目标,显露领导者才干。这部分是重点和关键,要明确提出任务,阐述施政方针,向干部职工承诺要办的实事,展望美好前景,给听众以激励和鼓舞,增强凝聚力和感召力,最大限度地获得听众的支持。

总之,竞聘演讲稿重点写凭什么参与竞聘、如何实现岗位目标、对竞聘成功与否的态度如何;而就职演讲稿则重点写任期目标是什么、保障措施有哪些。

——资料来源:郑立新. 竞聘演讲稿与就职演讲稿的异同比较[J]. 应用写作,2013-08. 节选.

 技能实操

1. 病文修改

大学学生会竞职演讲稿

各位老师、学长、学弟、学妹们:

大家晚上好! 今天,我在这里,面对这么多注视的目光发表演讲,展示自己。对我来说,既是一个考验,又是一次难得的机会。"青春无几,时不我待",我要抓住这次机会,通过竞选,争取成为××系第十五届学生会劳委部中的一员。我先作一下自我介绍,我叫×××,来自××班。我来竞选,是因为我有以下几方面的优势:

1. 我热心为大家服务。进入大学后,我一直是班委成员之一,热心为同学们服务,认真

做班级工作,得到同学们的认可。马上就要进入大三了,我已不满足于只为一个班集体工作,我要着眼于全系,为更多的同学服务。

2. 勤恳。我不怕工作忙,就怕没事做。熟悉我的同学都知道,我是个闲不下来的人,总希望有点事来做。我一闲下来,就感到空虚。所以,如果能当选,我会勤勤恳恳的工作。

3. 办事有计划、效率高。我的学习、生活、工作都按计划进行。每天早上,我都会花一点时间安排当天要做的事。我做事不喜欢拖拖拉拉,总是在得到任务后,只要有时间,就立即处理。

以上是我的做事风格:热心、勤恳、高效、有计划。如果我能当选,在以后的工作中,我将以我的处事风格做好以下几方面的工作:

第一,协助老师,当好助手。老师是做学生工作的主体,学生干部是辅助者。我们要利用身处学生群体之中,更了解同龄人的优势,协助老师做好学生工作。

第二,抓好团结互助,营造一种协调的氛围。学生会是一个大团体,只有搞好团结,才能做好各项工作。在团结的基础上,充分发挥每个学生干部的工作积极性和创造性,为我系的学生工作贡献自己的一份力量。

第三,重点抓学风建设,树立良好的学习风气。另外,还要把15级新生角色转变作为一个工作重点,让他们尽快适应新的生活和学习环境。

第四,多开展一些活动,丰富同学们的课余文化生活。

以上是我暂时的工作构想,在以后的实际工作中,遇到新的问题,随机应变,以切实可行的方法解决。总之,目标只有一个:做好本职工作。"金无足赤,人无完人",我也有一些缺点和不足。在以后的工作中,欢迎老师和同学们帮我指出。我会虚心接受,努力改正。进入大学以后,我为自己制定了一些目标。第一,搞好学习,打下坚实的理论基础。第二,做一些学生工作,锻炼自己的工作能力,扩大交往面。经过两年的努力,我的前一个目标已实现。现在,我正在向第二个目标奋进。有大家的支持,我一定能实现第二个目标。

谢谢大家!

×××

××××年×月×日

请指出这份竞职演讲稿存在的问题,并写出修改稿。

2. 写作训练

集团总部各部室:

根据《云南省投资控股集团有限公司关于部分中层管理人员缺编岗位竞争上岗有关问题的通知》(云投发〔2010〕382号)要求,以及集团2014年第1次党委会审查修订的《云南省投资控股集团有限公司关于部分中层管理人员缺编岗位竞争上岗实施方案》,现将竞争上岗竞职演讲有关事项通知如下:

1. 进入竞职演讲人员名单

办公室副主任职位(3人):

刘×× 张×× 田××

组织人事部副部长职位(3人)

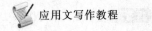

霍×× 马×× 陈××

2. 竞职演讲的主要内容

参加竞职演讲的应试人员,应在××××年×月×日前向竞争上岗领导小组办公室(组织人事部)递交竞职演讲稿(限 1500 字,纸质版和电子版各一份)。竞职演讲主要介绍自己的工作简历、竞争优势、德才情况、工作实绩和对竞争岗位工作的设想。

假如你是上述人员名单中的一员,任选一职务写一篇竞职演讲稿。

事务文书写作

第一节 事务文书知识概述

情境导引

冯坤是鸿途集团有限公司办公室秘书,12月10日上班时办公室主任向他交代了年末公司将要开展的几项工作。

1. 按照集团公司要求,近期到各分公司调查了解本年度的生产销售情况;
2. 12月31日召开公司年终总结工作会议,对本年度公司工作进行总结,公司领导将在会上作公司规划演讲;
3. 根据调查情况和领导讲话,制订下一年度的工作计划。

思 考

假如你是秘书冯坤,面对以上工作任务,你该如何处理?工作过程中该选择哪些事务文书形式来草拟这些文书?

 知识导航

一、事务文书的概念

事务文书是党政机关、社会团体、企事业单位为反映事实情况、解决问题、处理日常工作事务而普遍使用的文书。目的是处理公务和传递信息。它虽不是法定公文,但却是各机关单位使用得最广、最多的一类文书。

这里的所谓"处理日常工作事务",包括常规性工作与临时性工作。如制订计划、总结工作经验、搞调查研究、发简报沟通信息,或为某次大会准备文件,等等。事务文书不属于《条例》规定的15种公文,但在机关单位的日常工作中,各种事务文书的使用频率都很高。

事务文书与公文的区别在于:一是无统一规定的文本格式;二是不能单独作为文件发文,需要时只能作为公文的附件行文;三是必要时可以公开面向社会,或提供新闻线索(如简报)或通过传媒宣传(如调查报告)。

二、事务文书的分类

事务文书依其性质与作用的不同,可以分为如下几类。

(1) 计划类:包括计划、规划、方案、设想、安排等。其共同点是对未来工作的内容、步骤、措施与方案等预定性的设想。

(2) 报告类:包括总结、调查报告、述职报告等。其共同点是归纳某种工作的主要内容、成绩与经验、问题与不足等,并写成文字,向社会、上级或本单位所做的报告。

（3）规章类：包括规则、章程、制度、条例、守则等。其共同点是为了更好地开展工作而订立某些制约性措施。

（4）信息类：包括演说稿、简报、大事记、启事、声明等。其共同点是向他人传播的或长或短的各类信息。

（5）会议类：包括开幕词、闭幕词、会议报告、会议记录等。是为会议的召开而准备的有关文件及对会议内容的记载。

三、事务文书的特点

（1）对象的明确性。事务文书的写作有明确的对象、特定的读者，并对其有明显的约束力。

（2）内容的实效性。事务文书从主旨的确立、材料的使用到形式的运用都必须切合实际，讲求效率，便于文书内容的落实和处理。

（3）一定的程式性。事务文书一般都有约定俗成的惯用格式，虽然不像法定公文那样要求严格，但实用性和真实性的特点使它逐渐形成了较为稳定的结构层次、习惯用语、处理程序等组成要素。

（4）较强的时限性。事务文书总是针对工作、生活中的具体事务而撰写的，虽然它没有法定公文那样紧迫，但同样也要在限定的时间内完成，否则很难发挥作用。

四、事务文书的作用

事务文书的应用范围极其广泛，其作用也是多方面的，归结起来，主要体现为以下几点。

（一）贯彻政策，指导工作

为使党和国家的方针政策真正成为各行各业的工作指针，各级机关常常要通过各种形式将其贯彻到实际工作中去。有些事务文书就是体现党和国家的方针政策，指导人们做好工作的重要工具，如计划、规章制度，等等。制订计划和规章制度要以党和国家有关的方针政策为依据，同时，科学、合理的计划和规章制度又是指导人们开展工作的依据。

（二）沟通情况，联系工作

在工作的开展中，有许多情况是需要有关机关或部门共同了解的，有许多问题是需要人们协同解决的。沟通情况，联系工作，要有一定的手段和凭借，有些事务文书就能起到这种手段和凭借作用，如简报、调查报告、协议书等。

（三）积累和提供资料

工作的安排和进行，需要人们掌握有关资料，事务文书特别是具有留存价值的事务文书，常常可以起到反映情况、说明问题，从而为人们提供所需资料的作用。

（四）宣传教育，检查督促

事务文书通过分析形势，申明政策，或者介绍经验、表彰先进及揭露时弊、抨击丑恶，可以起到宣传教育群众，检查督促工作，使人们统一认识，并提高工作水平和工作热情的作用。

五、事务文书的写作要求

（一）总结新经验，反映新问题

事务文书要着眼于"新"字，要抓住改革和发展中的新事物、新经验，及时加以总结反映，支持新事物的成长，推广新鲜经验，为本地区、本部门"定方位、明目标"。

事务文书，特别是调查报告、各种简报等，要尽快反映社会动向、社情民意，以及群众关注的热点、重点问题，供领导部门在制定政策和做出决策时参考。例如，一段时间里，群众对高价医药、教育乱收费等问题议论纷纷，有关部门就应对此进行调查分析，及时写出调查报告，或信息简报，或情况反映，如实地反映群众意见、要求和呼声，这样就会有实用价值和实际意义。

（二）材料要充实，意义要典型

工作总结、调查报告、情况简报等主要是向上级汇报工作、反映情况的，因此，撰写这类文稿尤其应注意内容丰富、材料充实，只有恰当地选用材料，充分地陈述事实，才能增强文章的可读性和说服力。

1. 材料要充实

事务文书所运用的材料一般包括以下几种。

（1）概括材料。这是指反映事物概貌的、面上的材料，包括有关的数据。这样的材料运用得当，可以概述工作的基本面貌，反映事物的基本轮廓、经验和问题的基本框架。其中准确可靠的数据，则能增强文章表述的精确性和说服力。

（2）主干材料。这是指主要事实和骨干材料。它们是构成事务文书的基本内容。主要事实和骨干材料有着丰富的内容和大量的信息，包括人物和事件、成绩和缺点、情况和问题、经验和教训、批评和建议等，是文章的支柱和骨干，必不可少。运用主干材料，要紧密围绕主题，力求准、新、实。准，就是准确无误，真是可取，不能掺假或歪曲；新，就是新鲜、生动，给人以新鲜感，要避免使用旧材料和反映老问题、老情况；实，就是具体实在，忠实地陈述事实，反映实际情况，不可抽象笼统或空乏无力。

（3）典型材料。这是指典型事例、典型问题或典型议论等材料。抓住典型事例或典型问题，就能反映一般，起到以少胜多、以一当十的作用。运用典型材料，一般一两个或两三个即可，不要庸俗贪多。在写作过程中要注意恰当安排、合理布局，使观点和材料紧密结合。

（4）背景材料。背景材料是说明事物产生与发展的原因、条件、历史环境等解释性材料。背景材料分为：纵向背景材料——事务的内部联系、来龙去脉、前因后果，横向背景材料——事务的外部联系、与周围事物的关系、同类事物和相同地区的比较。恰当地运用背景材料，有助于说明事务文书的主题思想。

2. 意义要典型

工作总结、典型经验的调查报告等，是以总结经验教训为主要目的的。这类总结和调查报告，不仅要求材料充实、内容丰富，而且要求所总结的经验教训具有典型意义；要结合当前的形势和全局情况，通过典型的深入分析，引出普遍性的经验或教训。这样的典型经验，才有实际意义和指导作用。

（三）形式要灵活

事务文书和公务文书、规约文书相比，显得比较灵活，其表现如下。

1. 表达方法灵活多样

公务文书、规约文书的表达方式一般以概述、说明为主，只有极少的议论。而事务文书可灵活运用记叙、说明和议论等方法，确切地表述事实，分析问题，反映客观事物。在工作总结和调查报告一类文体中，除采用叙述的方法外，还可灵活恰当地运用议论的方法，通过分析综合、推理和判断，揭示事物的特征和本质，概括出规律性的东西，使人们对客观事物有完整而深刻的印象。

2. 表达顺序比较灵活

公文、规约等一般有一定的体例和格式，要求表述得体合理，格式规范统一。事务文书没有严格的表述顺序和固定不变的写作格式。例如，总结、调查报告和简报，留给作者构思与创新的余地较多，或以事实的主次为序，或以时空、因果为序，还可以问题的重要程度为序等；作者可按照文件、文章的内容和文体写作的要求，灵活地确定表述的顺序，合理安排布局结构。

（四）语言质朴确切

事务文书的语言运用，讲求准确恰当，传情达意，切合实际，以适用为本；不片面追求辞藻华丽，与以形象为主要特征的文学语言有显著区别。

1. 语言质朴

反映情况，传递信息，总结经验，需要质朴无华的语言；要有真意，去除粉饰，切勿卖弄，不能用渲染或夸张的手法，过分铺叙；不能堆砌辞藻，矫揉造作，使人感到不真切自然。

2. 语言确切

所谓确切就是用准确适当的语言，恰如其分地表情达意。这包括用词准确，概念明确，判断推理合乎逻辑，结论切合实际，这样才能准确而精当地表述事实，如实而周全地反映客观事物。

3. 语言简练明快

语言简练明快，就是用简练、明白、通畅的文字，及时反映情况，传递信息。事务文书注重实用，因此要求文笔简练，叙事简略，不仅要锤字炼句，而且要善于谋篇布局，力求短小精悍；内容要删繁就简，去芜存菁。

"学霸"见闻

当前行政机关、企事业单位事务文书写作中存在的问题

（1）偏长。就拿单位领导在会议上的讲话来说，一份讲话稿，把握不住中心，东拉西扯，废话连篇，语言文字少则一万，多则几万，甚至还要更长，犹如一本杂志、小说。至于数页的"简报"，几十页的"典型材料与事迹"，近百页的"工作计划"，大部头的"经验总结"，就更是俯拾皆是了。这么长的行政公文，在很大篇幅上不是套话、空话，就是废话、赘话。例如：开头不外是"在……精神指引下""在……的正确领导下""在……的大力支持下"，一连用好几个"在……下"的句式，成了万金油、八股文式，套哪哪用，乐此不疲；写成绩，从党政经文到工青

妇武，凡是沾边的，统统点上一笔，面面俱到，实是蜻蜓点水，众多现象的罗列或收集材料的堆积；写不足，先要列举一大串"优点"来铺垫点缀，然后才书归正传，娓娓道来；写总结，本来三五项就能写完，偏偏要画蛇添足，拼凑十项。如此事务文书的写作态度，似乎才能显示出领导的派头，制文者的水平。但导致的实际效果则是公文冗长、累赘和拉杂，让受文对象或阅读者如同嚼蜡，不知所云。

（2）量多。现在制作和颁发的事务文书，从种类上看，有工作简报、情况通报、内部刊物、调查报告，等等，不胜枚举；从内容上看，有工作要点、经验总结、生产动态、情况反映、产品业务、机关事务，等等，面面俱到；从制文对象上看，上至国家、省市，下到县区、乡镇，都在制作、发放事务文书。就拿一个县来说，能制作事务文书的单位就有一百多个，每个制文单位又有数种事务文书。往往能口头或电话传达的事项，也发"红头文件"；或事不分巨细，芝麻针尖大的事，也要编印"简报"或"通报"。印制这么多文件材料，谁有气力时间看完呢？正如现在老百姓反映的那样，当前的文件是"谁写谁看，写谁谁看"，人为地让受文对象或阅读者陷于文山之中。

（3）杂乱。行政机关、企事业单位制作事务文书存在着两个方面的通病：一个是不按照单位之间的隶属关系行文。按照《党政机关公文处理工作条例》行文规定，只有构成上下级关系的单位之间才能彼此行文。但目前没有直接上下级关系的单位之间却乱行文，特别是在县区一级的局、委、部、办之间，这个通病就更为明显。它们不经上级单位（县委、县政府）批转，就直接对乡镇党委、乡政府，对县直其他职能部门行文，形成了党政不分、上下不分，甚至相互撞车的怪现象，让其他单位无所适从。另一个是政出多门。上级有关部门发出的文件各执一词，相互矛盾。如某县关于水资源的管理问题，城建部门、环保部门和水利部门分别下文，都称自己是唯一的主管部门，都有本部门的条文规定作"依据"，弄得下级单位左右为难，不知该听谁的，也弄不清楚该以谁的为贯彻执行的蓝本来处理相关的问题；再如，关于木材运输及木材市场管理问题，某县林业局和物资部门发生争执，各拿文件，各擎"尚方宝剑"，官司打了几年，在全县造成了很不好的影响。诸如此类事情，还有很多。如此多的婆婆，让唯一的媳妇（执行单位）难以做人。

——资料来源：张玉雁. 当前事务文书写作中存在的问题面面观[J]. 焦作大学学报，2013(03). 节选.

第二节 计 划

情境导引

被誉为"人类潜能的导师"的美国著名管理学大师史蒂芬·柯维博士在他的畅销著作《高效能人士的七个习惯》中告诉我们：我们经常在人生的道路上迷失方向，因徘徊和迷途消耗了生命。而高效能的人懂得设计自己的未来。他们认真地计划自己要成为什么人，想做些什么，要拥有什么，并且清晰明确地写出，以此作为决策指导。我们将这个书面计划称之为"使命宣言"。一个人如有使命宣言并以之指导决策，他就会与其自定的目标保持一致。高效能人士之所以能成功，归功于他们能以终为始，忠于自己的人生计划。一个国家、一个单位同样需要"使命宣言"，同样需要制订各种计划以指导行动。作为职场人员，我们要制订单位和部门综合工作计划，还要制订各种专项工作计划和个人工作计划。

思考

1. 计划类文书有哪些衍生的名称?
2. 一份计划应该包括哪些方面的内容?
3. 如何让计划做到切实可行?

知识导航

一、计划的概念

计划是指党政机关、企事业单位、社会团体或个人,对今后一段时间的工作、活动做出预想和安排,提出任务、指标、完成时间和步骤方法等的一种事务性文书。

这里所说的"工作、活动"是广义的,包括各种内容,如:生产、销售、学习,或其他种种专项工作。

计划是一个统称,规划、设想、方案、要点、安排、打算等,皆属于计划这个范畴,只不过它们在范围、时间或内容详略等方面各有不同。根据内容与适用时间的不同,计划还有几种"衍生形式"。不同文种的异同见表6-1。

表6-1 计划类文种的异同一览表

序号	名称	时限	内容	范围
1	规划或纲要	长期,三五年以上	涉及面广,内容较为概略,多为大轮廓	本单位、本部门
2	设想	长远或近期	对工作任务粗线条、非正式的安排	本单位、本部门
3	打算	近期内	提出任务,但其中的指标、措施较为粗略	本单位、本部门
4	安排	短期内	任务明确、内容单一、措施具体	本单位、本部门
5	要点	一定时期内	布置主要任务,明确指导思想,提出原则性的要求	上级对下级、本单位、本部门
6	方案	近期、短期	就某项任务、客体的具体措施,从目的、要求、方式、方法都做全面安排	本单位、本部门

(1)规划或纲要:是国家或单位制订的具有全局意义的长远的计划。如《广州城市发展规划》。纲要是指对一个较大的范围内的同一项工作做出的总体计划。纲要经常由级别较高的机关制定,内容制定得比较原则概括,如《国家中长期教育改革和发展规划纲要(2010—2020)》。规划有时作为实施纲要的计划,如《国民经济和社会发展第十三个五年规划纲要》。

(2)设想:是某项工作的一种尚未成熟的草案式计划,是对工作未来发展做出初步的构想。适用于粗线条的预测——还不是很具体的计划,如《××公司未来五年的远景设想》。

(3)打算:是指针对短期内的某项工作或活动所做的非正式计划。

(4)安排:是指对短期内所做事情的具体实施过程的筹划。如《××厂春节放假期间保卫工作安排》。

(5)要点:是指对某一阶段内准备要做的事情作概括性的罗列,主要起备忘督促作用的计划。它可以是实施纲要、规划的计划。如《××县实施〈××省十年消灭黄山规划〉工作要点》。它也可以独立制订,如《××公司 2013 年度工作要点》。

(6) 方案:是为做好某项工作而事先设计的工作方法与步骤。如《××学术会议工作方案》。

二、计划的作用

"用兵之道,以计为首""凡事预则立,不预则废"。其实,无论是单位还是个人,无论办什么事情,事先都应有个打算和安排。计划能使决策具体化,有了计划,工作就有了明确的目标和具体的步骤,就可以协调大家的行动,增强工作的主动性,减少盲目性,使工作有条不紊地进行。同时,计划本身又是对工作进度和质量的考核标准,是监控与检查的依据,对大家有较强的约束和督促作用。所以,计划对工作既有指导作用又有推动作用,订好计划,是建立正常的工作秩序和提高工作效率的重要手段。

三、计划的特点

(1) 预见性。计划不仅对将来一段时间内所要达到的目标做出预测,同时还要对实现这一目标所要做的工作、方法与步骤做出详尽的安排与部署,使这一目标得以顺利及时地完成。

(2) 实践性。任何计划都要把它拿到实际工作中去指导实践,才能检验它的正确与否。计划与现实工作是紧密相连的,不能在现实工作中指导实践的计划是没有意义的。

(3) 科学性。也就是计划的可行性。计划应当是科学的,是对各种信息的收集、归纳、鉴别、分析、加工的结果。它绝不是凭主观的臆断或推测得出来的东西。计划应当目标具体明确适当、方法与步骤切实可行。计划的步骤、措施、方法与要求都要经过科学的预测与论证,尽量做到切实可行,充分起到统筹工作、调动积极性的作用。

(4) 周密性。计划涉及工作的方方面面,如每一个步骤,每一项措施,每个阶段所欲达到的目标,都要事先精心地加以构思,故制订计划是件十分周密的工作。

(5) 制约性。计划一旦制订,就要按照它办事。每一个阶段,都要达到预期的分目标,最后达到总目标。不能订了计划,却把它束之高阁,在工作中仍是随心所欲,那就失去了制订计划的意义。

(6) 时限性。计划只在一个特定的时间范围内有效。无论是制订它,还是执行它,都是如此,离开了一定的时间范围,计划就失去了它本来的作用与意义。

四、计划的种类

根据不同的分类标准,计划有不同的类别。

(1) 按时间的跨度分,有周计划、月份计划、季度计划、年度计划、近期计划、长远计划等。

(2) 按指挥性的强弱分,有指令性计划与指导性计划等。

(3) 按制订计划的机构分,有班组计划、单位计划、系统计划、地区计划、国家计划及国际的合作计划等。个人也可制订计划。

(4) 按内容与性质分,有工作计划、生产计划、学习计划、经济计划等。

(5) 按形式分，有条文式计划、表格式计划、条文表格综合式计划。

下面，我们将主要从计划按形式分类这个角度介绍计划的写作问题。

五、计划的写作

计划有相对固定的行文格式，一般由标题、正文、落款三个部分组成。

（一）标题

计划的标题与其他文种的标题相比，多了一个时间要素。主要有以下几种。

(1) 由计划内容＋计划种类构成。如《磁化节能燃烧技术研究计划》。

(2) 由计划时限＋计划内容＋计划种类构成。如《"九五"农村改水改厕规划》。

(3) 由计划者＋计划内容＋计划种类构成。如《××省机关单位工作人员社会养老保险试行方案》。

(4) 由计划者＋计划时限＋计划内容＋计划种类构成。如《××市2015年森林防火宣传教育工作放方案》《宏达集团公司2016年工作计划》。计划的单位与时间界限的位置可前可后，根据需要来确定。

(5) 双行标题。如《迈向新世纪　进行新选择——××市开展"第二次工业革命"建立高新技术产业区的战略构想》。

有的计划还没有最后定稿，尚处于酝酿讨论修订阶段，这就要在标题里把这种情况反映出来，一般是在标题的后边或者下边写上"草稿""初稿""试行稿""征求意见稿""送审稿""待批稿"等字样。如《××省"十五"扶贫攻坚计划（初稿）》。

（二）正文

我们主要从形式上探讨条文式计划和表格式计划的写法。

1. 条文式计划

条文式计划是我们学习和研讨的主要对象，其主体一般由前言、主体和结语构成。

1）前言

一般说明制订计划的指导思想、依据等内容，也就是说明为什么要订计划、根据什么订计划等。简明扼要。

例如，《上海旅游业发展三年（2003—2005年）行动计划》的前言：

"十五"计划实施两年来，本市旅游业呈现了良好的发展势头。上海科技馆、东方绿舟等一批都市新景观相继建成开放，大型活动、节庆会展旅游快速发展，旅游配套设施不断完善。2002年，本市入境旅游者达272.5万人次，同比增幅33.4%；外汇收入22.8亿美元，同比增幅25.8%；国内旅游者8 761万人次，同比增幅6.1%；国内旅游收入993.8亿元，同比增幅23.3%。旅游产业增加值约占全市GDP 6.0%。旅游业已成为本市经济发展新的增长点，对拉动内需、推进相关产业发展、促进劳动就业、提高人民生活质量和扩大城市国际影响，发挥了积极的作用。

这个前言明确地提出工作计划的指导思想及其依据，为制订计划提供了前提和基础。

有的计划还要对现状或形势进行简要分析。进一步阐明"为什么做"。例如《磁化节能燃烧技术研究计划》，专门设一条对"研究实验的目的意义和国内外情况"进行了如下分析：

在各种工业窑炉、锅炉以及内燃机等热设备中，改进燃料燃烧技术是节约能源的最根本途径。根据理论分析，磁场和电场对燃烧过程有明显影响，有可能强化燃烧和节约能源。最近的情况查明，日本已用磁化处理燃烧的办法在内燃机上获得大幅度节油效果（专利报道：节油10%，增大动力20%，减少黑烟50%）。这是国外的新技术，应用尚不广泛。国内还未开始研究。

以上这段分析，对开展磁化节能燃烧技术研究的必要性和迫切性做了很有力的论证。现状或形势分析，不是每一份计划都一定要写的内容，但如果写了，它就不应该是该计划中可有可无的部分。

2）主体

这是计划的主要部分和核心内容，由计划的目标、措施、步骤三部分组成，可简称为计划的"三要素"。

（1）目标。即工作达到的最终目标。这是计划的主体内容。一般采取分条罗列的方法，将所要达到的目标具体化、细致化，必要时使用数据来表述。各项内容可用小标题或序数符号标明，使之更为醒目。目标有总目标和分目标两种。总目标是工作所要完成的任务；分目标是各分项工作所要达到的目的。分目标是总目标的分解，各分目标达到了，总目标也就实现了。总目标和分目标构成了计划的目标体系。

（2）措施。即为实现目标、解决工作中的困难和问题，制定行之有效的途径和办法。这是完成计划的保证。它包括组织分工、进程安排、人力物力和方式方法等。在一些较大规模的计划里，通常是制定原则性的措施，再由实施者根据本身实际再制定实施步骤。有的计划只有措施而不再设步骤；有的计划则措施和步骤都筹划好。措施主要解决"怎样做"的问题。

① 组织分工，即安排哪项任务由哪个单位或部门负责并分清及应负的责任，以免计划实施起来因无人负责而不能落实。

② 进程安排，是指一项目标要分期完成。

③ 人力与物力要合理配置，以便充分调动各方面的积极因素。要根据工作难易和条件的好坏进行工作的调配，以避免有的项目人浮于事和物资积压闲置，而有的项目却人员过少、物资短缺。这一部分，往往关系到目标任务能否按质按量、按时完成，因此务必写得详细、具体、周密，具有切实的可操作性与实践性。

（3）步骤。步骤是指事情进行的程序。步骤比措施更具体，它主要解决"何时做什么"的问题。要写明实现计划的程序和安排，特别是对重要阶段、重要节点的安排。同时，要对计划实施中需要特殊关注的问题提出要求，分清责任，避免扯皮推诿。

例如，《磁化节能燃烧技术研究计划》，其研究步骤为：

××××年：(1) 实验室研究，对机理进行客观解释。

(2) 争取在汽车上试验，得到好的效果。

××××年：(1) 测定磁铁性能及各种参数的影响。

(2) 应用于柴油和重油，得到可行的方案。

××××年：在工业油炉上试行推广。

××××年：应用于其他燃料进行研究。

以上是开展磁化节能燃烧技术的四个步骤。通过比较,很容易看出措施与步骤的区别。措施着眼于做法,而步骤着重于过程。有的计划把措施和步骤结合起来筹划,只要写清楚了"怎么做"和"何时做完",分开写或合起来写都是可以的。一些范围小或内容细小的计划,是没有措施只写步骤的。

正规的计划都应具备以上三项内容,即"三要素"。如果把前言部分写的根据"为何做"加进去,就成为"四要素"(根据、目标、步骤、措施)。比较详细的计划则要写上分工(谁来做)和地点(在哪里做),合称"六要素"。

条文式计划的主体部分有多种结构方式,经常采用的是以下几种。

① 项目式:即条列式,把计划安排的工作按项目分列,逐项写明具体任务和目标、措施和方法、步骤和要求。如《××电器有限责任公司2015年销售工作计划》的主体部分,就分为彩电、冰箱、空调、小家电等几个项目,分别做出销售安排。

② 并列式:长期的、综合的、宏观的计划,多为鸿篇巨制。因此,较多采用并列式的结构方式,即将计划分为若干并列的部分,各部分间既有机联系,又相对独立,如《××市经济和社会发展第十二个五年规划》,主体分为十个并列的部分,是典型的并列式结构。

③ 贯通式:把计划安排的任务自然段落分层次写出,一般在每段的开头提出该层次的要点,如"今年的生产目标是""这项工作主要分为三个阶段""完成任务应注意以下问题"。

3) 结语

结语是计划的结尾。可以发出号召或提出希望,激励人们为实现目标和美好的前景而努力工作。也可以强调有关主要环节及注意事项,还可以描述计划实施后的成效等。需指出的是,结语应视需要撰写,如果主体部分已经写清楚了,就不必再写结语,以免画蛇添足,狗尾续貂。

2. 表格式计划

项目具体、内容简单的计划,可采用表格式,即将计划安排的任务、目标、措施、进度、责任部门或责任人等,均纳入表格来反映,使读者一目了然。

(三)落款

落款包括署名和日期,应在正文后面写明制文单位和制文日期。如果计划的标题中已经包含了制文单位名称,制文日期也在标题下括号内注明,则可以省略署名或日期。

六、计划的写作要求

1. 立足当前,兼顾长远

计划要在认真贯彻党和国家的方针政策,具体落实上级的工作部署的基础上,立足本单位现有条件,并兼顾本单位长远需求,通盘考虑,统筹安排。

2. 目标明确,切实可行

计划的目标是凝聚人心、鼓舞士气的旗帜。明确的目标可以让大家清楚地看到完成计划需要达到的高度和标尺,从而齐心协力为之奋斗。当然,计划的目标必须切合实际,具有可行性,目标过高,明显达不到,必然打击人们的工作热情;目标过低,毫不费劲就能实现,又会压抑大家的主观能动性。

3. 措施有力，约束得宜

措施是事先计划的保证，有力的措施和恰当的步骤，可以保证计划的顺利进行。因此，制订计划时，措施必须清楚，责任必须分清，重点必须突出，步骤必须明确，以确保计划的落实。同时，要从全局着眼，严格计划的执行，约束计划的实施，强调计划的指令性或指导性。但这种约束是相对的，即只在总体任务、硬性指标、主要步骤、时间节点上约束，而具体的做法、途径、手段等则不做刚性规定，以利于发挥大家的积极性和创造性。

范文导读

东观镇深化正风肃纪专项行动实施方案

根据《中共高坪区委党的群众路线教育实践活动领导小组关于印发〈高坪区深化正风肃纪专项行动实施方案〉的通知》（高群组发〔2014〕7号）文件要求和区纪委深化正风肃纪专项行动的部署，为扎实推进全镇正风肃纪专项行动，有效解决发生在老百姓身边的"四风"问题，促进党员干部队伍作风持续好转，结合我镇实际，特制订本方案。

一、指导思想

深化正风肃纪专项行动，要坚持以马克思列宁主义、毛泽东思想、邓小平理论、"三个代表"重要思想、科学发展观为指导，全面贯彻党的十八大、十八届三中全会和习近平总书记系列重要讲话精神，市委四届三次和四次全会、区委十三届三次和四次全会精神。要坚持党要管党、从严治党的方针，紧扣为民务实清廉的主题，按照"照镜子、正衣冠、洗洗澡、治治病"的总要求，严标准、严措施、严纪律，除歪风、治邪气，倡新风、树正气，密切党同人民群众的血肉联系。

二、目标任务

在前一阶段正风肃纪专项行动基础上，继续深化专项治理，把深入落实中央八项规定和《党政机关厉行节约反对浪费条例》《南充市党员干部政治纪律"八严禁"》《南充市党员干部生活作风"十二不准"》和区委"六项暂行规定"等作为切入点，切实解决"四风"突出问题，促使广大党员干部进一步改进作风，提升群众工作水平，使干部受教育、问题得解决、作风大改善、形象再提升，不断汇聚"科学发展、幸福草堂"的正能量。

三、主要内容

按照区委和区纪委的部署，今年正风肃纪专项行动内容，在深化巩固去年专项治理任务的基础上，增加"严明组织纪律""深入整顿工作作风"等内容，整合成六项专项治理任务。

（一）进一步严明政治纪律和组织纪律。（略）

（二）深入治理奢侈浪费。（略）

（三）深入治理大操大办。（略）

（四）深入整治打牌赌博。（略）

（五）深入治理生活作风问题。（略）

（六）深入整顿工作作风。（略）

四、实施步骤

今年，正风肃纪专项行动从3月上旬开始至12月上旬结束，为期9个月，分五个步骤进行：

（一）强化纪律阶段（3月上旬至4月中旬）。（略）

（二）查摆问题阶段（4月下旬至6月中旬）。（略）

（三）整改落实阶段（6月下旬至8月中旬）。（略）

（四）建章立制阶段（8月下旬至9月中旬）。（略）

（五）检查验收阶段（9月下旬至12月上旬）。（略）

五、保障措施

（一）加强组织领导。（略）

（二）严格监督执纪。（略）

（三）强化考核问责。（略）

六、工作要求

（一）高度重视。（略）

（二）营造氛围。（略）

（三）细化落实。（略）

这是一篇条文式工作方案，标题是"制发单位＋计划内容＋计划种类"式。方案就深化正风肃纪专项行动进行了具体安排部署，前言说明了制订方案的根据和目的，主体部分从指导思想、目标任务、主要内容、实施步骤、工作要求六个方面分条列项加以布置，符合方案写作基本要求，具有较强的操作性。

××省图书馆2015年暑期传统文化讲座计划

讲次	时间	主讲人	单位与职称	讲题	地点
1	7月27日	赵××	××大学教授	老子	本馆学术报告厅
2	7月30日	钱××	××社科院研究员	论语	本馆学术报告厅
3	8月4日	孙××	××大学教授	孟子	本馆学术报告厅
4	8月7日	李××	××大学教授	楚辞	本馆学术报告厅
5	8月10日	周××	××社科院研究员	汉赋	本馆学术报告厅
6	8月13日	吴××	××社科院研究员	魏晋诗歌	本馆学术报告厅
7	8月16日	郑××	××大学教授	唐诗	本馆学术报告厅
8	8月19日	王××	××大学教授	唐诗	本馆学术报告厅
9	8月21日	冯××	××大学教授	宋词	本馆学术报告厅
10	8月24日	陈××	××大学教授	宋词	本馆学术报告厅
11	8月27日	楚××	××社科院研究员	元曲	本馆学术报告厅
12	8月30日	魏××	××大学教授	明清小说	本馆学术报告厅

这是一份表格式计划。由于听众最关注的是每次讲座的时间、主讲人及其身份、所讲的内容，听课的地点。所以，此份表格只列出上述内容。表格式计划具有简单明快、重点突出的特征。

"学霸"见闻

计划目标如何做到科学性

所谓计划目标的科学性,就是在充分调查研究的基础上,结合本地区、本单位、本部门的具体情况,以科学的态度、求实的精神,既不过高,也不过低地制定目标,确定任务。目标过高会使人望而生畏,感到可望而不可即,从而丧失信心;目标过低,唾手可得,又会使人不求进取,不利于充分调动人的积极性,激发人的内在潜力。

科学地设置目标应注意以下五点。

1. 科学分解目标

在总目标(即大目标)确定后,还应制定出各个阶段的分目标(即小目标)这样将一个大目标分解成若干小目标,分阶段地去实现,会使人感到大目标并非高不可攀,从而有效地鼓舞人们一步步地去实现最终的大目标。同时也有利于对工作的监督、检查,做到心中有数,并根据目标完成的实际情况,总结经验,及时调整措施、步骤及小目标,从而保证总目标的预期实现。如某一水泥厂,计划全年水泥产量1 000吨,总的目标任务可以季度为单位,根据各季度不同的情况将1 000吨的目标分解成四个小目标:第一季度生产200吨水泥,占全年生产任务的20%;第二季度生产300吨水泥,占全年生产任务的30%;第三季度生产400吨水泥,占全年生产任务的40%;第四季度生产100吨水泥,占全年生产任务的10%。

2. 目标明确、具体

目标明确即目标要量化,不能泛泛而谈,否则人们就不知道做什么,做到什么程度。譬如,学生制订学习计划,如果制定的目标是"进一步提高学习成绩",那么,这个目标就是不明确、不具体的。因为以往的学习成绩如何,预计学习成绩提高多少,达到什么标准等在目标中均未明确。所以,这样的目标无法体现科学性。应该看到,计划目标不明确、不具体,是计划写作中存在的最突出的问题之一。下面一份计划的目标写得较好,现摘录如下:

××厂××××年丝绸产销的目标是:工业产值100亿元,比去年同期增长33%;蚕丝产量700万担;绸缎产量17亿米,其中真丝7.8亿米;丝4.9万吨。内销绸缎10亿米,增长25%。出口产成品15亿美元,其中丝类占30%,绸缎占37%,服装及制成品占33%。

上述计划目标明确、具体、量化,使人一目了然。

3. 目标主次分明

如果计划的目标不止一个(即有两个以上目标),要做到目标的主次分明、重点突出、条理清晰,将计划实现的若干目标按照主次、轻重、大小的顺序一一列清楚。下面的文字是某学院一班级工作计划中的目标:

(1) 期末考试及格率达98%,优秀率达30%;

(2) 英语四级合格率达到80%;

(3) 争当本年度优秀班级、优秀团支部;

(4) 晚自习出勤率达98%。

该目标的撰写就达到了主次分明、重点突出、条理清晰的要求。

4. 表达目标的语言准确、简明

准确、简明的语言表达是计划目标科学性的必要条件。计划的目标是要告诉人们做什么,做到什么程度,即要人们知其然。这就需要准确、简洁地表达目标,不能使用"可能""大约""估计""也许""左右""上下"之类不确切、模糊的词语,更不能在目标中掺杂说明、解释性词语和阐明目标意义的语句。如下面一段文字即存在此类问题。

　　随着我国改革开放的深入,对外交往的增多,外语的作用日益突现,外语水平的提高势在必行,所以本学期要抓紧外语学习,争取英语四级考试合格率达到80%左右。

　　——资料来源:姜艳秋.谈计划目标的科学性[J].应用写作,2004(10).节选.

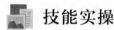 技能实操

　　1. 病文修改

2009年度公众开放日科普活动实施方案

　　兹定于5月16日举办以"科技创新支持国家经济社会发展"为主题的海洋科普活动,向社会公众展示海洋科技创新最新成果及动态,普及海洋科学知识,增进社会公众对海洋的了解,充分发挥××市科普基地的作用。活动具体安排如下。

　　一、时间:2009年5月16日(周六)。

　　二、地点:×××××海洋研究所。

　　三、组织:由综合管理处负责统一组织协调,工作人员包括管理部门全体职工、研究室部分职工、研究生科普志愿者。

　　四、开放场馆:海洋地质与环境重点实验室、实验海洋生物学重点实验室、海洋生态与环境科学重点实验室、海洋生物标本馆、创新成果展厅、×××纪念展室、×××纪念展室。

　　五、专题活动。

　　1. 与××市少年科学院联合组织全市中小学生"我心目中的海洋"长卷绘画比赛(现场作画)。

　　时间:8:30～9:50

　　地点:××广场或研究所北门人行道

　　人员:全市中小学学生代表60名

　　奖项:一等奖　10名
　　　　　二等奖　20名
　　　　　三等奖　30名

　　2. "××市海洋科学知识实践基地"启动暨"我心目中的海洋"绘画比赛颁奖仪式。该实践基地由×××××海洋所、××海洋湖沼学会、××市少年科学院联合成立,将面向全市中小学生组织开展系列科普活动。

　　时间:10:30

　　地点:汇泉广场

　　参加人员:小院士、部分中小学生和家长

　　活动内容:领导讲话、实践基地揭牌、颁奖。

　　3. 头脑奥林匹克竞赛决赛表演。

　　时间:9:00开始

　　人员:参赛中小学生

4. 全市中小学生书法作品展。

由少科院提前在全市中小学组织书法比赛,初选出优秀作品进行展示并评选出一、二、三等奖,现场展览。

5. 科普专题讲座,包括极地考察讲座和有孔虫专题讲座。

时间:9:30~10:30

六、媒体宣传

1. 通过报纸、广播、网络等媒体提前公布开放日的时间及活动内容,保证活动效果。

2. 开放日邀请电视台、报纸、广播等媒体现场采访,重点做好几个主题活动的宣传。

七、加强管理,保证安全

高度重视科普活动中的安全工作,认真组织好参观群众。提前做好安全防范工作方案和应急预案,对公众聚集场所,制定严密、翔实、具体的安全保卫措施,做到任务明确、责任到人。

请指出这份实施方案存在的问题,并写出修改稿。

2. 写作训练

请认真阅读下面资料,然后以洪山职业技术学院党委办公室、院长办公室的名义于2016年8月26日编制表格式的2016—2017学年第一学期第二周会议安排。

星期一(8月31日),上午10:00,教学工作会,部署新学期教学工作,教务处长、各系(部)主管教学副主任、教务处工作人员参加,会址行政楼203室,主持人张××。

星期二(9月1日),上午9:00,院党委会,制订院党委中心组学习计划,院党委委员参加,会址行政楼316室,主持人李××。

星期三(9月2日),下午2:00,院长办公会,研究学科建设,院领导、院办主任、教务处长、各系(部)主任参加,会址行政楼203室,主持人赵××。

星期四(9月3日),上午10:00,科研工作会,研究学报工作,科研处长、各系(部)主管科研副主任、学报工作人员参加,会址行政楼203室,主持人王××。

星期五(9月4日),下午3:00,基建领导小组工作会,图书馆扩建工程验收,基建领导小组成员、图书馆馆长参加,会址行政楼112室,主持人周××。

第三节 总　　结

情境导引

××××年××省××市农业环境保护监测工作在市农业局和省农业环境保护监测站的领导下,积极开展农业环保科技产业,有效地促进了各项工作的开展和完成,为该市农业和农村经济增长、农民增收做出了较大贡献。开展无公害农产品和绿色食品生产科技试验,具有现实作用和长远指导意义。与此同时,该市农业环境保护监测工作还存在一些问题和不足,需要在以后的工作中进行解决和弥补。因此,监测站的张站长让办公室王主任起草一份文稿,对该站当年工作进行全面回顾和总结。王主任经过几天的努力,提交了《加强农业环境保护　促进无公害农业健康发展——××××年××市农业环境保护监测工作总结》,

顺利完成了上司交给的工作任务。

思 考

1. 一份总结应该包括哪些方面的内容？
2. 总结写作应注意哪些事项？
3. 你将如何写作一份单位工作总结？

知识导航

一、总结的概念

总结是机关单位或个人完成某一工作任务后，对所做工作进行的系统回顾，对所取得的成绩、存在的问题、未来的打算等进行理性思索，从中找出内在规律，以指导未来实践而使用的事务性文书。

我们可以从以下三个方面对上述概念加深认识。

（1）总结是积累经验的重要手段。一个单位在完成某项工作任务的过程中，经过干部群众的集体努力，取得了很大的成绩。如果不对工作加以认真总结，很可能会对取得的成绩处于一种麻木漠然的状态，而不能从中得到深刻的认识。而总结，则是通过认真的思考，将工作成功的原因找出来，使之成为一种宝贵的经验。每个阶段、每项工作做完后，都进行一番总结，便会积累丰富的经验，无疑会对今后的工作提供有益的借鉴。

（2）总结是避免重犯错误的有效方式。任何单位或个人在工作中，难免会发生各种错误。重要的是应从中吸取教训，不重蹈覆辙。孔子曾称赞他的学生颜回"不贰过"，就是说，同样的错误不犯两次。任何人只要经常对所做的工作进行总结，善于从错误和失败中吸取教训，都能像颜回那样，在工作中不犯同样的错误。

（3）总结是认识规律的可靠途径。总结不是就事论事，不是仅仅复述事实，而是在对以往工作事实回顾的基础上，经过认真的分析与归纳，从事实的层面上升到理论的层面，从个别的实施经验中寻找普遍的规律。写总结需要有较高的理论思维能力，而经常对所做的工作进行总结，则能培养这种能力。故总结不但是认识规律的可靠途径，而且是培养理论思维能力的可靠途径。

总结的目的，是通过对自身工作中的优点与缺点的回顾分析，吸取经验教训，并把感性认识上升到理论认识的高度，以便做好今后的工作。因此，总结在整个工作流程中具有承上启下的作用。

二、总结的特点

1. 回顾性

从写作的时间看，总结是在事后进行。从写作的目的看，总结是对已经过去的一个时期的工作、学习或思想进行回顾，用有关的理论给予观照和评价，看出成绩，找出不足。通过总结，把成功的经验上升成为新理论，对不足及时采取新措施。总结是以回顾为基础，却不以回顾为目的，总结的最终目的，是通过回顾，有所发现，有所发明，有所创造，有所前进。人类社会，就是在不断地总结中前进的。

从写作的材料看,写进总结的材料,是那些已经历过的事情。凡是虚构的,或正在构想中的,计划做而尚未做的事情,都不该是总结的内容。

总结是对过去特定阶段或特定工作进行回顾和研究。它以"我"或"我们"身历亲为的客观事实为基础,进行概括性的陈述。因此回顾性是总结的突出特点。总结的回顾是有重点有选择的,并不是平铺直叙或面面俱到,关键在于这些重点和选择的事实必须具有代表性,必须真实,不能以偏概全,更不得虚构和捏造。

2. 自身性

总结回顾的是自身的实践活动。所谓"自身",指的是本人或本单位。总结,以本人或单位为总结对象和总结范围,它只写本人或本单位已经经历过的事情,别人的事不写,更不能把别人做的事变为本人或本单位做的事,把别人的经验写进总结变为自己的经验。由于总结具有自身性的特点,所以总结用第一人称写作。

3. 评价性

总结要对前一阶段的工作进行评价,肯定正确作法,指出失误和偏差。评价要从行文机关的角度,客观公正地阐明观点,表明态度,对成绩的褒扬,对问题的贬斥均应清楚明白,不可含糊遮掩。

4. 平实性

平实性即总结的客观性。总结的客观性,表现在总结是从客观事实出发,而非个人的主观好恶出发。是对所做工作进行的客观评价与分析,从中寻找的经验与教训。说到底,客观性就是我们倡导的"实事求是"的态度。有了这种态度,就能严格地审视所做的工作,不夸大成绩,不隐瞒错误,就能真正搞好总结。总结是进行自我评价。总结者应怀着平静的心态,以客观的态度,老老实实地评价自我。不应言过其实,沽名钓誉;也不必文过饰非,隐瞒不足。客观真实地进行总结,才能实现总结的真正目的,体现总结应有的作用和价值。

5. 全面性

总结需要全面性,而反对片面性。总结的全面性体现在:是站在全局的角度,对所做的工作进行的全盘审视,涵盖所做工作的全部内容;是对以往工作中的成绩、不足,及今后工作中所要采取的措施的全面研究。不但综合性总结需要全面性,而且专题性总结也要全面性。专题总结是对某专项工作的全方位思考。总结不是一笔回顾往事的流水账,也不是杂乱堆砌往事的回忆录。总结是对往事作理性回顾后,进行综合和条理化,概括出观点,在观点的统率下对往事进行综合性表达。

6. 理论性

总结必须在回顾与评价的基础上进行理论的概括,提炼典型经验,找出客观规律,并上升到理论的高度。一份总结水平的高低,关键就在于升华的理论是否科学,是否典型,这些经验与理论是否有推广借鉴意义。

三、总结的分类

按照不同的分类标准,总结可以分成不同的类别。

(1) 按总结的时间限度来分,可以分为月份总结、季度总结、年度总结、阶段总结和全程总结等。

（2）按总结的范围来分,可以分为班组总结、部门总结、单位总结、系统总结、地区总结和全国总结等。

（3）按总结的性质来分,可以分为工作总结、学习总结、生产总结、思想总结、劳动总结、会议总结和科研总结等。

（4）按总结内容的覆盖面来分,可以分为综合总结和专题总结等。

综合总结又称全面总结,是对社会组织在一定时间内各项工作的整体综合和全面概括的总结。其特点是内容广泛,篇幅较长。它既要反映纵的系统,又要反映横的断面,要求综合反映工作的全貌和全方位的情况。它的内容包括基本情况的叙述与介绍、成绩经验的总结、失败教训的吸取以及今后努力的方向等。一般来说,一个社会组织在某一段时间后所做的总结都属于综合总结。

专题总结又叫单项总结,是对社会组织在一定时间内某一项工作或是一个问题所做的总结。这类总结往往内容单一集中,针对性强,因而对以后的同类工作帮助很大。这类总结要求对某一项工作或是一个问题进行深入细致的探讨,分析十分透彻,理论性更强。

四、总结与计划的关系

计划是在工作之前所预设的工作安排,工作目标、实施步骤、保障措施等;而总结则是在工作完成后进行的回顾与评价,找出经验和教训。

1. 计划和总结联系紧密

就同一工作和同一单位,同一阶段的计划和总结而言,它们所涉及的事物主体是相同的,都是对该事物或实践的描述,是密不可分的,区别在于计划是事前的设想,总结是事后的回顾。

2. 计划和总结彼此促进

计划为总结提供基础,勾勒概貌,圈定范围;反之,总结检验计划的实施,反观其得失,促进其提高。从计划到总结,再到更好的计划,进一步的总结,是一个实践提高再实践再提高的过程。只有计划,没有总结,也就没有提高。总结了,却不用于指导新的计划制订,也同样没有提高。只有计划和总结相互促进,才能完成实践——提高——再实践——再提高的全过程。

需要说明的是,计划与总结不是逐一对应的关系。并不是每一项工作都是事前有计划,事后有总结的。许多事前没有专门计划的工作,也需要在事后认真加以总结,也有一些事前有计划的工作,因种种原因,事后不进行全面总结的。

五、总结写作

总结的结构一般包括标题、正文和落款三个部分。落款即署名和署时,可以写在标题之下,也可以写在文尾。

（一）标题

（1）文件式标题即陈述式标题。由制发单位＋时间＋工作类别＋文种构成,如：《××县工商局2007年上半年工作总结》。这种标题一般用于综合性总结。

（2）文章式标题即概括式标题。以单行标题概括主要内容或基本观点,不出现"总结"

这个文种名称,但对总结内容有提示作用。如:《技术改造是振兴企业之路》,这是某企业的总结;《我们是如何实行教学与科研相结合的》,这是某高校的总结。这种文章式的标题一般用于专题总结。这样的标题不仅省略了单位名称、时间限度,甚至连文种也省略了,只有总结的内容。

(3) 双行式标题,即论断式标题。还有的总结为了使重点更突出,常采用双标题的写法,即采用正副标题的形式。正标题往往用来揭示总结的主题、观点或概括内容,而副标题则点明总结的单位、时间、性质等。

例如:

适应市场竞争变化　提高公司经济效益
——××公司一九九七年度的机构改革的总结
建设社会主义精神文明的尝试
——中山大学"美的咨询"活动总结

(二) 正文

1. 正文结构形式

总结的正文结构形式主要有以下四种。

(1) 四部式。即按"基本情况、主要成绩与经验、问题与教训、今后打算"四部分依次介绍,这是总结的传统写法,多用于综合性总结。四部式结构条例清楚,较好把握,须注意的是,要分清主次,详略得当,不可平铺直叙。

(2) 阶段式。按照工作阶段或时间顺序分别阐明各个阶段的情况、成绩、问题。多用于周期长、阶段性突出的工作总结。阶段式结构突出了阶段性,能清楚地反映出工作的发展进程。须注意的是要找出各个阶段的异同,写明不同阶段的特点,不可平均着墨。

(3) 并列式。将总结的内容按性质分类,划分为并列的多个部分进行总结,各个部分之间紧密联系又相对独立,共同表现总结的主体。并列式结构框架醒目,易于写作,多用于大型的专题性经验总结。

(4) 总分式。先概述总体情况,再分为若干工作加以总结,逐一对每项工作的成绩、经验问题等加以阐明。总分式结构较为复杂,写作难度较大,多用于大型的、全面的综合总结。

2. 正文的写法

总结的正文一般包括三个部分:前言、主体、结尾。

(1) 前言

前言用最精练的文字概括地交代总结的基本内容,如总结的主要内容、时间、地点、背景、事件经过等,前言也可以将总结出来的规律性认识、主要经验或教训、主要成绩或存在的问题用简短概括的文字写出来。这样,读者在读这篇总结之前就会对总结的全貌有一个大致的了解,也能够统领全篇,激发阅读兴趣,启发和引导读者在以后的阅读中积极思考。

如《××市直机关干部思想作风整顿工作总结》的前言:

中共××市委从 8 月中旬开始,对市直机关干部思想作风进行了一次整顿。这次整顿经历了学习动员、对照检查、整改建制、检查验收四个阶段,参加整顿的有市直机关 92 个单位的×名干部和职工。在市直机关广大干部职工的共同努力下,已如期完成了各个阶段的工作任务,经市委派出的 15 个检查验收组对 91 个单位检查验收,91 个单位均已全部达到或基本达到了市委提出的要求,机关面貌出现了可喜的变化。

总结的前言有以下五种方式。

① 简述式:简要介绍工作的背景、时间、内容、条件等基本情况。

② 结论式:明确写出总结的结论,再展开下文。

③ 设问式:先预设出总结将涉及的重点问题,以引起读者注意,较多用于专题性总结。如"大学生就业难,难在哪里?怎样解决?这是当前大学生就业指导工作必须高度关注的问题"。

④ 比较式:在总结的开头将情况进行比较,以显示优劣,造成悬念。

⑤ 提示式:对工作的主要内容进行提示性的概括介绍。

(2) 主体

主体部分是总结的核心,一般要阐明四方面内容:基本情况、主要经验、问题教训和今后打算。

① 基本情况:概括介绍工作背景、主要任务、重要措施、实施步骤和交代有过事项等,让人们对这项工作的基本情况有较为充分的了解。

② 主要经验。对过去的物质成果和精神成果及其成功原因与条件的分析归纳。要善于从工作中归纳总结经验性的东西。总结一般是先把成绩归纳出来,再分析出经验来,也有的总结是把经验寓于做法之中,把经验和成绩糅合起来写。常见的基本的写法有以下两种:第一种是并列式,即把总结的成绩经验按若干个方面来介绍。第二种是递进式,即将工作成绩和经验按时间先后的顺序来安排。这种结构一般是把工作过程分成几个阶段,分别对各个阶段的工作进行总结分析。采用这种结构形式的总结,适用于那些有明显阶段性的工作或在工作与思想认识上有逐步深入、层层推进的工作实际。

③ 问题教训。总结是对前一阶段工作的回顾,事实上,任何工作都不可能完美无缺,所以总结也要对工作中存在的问题加以概括,找出主客观原因,吸取教训,以警示来者。问题是实在的情况,教训是有规律性的认识。要实实在在,要有条理,不要避重就轻。但是,根据工作的需要,这部分的轻重有很大的不同,重点反映成绩的总结,问题与教训部分可以从简甚至省略;若是重点反映问题的总结,则要将这一部分写得翔实充分。

④ 今后打算。这是正文的结尾部分,可视需要确定写或不写。如果要写,则必须简洁明了,通常是在前面已总结了经验教训之后,有针对性地简要提出今后的目标任务,或改进措施和新的设想等。

(三) 落款

总结的落款要写明总结的单位名称以及成文年月日。如果在标题中和题下已标明,落款中这一部分便可以省略。

六、总结的写作要求

(1) 定准基调,恰当选材。总结是对已经完成了的工作实践的回顾和评价。因此,在动笔之前,经过充分收集材料,深入分析研究,对该项工作的成败已经有了总体的判断,这就是总结的基调。基调定得准不准,是总结成败的关键。同时要依据总结的基调,来恰当地选择材料。若以肯定成绩、总结经验为重点,就要选择相应的正面典型事例、成功做法来佐证;若以查找问题吸取教训为重点,则要有能反映主要失误的材料来支持。须强调的是,无论选择什么样的材料,都必须是客观存在的事实,绝不允许虚构、编造和隐匿。

(2)点面结合,突出典型。写总结不能事无巨细、不分主次地把什么都写一通,而是在照应全局的基础上,突出重点,把典型事例与典型人物写进总结。写"面"时,以概括为主,写"点"时,具体一些。典型是一盏灯,可以使整篇文章熠熠生辉。没有典型,文章就缺少了亮点。这就要求执笔者深入群众,调查研究,搜集、掌握大量的素材,从中选取最生动、最有说服力的材料写入文章。

(3)事理结合,找出规律。总结就是要做到有"事"有"理",两者密切结合。"事",即事实,总结要把本单位职工所做的工作,取得的成绩充分反映出来。既要有数据,用统计资料说话;也要有叙述,简述完成工作的有关情况。但写作不能到此为止,而要在此基础上,进行理论概括,从中找出规律性的东西。这点比较困难,但十分重要。没有理论的概括,文章就缺乏深度。

(4)大小结合,写出新意。"大"即大环境、全局;"小"即基本单位、局部。这就是说,写总结要立足本单位,放眼全局,有一种高瞻远瞩的气概,要使本单位的总结与时代合拍,通过自身的总结,反映出时代、国家的新气象,新风尚,新追求。总之,总结的立意要高,眼光要远,才能写出新意。不能今年的总结与去年、甚至前两年的没什么两样。要做到"岁岁年年人相似,年年岁岁花不同"。

范文导读

攀枝花缘何绽放新花

攀枝花市是一座在特殊历史背景下、以特殊开发模式建设起来的典型资源型新兴工业城市。近年来,市委、市政府深入开展学习实践科学发展观,认真总结以往开发建设的经验教训,加快结构调整步伐,转变经济发展方式,积极探索资源型城市的创新发展之路。

以树立科学发展理念为导向,积极主动调整改革发展思路。为加快推动攀枝花的资源优势转变为发展优势,我们认真组织调查研究和分析论证,在准确把握发展阶段性特征的基础上,确定了"四个倾力打造"的战略重点,即依托优势富集的铁和钒钛资源,倾力打造高水平的战略资源开发基地;依托独具特色的南亚热带立体气候资源,倾力打造现代特色农业基地;依托冬暖夏凉的气候条件和自然生态、独特人文的旅游资源,倾力打造中国西部的阳光生态旅游度假区;依托处于两省交界的区位条件以及业已形成的产业和城市基础,倾力打造川西南滇西北区域性中心城市。通过这些措施,推动资源型城市的产业协调发展、城乡统筹发展、经济社会全面发展。

以创新资源开发模式为抓手,坚持不懈调整优化经济结构。为改变资源型城市"输出财富,留下贫穷;输出资源,留下污染"的粗放式开发模式,我们大力促进"资源就地转化,产业链就地延伸"。其间,特别注重加强自主创新,促进产业链由低端向高端延伸,实现支柱产业多元化,提升产业层次和产品附加值,促进经济发展由资源依赖转向技术依赖,由主要依靠投资驱动转向主要依靠创新驱动,进一步增强城市的核心竞争力和抵御市场风险的能力。根据省委提出的"建设全国一流、世界一流的钒钛资源开发基地"的要求,我们大力推动钢铁经济向钒钛经济跨越,力争占领世界钒钛领域的战略制高点。

以"创卫"和"创模"为载体,千方百计改善人居环境。2005年以来,市委、市政府鲜明提出"新账不欠,老账快还,绝不以牺牲环境为代价换取发展",相继开展了创建中国优秀旅游城市、国家卫生城市和环境保护模范城市工作,打响了"三创"攻坚战。通过几年努力,不但摘掉了全国十大污染城市的"黑帽子",而且成功创建成为中国优秀旅游城市、国家卫生城市,并于2009年2月顺利通过了四川省环保模范城市的考核验收。城市环境的显著改善,大大增强了广大市民对攀枝花这座城市的认同感、归属感和自豪感。

以打造川滇交界区域性中心城市为目标,全力以赴推进城市转型。立足于攀枝花的可持续发展,从规划、设施、服务三方面入手,推进攀枝花由工矿区到工业城市,再到综合性现代化大城市转型,力争到2015年将攀枝花打造成百万人口大城市和川滇交界区域性中心城市。为此,我们坚持以科学规划引领城市发展。2003年以来,着眼产业发展和生态环境保护,在全市规划建设6个工业园区,把城区内全部工业企业转移到园区发展,坚决杜绝在城区内新上工业项目,并关停110余家高耗能、高污染、低效益企业。在此基础上,立足攀西大裂谷地貌特征,集中规划建设一批商贸物流区、文化体育区、环境居住区、生态旅游区,拓展城市综合功能,增强城市内涵和外延。目前,我市建成区面积达54平方公里,城镇化率达到59.6%,沿金沙江两岸形成"一核两轴四区"组团式城市格局,初步形成了区域性现代化中心城市发展框架。与此同时,坚持完善基础设施,扩大承载能力,近年来集中力量实施了一批道路交通建设项目,并强化配套服务,增强辐射功能。

本文对攀枝花市这个典型资源型新兴工业城市探索创新发展之路的经验作了专题总结,具有很强的现实意义。标题采用的是提问式,"攀枝花"与"新花"相互辉映,新颖巧妙,引人注意。正文开头勾勒概貌,简洁明快。主体部分分别介绍了"以树立科学发展理念为导向,积极主动调整改革发展思路""以创新资源开发模式为抓手,坚持不懈调整优化经济结构""以'创卫'和'创模'为载体,千方百计改善人居环境""以打造川滇交界区域性中心城市为目标,全力以赴推进城市转型"的四点经验,具有时代特点和典型经验。事实与数据相结合,段首主旨句的运用很有层次感。

 "学霸"见闻

总结写作中经验提炼的"三步法"

总结中最难写也是最重要的地方,就是对具有普遍指导意义的"经验体会"的归纳提升。

所谓经验体会,是指在工作实践中领会和得到的知识,是通过摆事实、讲道理概括出来的规律性的东西,它能够反映某一事物的本质联系和必然趋势。经验体会是总结的"精华"部分,总结写得好不好,很大程度上是看经验体会提炼得好不好。

成绩收获是感性的东西,而经验体会是理性认识。经验是从相应的成绩中总结而来,因此必须善于从各种材料中提炼观点,将感性认识上升到理性认识,使其具有指导意义。这一过程虽然难度很大,但也有某些规律可循,我们可以将其归纳为"三步法":第一步,从收集到的大量材料中抓主题,确定方向;第二步,找到共同的成绩、做法,进行综合;第三步,列出观点,真正反映该项工作的某种规律和指导意义,通常使用判断句,如"在公务员招聘工作中实行严格的纪律监督,是保证公务员质量的有力措施";或者使用表达因果、条件、假设关系的关联句,如"要使训练和管理在基层落实,必须特别注重坚持教养一致的原则""只有坚持为基层办实事,才能使后勤工作得到群众的广泛支持"。

让我们来看一看如何运用"三步法"从材料中提炼经验。

如某综合性大学写教育管理工作的总结,收集到的资料有:

"卫生处的体会是:只有对职工深入了解,才能做好管理教育工作。在工作实际中,有些干部工作作风不够深入,只重视医院的经济效益和重点部门的职工工作,对一般职工,不关心他们想什么、干什么,针对这种倾向……我们体会到,只有早知道、早预防,真正掌握职工的心态,我们才能掌握基层工作的主动权,从而推动医院的全面工作。

后勤处的经验是:基层工作中,有的干部喜欢所谓的'倾斜政策',这是思想方法上存在的一种片面性。实践告诉我们,对后进职工,要严格管理、耐心教育;对平时表现好的职工也要多鼓励和教育。我们还提倡那句老话:工作中要一碗水端平。

汽车队的体会是:管理工作中,对骨干放心是相对的,不是绝对的。管理教育工作的规律告诉我们,太放心的人往往做出容易使人担心的事。因此,我们在管理教育工作中,一定要杜绝'空挡',消灭'死角',对平时最放心的人也不应忽视教育和严格要求。"

首先,它们讲的都是管理工作方面的经验体会。卫生处说的是管理教育工作要全面深入,后勤处说的是防止片面性,汽车队说的是杜绝"空挡""死角"。其次,我们进行综合。在管理教育工作中,不能仅仅把目光盯着一些一般部门后进的职工,要全方位地管理,才能不出现漏洞。就此提炼出观点:既要重点设防,又要全面管理、全面教育。

在实际写作中,经验的提炼应该先于具体的写作,也就是说在预先构思时,就要从收集到的材料中把规律找出来。因为工作涉及方方面面,成绩也可能很多很杂,因此需要预先分类,一种是按大的工作项目分,把所取得的成绩列出一些比较主要的、独立的项目放在一类里,这种分类对应关系相对单纯一些。另一种是按同类项合并的方法分,就是把同类性质的工作放在一起。

——资料来源:张雪梅.总结写作中的经验提炼[J].应用写作,2004(01).节选.

技能实操

1. 病文修改

××公司上半年工作总结

半年来本公司在精神文明和物质文明方面做了许多工作,取得了很大的成绩。主要做了以下工作:动员组织公司干部和广大群众学习中央文件;安排、落实全年生产计划;推行、落实工作责任制;修建子弟小学校舍;建方便面生产车间厂房;推销果脯、食品、编织产品;解决原材料不足问题;美化环境,栽花种草;办了一期计算机技术培训班;调整了工作人员,开始试行干部招聘制。

半年来,在工作繁杂、头绪多而干部少的情况下,能做这么多工作,主要是:

一、上下团结。公司领导和一般干部都能同甘共苦,劲往一处使。工作中有不同看法,当面讲、共同协商。相互间有意见能开展批评与自我批评,不犯自由主义。例如,有干部就经理未作商议,擅自更改果脯销售奖励办法,影响产量一事有意见,经当面提出,经理进行了自我批评,并共同研究了新的奖励办法,又出现了增产势头。

二、不怕困难。本企业刚刚起步,困难很多,技术力量薄弱,原材料不足,产品销路没有打开等。为此,领导干部共同想办法,他们不怕跑路,放弃自己的休息时间,忍饥挨饿受冻,

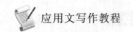

四处联系,终于解决了今年所需要的原料,并推销了一些产品。

三、领导带头。公司的几位主要领导埋头苦干、实干。他们白天到下边去调查了解情况、解决问题,晚上开会研究问题,寻找解决的办法。领导干部夜以继日地工作,使公司工作上了台阶。

请指出这份实施方案存在的问题,并写出修改稿。

2. 写作训练

请就职场写作课程的学习写一篇总结,要求写出课程学习的主要收获、学习中采用的主要做法,课程学习的心得体会,课程学习中的不足与改进措施。

第四节 调查报告

情境导引

"2008年,当时我负责街道社区领域的党建工作,我深入到全市14个社区进行调研,了解到社区书记、主任待遇过低,只有450元,副主任只有400元。回来之后,我把调研情况形成了一个调研报告,其中一项建议就是提高社区干部待遇。部领导看了调研报告之后,说我们龙井市的最低工资标准是600元,我们的社区干部工作在最基层,可谓是上面千条线,下面一根针,工作辛苦而待遇偏低,当即决定给社区干部提高待遇,并开始协调财政等相关部门,做预算做统计。现在社区干部的工资都涨了48%。"

调查研究是人们了解情况、认识事物的基本方法。调查研究是获取信息的重要途径。深入基层调查研究有助于向群众学习、向社会学习,提高思想政策水平,改进工作作风,提高工作能力。根据领导安排和实际工作需要开展调查研究,撰写调查报告是文员和办公室的重要职责,它为领导决策和指导工作提供真实信息和准确依据,是文员参谋辅助领导决策的重要工具。

思 考

1. 撰写调查报告要做好哪些准备工作?
2. 调查报告包括哪些基本内容?

知识导航

一、调查报告的概念

调查报告又称调查分析、调研报告、考察报告,在工作中常常称为"材料"。它是社会组织对某一新近发生的,重要或者典型的现象、情况、问题或经验进行深入全面的调查研究之后写成的书面报告。

二、调查报告的作用

(1)决策依据作用。调查报告可以为国家制定方针、政策以及各部门、企事业单位的领导者做出正确的决策提供依据。它能通过真实地反映现实情况和问题,使制定的方针政策更符合实际。

(2) 宣传启示作用。调查报告可以通过典型调查,宣传、介绍先进经验和先进人物事迹,借以指导全面工作。

(3) 揭露问题作用。调查报告可以通过典型调查,揭露社会问题,鞭挞不良倾向,改正工作中的失误,从而引起有关部门的注意和重视,起到解决问题,教育广大干部群众的作用。

(4) 澄清真相的作用。调查报告可以在社会上对某一事件、某一问题争论不休或众说纷纭时,在真相不清,谣传离奇的情况下,可以用调查报告澄清事实真相,帮助人们分清是非曲直,了解真相。

三、调查报告的特点

1. 真实性

真实是调查报告最重要的特点,是其生命所在。调查报告必须从事实出发,用事实说话。在写作调查报告之前一定要深入实际,进行耐心细致的调查研究,掌握真实的人、事、物、情况、数据等材料。有必要的时候,还要对这些材料进行核实。对所掌握的材料还要进行分门别类的筛选,选择那些最典型的材料进行研究分析。这样,材料才会反映事物的本质,才不会失之偏颇和不真实。调查报告的真实性还体现在我们得出的结论必须来源于事实,用事实说话,用事实来证明,观点不能和事实脱节。

2. 针对性

写作调查报告,目的是为制定相应的方针政策和采取各种措施提供重要依据,是为了及时提出解决现实生活中所迫切需要解决的问题,因此调查报告具有很强的针对性。一般来说,写作调查报告之前就要带有明显的目的性,要根据现实需要有针对性地开展调查研究活动,然后把调查得来的情况进行分析研究,写成报告给上级领导或者向组织成员汇报,以服务于管理工作。如毛泽东于1927年初针对当时党内外对农民革命斗争的责难,亲自到湖南对风起云涌的农民运动做了32天的考察,认真进行研究,写出了《湖南农民运动考察报告》,有力地驳斥了对农民运动的各种责难,对党制订正确的农民革命斗争的方针政策起到了极大的指导作用。

3. 叙议性

一般公文在表达手法上都以说明为主,但是调查报告则有叙议结合的特点。在叙述事件、介绍经验、反映情况时,用叙述的表达手法,但在叙述过程中要做适当的分析评论,即夹叙夹议。不但如此,叙述之后还要进行重点议论,提出全文总的看法即主题论点。叙述是基础性的,议论是升华性的,二者都必不可少。当然,这种议论不宜长篇大论,要简明扼要、一针见血。一般来说,叙议不要脱节,叙是议的基础,议论要以事实为依据,紧扣事实;同时议是叙的提升,它不仅仅是事实的罗列,往往要从事实中得出某种结论。

4. 典型性

调查报告的典型性主要表现在两个方面:一是调查对象典型;二是文章所运用的材料的典型。好的调查报告不仅对调查对象总结工作、提高认识具有指导意义,更重要的是对全局性的工作具有现实和普遍的指导意义。因此,调查报告所反映的内容具有典型性,要能起到以局部反应全局或以"点"带"面"的作用。

四、调查报告的分类

日常工作中,常见的调查报告主要有以下几种。

(1) 社情调查报告。这里所说的社情,主要是指社会风气、群众意愿、婚恋、赡养、衣食住行等人民生活各个方面的基本情况。这类调查报告主要用于反映人民群众关心的社会问题。新闻媒体都十分重视这一领域的报道,常开辟公众调查专版。如《高考前后填报志愿民意调查》《北京人旅游消费调查》《中国单亲家庭生活状况》。

(2) 典型经验性调查报告。此类调查报告主要是反映先进单位或先进个人的典型经验,是具有示范作用的经验和具有榜样作用的人和事,可以起到传播经验,推动工作的作用。如《任长霞同志先进事迹的调查报告》就属此类型。

(3) 揭露问题调查报告。此类调查报告是对现实社会中某些丑恶现象、恶劣行径和社会弊端进行揭露,揭示这一丑恶现象或弊端的深层原因,并分析归纳出教训,以引起有关部门及社会的关注和重视。行文的基本内容除分条列举事实外,还要分析原因、说明后果,并提供解决问题的思路和方法,是比较常见的一种调查报告类型。如《高中英语新课程实施过程问题调研报告》《云南省曲靖市师宗县私庄煤矿"11·10"特别重大煤与瓦斯突出事故调查报告》。

(4) 研讨性调查报告。这类报告主要是针对某一领域或某一方面工作中存在的带有普遍影响的社会矛盾或问题,透彻分析其产生的原因,提出解决这些矛盾和问题的意见、建议、设想、措施等,从而为各级领导机关或有关部门制定决策和加强管理提供依据和参考。如《教育扶贫移民工程实施的成功经验与现存问题研究——调研报告一》。

(5) 评介新生事物的调查报告。这类调查报告通过全面反映新生事物产生的背景、情况、特点和产生发展的过程,揭示新生事物成长的规律,阐明其作用和意义。此类报告的调研、写作重点是:研究该新生事物是显示了社会发展趋势,有着光明的发展前景,还是昙花一现的偶然现象?应予肯定还是审慎关注或警惕?如《农民资金互助合作社:新生事物一定会有生命力》。

(6) 综合分析调查报告。此类报告是就一个单位的多方面情况进行较全面的调查,围绕一个问题进行多方面的普遍调查,或就某个问题对许多单位进行广泛调查,然后加以综合分析。综合分析调查报告的内容一般包括目的、概况、重点问题综合分析及提出建议等,如《国内旅游调查综合分析报告》。

五、调查报告写作

撰写调查报告首先要做好调查研究工作,这是是写好调查报告的基础。

经过调查得到的材料要进行梳理、分析、研究、概括,作出调查结论。调查者凭借他的理论修养,对调查材料进行理性思考后,形成了看法,这个看法,就是调查结论。怎样把这个结论表达出来?调查报告通常用观点句的形式表达结论。这个观点句是一个判断的句式,简短明确地把作者的看法表达出来。如果观点是由几个方面构成的,那么这几个方面的看法通常用一种相似的句式表达。

需要强调的是调查报告不是调查过程的流水账,也不是调查材料的原始报告。调查报告是结论统帅下的报告,结论就是全文报告的主旨。调查所占有的材料不一定全部写人报告中来,而是根据结论的需要精选典型的数据和事实材料。确定材料的选用和使用目的,也是研究环节上不应忽略的构思工作之一。

调查报告通常由标题、前言、主体、结尾四部分组成。

调查报告的基本组成部分是标题、前言、主体、结语和落款。

(一) 标题

标题比较灵活,常见写法有以下三种。

(1) 公文式标题。调查单位+调查内容+文种,如《关于我省公路建设情况的调查报告》《××市牛奶市场调查》《关于中学美育教育现状的调查报告》《全国重点大学毕业生就业情况调查报告》。

(2) 文章式标题。

问题式:《北京人最看好哪种职业?》《粮食霉变原因何在》。

结论式:《莫把温饱当小康》。

调查式:《北京国内游客调查》《××学校思想政治工作存在的问题》《农村小学生失学现状》。

(3) 双行式标题。由主标题和副标题组成。主标题写明调查的主题或中心,副标题揭示调查的范围、对象及文种,如《超前思维 精诚合作 自强不息——××花边厂发展外向型经济调查》和《让法制贯穿全过程——××农贸市场实行"双责任制"的调查》《如何提高秘书人员素质——××市政府办公室岗位培训的经验调查》。

(二) 前言

调查报告的前言有以下四种常见的写法。

1. 阐述调查的意义

例如广东省委统战部调研组撰写的《关于非公有制经济代表人士政治要求的调查与思考》,开头的序言这样写:

改革开放以来,我国经济成分的构成发生了重要的变化。崛起了一支日渐强壮的非公有制经济力量,特别是在市场发育较早的广东,个体、私营经济发展及其上缴的税收,均居全国前列。据初步统计,"八五"期间,广东个体、私营企业共有 148 万户,共创产值 2 080 亿元,向国家缴纳税金 215 亿元。有些市县在税收方面出现了"三分天下有其一"甚至是"平分秋色"的状况,成为广东经济的重要增长点。因此,对广东非公有制经济代表人士的状况进行调查研究,形成科学的结论,做出正确的决策,不但对广东,而且对全国非公有制经济的决策和统战工作都有重大意义。现根据调查所掌握的资料(包括对 300 份问卷的统计),就广东省非公有制经济代表人士政治要求的若干问题,做出初步的探讨。

2. 陈述调查结论

例如零点调查集团作《家里要不要有辆车》调查,调查报告的开头这样写:

零点调查集团目前发出的城市公众对轿车进入家庭的接受调查表明,64.2%的市民表示赞成私人拥有轿车,26.6%的市民表示反对轿车进入家庭,9.2%的人难以做出判断。这是在北京、上海、武汉、广州每市各抽取 255 户居民进行调查,结果差可推论我国东中部都市地区居民的意见。

3. 介绍调查对象的概况

例如林兆祥撰写的《高投入才有高产出——旺利乡在山坡地种蕉的调查》,开头写道:

高州县长坡区旺利乡有1 850亩香蕉,其中大部分种植在山地、荒坡上,去年平均亩产达2 850公斤,亩产比全县高出1 350公斤,山坡地种的香蕉产量这么高,奥秘何在?

4. 交代调查的时间、地点、经过

例如一篇《当代大学生人生价值观调查》开头作了必要的交代。

人生价值是青年们所热切关心的问题,也是十分敏感的问题,那么,当代大学生的人生价值状况究竟怎么样。

为此,我们于1984年上半年在北京市的几所高等院校进行了一次以问卷形式为主的抽样调查,我们编制了一种匿名封闭式价值问卷,其中包括个人背景、个人价值评价和追求、社会价值评价和追求、对人生的感受、恋爱价值观等内容。

我们先后在北京大学、清华大学、中国人民大学、北京外国语学院、中央音乐学院、解放军艺术学院进行了抽样调查。问卷发放途径包括:

(一)在全校性选修课课堂上发放,当场填好当场收回。

(二)在综合阅览室对全体读者进行调查,离开阅览室时收回。

(三)通过组织出面,有选择地调查几个班级,指定缴交时间。

(四)通过同学关系"滚雪球"。

用这四种方法,共发放问卷750份,收回问卷548份。

(五)综合式。

如毛泽东的《湖南农民运动考察报告》的前言:

我这回到湖南,实地考察了湘潭、湘乡、衡山、醴陵、长沙五县的情况。从一月四日起至二月五日止,共三十二天,在乡下,在县城,召集有经验的农民和农运工作同志开调查会,仔细听他们的报告,所得材料不少。许多农民运动的道理,和在汉口、长沙从绅士阶级那里听到的道理,完全相反。……所有各种反对农民运动的议论,都必须迅速矫正。革命当局对农民运动的各种错误处置,必须迅速变更。这样,才于革命前途有所补益。因为目前农民运动的兴起是一个极大的问题。很短的时间内,将有几万万农民从中国中部、南部和北部各省起来,其势如暴风骤雨,迅猛异常,无论什么大的力量都将压抑不住。……

这个前言实际上就采用了(1)、(4)两种方法。

以上介绍五种常见的前言写法。调查报告的前言写法可以多样化,但前言应成为全文有机的组成部分,起总起或提示作用。原则上应写得概括、简洁,能引起读者的注意或兴趣。有的调查报告不写前言,也是可以的。

(三)主体

要详细介绍调查的内容及从中得出的结论。按照调查内容性质的不同,一般采用如下三种写法。

(1)横式结构,也称并列结构,是指把调查的材料和要表现的主旨分为几个问题,各个问题处于平等并列的地位,每个问题都有一个中心,可以独自成章,而且每个问题又是体现全文中心的一部分。所以,这种结构一般适用于内容宽泛、时间跨度长、头绪多的复杂调查。

要把调查来的材料按不同的角度、不同的侧面进行归类阐述。

范文导读

认真贯彻执行《公司法》 促进各类公司健康发展
——关于××市各类公司发展情况的调查

新修改的《中华人民共和国公司法》和《公司登记管理条例》已于3月1日正式实施。为了更好地发挥工商行政管理机关登记管理职能,贯彻和执行好《公司法》及有关条例,推进企业实行公司制和建立现代企业制度的进程,最近,我们对××市各类公司发展情况进行了调查,现将情况报告如下。

截至今年6月末,××市登记注册各类公司×××户,占全市工商企业总户数的××%,其中从业人员为×万人,占工商企业从业人员的××%,注册资本为×××××万元,占工商企业注册资本的××%。

公司企业的不断发展和壮大在全市城乡经济中具有举足轻重的作用。××××年全市的清理整顿公司之后,所保留的80余户公司基本上都是较成型、较规范的公司,经济效益较好。继××××年之后的近5年中,以公司这一组织形式出现的企业逐年增加。近两年来,公司企业发展的速度较快。随着市场经济的发展和确立,企业逐渐实行公司制已成为共识。为此,一些新办企业和老企业(原来的厂、店等)都在向公司这一组织形式转变。

我市的各类公司具有以下几个特点。

一是第三产业公司增长的速度较快,为方便人民群众的生产、生活起到了积极的作用,特别是一些新兴行业的公司企业,如科学研究、综合技术服务、总公司等。通过资产经营一体化,吸收较多的企业或事业单位参加,组成产供销、人财物统一的,从事专业化、综合性经营的经济实体。形成群体优势和综合功能,为促进经济快速发展做出了贡献。

二是公司企业的分布比较合理。城区内公司企业数量为××户,占实有公司总数的×%。农村乡镇的公司企业×××户,占实有公司企业总数的××%。我市工业开发园区等五大园区新办企业中就有公司企业××户。

三是公司企业中,由各级党政机关分流人员或自动离开机关的人员开办的占多数。

××市公司企业迅速发展的主要原因是:

近几年来,由于经济的快速发展和宽松的政策条件,各级登记机关为公司的发展创造了良好的契机。对公司的登记按照《企业法人登记管理条例》规定,除对注册资金数额有限制外,公司企业与一般组织形式企业没有区别,再加上人们普遍认为公司名气大,好做生意,因此,只要资金条件具备,在开办企业登记时都愿称为公司。公司是现代企业制度的一种有效形式,已被企业所认识。

通过调查,我市的公司企业在发展中也有一些不容忽视的问题,主要表现在:

一是部分公司的注册资金数额不实。有的公司在公司登记后抽逃注册资金,有的公司注册资金不足或谎报资金,公司注册资金不到位,经营住所及经营场所面积只有几十平方米,并且按企业法人登记管理条例规定,原生产型公司注册资金只要求××万元,按照《公司法》的规定明显不符合条件。

二是商业性公司过多,仅去年以来开办的×××户公司就有商业性公司×××户,占公司企业的××%。

三是党政机关及一些群团组织所办的公司存在着接收或挂靠情况。

四是存在盲目开办公司现象。通过对本年度的企业年检,发现一些公司自从办照后就没开展经营活动。

为促进公司企业的发展,特提出如下规范意见:

一是现有公司需要重新进行理顺和登记。企业实行新章程,章程需经工商行政管理机关审查和同意。章程中必须对产权加以明晰。对现有公司需要重新验资(国有独资公司除外),重新确定公司注册资本金。对原有生产型的注册资金由原××万元需达到最低限额××万元的注册资本金,需重新登记,要重新审查法定代表人资格、董事长资格,按《公司法》要求办理登记。

二是现有公司××%可以改造为有限责任公司,××%左右可以改造为股份有限公司,另××%有的可改组为其他组织形式的企业,有的处于停产半停产或没开展经营活动的可实行关、停、并、转。

三是在建立现代企业制度中,规范老公司,对企业发展起到促进作用。在公司的登记注册中除工商行政管理部门需公正执法,发挥保护企业权益作用,保护企业合法经营,警告、查处非法经营外,还需要政府各部门的支持,使《公司法》确实得以贯彻实施,为我市经济发展起到保障作用。

该文主体部分将××市各类公司发展情况的调查材料进行分类,然后从该市各类公司的特点、该市公司企业发展的主要原因、该市公司企业发展中存在的问题以及如何规范该市的公司企业这四个方面进行阐述,四个部分之间具有一种内在的逻辑联系。

采用这种阐述方法便于更全面、更透彻地表述比较复杂宽泛的问题。这是使用最多的一种方法,特点是层次清楚,条理性强,观点明确,重点突出。

(2)纵式结构,也称平叙结构。它是指按照客观事物发生、发展、结局的前后顺序,把内容分成几个层次,一层层地分析说明。这种结构方式反映了客观事物变化的内在逻辑性,有助于了解事物发展的来龙去脉,给人一个完整而清晰的印象。一般适用于线索简单、内容集中的调查。如1982年10月11日刊登在《光明日报》上的一篇调查《南京鼓楼医院一起严重医疗事故的调查汇报》,以时间推移的先后顺序为线索。内容按1981年4月2日晚事情的产生——杨华被刺后"刮刀折断在体内""第2天""4月6日""两个多月后""今年3月以来""今年4月5日以后""今年7月22日"等部分来叙述。时间线索清晰,事件的发生发展过程也十分明了,让人读后对整起事件一目了然。

纵式结构虽然线索清晰,便于掌握,但是只适用于内容比较单一、线索不多的调查,其特点是结构明晰,眉目清楚,内容连贯。

(3)纵横式结构。它既有纵式结构,又有横式结构,纵横交错使用。有的以横式为主,纵式为辅;有的以纵式为主,横式为辅。这种写法对于反映和表述某些头绪繁杂的事务,可起到纲举目张、条理明晰的作用。

当然,不同内容的表达,对结构的需要也不同,有"情况——成果——问题——建议"式的结构,多用于反映基本情况的报告;有"成果——具体做法——经验"式结构,多用于介绍经验的调查报告;"问题——原因——意见或建议"式结构,多用于揭露问题的调查报告;"事件过程——事件性质——结论——处理意见"式结构,多用于调研性调查报告或揭示案件是非的调查报告。

(四) 结语

结语的写法有很多种,可以总结全篇的主要观点或者主要内容,以加深读者印象;可以展望美好前景;可以指出存在和需要改进的问题,提出希望。结尾一般比较简短,不能重复啰嗦。常见的写法有下述三种。

(1) 总结深化式。其特点是概括全文,明确主旨,在结束的时候将全文归结到一个思想的立足点上。例如《关于邯郸钢铁总厂管理经验的调查报告》的结尾:"邯钢的实践证明,国有企业适应建立社会主义市场经济体制要求,必须在转换经营机制的基础上转换经营方式,切实转变经济增长方式,这样才能充分挖掘企业的内部潜力,提高企业的整体素质和市场竞争力。邯钢的做法为国有企业实行从传统的计划经济体制向社会主义市场经济体制、从粗放经营向集约经营两个具有全局意义的根本性转变提供了借鉴的经验。"

(2) 补充启发式。其特点是把问题指出来,引起有关方面的注意,或者启发人们对这一问题的思考。例如《暗访北京站前发票非法交易》一文的结尾:"记者随后又转了几个地方,16时10分从北京站前离开。在这40分钟里,碰见了大约20名卖发票的不法人员。听口音他们大都是外地人。从言谈举止可以感觉到他们知道自己的行为是违法的。在广场、路口维持秩序的公安、保安人员不少,也许是司空见惯了吧,记者没有看到他们出面制止这种不法行为。"对发票的非法交易,到底该由谁来管,怎么管?作者指出这一问题,相信能引起有关部门的重视。

(3) 激发建议式。其特点是在揭示有关问题之后,对解决问题提供一些可行的建议。例如,1999年11月23日《人民日报》刊登的专题调查《人情消费,让人如何承受你!》就写了一个建议性的结尾:"在人情消费已成为一种风气的情况下,制止大操大办单靠哪一个人、哪一个单位很难从根本上奏效,如喝喜酒,往往是通知范围大了人们反感,范围小了没接到通知的人也有意见。遏制人情消费,建立新型的人际关系,倡导社会新风,是一项社会系统工程,需要各级各部门共同努力。首先,要加强宣传和教育,提倡新事新办,勤俭持家,厉行节约,建立新型的社会主义人际关系;节日期间,报纸、电台、电视台可举办专题栏目、节目进行宣传,文化部门应挑选一批优秀的影片(主要是婚丧嫁娶新事新办方面的)在各乡镇、村巡回播放。通过广泛深入的宣传教育,使人们树立正确的人情消费观。其次,要制定社会规范,在政府机关和企事业单位建立红白理事会,推行节俭办红白喜事;建立约束机制,对人情消费进行引导、规范、管理。最后,要严格稽查,对大操大办甚至借机敛财的干部要严肃处理,直至在新闻媒体上曝光。"

(五) 落款

调查报告的落款写明调查者——单位名称和个人姓名,以及完稿时间。如果标题下面已注明调查者,则落款时省略。

六、文种辨析

调查报告与总结的区别如下。

1. 范围不同

调查报告应用范围广,可以涉及现状、历史,反映当前有一定意义的社会(自然)的现实,揭露问题、评价事物、介绍经验。总结只限于反映本单位、本部门已完成的工作、任务及其经验教训,因而它一般都着眼于总结指导今后的实践活动。

2. 写作时限不同

调查报告一般没有就具体的工作进程和严格的时间限制,可根据需要进行调查写作;总结受工作进程和时间的限制,一般都是在工作、任务告一段落或全部完成之后写作。

3. 使用人称不同

调查报告往往是上级机关或有关方面的调查组在选点进行调查研究的基础上写成的,一般用第三人称,而总结大都是本单位、本部门写的,一般用第一人称。

七、调查报告的写作要求

(1) 要认真进行调查研究,仔细收集并充分占有材料。"没有调查,就没有发言权",写好调查报告的基础和前提,是进行深入的调查研究。不深入地调查研究,不掌握必要的第一手材料,即使写作能力再强,也无法写出高质量的调查报告。我们常说,写调查报告,首先不是如何去"写"的问题,而是如何去"调查"的问题,这是很有道理的。只有在调查研究的过程中才能收集到第一手的准确材料。在调查研究之前,先要确定目的和范围,这样才会有针对性。在调查的过程中要注意调查研究的步骤方法。首先,拟好一个调查提纲,把要调查的问题、内容制订成一个详细的计划,确定好调查的步骤。其次,全面运用各种调查方法。常用的方法包括采访、座谈、听汇报、阅读、统计、勘查、抽样、问卷调查、电话访问等。整个调查过程要尽量深入、耐心、细致,以使收集到的资料尽可能地客观、全面、准确。

(2) 要以正确的立场和方法,认真分析并合理组织材料。一般来讲,调查与研究是齐头并进的,但在调查工作告一段落之后,还是要专门对调查中得到的材料进行全面的分析研究,进行去伪存真、去粗取精的加工提炼,以便从偶然中发现必然,从现象中抓出本质,并形成对问题的认识和看法。即便最后选中的材料,也不能不讲章法地堆砌到文章中去,要按照观点与材料相统一的原则把材料合理地组织起来,做到以观点统帅材料,以材料证明观点。既不罗列现象,也不空发议论。在分析、组织材料时,一定要从正确的立场出发,并采用正确的方法,否则是无法得出正确的结论的。

(3) 要讲究结构形式和语言特色。前面说过,调查报告没有固定的格式,但大致的结构形式还是具备的。依照这种常用的结构形式写作,有利于提高文章质量,也有利于提高写作效率。另外,调查报告通常采用第三人称的叙述方式叙述事实,其语言除了应当具备公文语言的准确、简洁、朴素等共同特征之外,还可以适当运用一些比喻或生动的口语化词语,有时还可以恰到好处地引用一些诗词、典故及名言警句等,以起到画龙点睛的作用。

 "学霸"见闻

调查报告怎样体现问题意识

问题意识在调查报告写作中占有重要位置,调查报告应当充分体现问题意识。要做到以下几点。

(1) 敏锐发现问题。发现问题意识即看到或者找到问题。问题无处不在,关键在于能否发现,应当独具慧眼,善于捕捉。对已经出现的问题,既要抓住带有根本性的问题,也要知晓人们熟视无睹但事关重大的问题;对尚处于萌芽状态的问题,要洞察问题发展倾向性。而问题的发现并非凭空想象,只能源于社会生活,所以"必须深入实际、深入基层、深入群众,多层次、多方位、多渠道地调查了解情况"(习近平:《谈谈调查研究》)。例如,2013年4月22日~27日,由媒体记者和气象工作者组成的"应对气候变化中国行"考察团环绕洞庭湖实地考察,发现气温升高、降水偏少且时空分布不均的气候变化造成这个鱼米之乡湖区干旱频袭、旱涝急转、湖面水位下降面积缩小,因而破坏湿地生态平衡、影响农业渔业发展等问题,在《守着洞庭湖,为何还喊渴》一文中做了具体叙说。

(2) 明确提出问题。问题是调查报告写作的缘起,直接关系到文章质量和功用,必须明确提出。一方面,要提出事关重大的问题,比如影响和制约科学发展的突出问题、党的建设面临的重大理论和实际问题、关系改革发展稳定的重点问题、各项工作亟待解决的难点问题、与人民群众切身利益息息相关的热点问题。另一方面,要根据各种调查报告的特点考虑提出问题的重点、角度和方法,比如社会概况调查报告在叙写有关情况的基础上归纳值得关注的问题、典型经验调查报告经常把问题寓于启示之中、新生事物调查报告有时以质疑或探讨的态度亮出问题、揭露问题调查报告起笔提及需要整治的重点问题、历史事实调查报告提出历史冤假错案必须纠正或者有些史实应当引起重视的问题。

(3) 辩证分析问题。问题提出后就要加以分析,只有全面、联系、发展地分析问题才能增加调查报告的广度与深度,闪现辩证色彩。要站在全局的高度来审视问题,分清主要问题与次要问题、问题与成绩、问题表象与本质;认识问题与所处环境有关事物的普遍联系性以及问题自身所固有的客观性,探究问题产生的偶然因素与必然因素、直接原因与间接原因;从问题的历史、现状、未来进行思考,推测问题发展的趋势尤其是向积极方面转化的条件以及可能出现的波折与反复。例如,《云南省曲靖市师宗县私庄煤矿"11·10"特别重大煤与瓦斯突出事故调查报告》分析事故的直接原因是私庄煤矿1747掘进工作面违规使用风镐掘进作业诱发了煤与瓦斯突出;间接原因是私庄煤矿非法违法组织生产而且安全管理混乱,地方政府有关职能部门没履行职责、对私庄煤矿存在的非法违法行为打击不力,有关地方政府监管不力,将其定性为一起责任事故,非常透彻。

(4) 有效解决问题。解决问题是调查报告写作的落脚点。对已经出现的问题,要采取有力的应对措施;对尚处于萌芽状态的问题,要提出可行的预防方法。在解决方案上,应当坚持领导带头与齐抓共管结合、抓重点与促一般结合、治标与治本结合的原则,力求切实、周密。例如,《雾霾天气影响日趋严重 治理必须多管齐下》一文在分析雾霾天气对经济社会影响、总结国外治理雾霾成功经验的基础上,提出加快治污立法、转变能源结构、严控工业企业、减少汽车尾气、绿化环境以及抓紧建立应急机制、最大程度减轻雾霾天气对群众健康和生产生活危害的对策,引起有关领导和部门的高度重视,发挥了调查报告的应有作用。

——资料来源:阎杰,高鸿雁.调查报告问题意识刍议[J].应用写作,2013(09).节选.

技能实操

1. 病文修改

大学生课外阅读情况的调查

阳光下、草坪上、教室里、图书馆……到处可以看见书不离手的大学生,他们脸上洋溢着满足自信的笑容。

"你课外阅读的主要目的是什么?""你最喜欢阅读哪种类型的书籍?""你平时看一本书用多长时间?"……前不久我们对大学生的阅读取向进行了一次访问式调查,目的是了解当

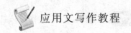

代大学生读什么书,读多少书和怎样读书的问题。

通过调查有部分学生的课外阅读主要是为了休闲。他们认为"平时专业课程的阅读量已经很大了,课外阅读当然选择内容较轻松的课外书籍,以缓解读书的压力"。这样的学生大约占44.9%。还有部分同学的课外阅读是为了拓展知识面。这样的学生所占比例较少,只有8%。

大学生不青睐具有专业知识的书籍是否合理呢?不少招聘企业都感慨现在的大学生专业能力很薄弱,学以致用的能力较差。在学校期间不注重专业知识的积累和自身专业技能的训练,不阅读、不关注相关专业课外书籍,是造成这种现象的原因之一。

在回答"你最喜欢阅读哪种类型的书籍?"时。大多数学生选择报纸杂志。报纸杂志始终占据大学生阅读排行榜的首位。多数学生选择此类书籍的原因大多是因为"阅读起来方便"和"信息量大,来源广泛,易获得"。调查中发现。学校为学生免费提供的《文汇报》成为阅读人次最多的报刊,《青年报》《环球时报》《参考消息》《电脑报》《读者》有一定的市场。在阅读内容上,阅读新闻占61%,领先其他三项,阅读"生活信息及收集资料"占24%,阅读"文学作品"占16%,阅读"评论文章"占18%。

目前大学生的阅读结构对大学生正确世界观、人生观的形成非常不利,急需加以正确引导。

请指出这份调查报告存在的问题,并写出修改稿。

2. 写作训练

以个人或小组的方式选择社会上或校园内带有普遍性或新颖性的情况、问题、经验或具有一定影响力的事件,或与专业相关的话题,写一篇调查报告。

第五节 简　报

情境导引

鸿途集团公司与武陵大学于10月15日这天上午,在武陵大学举行了校企合作洽谈会,并签署了合作框架协议。参加会议的有公司董事长、总经理和相关部门负责人,以及武陵大学校长、校级领导和有关职能部门负责人。会议结束后,集团公司办公室主任罗金润安排刚参加工作不久的小丁就此次洽谈会拟写一篇简报。小丁接到任务后有点发懵,一时还不清楚简报究竟应该如何撰写。

思　考

1. 如果你是小丁,该如何拟写这篇简报?
2. 简报文稿有哪些特点?

知识导航

一、简报的概念

简报,顾名思义,就是简明扼要的工作报告或情况报告。它是党政机关、人民团体、企事业单位内部用来沟通情况、指导工作、交流经验、传递信息时使用的一种简短的、带有一定新闻性质的文书材料。在实际工作中,它常常以"工作简报""内部参考""信息快报""工作动态""情况反映""信息交流"等名称出现。有的简报名称还带有文学味,如"园丁晚晴""百灵之声""青橄榄"等。有的以内容范围作为简报名称,如"教工生活""文明家园""楹联之友"等。尽管名称五花八门,但是性质和作用都是基本一致的,都属于简报的范畴之内。

简报是一种比较古老的文体,它的起源可以追溯到汉代。汉武帝初年,就出现了名为"邸报"的手抄报。到了唐朝,已经出现了印刷的邸报。

简报最初只限于基层机关或业务部门向上级反映情况。1955年6月9日,国务院发布的《关于所属各部门工作报告制度的规定》中说:"工作简报:各办、外交、计委、建委、体委、民委、侨委,两周向总理写一次工作简报,明白扼要地报告所掌管的范围内重大问题处理、工作中的重要情况和经验。"这里指的简报,很清楚是指向上级领导反映情况、报告工作的简要文件。

毛泽东也曾在谈领导方法时提议发简报。他说:"县委对地委、地委对省委、区党委,省委、区党委对中央,都要有简报……各级领导接到这样的简报,掌握了情况,有问题就有办法处置了。"简报由此成为机关向上反映情况的定期报告,成为领导了解情况的一条主要渠道。

后来由于社会实践发展的需要,简报的应用范围逐步扩大,发展成为现在各级党政机关、人民团体、企事业单位的领导部门,用来汇报工作、沟通情况、交流经验、推动工作发展经常使用的一种工具,成为一种小型的内部刊物,作为一种内部刊物,它又总是套红印刷,所以,又被人称为"红头小报"。

简报不是公开刊物,而是内部编发的管理文书。各级各类简报都有自己的发放范围,因此,具有一定的保密性质,简报传递于机关、单位之间,但它与正式的公文不同,上级对下级的简报,没有正式公文的法定权威性和行政约束力,不能用来发号施令或部署工作。下级报送上级的简报不能代替请示,上级可以不表态,不批复。同级的简报不能代替公函,收到单位可以不做任何反应。

二、简报的特点

1. 新闻性

简报近似于新闻报道,特点主要体现在以下几方面。

(1)真,是内容真实,这是新闻的第一特征。简报所反映的内容、涉及的情况,必须严格遵循真实性原则,时间、地点、人物、事件、原因、结果,所有要素都要真实,所有数据都要确凿;虚构编造不行,移花接木、添枝加叶也不行。

(2)新,是指内容的新鲜感。办简报的目的就是为了使领导机关及时掌握新情况、研究新问题,包括思想方法的新动态,工作方面的新经验,值得注意的新苗头等。新闻刊物突出"新"的因素,而简报也强调"新",但更注意说明有普遍意义的经验和问题,以期能在工作中发挥更实在的指导作用。

(3)快,是报道的迅速及时。"当日的消息是金子,昨日的消息是银子",这句新闻界的名言,可以移作对简报的要求。它类似报道中的"消息",速度一定要快,反映思想动态快,报告工作情况也要快,以便领导机关及时掌握新情况、研究新问题。至于会议期间,其时限性更强,上午开大会,下午就会出简报。编写"简报"要抢时间,慢了就失去了它存在的价值。新闻界还有个说法叫"抓活鱼",时间拖久了,鱼死了,味道也不鲜美了。

（4）简，是指内容集中、篇幅短小、提纲挈领、无枝无蔓。"简"是其固有属性，一般来说：简报篇幅简短，文字精练，在较少的篇幅里写进了较多的材料，做到简明扼要、短小精悍。郑板桥有诗云："删繁就简三秋树，领异标新二月花。"简报就应如三秋之树，瘦劲挺拔，无细枝密叶，把那些有价值的信息直截了当地传递给他人。

（5）实，就是实在、实惠，指要有实实在在的事例或数据，反映的一定要真实无误，不要废话、空话、套话等。实惠，指使上级机关和领导看了简报后能掌握具体情况，下级机关看了简报能受到具体的启发。

2. 集束性

虽然一期简报中可以只有一篇报道，但更多情况下，一期简报要将若干篇报道集结在一起发表，形成集束式板块。这样做的好处是有点有面、相辅相成，加大信息量，避免单薄感。

3. 规范性

从形式上看，简报要求有规范的格式，由报头、目录编者按、报道正文、报尾等部分组成。其中报头、报道正文、报尾是必不可少的，而且报头和报尾都有固定格式。

三、简报的作用

简报的内容非常广泛，可以传达上级指示，报道工作动态，交流工作经验，反映社情民意，摘编情报信息。各级各类机关单位通过简报这种快速简明的信息传播形式，达到下情上报、上情下达、学习交流、推动工作的目的。归结起来，简报作用有以下四点：

（1）汇报。简报最初只单纯用来向领导明白、扼要地报告"重大问题的处理、工作中的重要情况和经验"。以后，简报的使用范围虽扩大了，但上述基本功用仍然保留着，它仍然是领导部门和领导同志及时掌握动态了解下情的手段之一，它为领导决策提供了重要依据。

（2）交流。本部门、本系统的各平行机关、单位间，通过简报可以互通情报、交流信息、介绍经验、探讨问题、协调工作、互相促进，也可以为报刊、电台宣传报道提供资料和线索。

（3）指导。下行简报，可以传达、解释上级文件精神，指导下级工作，可以在简报上直接提出意见和要求，供下级参照执行，可以表彰先进，批评后进，运用典型推动面上工作。

（4）宣传。简报不仅是信息传递的工具，也是各部门得心应手的宣传媒介，它容量可大可小，篇幅可长可短，行文可庄可谐，通过它，可以宣传党和国家的方针、政策；通过它，可以传达各级领导的指示、讲话；甚至人民群众的意见、呼声，都有可以通过它编发传播。

四、简报的种类

简报的用途广泛，名称不一，种类很多，从内容看简报大体可以分成四类。

（1）情况简报，也称综合简报。它属于长期编发的定期或不定期的简报，也是最常见的一种形式，主要作用是使下情上传，使上级对本部门的情况能有个全面的了解，以便从实际出发指导工作。

（2）会议简报。这是在会议期间为反映会议进展而编发的简报。通过简报，反映会议进程中的情况。内容包括：会议主要议程、与会人员反映、会议讨论热点、会议动态及会议的讲话、报告等内容和决议等。

(3) 专题简报。这是在一段时间内为配合某项重要工作，比如人口普查、拆迁等专门编写的简报，"时过境迁"简报也便自然中止。

(4) 动态简报。这种简报一般着重反映与本部门、本地区有关的正反各方面的情况，机密性强，是供领导研究问题、政策、制定具体措施时参阅的。有时需要向上通报，一般不下发，不交流。

五、简报的写作

(一) 简报的格式和写法

简报的种类虽多，但其格式比较一致，一般由报头、报核、报尾三部分组成。

1. 报头

不同形式的简报，其报头设计不一样。

(1) 文件式报头

报头在格式上类似于行政公文的眉首，但要简单一些，一般也是套红印刷，不过也有不同之处。

首页间隔横线以上称为报头，包括简报名称、期数、份号、密级、编发单位和印发的日期等。

报头设计要求美观大方，约占首页的三分之一。简报名称宜固定，不要随意改动，其位置居中，用大号标宋体，或套红，或手书，以求端庄醒目。

在简报的第一页上方，中间几个醒目的大字写简报的名称："××简报""××动态"或"情况反映"等。除此之外，还可以加上单位名称、专项工作内容，如《××大学"三严三实"专题教育简报》。

期数位于简报名称下方正中。如果是综合工作简报，一般以年度为单位，统编顺排；如果是专题简报，按本专题统编顺排。

编发单位一般是"××办公室"或"××秘书处"，位于期数下、间隔横线上方左侧。

印发时间位于编发单位右侧。

如果需要保密，在首页报头左上角标明密级，确有必要，还可在首页报头右上角印上份号，如图 6-1 所示。

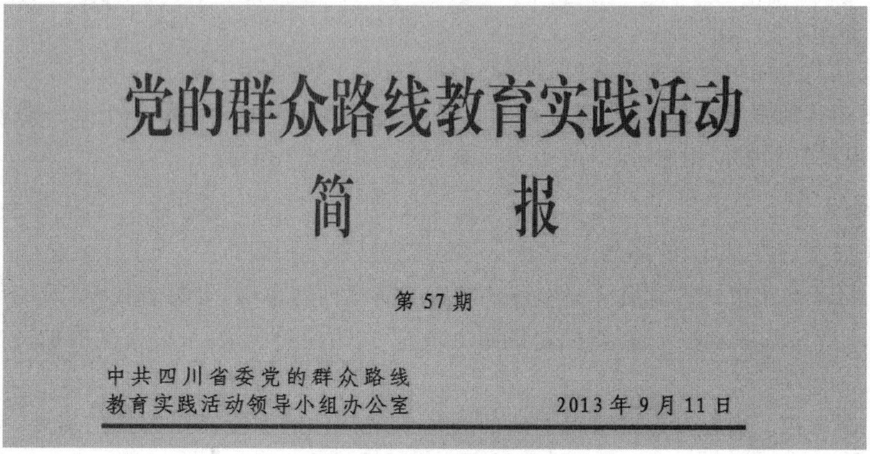
党的群众路线教育实践活动

简　报

第 57 期

中共四川省委党的群众路线
教育实践活动领导小组办公室　2013 年 9 月 11 日

图 6-1　文件式简报报头

(2) 杂志式简报的报头

杂志式简报的报头由简报名称、期号、编制单位、时间等组成。其他附加的项目有刊头题字、主编、采编、顾问、总期数、内部刊物、分隔线等。

杂志式简报的报头没有固定统一的位置，颜色也随意选用，原则上追求美丽新颖有特色。由于杂志式简报的总篇幅有几页，所以，报头常常占满首页位置，如图6-2所示。

图6-2　杂志式简报报头

(3) 报纸式简报的报头

报纸式简报的报头由简报名称、期号、编报单位、出版时间组成。

简报名称通常用红色大字，醒目标示报名。报纸式简报的报头常位于第一版左上方位置，与正规报纸的版位相似，但一般小于正规报纸，如图6-3所示。

2. 报核

报头以下、报尾以上的部分都是报核。报核包括以下项目。

(1) 目录。集束式的简报可编排目录。由于简报内容单纯，容易查找，目录一般不需标序码和页码，只需将编者按、各篇标题排列出来即可，为避免混淆，可以每项前加一个五角星标志，如图6-4所示。

(2) 编者按。当编辑人员感到单纯的编发或编转已经不能满足编发的需要，需对内容加以必要的说明、评论或说明转发的目的时，就必须加上编者按，以此来表明办报单位的主张和意图。编者按不可过长，短者三五行，长者半页就可以了，一般有以下三种写法。

图 6-3　报纸式简报报头

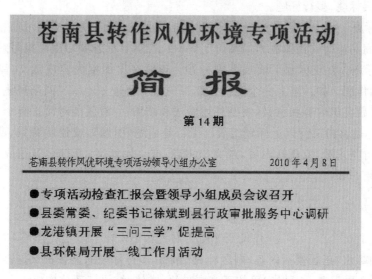

图 6-4　文件式简报目录

① 说明性按语：介绍稿件的来源、编发原因和发至范围。

按：××书记在×月×日全校教学工作会议上的讲话，对如何落实我校教学工作会议精神提出了重要意见和要求。现印发给各单位，请认真贯彻落实。

② 提示性按语：提示稿件内容，帮助读者理解稿件的精神。

编者的话：新的《中华人民共和国工会法》已经七届全国人大五次会议审议通过，颁布施行了。这是我国社会政治生活中的一件大事，也是广大职工、工会工作者和各级工会组织盼望已久的一件大事。现在摆在我们面前的重要任务，就是学习《工会法》、宣传《工会法》、贯彻《工会法》、落实《工会法》使之成为工会和各个部门工会工作的行动指南。

为了方便大家学习新《工会法》，本期特转载《工会法》全文，以供大家学习。

③ 批示性按语：也叫要求性按语。它主要写在具有典型意义或指导作用的稿件前面，一般用来声明意义、表明态度，并对下级提出要求或提供办法。

【编者按】 随着20世纪80年代末人口出生高峰逐步转向初中学龄阶段，从现在起到下世纪初，全国各地特别是广大农村地区普遍面临着初中学龄入学人口高峰问题。据1995年人口抽样数据测算，2002年全国初中学龄人口将达到7 900万，比1998年的6 100万增加1 800万。初中学龄人口高峰的到来，将给"普九"和巩固提高"普九"成果带来很大困难。

河南作为我国人口第一大省，今后五年初中学龄人口迅猛增长，在全国具有代表性。河南省政府省教委对此问题发现得早，在调查研究基础上，提出了解决这一问题的思路和办法。希望各地能借鉴河南省的经验，调查研究，摸清底数；未雨绸缪，及早规划；瞻前顾后，统筹安排；合理布局，落实到位，使初中在校生高峰期平稳过渡，以保质保量地推进普及九年义务教育和巩固"两基"成果。

按语不是简报必备的结构要素，有些简报可以不写按语，是否需要按语，根据稿件的情况而定。按语的作者一般有编发机关指定有关人员撰写。

(3) 简报文稿标题。每篇简报文稿都必须有标题，标题要求简明地概括正文内容，必须恰当、醒目且富有吸引力，使人一看就知道文章的中心内容。简报文稿的标题有三种类型：单行标题、双层标题、多行标题。

① 单行标题。用一句话作为标题，高度概括简报的内容，或直接揭示简报的主题。如：《××市改革商品流通购销体制》，简洁鲜明，一目了然，看标题就知道简报写的是什么内容。

② 双层标题。在正标题下面加上副标题。正题突出简报内容或意义，副题补充说明，起强化正题的作用。如：《选上一个明白人红杏一枝出墙来——××商场民主选举经理搞活企业经营》，正题突出内容和意义，副题补述做法和结果，一看就能对简报有个全面的了解。

③ 多行标题。由三行以上标题组成。上行是眉题(引题)，或说明背景，或交代形势，或烘托气氛；中行是正题，或概括内容，或突出主题，或点明意义；下行是副题或补充情提要事实，或简述结果。如：

鼓励收粮人为卖粮人提供优质服务
新乡粮食仓库设职业道德奖
作风显著转变农民拍手欢迎

眉题说明事由，正题概括内容，副题补充结果。多行标题的显著特点是容量大且醒目。

(4) 简报文稿正文。简报文稿的正文由导语、主体、结语三部分构成。

① 导语是简报文稿正文的开头部分，通常是用极简洁明确的一句或一段话，总提全文中心或主要事实，让读者先有一个总的概念，一般要交代清楚谁(某人或某单位)、什么时间、干什么(事件)、结果怎样等内容，一份简报如果只有一段，那么第一句话就是导语；如果由几个部分或几段组成的，那么第一段就是导语。

导语的具体写法可根据主题需要，分别采用叙述式、描写式、提问式、结论式等几种形式。

用概括叙述的方法介绍简报的主要内容，叫作叙述式。

全国第八次社会科学理论研讨与经验交流会于××××年9月1日在内蒙古自治区首府呼和浩特市开幕，5日在包头市闭幕，来自25个省、市、自治区社科联以及部分地市社科联、部分学会的代表110多人出席了会议。内蒙古自治区党委常委、宣传部部长莫建成出席会议并做了重要讲话。本次会议主题为"社会科学普及与构建和谐社会"，与会代表就会议主体结合各自开展社会科学普及工作和实践进行了研讨交流,对新形势下如何搞好社科普及工作提出了很多新鲜的思路和见解,增强了与会者进一步做好社会科学普及工作的认识和信心。(《全国第八次社会科学普及理论研讨会情况综述》)

把简报里的主要事实或某个有意义的侧面加以形象描写,以引起读者的阅读兴趣,叫作描写式。

把简报反映的主要问题用设问的形式提出来,以引起读者的思考,叫作提问式。

先将结论用一两句在开头点出来,然后在主体部分再作必要的解释和说明,叫做结论式。

加强定点医疗机构监管、规范定点医疗机构服务行为,对推进新农合健康持续发展有重要意义。……(《全面开展新农合定点医疗机构督查工作》,徽州区新型农村合作医疗管理中心《工作简报》2008年第1期)

目前,中国青年报记者从昆明多所高校了解到,由于学校用地严重不足,已影响到云南省高等教育的发展。昆明理工大学因用地缺乏,无法扩大学校建设规划,不得不将今年本科招生计划压缩13%。……(《云南高校用地紧缺制约高等教育发展》,《教育部简报》2005年第69期)

这几种导语形式,各有所长,写作时可以根据稿件特点选择使用。

② 主体是简报文稿正文的主要部分,它紧承导语,主要任务是用足够的、典型的、富有说服力的材料把导语的内容加以具体化,用材料来说明观点。写好简报文稿主体是编好简报的关键。主体的内容,或是反映具体的情况,或是介绍具体的做法,或是叙述取得的成绩和经验,或是指出存在的问题,或是几项兼而有之,要是具体情况而定,没有固定的框架。主体的层次安排最常用的有三种:

叙述式——按事情发生、发展、结局的自然顺序表述。

概括式——既以典型材料,又从共性角度,点面结合进行概括反映。

归纳式——按材料性质归纳分类,按逻辑联系排列组合而构成主体。

不论采用何种方式,简报文稿主体的写作都应该做到:a. 紧扣题目,紧承导语来写,主体要跟导语相一致,不能"走调"。b. 主题结构安排与内容相适应,形神统一。c. 选用的典型材料要确凿具体,有代表性。

③ 结语是简报文稿正文的结尾部分。在一般情况下,简报导语已概述了事实的结果,文末不必再作重复,主体写完,自然结束。所以,多数简报文稿没有专门的结语,也有一些简报文稿在结语部分用一句话或一段话概括主题。对正文的内容作一小结,以加深印象,或集中总结成绩,以强调效果;或指出发展趋势,以引人关注;或发出普遍号召,以推动工作,或补白未尽事宜,以"画龙点睛"。有些带有连续性的简报,为了引起人们注意事态的发展,可用一句交代性的话语作为结束,如"对事情的发展我们将继续报告""处理结果我们将在下期报告"等。简报一般不具名,必要时可以在正文右下方加括号注明撰稿人姓名或供稿单位。

3. 报尾

报尾部分包括发放范围和印发份数两项内容。报尾位于简报最后一页下部,用间隔横线与正文部分隔开,横线下顶格写明发送单位或领导人职务姓名。发送单位一般要分别标明以下内容。

报:×××(上级单位)

送:×××(指平级单位或不相隶属的单位)

发:×××(指下级单位)

当然,有时也可不加区别,一律写成:"送(抄送):×××,××××"

最后在间隔横线下居右括弧内注明印发份数。

六、文种辨析

(1) 简报与新闻的区别。两者都要求迅速及时、客观报道新情况,但传播内容和范围存在很大区别:新闻是公开发表的,面向全社会的,报道的内容是公众所感兴趣的一切新人新事;简报所报道的内容多为本单位内部或相关部门之间的新情况、新问题,限于内部或相关部门阅读,一般不公开发表。

(2) 简报与通报的区别。两者都要求及时、真实地反映内部重要情况,但是在目的、用途和表达等方面有较大的不同:通报主要针对正反面典型或具有倾向性的情况向内部通报,目的在于教育人们趋向良好方向发展,一般在叙述情况后要作评价分析;简报报道的情况、信息,主要用于反映问题、交流信息、沟通情况,为领导提供决策或者指导依据,只要求客观报道,不作主观分析、评论。

(3) 简报与调查报告的区别。两者都有报告情况、反映问题的作用,都要求用事实说话,但它们的写作目的和写作侧重点不同:调查报告是通过深入全面的调查,获得对事实的系统性把握,在对事实概括分析的基础上,提出问题和对策,形成观点,得出规律性认识,要求理论和实际结合,材料、观点统一。简报注重对事实进行简要快速地反映,以达到传递信息、交流情况的目的,少有或没有理论性分析。

七、各类简报文稿正文写作要求

(1) 对思想动态简报正文写作的要求是:第一,抓住典型,即选取有普遍意义的或突出的有教育意义的思想动态,不要把生活中的偶然现象当作必然现象;第二,定性准确,既不能只见现象不见思想,也不能只论思想而不抓住实质。要防止思想方法上的片面性,切忌无限上纲;第三,迅速及时,对倾向性情况要综合反映,对苗头性情况要及时反映,对重要性情况要专题反映,对紧急性情况要立即反映,使领导和有关部门及时了解动向,掌握情况,不失时机地采取措施处理问题。

(2) 对工作简报正文写作的要求是:第一,内容必须符合中央精神,贯彻党的方针政策,揭露矛盾,扶正祛邪,提出可行措施以保证各项工作沿着健康轨道向前发展;第二要围绕当前中心工作,研究新情况、新问题、新经验、突出重点,一事一报,反映领导和群众所关注的事件;第三要深入实际调查研究,搜集第一手材料,抓好典型,好的情况要报,不好的情况也要报,不能报喜不报忧。在材料的使用上要点面结合,既要用一些反映事物"全貌"的概括力较强的面上的材料,也要使用具体实在的"点"上的有代表意义的材料,凡写入简报的材料,必须反复核实,使其真实可靠;第四,要掌握好简报的详略程度,根据内容需要,写得概括而不笼统,具体而不啰唆。

(3) 对会议简报正文写作的要求是:第一,要正确体现大会主席团或会议领导小组的意图和部署,明确会议的进程的发展方向,使简报成为大会的信息使者,对会议起到某种程度的引导作用;第二,内容真实,报道的内容都有依据,不任意夸大或缩小,对发言人的意见和基本观点,既不修饰,也不拔高;第三,要迅速及时,简报采编者要具有新闻记者的姿态和作风,善于观察思考,反应敏捷,一边参加会议耳听手记,搜集材料,一边分析综合归纳整理问题,会议告一段落,稿子立即成型,及时编印发出。

范文导读

工作简报

第四期

中共××县委办公室　　　　　　　　　　　　　　　　××××年×月××日

按:县计生委努力转变工作作风,坚持从实际情况出发,对今年四月份计生宣传月的工作检查不搞兴师动众,不从乡镇和部门抽调人员,全部依靠本单位的干部组织检查,这样既减少了对乡镇和部门工作的牵扯,又全面检查和掌握了全县计生工作情况,受到基层和群众欢迎。希全县各级部门认真借鉴此一经验,进一步加强党风廉政建设,改进工作作风,提高工作效率,以实际行动推动全县两个文明建设的发展。

县计生委改进检查方法转变工作作风成效明显

今年3月下旬至4月下旬,我县集中领导、集中力量、集中时间开展了《四川省计划生育条例》和《中国计划生育发展纲要》宣传活动。县计生委于5月2日至28日,对各乡镇的活动情况进行了全面检查验收。他们切实转变作风,积极改进方法,由本单位干部组成一个检查组统一思想、统一标准开展检查活动,取得了较好效果。其基本做法是:

一、统一思想,提高认识。计划生育工作政策性强、涉及面广,每年都要进行几次阶段性工作检查。针对今年检查时间在"双抢"期间的新情况,县计生委党组专门召开会议,在认真总结过去工作检查经验的基础上,积极改进检查方法,改过去从乡镇和各相关部门抽人组成检查组为组织县计生委机关干部集中检查。在干部职工会上,明确了这次检查的目的、方法和基本要求,统一了全委从领导到一般干部对这次检查的思想。

二、统一确定检查对象,集中时间开展检查。整个检查时间集中在五月份内进行,实行抽查的方法,对各乡镇随机抽取一个村作为检查对象,并保密封存村名,检查组到达了乡镇时再启封公布检查的村,然后分组直接进村入户开展检查。

三、统一检查验收标准。为了杜绝检查中的人为主观因素、减少乡镇对检查结果产生异议,挤干工作中的水分,他们在检查中,严格按照政府办公室广府办(1995)2号文件《关于对贯彻〈四川省计划生育条例〉集中宣传活动进行考核奖惩的通知》规定,统一检查评分标准,坚持"一把尺子量到底",直接考核到检查的村社。同时,在检查前,组织检查人员认真学习了2号文件和有关的政策规定及业务知识,提高了检查人员的政策水平和业务技能,为公正考核检查奠定了基础。

四、统一口径汇总检查结果。进村分组到户开展检查后,以村为单位,统一口径将各社的情况汇总。然后向乡领导汇报检查情况,交换意见。如乡镇对被查村社的检查结果提出异议,则当场重新核实汇总,对问题比较突出的乡镇、检查人员与乡镇领导、计生办一起,共同分析原因,找出差距,研究补救措施。五、统一费用开支渠道。过去的计划生育工作检查,由乡镇或计生办接待检查组。超标准、超规格接待现象时有发生。为从根本上改变这种状况,这次检查不由乡镇接待安排,不接受乡镇的生活宴请,而由县计生委仿照有关规定,本着节俭原则,从紧安排,统一支付费用。有乡镇准备按惯例安排宴请,被检查组婉言谢绝。初步统计13人的检查组,在长达一个月的专项检查中,开支费用不到过去同类检查费用的十分之一。

五、切实做到"四个坚持"。一是坚持客观、公正地考核各乡镇的集中活动开展情况,进村入户如实登记、汇总,最后按标准计分;二是坚持不兴师动众,只要乡镇在工作上的配合,不要在生活上的陪同,减轻了乡镇领导的精力负担;三是坚持固定检查人员,从计生委机关抽出的13名干部自始至终参加检查,保证了按时完成任务;四是坚持执行严格的组织纪律,检查人员必须遵守计生委党组规定的各项纪律制度,如有违反、从严处理。

这次检查,全面、真实地了解了我县人口生育现状,掌握了各乡镇开展集中宣传活动的情况。据统计,检查结果数比乡镇报表更接近实际。如对育龄妇女进行普查,原乡镇报表统计普查率为93.75%而检查结果普查率仅为80.42%,减少了13.32个百分点;落实安扎措施率、报表统计为95.21%,检查统计为72.12%,减少了23.09个百分点。

报:×××,×××,×××,×××,×××。
送:×××,×××,×××,×××,×××。
发:×××,×××,×××,×××,×××。

（共印××份）

这是一篇反映专项工作情况的简报。这份简报报头四要素齐全,使用名称规范;报核部分有批示性按语,对正文的内容做了评价,提了要求。标题概括了主要内容,既符合新闻标题的写法,又符合事务文书平实的语言要求;作为简要报道和内部交流的简报,正文内容充实,观点材料结合紧密,详略得当,六点做法个性特点鲜明,具有一定的借鉴或启示意义。

 "学霸"见闻

简报编写要熟悉采编渠道

一般来讲,基层单位信息简报的收集采编工作有以下几种常用渠道或办法。一是定期收集。在本地、本行业和系统有关单位设立固定的信息网络(主要是建立相对固定的电脑传输网络和定向信息员信息报送制度及联席会议制度等,实行定期、定向、定性的互动交流)。二是预约采编。即围绕一个时期上级党委政府的决策重点及本地贯彻实施的意见,提前给基层信息员出题目、拟观点、定要求,让他们有的放矢地编写上报。三是热点跟踪。围绕一个时期、一个阶段改革、发展、稳定的工作重心以及重点、热点、焦点、难点问题,密切关注相关领域的新动态、新进展,及时予以捕捉、跟进、了解、采编。四是重点"求索"。对综合性强、工作性质比较重要、"敏感"的部门或单位,采取经常走访、联系和沟通、询问的办法,从中索取更多的信息点、信息源、信息"面"。五是观察捕捉。随时留心观察经济社会生活中的动态动向,悉心体会身边的社情民意,及时从中获取有利用价值的各类动态、动向性信息。六是综合处理。即通过对相关会议、文件材料、领导讲话等的分析、判断、提炼,从信息简报工作的角度予以加工整理,形成富有特色的信息。这也是最为常用的一种便捷方法。此外,还有阅读收听法、交换法、共享法、委托法、预测法、数据分析法以及上下延伸法、左右拓展法、内外挖掘法,等等。

但无论采取何种渠道和办法,我个人认为从事这项工作的同志最重要的是要有"三心"。一是要"有心"。就是要自觉培养和提高信息意识和工作理念,在日常工作中牢牢把握领导的信息需求,切实做到"五勤"(即眼勤、耳勤、脑勤、手勤、腿勤),练就一双善于发现、挖掘有价值信息的"火眼金睛"。二是要"用心"。"有心"是根本,"用心"是关键。"用心"就是不停留于被动、表面的信息收集与编发,而是要本着积极、主动的态度,养成及时、准确、持续、广泛收集和编写信息简报的工作习惯,提高深入挖掘、分析、甄别和系统运用信息简报素材的工作能力。"用心"离不开"细心"。"细心"贵在责任,贵在具体。只有养成"心细如发"、缜密思考、周全办事的良好习惯和作风,才能在编写工作中应付自如、应对得体,减少失误率,实现"无差错"。三是要"耐心"。对信息需求的判断、对信息价值的评估、对材料的取舍、对编写角度的选择,等等,都有赖于实践经验的积累,这种积累往往有个从"量变"到"质变"的过程,需要极大的耐心,因为有时候可能是"高投入、低产出"的。这就特别需要我们发挥办公室的"三平"(平凡之中的伟大追求、平静之中的满腔热血、平常之中的强烈责任感)精神,兢兢业业、扎扎实实做好本职工作。通过坚持推进一个时段,必能渐入佳境,收到实效,得成"正果"。

——资料来源:范作惠. 信息简报编写方法和注意事项[J]. 应用写作,2009(01). 节选.

 技能实操

1. 病文修改

信息动态
××××办公室

商品包装回收复用工作,在各级党委和有关管部门的支持下,不断取得新成绩。××××年,全国回收复用纸箱板近 14 万吨,比上年增长 12%;木箱(折合木材),据上海、黑龙江等九个省市不完全统计,回收 11.1 万立方米,比上年增长 38.8%。

山东、北京对商品包装回收复用工作抓得很紧,效果显著。山东省回收纸箱 13 600 吨,酒瓶 6 840 万个;包皮布 75.6 万斤,自行车木箱 66 400 个(折合 4 277 立方米)。北京市复用旧纸箱,节约纸板 11 130 吨,价值 668 万元;百货大楼交售旧纸纸盒等包装物料,增加收入 40 万元。两省市的主要做法是:

认真学习,广泛宣传×××同志关于加强废旧物资回收利用的题词以及国务院有关文件,进一步提高广大职工对废旧物资回收利用重要意义的认识,以勤俭节约、艰苦创业为荣的思想逐步树立了起来。许多单位把贯彻题词作为开展增产节约运动的强大动力,收到显著效果。

许多单位的领导把包装回收复用工作列入重要议事日程,指定专人抓,经常督促检查,及时发现和解决工作中的问题。如北京市百货大楼加工整理旧包装的场地不足,商品领导当即决定将地下室划出 420 平方米,方便了回收工作的开展。有些单位的领导多次亲自召开有关人员会议,进行动员布置,组织参观,交流经验。针对由于一些产品更新和新纸板纸货源有所缓和等原因,旧纸箱、纸盒一度出现滞销、库存积压的情况,他们就积极向工厂进行宣传动员,促进工厂使用旧包装。

山东省自××××年以来,每年由省商业局下达包装回收计划,然后各地、市、县、乡镇逐级分配并作为开展增产节约劳动竞赛评比的重要内容之一,使包装回收逐年增加。

为了加强对旧包装的回收管理,山东省先后建立了"三不准""四把关"制度,即不准随便拿用,不准随便送人,不准随便出售;把好价格政策关,把好回收质量关,把好手续制度关。他们还实行了"凭券取箱"的制度,即事先发给零售单位一定数量的周转包装箱券,提货时带走的包装箱交付箱券,交回空箱时取回箱券。实践证明,这样做可以使"商品下去,包装上来",是个好办法。

为了调动广大职工回收包装物料的积极性,在做好政治思想工作的前提下,本着兼顾国家、集体、个人三者利益的原则,对从事包装回收工作的职工,给予适当奖励,并做到多收多奖,少收少奖,防止平均主义。

(共印××份)

请指出这份实施方案存在的问题,并写出修改稿。

2. 写作训练

××××年3月4日,××开放大学召开了领导干部总结报告和述廉报告会议。假定你是该校文秘人员,试结合下面所给材料撰写一份简报。

材料一:会上,校长张金山同志出席会议并做了××××年度总结报告。省委教育纪工委有关负责同志也出席了会议。

材料二:共70余人参加了这次会议。包括离退休校级老领导、处级干部、副高及以上专业技术职务人员、民主党派负责人、教代会执委会委员以及各党总支和党支部书记等。

材料三:大会共有7名党委成员作了书面述廉报告。

材料四:会议的述廉内容主要是报告人的全年收入(税后)情况,房产情况,配偶、子女及其配偶从业和就学情况,出国情况等。

材料五:××开放大学的办学综合实力、办学结构、科研工作、人才队伍建设、社会效益和经济效益等方面,都上了一个新的台阶。

第六节 述职报告

情境导引

2015年12月16日,莱芜日昇国际经济合作有限公司在其官网发布消息,该集团公司2015年年终述职大会第三次会议顺利召开。消息称这次进行述职的部门是日本业务分公司日本三部和日本一部。在述职会上,两部门都针对本部门2015年全年的业务情况分别向大会做了认真总结汇报。汇报通过举实例、列数据等多种方式,全面翔实地阐述了全年工作的完成情况、心得体会及今后工作计划,客观、深入地分析了存在的问题。该消息说,通过述职,公司各部门较全面地总结了工作总体进展情况,并明确表示今后将继续认真发扬成绩、总结教训,以更加务实高效的作风、以更加凝聚有力的团队、以更加包容积极的心态投入到各项工作中去,为2016年全年工作目标的完成而努力奋斗。

思考

1. 述职报告有何作用?
2. 述职报告与工作总结一样吗?

知识导航

一、述职报告的概念

所谓述职,即专题汇报自己的工作职责。它是党政机关、企事业单位、社会团体审议和考核管理人员时,被考核者采用的一种禀陈自身职责和绩效的形式。述职报告就是用于述职的应用文,据此可以定义为:述职报告是各种社会组织的管理人员(目前主要为领导干部)及工作人员,向组织人事部门、上级主管机关或本单位的群众陈述自己在任职期间履行岗位职责的情况及绩效的书面报告。

从20世纪90年代以来,述职报告日渐成为法定社会组织考察干部、发现人才、民主管理、严格监督的重要工具,对推动社会组织及个人的全面发展都具有重要意义。2004年党中央颁发的《中国共产党党内监督条例》第一次对述职、述廉做出明确规定,要求中央政治局向中央委员会全体会议报告工作;中央纪委党委向中央纪委全体会议报告工作;地方各级党委常委会、纪委常委会分别向委员会全体会议报告工作。这不仅是加强对领导机关和领导干部管理和监督的有效途径,也是推动政治文明建设的重大举措。对今后将要迈进职场的大学生来说,上岗——履职——述职——晋升,是必将经历的人生历练,所以及早掌握述职报告的写作方法是十分必要的。

二、述职报告的作用

述职报告最初以"总结"或"汇报"的形式出现,后逐步形成了自己独特的方式,它是随着人事制度的改革而产生的一种新兴文体,已成为管理和考核社会组织和国家工作人员的重要方式。概括起来,述职报告主要具有以下作用。

1. 考核评估

对于社会组织而言,述职报告起着对有关人员的履职情况进行考察、评估进而决定任用的作用,它是社会组织定期了解、分析、评鉴和做任用决定,使人员评估、任用工作走向制度化、规范化和科学化的重要手段。

2. 自省总结

对于述职者而言,述职报告起着禀陈履职情况以接受组织及组织成员的考核、评估、监督的作用。述职者须依照规定的职责和目标任务,对履职情况进行自省、总结,进一步明确职责和加强责任感,升华经验、改正不足,以利于在今后的工作中不断完善、提高自身的政治、业务素质,实现自我的超越。

3. 接受监督

述职也是政务公开的重要手段,通过述职,群众可以定期了解有关人员履职的情况,使有关方面的工作增加透明度,有利于杜绝腐败;而有关人员由此接受群众的监督、批评、建议,有利于今后改进工作、提高效率。

三、述职报告的特点

(1)角度的自我性。述职报告是有关人员对履行职责情况的自我评述。首先它通常是以单数第一人称的视角评述自己的工作,与一般的工作总结、工作报告有别:前者是述"我"在职责范围内的工作情况,后者是述"大我",即本组织在职能范围内的工作情况。其次,述职报告的用途与其他文书不同:述职报告是自我评述履职情况以接受有关方面对"我"的审核、评估;报告是法定公文,用于向上级汇报本组织的工作情况;工作总结是对本组织的有关工作或全面工作进行归纳及总结得失。

(2) 态度的客观性。述职报告要客观地评述本人的工作情况和绩效,即实事求是地陈述和评价本人履职期内在哪些方面达到了岗位职责、目标要求,哪些方面有所不足或失误,既不要夸大其词、自吹自擂,也无须刻意谦虚。

(3) 内容的特定性。述职报告在内容上,通常是从德、能、勤、绩四个方面谈自己在某一任职期间的综合表现。德,指政治思想、职业道德等方面的表现;能,指在工作中体现的才干与能力;勤,指个人的工作姿态,工作作风,是否勤勉、踏实、努力;绩,对领导干部而言,是"政绩",对普通干部而言,是工作实绩。这些都是考核、任用、提拔一个干部的主要标准,故在述职时,要围绕这些内容展开。

(4) 形式的报告性。就是要求报告人明白自己的身份,放下架子,以被考核、评议、监督的人民公仆的身份,履行职责做报告。

四、述职报告的类型

述职报告可以从四个角度做不同的分类。

(1) 按时间划分:可分为试聘(用)期述职报告、任期述职报告、定期述职报告。

(2) 按内容划分:可分为综合述职报告、专题或单项述职报告。

(3) 按主体划分:可分为集体述职报告、个人述职报告。前者是有关方面人员群体的述职报告,如领导班子、项目成员的述职报告;后者则是有关方面人员个体的述职报告。

(4) 按形式划分:可分为面陈式述职报告和书呈式述职报告。前者是用于会议等场合当面陈说、演讲的述职报告,后者仅以书面形式递送。

五、述职报告与工作总结的区别

工作总结可以是单位的、集体的,也可以是个人的,其写作角度是全方位的,即凡属突出的工作业绩、出现的问题、经验或教训、今后的工作设想等都可以写,虽然也要上升到理论高度概括经验和体会,但基本上是做了什么就总结什么。而述职报告则要求侧重展示个人在一定时期内履行岗位职责的思路、过程和自己的能力等,重点是回答自己称职与否的问题,并不以表现本部门、本单位的总体业绩、问题为重点。

六、述职报告的写作

一份完整的述职报告包括标题、抬头、正文、落款四个部分。

1. 标题

述职报告的标题写法比较灵活。

(1) 只标明文种:《述职报告》;

(2) 由任职时间、所任职务和文种组成:《××××—××××年任教育局长职务期间

的述职报告》;

(3) 由时限和文种组成:《××××年上半年述职报告》《××××年度述职报告》;

(4) 主副标题:主标题概括述职报告的主旨或基本观点,副标题点明时间、文种等内容。如《实行目标管理,提高管理水平——××公司经理×××的述职报告》《"先进性教育"带来的新辉煌——我的述职报告》。

(5) 述职主体和文种组成:《我的述职报告》。这种标题适宜在大会上述职时用。

2. 抬头

"抬头"即受文者的名称、称谓。书呈式述职报告,其抬头为有关组织的名称,如"中共××市委""××党委""××人事局";面陈式述职报告往往是在大会上面向领导和本组织成员的,其抬头一般为受文者身份的称呼,如"各位领导、各位同事、同志们"等。

3. 正文

(1) 导言。概述现任职务、任职时间、岗位职责、工作目标及对自己工作的总体估价。这部分内容要简洁明确。

(2) 主体。即主要政绩(业绩)、存在问题、今后打算。这是述职报告的核心内容,在写法上多按性质的不同分成几个方面,每个方面归纳入一个观点(可列小标题),分别阐明。每个观点可先写工作对象或成绩,再写认识和体会。要突出个人的工作能力和水平,特别是管理能力和政策水平,体现领导才干。写作主要政绩(业绩)时,要抓住主要方面,以任期内工作成果中最突出最有特色的业绩为重点详写,其他方面则简笔略写,不要平均用力,面面俱到。述职者应适时就是写明工作中存在的问题(包括缺点和失误),造成的损失,自己应负的责任等。今后的打算,主要写今后工作所要达到的目标,以及为实现工作目标而打算采取的措施。写这部分要注意领会上级的政策意图,体察民情,针对存在的问题,要写得精当扼要,入情入理。

(3) 结尾。通常写"以上报告,请领导和同志们指正""以上是我的述职报告,谢谢各位"或"以上报告,请指示"一类惯用语。

4. 落款

落款包括述职人的职务、姓名和成文日期。如报告人在标题下已署名,则此处可只标明成文时间。

七、述职报告写作注意事项

(一) 实事求是,掌握分寸

实事求是地肯定成绩、正视问题,有成就要讲够讲透,有问题要敢于承认,既不能过分谦虚,也不能讳疾忌医。同时,无论是表成绩还是谈问题,都应据实评述,处理好个人与他人、集体的关系:要分清个人、他人、集体的实绩(或责任),谈个人功绩只能引述自己的实绩,不可挪用他人、集体的功绩,归功于大家的成绩,只能对自己所起的作用予以陈述;谈问题或失误时,既不可诿过于人,也不可故作姿态地代人受过。

(二) 紧扣职责,例证典型

述职的目的不是评功摆好,而是促使干部员工对职责是否清、责任是否明、方法是否当、能力是否强进行反思和剖析,得出是否称职的结论,要围绕这个宗旨精选足以显示政绩水平的典型材料加以阐述,不能写成一般的工作总结,更不能写成流水账。

(三) 点面结合,主次分明

述职报告的内容应当包括职责范围的所有行为活动,即全面陈述自己履职情况;同时,又不能事无巨细一一道来,须抓纲举要,以工作的主要方面为陈述重点,其他方面可略述。就述职报告所涉的"德、能、勤、绩"四方面内容而言,"绩"则为应予详述的重点。

(四) 生动活泼,写出个性

述职报告是一种生动活泼的文体,应根据不同层次、不同岗位、不同职责的千差万别的实际情况,写出不拘一格、有个性、有特色的述职报告。

范文导读

述 职 报 告

各位领导、各位同志们:

我于××××年1月任××市××机床厂厂长,在市委、机械局党委的领导下,按照厂长岗位职责做了自己应该做的工作。现在向领导和同志们作如下汇报。

一、党、政、工、团齐抓共管,改变厂容厂貌

××××年我上任后,首先提出:实行各级一把手责任制,把各单位的工作做得好坏与考核干部政绩直接挂钩。不能限期达标的,一把手就地免职。筹措经费5万元,用来改善环境、整顿厂容厂貌。广大职工利用业余时间,奋战50天,彻底改变了脏、乱、差的工厂面貌。
……

二、抓好职工的思想政治工作教育

在深化改革中,有些职工信心不足,有的干部有畏难情绪。我深入宿舍进行走访,先后与12名工程技术人员、老工人促膝谈心,引导职工树立跑步竞争意识,用厂里先进人物的事例启发、引导干部克服畏难情绪,使广大职工树立起坚定的改革开放的信念……

三、注重现场生产管理

我厂从生产管理的高度,提出了"强化生产管理,创建文明生产"的奋斗目标。抓岗位工序控制,严格工艺纪律和质量管理,组建厂"文明生产""工艺纪律""产品质量"监督组,日检查、月评比、季总结。实施季度奖、考核奖等奖惩制度,调动了职工的积极性,各项经济技术指标创造了良好成绩……

四、改善职工的劳动条件

保护职工在劳动生产中的安全和健康,是我们党和国家的一贯方针政策。为翻砂车间安装了通风排尘设备,各车间为女工设立了更衣室,在四个车间修建了男女浴池,为生产工人提供了较为全面的劳动保护条件……

五、建立健全质量管理机制,提高产品质量

设立质量监督站,坚持每批产品出厂前做抽检、抽检不合格则不予出厂的制度。在抽检的35台机床中,34台达到部颁标准。1台部分指标未达到部颁标准,予以返工,确保了我厂在市场中的信誉。年终总结评比产品质量,与去年相比提高了9.6%,产值、实现利税、出口创汇与去年相比,分别增长了16.4%、18.2%、21.3%……

六、试行承包责任制

把现场管理纳入各单位承包责任制的考核内容。生产第一线工人的工时单价与现场管理好坏挂钩,浮动工资与总额奖金挂钩。2003年上半年,全厂因出现废品造成的损失,比我厂规定允许的考核指标减少21.42万元……

七、开展新工艺、加速国产化

我厂以加速数控机床国产化为目标,注意横向联合,带动了一批协作配套厂的发展……

八、组织研制开发新产品

(略)

九、制定民主管理制度

(略)

十、关心职工生活福利

为缓解职工宿舍紧张的情况,8月份建成一栋职工住宅楼,解决了75户工人家属的住宿问题。……

十一、解决职工子女的就业困难

(略)

(以下略去十二、十三、十四,其中第十四点为存在的主要问题)

任职一年来,我尽职尽责地做了一些应该做的工作,取得了一些成绩,这是在上级党委、厂党委领导的关心下、全厂职工的努力支持下共同取得的。我认为自己是称职的。

今后,我仍然要全心全意依靠广大职工、特别是技术人员,出主意想办法,大胆改革,锐意进取。继续提高产品质量,开发新产品,扩大产品销路,力争××××年创利税1 000万元,以优异的成绩向同志们汇报。

××市××机床厂厂长:王大华
××××年×月×日

这是一位厂长任职满一年的述职报告。正文导言简述了所任职务、任职时间及"做了自己应该做的工作"。主体部分分十四个方面介绍了自己的工作思路、工作内容、取得的成绩、存在的主要问题和下一步的工作设想。本文能很好地突出述职报告的自述性。报告目的明确,思路清晰、工作具有创新性,成绩突出。对成绩善用具体的数字加以说明。有了这些自述性的材料,推出"我以为自己是称职的"这一自我评价便显得水到渠成,颇富说服力。本文语言通俗,富于节奏感,适合口述。在写法上用了十四个小标题,将履行岗位职责的情况分门别类报告,层次分明,有利于给人留下清晰的印象。

 "学霸"见闻

述职报告的常见误区

在述职报告的撰写中,最常见的误区有以下几种。

1. 将述职与总结混为一谈

述职是对自己履行岗位责任情况的汇报,因此,述职报告与总结有相同之处,都有对过去一段时期工作的回顾,都可以谈经验、教训,都要求事实材料和观点紧密结合等。但是,述职报告与总结毕竟是两种不同的文体,因为它们的目的、作用不同,写作时的侧重点也应有所不同。

(1) 内容重点有所不同。个人总结的重点在于全面归纳工作情况,表现工作实绩;个人的工作述职报告则必须以履行职责方面的情况为重点,突出表现德、才、能、绩,表现履行职责的能力。因此,写作时总结要回答的是做了什么工作,取得了哪些成绩,有什么不足,有何经验、教训等。述职报告要回答的则是承担什么职责,履行职责的能力如何,是怎样履行职责的,称职与否等。

总结主要运用叙述的方式和概括的语言,归纳工作结果;述职报告则可以采用夹叙夹议的写法,既表述履行职责的有关情况,又说明履行职责的出发点和思路,还要阐述处理问题的依据和理由。

(2) 涉及的工作范围不同。总结可以把个人所做的全部工作进行归纳、概括;述职,述的主要是职责所在的工作,述职绝不等于个人全部工作的总结,需要有的放矢。假如你是工厂的一个车间主任,那就该讲述如何管理好你们的车间、如何带领全车间的人完成了业绩指标的情况,而不能去讲述你同时作为一个工程师做了什么工作,哪怕你的工程师做得再出色,那也不是你要述的职;假如你是学院里的一个系主任,那就讲述一下你是如何领导一个系去开展工作的,除非你是要显示你在繁忙的工作中依然能履行好自己的主任职责,或者是想显示一下自己以身作则、率先垂范,勇于承担教学任务,否则,大谈自己作为一个教师担任了多少门课的教学任务对述职无甚意义,反而显得不得要领,离题万里。

2. 只谈成绩不谈失误

不少述职者在述职时大谈特谈所取得的成绩,但对工作的失误避而不谈,以为这样就能给大家留下好的印象,却往往事与愿违。其实,述职时突出成绩没有错,但只谈成绩不谈失误既显得不够真诚也显得缺乏正确面对失误的心态,因为,大家都知道人无完人,工作的失误是在所难免的,尤其是听众有不少是熟悉的同事。述职时谈完了成绩,不妨也坦诚地谈谈工作的失误,如果能提出破解之法,自然最好,即使暂时没有解决办法,也表明你有直面失误的勇气和改进的决心,这样,也容易在听众心中获得加分。

——资料来源:吴燕娜. 述职报告的常见误区与对策[J]. 应用写作,2011(05).

技能实操

1. 病文修改

述 职 报 告

各位领导、同志们:

我是×××教研部主任,全面负责教研部的政治思想工作及教学、科研工作。一年来在院党委及主管院长的直接领导下,在教研部两位副主任的配合下,在同志们的大力支持下,各项工作都取得了一定成绩,现将本年度的工作向领导和全体同志述职如下。

一、一年来做的主要工作

(一) 理论学习方面。能认真组织教研部的政治理论学习,重点学习了党的十六届三中全会提出的"科学发展观"和党的十六届四中全会提出的"关于加强党的执政能力建设的决定"及相关理论文章,大家加深了对党中央会议精神的理解,增强了贯彻落实党中央方针政策的自觉性……

(二) 政治思想工作方面。重视政治思想工作,经常与教研部的两位副主任交换意见,了解同志们的思想情绪,耐心地做思想工作,尽最大能力帮助有困难的同志……

（三）教学科研方面。积极探索教学内容和教学方法的改革，圆满完成组织交给的7个班的授课任务，并受到学员的好评，教学效果评估分平均94分……完成《科技进步与社会发展》一书的修订工作，组织大家积极申报有关省情研究的新专题，参加了两个新专题的集体备课活动。

（四）社会调研方面。5月参加院组织的赴澳大利亚、新西兰等国的考察……8月和教研部的部分同志到国家级生态示范县——××县，就农村可持续发展问题进行了专项调研……10月参加了赴东南沿海城市的社会考察活动……通过考察调研，自己收获很大……

（五）党风廉政建设方面。亲自制定了教研部领导班子《2004年党风廉政建设责任目标》，并组织实施。自己能组织大家学习，定期召开民主生活会……本人没有出现不廉洁行为和违法违纪的现象。

（六）精神文明建设方面。9月组织教研部同志为家庭出现特殊困难的××同志捐款12 800元，组织大家积极参加机关党委、工会开展的体育、文艺比赛等活动并取得好成绩。通过组织各项活动，使教研部的凝聚力大大加强……

二、存在的不足和努力方向

一年来能圆满完成组织交给的教学科研任务，履行了一个教研部主任应履行的职责，但还存在一些不足，例如……今后除了要加强开拓创新精神，做好教研部的工作，还要在科研方面多下功夫，争取多发表高质量的论文，提高教学质量和科研水平，使自己各方面的工作更上一层楼。

请指出这份述职报告存在的问题，并写出修改稿。

2. 写作训练

2013年，按照××市水利局局党委的统一部署与要求，张××副局长在全体班子成员的大力支持下，在相关部门密切配合下，使分管的水资源和水保工作的统一管理开展的比较顺利。收费范围不断扩大。全面管理的用水小单位和个人530个，纳入管理的砖厂和石料厂80个，征收水资源费776.3万元、水保两费22.2万元。进一步理顺了水保水资源的管理秩序。

材料一：作为一名党员干部，要想在群众中树立威信，赢得群众的信任，首先必须加强自身的政治素养和正气。张××副局长分管的都是行政性征费执法管理工作，整天与钱打交道，一言一行、一举一动都会给下属带来很大的影响。一年来始终做到"自尊、自爱、自省"。从不放松对自己的要求，并要求每位收费人员自觉把好"人情"关、"糖衣炮弹"关，做到收支两条线。在他的影响下，水政水保队伍的整体素质不断提高，业务水平执法能力都不同程度地有所加强。

材料二：《中华人民共和国水法水法》《××省××号令》是××市水利局执法的法律依据，2013年来以加强水政执法为突破口，狠抓了依法征费和维护水保秩序，对违法案件发现一处就严查一处，既锻炼了执法队伍，在社会上提高××市水利局的知名度，同时促进了工作的进展。据不完全统计，2013年先后对37个单位下达了限期安装水计量设施，办理取水许可证的通知。对13个不服从统一管理的单位进行查处。直接征收水资源费14万元，共追缴拖欠水资源费36万元。并依法对不服从管理、未经批准擅自取水案举行了听证会。在这方面也是开了先河，维护了法律法规的尊严，提高了水利部门的社会地位和形象。

材料三：在2013年管理212个取用水单位的基础上，2004年××市水利局把扩大管理范围作为重点来抓。九月份又对全市的建筑市场的建筑市场用水实施了管理，征收水资源费。工作中教育全体人员发扬两不怕精神，收费工作既要懂法律又要熟知政策，还要做到耐心细致的工作。同时对重点大户、难户、钉子户采取行政法律等强硬手段进行查处，因此新开户在原来的基础上大有增加。

材料四:××市水利局改进工作方法,提高工作效率的具体措施有:1. 定期召开形势分析会,随时掌握情况,发扬民主,献计献策,推出了法律宣传,依法行政和行政协调"三到位"的亲情行政,热情服务"工作法"。2. 为了管理好水计量设施,我们采取走出去,请进来的办法。学习水表构造与管理,并研制制造了防盗水装置,取得了很好的效果。3. 实行了分片包干制,将指标任务分解细化,做到人人身上有指标,有压力,互相监督互相学习,既充分调动大家的收费积极性,又增加收费人员紧迫感。

材料五:为适应水政水资源水保工作的需要,局党委对队伍建设非常重视,在人员车辆执法装备上给予了政策上的倾斜,做到了软件硬件同时抓,调整理顺了管理队伍,采取了强弱互补,优化组合的方式。随时对人员、任务指标等进行调整始终保持最佳组合状态。

请根据以上情境和材料,以张××副局长的名义写一篇述职报告。

第七节 规章文书

情境导引

冯坤毕业后进入一家公司担任总经理秘书。工作不久,他发现公司的各项管理制度非常不健全,于是向公司总经理建议制定和完善公司管理制度,得到了总经理的肯定,要他牵头尽快制定一套完善规范的公司管理制度出来。

思 考

1. 规章制度常用文种有哪些?
2. 规章制度的基本写法是怎样的?
3. 规章制度的制定、修改应当注意哪些问题?

知识导航

一、规章制度的概念

规章制度是国家行政机关、社会团体、企事业单位为实施管理的需要,依照国家法律、法令和政策,在自己权限范围内制定的具有法规性、指导性与约束力的应用文书。

各种规章制度在内容上对某方面工作、某项工作或某一事项做出的规定和要求,对有关方面、有关人员的行为具有规范和制约作用。

规章制度的应用非常广泛,上至国家最高领导机关,下至基层组织和个人,都可以用规章制度来约束控制,管理和指导,已明确应该遵守的事项、职责范围、应达到的标准等。它是国家法律、法令、政策的具体化,是人们行动的准则和依据。因此,规章制度对社会经济、科学技术、文化教育事业的发展,对社会公共秩序的维护,有着十分重要的作用。

二、规章制度的种类

规章制度可分为行政法规和一般规章两个大类。不同的类别,反应不同的需要,适用于不同的范围,起着不同的作用,如表 6-2 所示。

表 6-2 规章制度种类一览

类别	文种	内容和作用	制 发 者	举 例
行政法规	条例	对每一方面的行政工作作比较全面、系统的规定,具有法律性质的文件	国家最高权力机关、最高行政机关(国务院各部门和地方人民政府制定的规章制度不得称"条例")	《中华人民共和国道路交通管理条例》《中华人民共和国居民身份证条例》
	规定	对某一项行政工作作部分的规定,是法律、政策、方针的具体化形式,处理问题的法则	国务院各部委、各级人民政府及所属机关	国家语委等七部门《关于出版物上数字用法的试行规定》
	办法	对某一项行政工作作比较具体的规定,包括处理某些问题的具体办法、标准	同上	《广东省普及九年义务教育实施办法》
	细则	为实施"条例""规定""办法"做详细、具体或补充的规定,对贯彻方针、政策起具体说明和指导的作用	同上	国家外汇管理局公布的《审批个人外汇申请施行细则》是贯彻《中华人民共和国外汇管理暂行条例》有关条款而制定的详细规定
一般规章	章程	政党或社会团体用以说明该组织的宗旨、性质、组织原则、机构设置、职责范围等的纲领性文件,起准则性约束性的作用	政党、社会团体	《中国共产党章程》《中华诗词学会章程》
	公约	人民群众或团体经协商决议时定出的共同遵守的准则,对参加协议者有约束力	人民群众,团体	《首都人民文明公约》《××街道卫生公约》
	制度	有关单位和部门制定要求所属人员共同遵守的准则	机关团体、企事业单位及其部门	《安全生产制度》《××学院学生请假制度》
	规则	有关部门为维护劳动纪律和公共利益而制定的要求大家遵守的条规	同上	《××图书馆借书规则》
	规程	生产单位或科研机构,为了保证质量,使工作、试验、生产按程序进行而制定的一些具体规定	同上	《××型电子计算机操作规程》
	守则	机关团体、企事业单位要求其成员遵守的行为准则	同上	《全国职工守则》《中学生守则》
	须知	有关单位、部门为了维护正常秩序,搞好某项具体活动,完成某项工作而制定的具体指导性、规定性的守则	有关单位、部门	《观众须知》《参加演讲赛须知》

三、规章制度的特点

(1) 强制性,亦即约束性。规章制度是出于规范人们行为之目的而制定。规章制度一经公布,就对有关单位或个人的言行举止具有约束性乃至强制力,必须遵守执行,违反则要受到行政、法律、经济制裁或公众舆论的谴责。

(2) 严密性。规章制度在内容上要求能面面俱到,对所涉及的各个方面,都必须做出相应的规定:该怎样做,不该怎样做,哪些情况该奖罚,等等,细致而周到,不能有遗漏和疏忽,不能有歧义,不能含混不清、似是而非,或自相矛盾。总是力求具有逻辑的严谨性,做到无懈可击。规章之间,必须协调统一,不能相互矛盾抵触。如果规章制度之间前后不衔接,或内涵外延有矛盾,执行过程中就会各取所需,不但想要解决的问题解决不了,还会引起新的问题。维护规章制度统一性的条款主要是针对这种情况设置的。如:"本规定自发布之日实施,以前出台的相关规定凡与本规定不一致的,以本规定为准。"如是基层单位出台的规章制度,也可写作"如本规定与上级的相关规定有抵触,以上级规定为准"。如果将原有的规章制度修订后重新推出,就应考虑废止旧条款。在起草这类条款时要求起草人十分熟悉本单位的业务,熟悉有关规章制度的沿革,这才不至于与有关规章发生冲突。

(3) 准确性。规章制度中的概念、判断必须是明确无疑、准确无误的,不得模棱两可、含糊不清。遣词造句必须精确、周密,合理适度。为了使规章制度能够准确无误的贯彻执行,必须保证重要概念内涵与外延的确定性。因此,往往要有专门用来给重要概念下定义或限定其外延的条款。

(4) 条款性。规章制度必须分条分款,排列有序,层次清楚明白。为了便于表述、援引和记忆,规章制度在表达上采用条理分明的章条式结构或条文并列式结构。章条式正文分为总则、分则和附则三大部分。内容复杂、条文较多的规章制度多采用这种结构。条文并列式的正文从头到尾皆用条文组织内容。内容简单、条文较少的规章制度多用条文并列式。

(5) 依附性。规章制度可以直接颁发,但这种情形较少,一般作为"令"或"通知"的附件发布,具有依附性。

四、规章制度常用文种

(一) 条例

条例是党政最高领导机关、国家及地方立法机关,针对各个领域内某些具体事项而做出的比较全面、系统的规定,是具有长期执行效力的法规性文件。按照《行政法规制定程序条例》规定,国家立法机关、国务院可以制定条例,它是"对某一方面的行政工作比较全面、系统的规定"。需要注意的是"国务院各部门和地方人民政府制定的规章不得称'条例'"。

作为法规,条例一是用于对有关法律的实施作具体规定,与相关法律配套使用,这类条例可以称为法律实施条例,如《中华人民共和国劳动合同法实施条例》《中华人民共和国药品管理法实施条例》《中华人民共和国企业所得税实施条例》等;二是用于对某项长期性工作制定管理规则,是基本法律制定以前的单项法规,这类条例称为行政管理条例,如《事业单位人事管理条例》《中华人民共和国政府信息公开条例》《中华人民共和国外汇管理条例》《中华人民共和国电信条例》《危险化学品安全管理条例》《江苏省物业管理条例》等;三是用于对某类组织或某类专门人员的任务、职责、权利、奖惩等做出系统的规定,这类条例可以称为组织规章条例,如《中国共产党纪律处分条例》《行政机关公务员处分条例》《会计人员职权条例》《个体工商户条例》等;四是用于民族区域自治地方的自治条例和单行条例。自治条例通常规定区域自治的基本组织原则、机构设置、自治机关的职权、工作制度及其他重大问题,如《云南省金平苗族瑶族傣族自治县自治条例》《甘肃省临夏回族自治州自治条例》等。单行条例是民族自治地方的人民代表大会根据区域自治的特点和实际需要制定的单项法规,如《新疆维吾尔自治区旅游条例》《广西壮族自治区人口和计划生育条例》等。

条例是高层领导机关使用的文种,党的机关公文中的条例,必须由党中央、中央纪律检查委员会等中央组织制定与发布;作为行政法规的条例,必须由全国人大及其常委会、国务院、省(自治区、直辖市)人大及其常委会制定与发布。其他机关、单位制定的规章,不能称为"条例"。条例一经正式发布,即具有法定的权威性、约束力和强制执行作用,必须遵照执行。

条例的内容要求尽可能全面、系统、完整,制发的目的意义、适用对象或范围、做出的规定与要求、主管机关与解释权等,均有明确的表述。正式发布的条例,其内容相对稳定,法定效力的持续期较长。

条例所作的规定和要求比较原则、概括,所属单位再具体执行时可依据工作的实际需要制定适合各自情况的实施细则或办法。

(二)规定

规定用于对特定范围内的工作和事务制定具有约束力的行为规范。规定是法律、政策、方针的具体化形式,是工作和活动的具体规则。规定可用于重大事项,也可用于一般事项。规定的制发机关宽泛,各级各类机关单位都可以使用。篇幅可大可小,时效可长可短,制发灵便,适用范围广泛。规定主要表现在它用限定行为规范,制定办事准则及规范界限,对活动开展、事项管理、问题处置做出规定。具体来说,多为解决"应该如何"和"不应该如何"的界限问题,特别是一些禁止性、限制性"规定",其限定性特点尤为突出。

规定可以分为以下四类。

(1)管理性规定。即制定某项活动或某方面工作的管理规则和要求,以达到加强管理,规范行为的目。如《出版物上数字用法的规定》《企业名称登记管理规定》《互联网文化管理暂行规定》《党政主要领导干部和国有企业领导人员经济责任审计规定》等。

(2)政策性规定。即依照有关法律法规条文,对某项活动或某项工作制定政策规范。如《女职工劳动保护特别规定》《禁止使用童工规定》《中共中央政治局关于改进工作作风、密切联系群众的八项规定》等。

(3)实施性规定。即为实施贯彻有关法律、法令、条例,结合本地区本单位实际,提出相应的实施办法及要求。如《上海市政府信息公开规定》《实施〈中华人民共和国社会保险法〉若干规定》《公司消防安全管理规定》等。

(4)补充性规定。即对原文件中不够明确、不够具体以及遗漏的问题加以补充完善。如《中药注册管理补充规定》《外商投资商业领域管理办法补充规定》《最高人民法院关于人民法院认可台湾地区有关法院民事判决的补充规定》。

(三)办法

办法是机关、团体、企事业单位为贯彻上级有关法令、条例,或对某项工作、某一事项提出具体的处理原则、实施程序、方法措施的规范性文书。办法是为实施比较重大的原则性规定或者为加强管理而制定的,因此既要遵循基本的原则,又要将原则变为具体的措施,以利操作。办法有较强的规范作用和约束力,同时还注重对下属的指导与引导,允许在不违背基本规定的前提下结合本地本单位实际贯彻执行。

办法可以分为实施办法和管理办法两类。

(1) 实施办法。即对有关法律、法令、条例、规定提出具体可行的实施措施,如《企业职工带薪年休假实施办法》《四川省〈中华人民共和国防洪法〉实施办法》《土地调查条例实施办法》《旅游饭店星级的划分与评定实施办法》等。

(2) 管理办法。即根据管理需要制定的工作规范,如《金融租赁公司管理办法》《城市生活无着的流浪乞讨人员救助管理法办》《商品房销售管理办法》《土地登记办法》《××大学教学事故认定及处理办法》等。

(四) 细则

细则是为贯彻执行某一法律、法令、条例、规定中的某些具体条款而制定的条文解释和条文具体实施办法的详细法则。细则的适用范围比较灵活,它既可以用于全面贯彻执行某项法律、法规的精神和内容,也可以用于对某一法律、法规中某些条文的规定贯彻实施。细则是法律、法令、条例、规定的具体化和现实化。

细则的制定必须依附于某一具体法律、法令、条例、规定,它是细则赖以产生的基础和前提。没有法律、法令、条例、规定,就没有某项实施细则。学界将这种关系称作母体公文和子体公文,是很有道理的。比如《中华人民共和国土地增值税暂行条例》是母体公文,《中华人民共和国土地增值税暂行条例实施细则》就是子体公文。因此,细则的内容无论多么详尽、周密、具体,都不能超出母体公文所规定的基本精神及其内容范围。一个法律、法规可以派生出一个全面的实施细则,也可以针对母体公文的不同部分派生出几个实施细则。细则的制定机关一般在法律、法规的附件中作了明确规定。如《中华人民共和国商标法》第八章"附则"第四十二条规定:"本法的实施细则,由国务院工商行政管理部门制定,报国务院批准施行。"

细则可以分为实施法规细则和管理工作细则两类。

(1) 实施法则细则。实施法规细则是法律、条例、规定、办法等主体规范新文件的从属文件,对主体文件全部或部分条款进行解释、补充、完善,使主体文件更具体明确,便于操作实施。如《营业性演出管理条例实施细则》《中华人民共和国发票管理办法实施细则》《中华人民共和国进口计量器具监督管理办法实施细则》《旅游安全管理暂行办法实施细则》。

(2) 管理工作细则。管理工作细则是为了使管理工作规范化、标准化、程序化而制定的详尽具体的工作法则。如《音像制品条码实施细则》《地名管理实施细则》《教研室工作细则》等。

(五) 章程

章程是政党、团体、企业或其他组织依据法律法规,对本组织的性质、宗旨、任务、组织原则、成员条件及义务、权利、机构设置、职权范围、行为规则、纪律措施等做出规范要求的规章文书。国家行政机关及其职能部门一般不使用章程这一文种。

根据国家有关规定,章程是成立一个团体组织的必要条件。在团体组织申报成立时,必须同时上报该组织的章程"草案",以便主管部门和社团登记部门全面掌握其性质和宗旨。一个团体组织在获批准成立之后,还需将章程草案提交代表大会或全体成员大会审议并通过,才具效力。章程是一个团体组织或全体成员的行为或业务等内容的规范性文件,是该组织或全体成员必须遵守的工作、行为准绳,违反者将受到处理。

章程有组织章程、业务章程、规范章程三种类型。

(1) 组织章程。由各类社会组织制定,用以对本组织的性质、宗旨、任务、机构、人员构成、内部关系、职责范围、权利义务、活动规则、纪律措施等作出明确规定。如《中国共产党章程》《中国共产主义青年团章程》《中国高等教育学会秘书学专业委员会章程》《贵州省〈红楼梦〉研究学会章程》等。

(2) 业务章程。主要由有关企事业单位制定,阐明其业务性质、运作方式、基本要求、行为规范等。如《××学院办学章程》《广东中南公司章程》等。

(3) 规范章程。用于某个专门机构用以制定开展某项活动的宗旨、程序、做法等准则或办事规则,以此明确标准做法、具体原则要求。如《××奖学金章程》《××基金会章程》《甲种外币存款章程》等。

(六) 制度

制度有广义和狭义之分,广义可指一切规章文书。狭义是指规章文书中的一个具体文种。虽然规章文书中几乎都有对有关人员的行为规范和违规处理的内容,但认真比较一下,制度更侧重对于某方面工作或某项业务活动管理模式的系统规范。如国家审计署发布的《行政单位定期审计制度》,除对有关人员行为规范和违规处理有明确规定外,主要是决定了对行政单位要求长久持续地进行月、或季、或半年、或一年间隔的定期审计。还规定了审计机关、被审计单位及人员的职责、义务,审计的程序,内容,依循的政策、法规,等等,从而建立了对行政单位定期审计工作的稳定秩序,形成了一种系统的管理模式。

所以,我们可以这样界定:制度是国家机关、社会团体、企事业单位为了加强对某项工作的管理或某项业务活动的稳定的工作秩序,形成系统的管理模式,而制定的要求有关人员共同遵守的管理操作规程和行为准则。建立制度,是为了实现明确职责、规范行为,提高工作质量,达到优化管理的目的。

制度可以分为岗位制度和工作制度两种类型。

(1) 岗位制度。即由各机关单位内部对做好某一个岗位的工作而制定的管理操作规程和行为要求。如《××公司保安工作制度》《××厂门卫制度》《文印室管理制度》等。

(2) 工作制度。即针对某项具体工作而制定的工作程序和管理规范。如《××公司涉密文件保密管理制度》《××学院党委中心组学习制度》《××公司员工考勤管理制度》等。

(七) 规则

规则是国家机关、社会团体、企事业单位、人民群众等为保证某项工作或某项活动的顺利进行而规定的行为准则。

规则具有很强的针对性和特指性。规则仅对组织内部某类人员而言,条款直接指向管理范围内的特定对象,不涉及其他人员。规则的内容就是某项工作或某项活动而定的,具有很强的特指性。其制约对象明确,有针对性;其内容单一,有特指性。

规则按制定单位的属性分类,可分为三类。

(1) 行政规则,即由行政职能机关制定、发布的规则。行政规则具有强制执行的法律属性,如公安部发布的《高层建筑消防管理规则》。

(2) 部门规则,即由单位内部为加强某种工作,某项事务的管理而制定、实行的规则。如《电工实验室操作规则》。

(3) 行业规则,即由行业团体制定公布的规则。这种规则只对本行业正式活动产生约束力,如《羽毛球比赛规则》。

（八）守则

守则是国家机关、社会团体、企事业单位制定的要求所属成员或相关人员共同遵守的行为规范。

守则可以分为道德行为守则和工作事务守则两类。

(1) 道德行为守则,是对某一类人员从思想、行为、工作学习生活态度等全方面提出原则性要求,篇幅短小,语言简短、精练、易记。如《高等学校学生守则》《中国南方电网公司员工守则》《全国职工守则》等。

(2) 工作事务守则,是针对某项具体工作事务对相关人员提出要求,内容具体,要求明确。如《值班人员守则》《监考守则》《考生守则》等。

（九）规程

规程是为了使工作、生产或某项活动按照程序和要求进行而制定的规范性文件。规程内容具体,规定明确,规范性强。

常见的规程有安全规程、竞赛规程、工作规程等。

(1) 安全规程,指安全生产与设备操作规范,包括设备操作规范、作业规范、安全操作规程等。如《施工升降机安全操作规程》《煤矿安全规程》《煤矿作业规程》《电气安全工作规程》《建筑安装工人安全技术操作规程》《粉尘防爆安全规程》。

(2) 竞赛规程,是由竞赛组委会或筹备组制定的具体实施某一赛会的具体规定。内容包括:竞赛的名称、目的、任务、时间、地点、举办单位或承办单位、竞赛的项目、组别、参加方法、竞赛办法、竞赛规则、录取名次与奖励、裁判员与仲裁委员会等。如《全国商务秘书职业技能竞赛规程》《文秘速录专业技能竞赛规程》《田径运动会竞赛规程》。

(3) 工作规程,主要就某一方面的工作或者业务工作提出具体的工作规范。如《幼儿园工作规程》《税务稽查工作规程》。

（十）须知

须知是有关单位或部门就某项活动或工作所必须知道的事项对相关人员进行告知而制作发布的具有指导性、规定性的应用文书。如《游园须知》《观众须知》《参赛须知》《电梯乘坐安全须知》《新员工入职须知》等。

（十一）公约

公约是人民群众或社会团体经协商决议而制定出的需共同遵守的具有道德约束力的行为准则,如《爱国卫生公约》《居民文明公约》《首都市民公约》等。公约是一种民间性质的规章文书,具有公共约定性、长期适用性、集体监督性、道德约束性等特点,在内容上主要是基本道德准则和精神文明建设的原则要求,文字上大多短小精悍,通俗易懂。结构灵活自由,有的用韵文写成,便于记忆。

五、规章制度的写法

一份完整的规章制度由标题、题注、正文、落款构成。

（一）标题

标题即规章制度的名称，一般由制发机关、适用范围或适用对象、内容、文种等要素组成，具体有以下五种写法。

（1）制发单位＋内容＋文种。如《××大学科研项目管理办法》《国务院关于职工探亲待遇的规定》。

（2）适用范围＋内容＋文种。如《高等学校财务制度》《广东省工业产品质量管理规定》《贵州省防洪条例》。

（3）内容＋文种。如《消防安全管理暂行规定》《关于实行党风廉政建设责任制的规定》。

（4）制发单位＋文种。《中国科学技术学会章程》《中国作家协会章程》。

（5）适用对象＋文种。《中小学生守则》《教师公约》。

有的规章制度在文种前有"暂行""试行""补充""若干"等修饰性词语，在文种后用圆括号标明"试行""修订""草案"等字样。如《网络游戏管理暂行办法》《建设工程项目管理试行办法》《外商投资商业领域管理办法补充规定》《农村基层干部廉洁履行职责若干规定（试行）》《××公司固定资产管理办法（修订）》等。

（二）题注

在标题下居中加圆括号写明该文件制定或修订的情况，包括发布日期、发布文号或发布机关，有的注明文件通过的会议日期和会议名称或文件批准的日期和批准机关，有的说明文件修订情况、文件施行日期等。如：

中国共产党章程

（中国共产党第十八次全国代表大会部分修改，2012年11月14）

中华人民共和国登记管理条例

（1994年6月24日中华人民共和国国务院令第156号根据2005年12月18日《国务院关于修改〈中华人民共和国公司登记管理条例〉的决定》第一次修订根据2014年2月19日《国务院关于废止和修改部分行政法规的决定》第二次修订）

森林防火条例

（1988年1月16日国务院发布 2008年11月19日国务院第36次常务会议修订通过）

（三）正文

正文是规章制度的具体内容，一般由因由、规范和说明三个部分构成。

因由部分说明制定目的、根据；规范部分做出具体规定；说明部分补充规定解释权、施行日期、与相关规范性文件的关系及废止有关文件等。少数规章制度没有因由和说明部分，全文由具体的规范性条款组成。

规章制度一般采用条理分明的条款式结构，条款层次由大到小依次可分为七级：编、章、节、条、款、项、目。一般以章、条、款三层组成最为常见。"编""章""节""条"的序号用中文数字依次表述，其基本应用格式为"第×章（节）条"；款的应用格式是以自然段划分，不编序号，段末用句号区分；"项"设置于"条"或"款"下，其应用格式是用中文数字加括号"（一）""（二）"

的形式依次分段表述,相互间以分号相区分;"目"是"项"下的一个结构单位,其应用格式是用阿拉伯数字"1.""2."的形式分段表述,相互间以分号相区分。对于某些条文较少的规章制度,有的以汉字序数的"一、""二、"或阿拉伯数字"1.""2."的形式表示"条"。再具体写作时,通常有以下几种写法。

1. 章条式

第一章为总则,中间各章为分则,最末一章为附则。各章分条,从第一章(总则)第一条至末章(附则)最后一条依次连排,章断条连(章是相互独立的,"条"是全篇连贯的,即从头"条"到底。),条连款断(条下分款,但上下条的款之间序号并不相连,而是各自独立),形成严密的结构体系。内容丰富,篇幅较长的条例常采用这种写法。这种结构的格局也称"三则式"。

总则是正文的开头部分,分条说明制定条例的缘由、目的、依据、基本原则、适用范围及对象,解释条例名称所含概念以及其他需要总体交代的问题等。

分则是正文的主题部分,包含若干章,各章按其内容拟定标题,文面上不出现"分则"字样。各章分条写出条例的具体内容。写作的基本要求是"有条有例":"条",是从正面提出要求,作规定,说明"应该怎样","例"即"例设",是从反面说明,强调"不应该怎样",对违反条例规定的将如何处置等。行文时,一般要求"条前例后",也可将不允许的事项集中,设"罚则"或"法律责任"专章予以阐述。

附则是正文的结尾部分,分条说明条例的实施要求、生效日期、解释权与修改权归何机关、谁负责制定实施细则或办法、与相关文件的关系及其他未尽事宜等。

2. 条文贯通式

这种结构也叫条例式、条款贯通式。其总体机构仍由总则、分则、附则三部分组成,但文面不出现"则"的字样。其正文不设章,只设条,以条贯通,条下可设款、项;第一条或前几条相当于总则,最后几条相当于附则,中间各条为分则。内容单一、篇幅不大的条例常用这种方法。

3. 前言——条文式

开头用一段话说明目的、根据作为因由,后面采用条文贯通的方式分条做出具体规定。

4. 前言——条文——结语式

开头即前言部分用一段话说明目的、根据,中间部分分条列项作具体规定,结尾即结语用一段话说明执行要求。

5. 短句并列式

一些守则、公约,为了便于记忆,内容短小精悍,往往采用短句并列的形式排列。

(四)落款

落款包括署名和署时,在正文之下相当于公文落款的地方,写上制发者的名称和公布日期。已在标题中写明单位名称或随文颁发的,也可不再署名。有的规章制度从公布起需要长期实行或随文颁发的,也可以不再写日期。如果题注中已经注明制发情况的,结尾一般不再落款。

六、规章制度写作要求

（1）正确选用文种。规章制度的具体种类很多，应根据《行政法规制定程序条例》《规章制度制定程序条例》以及文种的具体特点、制发单位权限正确选择规章制度的种类。

（2）遵循法定程序。制定规章制度应遵循《中华人民共和国劳动合同法》《行政法规制定程序条例》《规章制度制定程序条例》等法律法规规定的程序，以保证规章制度合法生效。

（3）内容合法合理。规章制度在内容上必须符合党和国家的方针、政策、法律、法令、法规和公序良俗，切合本单位或本部门的实际情况，体现权利与义务一直、奖励与惩罚结合的原则。

（4）体式规范，逻辑严密，用语准确简洁，条文明确具体，具有可操作性。

（5）定期检查，及时修订。规章制度订立以后要定期检查，发现有不合适或者不完善的地方及时修订完善。

范文导读

××中南公司章程（草案）

第一章 总 则

第一条 为贯彻××省商业储运公司关于"储运、贸易、维修、稳步增长"的经营方针，活跃市场，方便人民生活，特成立广东中南公司。

第二条 ××中南公司（以下简称公司）是在××省商业储运公司直接领导下的独立核算全民所有制企业，科级编制。地址在××市××路××号，法人代表是×××。

第三条 公司是为商品流通服务，方便购销、方便群众生活的经营机构。

第四条 公司的宗旨是：客户至上、信誉第一、优质服务、严格管理，不断提高经济效益和社会效益。

第二章 组织体制

第五条 公司直接对外进行经营业务活动。在经济中具有法人地位，经理是法人代表。

第六条 本公司干部、职工的来源是省商业储运公司，经营的资金由××省商业储运公司拨款，注册资金为××万元。

第七条 公司实行经理负责制，经理是行政负责人，由省商业储运公司经理聘任，接受委托负责本公司的经营管理。

第八条 公司内部设置饮料部、开发部、家电部、储运部。

第九条 选出代表参加上级公司职工代表大会，树立职工主人翁责任感，保障职工当家做主的权利。

第三章 经营范围

第十条 本公司经营范围：主营批发、零售、五金交电、家用电器、照相器材、饮料制品、工艺品、日用百货、纺织品、日杂用品、农副产品。兼营：批发、零售、塑料制品、装饰材料、代购代销、建筑材料、商品装卸、包装整理。横向业务联系。

第十一条 生产经营方式是：批发、零售、服务、代购代销。

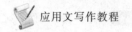

第四章 经营管理

第十二条 本公司在上级公司指导下进行经营业务活动并遵守国家政策法令，制定各项规章制度，并严格执行。

第十三条 各项营业收费按国家物价部门规定标准执行，不得乱收费。

第十四条 在业务活动中以与对方单位签订合同的形式来明确各自的责任，如发生违约，按照《中华人民共和国经济合同法》有关规定处理。

第十五条 公司内部各部门之间坚持团结协作、平等互利、利益均衡的原则。凡涉及某一班组的利益情况，必须及时协商妥善解决，不允许任何一方利益受损害。

第五章 财务结算和收支分配

第十六条 收入、费用、付款结算按人民银行制度规定办理。

第十七条 本公司会计核算按照《会计法》和《成本条例》以及上级规定的财务、会计制度进行账务处理，按国家规定照章纳税，做好审计工作。

第十八条 本公司实行经营承包责任制，由上级公司下达财务承包任务，所创超额利润由省商业储运公司定出留成比例，其余上缴省商业储运公司统一对国家财政。

第十九条 本公司对职工的劳动报酬实行"各尽所能，按劳分配"。

第六章 附 则

第二十条 加强对干部职工思想政治教育和业务培训，提高服务质量和业务水平。

第二十一条 公司领导必须关心职工生活福利，在力所能及范围内解决职工实际困难。

第二十二条 定期对干部、职工进行考核，奖励和惩罚按《企业职工奖惩条例》和上级公司《人事管理制度》执行。

第二十三条 本章程未有规定的事宜及在实践中有不完善之处，其修订、补充权归本公司主管单位。

这是一则组建公司的章程。标题加了"草案"两字，是由于公司尚在筹建，章程未经全体职工代表大会通过。本文随同《企业法人申请开业登记注册书》一起报工商行政管理部门批准注册和经职代会通过后才可去掉"草案"字样，同时在标题下的括号内写上年月日。

正文依据公司所决定的经营方略，分章列条写"总则""分则""附则"。总则4条，分别说明公司的性质、宗旨、名称、编制、地址和法人代表。分则4章共15条，分别规定了公司的组织原则、经营范围、经营管理和财务结算、收支分配等事项。末章附则4条，说明职业政治教育、业务培训、领导关心员工、考核以及修订权等未尽事宜。本文格式规范。作者思路清晰，语言准确。

 "学霸"见闻

撰写规章制度要考虑条文内容的可行性

规章制度是要人执行的，其内容必须准确、规范，有可行性。

首先，内容要有针对性。内容是规章制度的内核和基础，除了必须真实准确之外，还必须有明确的指向性。同样一种规章制度，在不同的部门和单位里往往有不同的侧重点和不同的内容要求。如果其内容"千人一面""千部一腔"，毫无自己的特色，那规章制度就可能成为"样子货"。只有从本单位的实际出发,写出具有针对性的制度和规定,才会言之能行,行之有效。

其次,内容要有依据性。从某种意义上说,规章制度是法律法规和政策条文的延伸或细化,它必然具有强制性特征。因此,任何规章制度都必须有法律依据或政策依据,必须符合党和国家的政策、法令,不允许与之相抵触或违背。如果上级的有关规定内容已经比较具体,适用性也比较强,本部门或单位就没有必要再就同一内容做出规定和要求了。为了显示内容的严肃性,有的规章制度还应在文中写明批准和公布机关,写明规章制度生效的日期,以及本规章的修改权和解释权。

最后,内容要有协调性。为确保规章制度的可行性,写作时必须十分注意与同类规章制度的纵向或横向联系与协调。纵向关系的协调关键在下级。下级部门和单位制定的规章制度必须符合上级部门的有关要求。这里涉及诸多方面的问题,如规章制度从什么时间开始执行,各级有什么权限,衡量的标准是什么,等等。标准要统一,口径要一致,步调要协调,避免出现矛盾或混乱。横向关系也必须协调。有时会遇到这样的情况:面对同一个需要解决的问题或需要规范的对象,几个部门从各自不同的角度和需要出发,都制定了规章制度,但由于互不通气,结果出现矛盾,发生规定"撞车"、制度"打架"现象,使人们无所适从,甚至让一些人钻了空子,这样的规章制度是不会有什么执行力的。

——资料来源:李明伦. 规章制度的写作[J]. 应用写作,2003(06). 节选.

技能实操

1. 病文修改

学生请假制度

一、学生因事、因病不能上学者必须请假。因事请假曰事假,因病请假曰病假,不请假而不上学曰旷课。

二、请假手续

(一)事假:凡请事假者,由本人写假条,经批准后才能不上学。

(二)病假:凡因病请假者,应持区以上医院证明,经批准后方可休假。

三、批准权限

(一)事假:半天由班主任审批,半天至一天由学生处审批,一天以上由校长室审批。

(二)病假:一天由班主任审批,一天至两天由学生处审批,两天以上由校长室审批。

(三)如果要延长假期应办理续假手续,审批权限同上。

四、有关事项

(一)健全考勤制度,严格请假登记,各班每周向值周老师呈送考勤登记表。

(二)无故不请假者,根据情节轻重给予批评教育或纪律处分。

××市中等职业技术学校
××××年×月×日

请指出这份实施方案存在的问题,并写出修改稿。

2. 写作训练

(1)请结合学习、工作、生活实际拟写一份规章制度,如班级学习公约、学生社团章程、值日制度等。

（2）请根据下面的材料代某风景管理处拟写一份《游客须知》。

某游览胜地，山水秀丽，古迹甚多。然而游览之余，有不少遗憾：不少游客置文物古迹于不顾，有的乱扔果皮、纸屑、塑料袋等脏物；有的乱涂乱画，墙上、树上、佛像上、画柱上到处可见"到此一游"字样；有的攀缘到佛像身上照相；花草被采摘、践踏得不成样子，等等。为改变这一现状，该游览区处理处一方面改进自己的工作；另一方面想拟定一个《游客须知》张贴至明显处。

第八节 会议文书

情境导引

鸿途集团公司将于2015年12月26～28日两天举办公司年度总结暨表彰大会，会议主要内容是总结2015年度工作，表彰先进集体与个人，部署2016年工作。会议分为大会和分组讨论两种形式，地点分别在公司礼堂和各会议室，与会人数在200人左右，其中受表彰的有40人。这次会议的日程是：26日全天报到；27日上午举行年度总结暨表彰大会，董事长在会上发表重要讲话，总经理作年度工作报告，下午分组讨论董事长的讲话和总经理的工作报告；28日上午举行各分公司工作经验交流会，下午举行表彰仪式。这次会议的筹备工作由公司办公室具体负责，办公室主任杨登发将撰写会议文件的任务交给了张坤、周建、车德路三位秘书，并做了具体分工：张坤根据不同的参会人员撰写不同类型的会议通知，周建撰写大会的主持词和总经理的讲话稿，车德路负责起草总经理的工作报告。

思 考

1. 如果你是这三位秘书的其中一位，该如何完成文稿的起草任务？
2. 会议文书主要有哪些种类，分别承担怎样的功能？
3. 不同类型的会议文书有何撰写要求？

知识导航

会议文书是机关、团体、企事业单位在召开会议时使用的各种文件材料。从广义上说，凡与会议有关的一切文字材料都应是会议文书。如，会议通知、会议主持词、开幕词、会议工作报告、会议记录、领导人讲话稿、会议决议、会议简报、闭幕词、会议贺信与贺电、会议交流参考文件等。我们这里所讲的是狭义的会议文书，即最主要、最常用的会议文书，包括会议通知、会议主持词、会议开幕词、会议主题报告、讲话稿、会议闭幕词。

一、会议通知

（一）会议通知的概念

这里所说的会议通知中的"通知"，并非党政机关公文中的"通知"文种，会议通知不是公文，而是会议组织方以书面的形式通过一定的途径，传递给参会人员，需要其了解会议有关周知事项的应用文。

（二）会议通知的写法

一份完整的会议通知由标题、称谓、正文、落款和回执构成。

1. 标题

主要有完整式标题和省略式标题两种基本形式。

（1）完整式标题

由"会议主办方＋会议名称＋文种"构成，如《鸿途集团公司关于召开2015年度总结暨表彰大会的通知》《××学院关于召开新学期工作部署会的通知》。

（2）省略式标题

将会议主办方或事由省略，如《关于举办贵州省第三届〈红楼梦〉青年文化论坛的通知》。例会和小型的会议，其通知标题可以直接拟写为《会议通知》。

2. 称谓

在标题之下，顶格书写，类似于公文的主送机关，可根据会议的性质和参会人的身份拟定。如学术会议一般拟为"尊敬的＿＿＿＿＿＿先生（女士）："横线上填写拟邀参会人的姓名。例会可省略这部分内容。

3. 正文

会议通知的正文由前言、主体、结尾构成。

（1）前言：交代开会的缘由、依据和会议名称，然后以"现将有关事项通知如下"之类的惯用句引出下文。

（2）主体：大致由"会议六要素"构成：开会时间与期限，会议地点，与会者及其条件，会议内容或主要议题，参会需作的有关准备，会议其他事项（如经费、食宿、交通安排）。宜采用分条列项式逐一陈说。

（3）结尾：通常是提出具体的受文要求（如果要求寄回回执或电话回复是否参会等），还可注明联系人、联系地址及电话等。或者以"特此通知"这样的惯用语结束；或者自然收束，不另专门写结尾。

会议通知的写法比较简单、灵活，但一定要把有关事项交代得明确、具体，比如会议的时间和地点，一般情况下，必须确切到具体的"时刻"和"场所"，不能笼统、宽泛。

4. 落款

会议通知的落款在正文结束后下方居右侧书写，包括发文单位名称和发文日期两部分。发文单位名称应当使用全称或者规范的简称，如果是正式会议还应当在名称上加盖单位印章。发文日期在发文单位名称下方，采用阿拉伯数字书写，年月日要齐全。

5. 回执

回执一般适用在大型的会议或在异地开会，这是为了让主办方准确掌握参会人员数量、性别等基本信息，为筹备会议做好相应的准备工作。回执附在会议通知的正文后，一般采用表格形式，主要内容包括：参会人姓名、性别、工作单位、职务、联系电话、电子邮箱、抵达时间等，不同内容的会议，回执的内容可以随机增减，如表6-3所示。

表 6-3 会议回执单

回　执

姓　名		性　别		年　龄	
单　位				职务职称	
拟提交论文题目					
联系电话				饮食禁忌	
电子邮箱				是否随团考察	

说明：如有饮食禁忌等，请务必注明。

二、会议主持词

（一）会议主持词的概念

会议主持词是由会议主持人在主持会议时带有指挥性、引导性的讲话，它一般适用于大型或者正规的会议。一些重要的仪式中，主持人也需要主持词。

（二）会议主持词的写作

会议主持词一般由标题、署名、称谓和正文四个部分组成。

1. 标题

会议主持词的标题一般只采用"会议（活动名称）＋文种"的形式。如《铜仁学院秘书协会第四次会员代表大会主持词》《鸿途集团公司 2015 年度总结暨表彰大会主持词》。

2. 署名

在标题下另起一行居中写上主持人的姓名，有的在主持人姓名前面署上单位名称或职务。署名之下，加圆括号标注会议召开的时间，要求年月日齐全。

3. 称谓

这是主持人对参会人的称呼，在署名下另起一行书写。主持词的称谓应视参会对象、会议对的性质和内容来确定，一般用泛称，如"各位代表""同志们""各位领导""各位来宾""女士们、先生们"等。在特殊情况下，如果地位、职务较高的领导、专家莅临下级单位指导工作时，可以针对某位领导用特称，如"尊敬的××省长""尊敬的××先生"等。

4. 正文

会议主持词的正文由开场白、主体、结束语三部分组成。

（1）开场白

这一部分一般开门见山地宣布会议或活动开始，起到确定主题基调、表明宗旨意图、营造现场气氛的作用。主要介绍会议的召开的背景、会议的主要任务和目的，以说明会议的必要性和重要性。开场白主要包括以下五个方面的内容。

① 首先宣布开会。

② 说明会议是经哪一级组织或领导提议、批准、同意、决定召开的,以强调会议的规格以及上级组织、上级领导对会议的重视程度。

③ 介绍在主席台就座的领导和与会人员的构成、人数,以说明会议的规模。

④ 介绍会议召开的背景,明确会议的主要任务和目的,这是开头部分的"重头戏",也是整篇文章的关键所在。介绍背景要简单明了,"这次会议是在××情况下召开的",寥寥数语即可。因为,介绍背景的目的在于引出会议的主要任务来。会议的主要任务要写得稍微详尽、全面、具体一些,但也不能长篇大论,要掌握这样两个原则:一是站位要高,要有针对性,以体现出会议的紧迫性和必要性;二是任务的交代要全面而不琐碎,具体中又有高度概括。

⑤ 介绍会议内容。为了使与会者对整个会议有一个全面、总体的了解,在会议的具体议程进行之前,主持人应首先将会议内容逐一介绍一下。如果会议日期较长,如党代会、人大政协"两会",可以阶段性地介绍,如"今天上午的会议有几项内容""明天上午的会议有几项内容"等。如果会议属专项工作会议,会期较短,可以将会议的所有内容一次介绍完毕。

(2) 主体

主体部分是会议的主要议程,也是会议主持词的核心部分。在这一部分,要用最简练的语言,按照会议的安排,依次介绍会议的每项议程,通常为"下面,请××讲话,大家欢迎""请××发言,请××做准备""下一个议程是××"之类的话。

有时在一个相对独立或比较重要的内容进行完了之后,特别是领导的重要讲话之后,主持人要作一简短的、恰如其分的评价,以加深与会者的印象,引起重视。如果会议日期较长,在上一个半天结束之后,应对下一个半天的会议议程作一简单介绍,让与会者清楚下一步的会议内容。

如果下一个半天的内容是分组讨论或外出实地参观,那么,有关分组情况、会议讨论地点、讨论内容、具体要求以及参观地点、乘坐车辆、往返时间、注意事项等都要向与会者交代清楚,以便于会议正常进行。会议主持词的中间部分写作较为简单,只要过渡自然、顺畅,能够使整个会议联为一体就行了。

(3) 结束语

结束语会议主持词的收束。这一部分主要是对整个会议进行总结,并对如何贯彻落实会议精神提出要求,做出部署。撰写会议主持词的结束语,要从以下四个方面去把握。

① 宣布会议即将结束。基本上是"同志们,××会议马上就要结束了"或"同志们,为期几天的××会议就要结束了"之类的话,主要告诉与会的同志们议程已完,马上就要散会。

② 对会议作简要的评价。主要是肯定会议效果,如"××的讲话讲得很具体,也很重要""××,这次会议开得很好,很成功,达到了预期目的"之类的话。

③ 从整体上对会议进行概括总结,旨在说明这次会议所取得的成果:解决了什么问题,明确了什么方向,提出了什么思想,采取了哪些措施等。总结概括要有高度,要准确精练,恰如其分,它是对会议主要内容的一种提炼,对会议精神实质的一种升华。总结会议,但不是对会议内容的简单重复,而是突出重点;概括会议,但不是对会议内容的泛泛而谈,而是提升会议的主旨。这样,就使与会者对整个会议的主要内容和精神实质有一个更为清晰的了解

和把握。

④ 就如何落实会议精神提出要求。每次会议都有其特定的目的，为达到这个目的，会后都有一个如何落实会议精神的问题。

三、会议开幕词

（一）开幕词的概念

开幕词是大型会议开始的时候，由组织召开会议机关的主要领导人向大会全体代表发表的带有提示性、指导性、方向性的讲话；是领导宣告会议开始、交代会议任务、阐述会议宗旨和介绍与会议有关事项的致辞。开幕词的内容主要是阐述会议的指导思想、宗旨、重要意义，向与会者提出开好会议的要求，或对会议的成功表示祝愿。

（二）开幕词的特点

(1) 宣布性。开幕词郑重宣布会议正式开幕，给会议造成一种隆重气氛。如果这个会议具有历史意义，这种开幕词会随着会议的一系列重要文件载入史册。比如人民代表大会和党的代表大会的开幕词，就是光辉的历史文献。

(2) 指导性。开幕词一般由领导人宣读，通过开幕词来阐明会议宗旨，提出会议任务，说明会议目的、指导思想和重要意义。所以这就要求开幕词要把整个会议的基本精神概括出来，使参会者通过开幕词可以了解召开会议的背景、意义，为召开会议做好准备，对开好会议起着重要的指导作用。

(3) 提示性。开幕词一般要明确交代会议的议程，会议的任务或目的等，扼要地说明会议的开法、原则，交代会议的精神，起到点题的作用。这样的提示使与会人员明确会议主题，做到心中有数，便于积极主动地参与讨论或有关活动。

（三）开幕词的写法

一般开幕词由标题、题注、称谓、正文四部分组成。

1. 标题

开幕词的标题，有三种写法。

(1) 大会名称＋文种，基本格式是："××××大会（会议；论坛）＋开幕词"。如《中国共产党第十二次全国代表大会开幕词》《中国经济年度论坛暨亚洲企业领袖年会开幕词》《阿荣旗红十字会第一次会员代表大会开幕词》。

(2) 致词人姓名＋大会名称＋文种，基本格式是："×××同志在××××大会上的开幕词"或"×××在××××会议上的致辞"。如《陶西平同志在中国民办教育协会成立大会上的开幕词》

(3) 主副标题。主标题概括开幕词的内容，副标题中列入会议名称、致辞人姓名和文种名称。但这种标题的写法用的不是很多。如《我们的文学应该站在世界的前列——中国作家协会第四次会员代表大会开幕词》《为建设高质量综合性品牌大学而努力奋斗——丁凤云同志在临沂大学四届二次教代会（工代会）上的开幕词》。

(4) 文章式标题，又叫陈述式标题，是开幕词标题的特殊形式，它省略了会议名称、致辞人、文种要素，如毛泽东在党的七大上作的开幕词，其标题《两个中国之命运》采用的就是这种形式。

此外,有的标题在文种名称上有所变通,不直接用"开幕词"这个文种名称,如江泽民的《在〈维也纳公约〉缔约方大会第五次会议和〈蒙特利尔议定书〉缔约方大会第十一次会议部长级会议开幕式上的致辞》,就属于这种情况。

2. 题注

标题正下方居中署致辞人姓名,在致辞人姓名正下方加圆括号标注明致辞时间。

3. 称谓

称谓是对与会者的称呼。称谓根据参加会议的基本情况而定,如果是党的会议,称谓比较简单,就是"同志们"三个字,后加冒号。如果是国际会议,要按照国际惯例来排列顺序,较常见的是:"各位嘉宾、女士们、先生们",后加冒号。各种代表会议,称呼用"各位代表"。开幕词的称谓中不对领导者个人,如"省长""局长"等。

4. 正文

正文可分为开头、主体、结尾三部分。

(1) 开头。开头的内容包括宣布会议开幕,介绍参加会议的有关人员,对来宾表示欢迎,对大会表示祝贺、交代会议的筹备情况等,主要的有以下几项。

① 宣布大会开幕。最简单的说法是:"××××大会现在开幕。"也可以有些变通的说法或灵活的处理,如:"今天,《维也纳公约》缔约方大会第五次会议和《蒙特利尔议定书》缔约方大会第十一次会议部长级会议在北京隆重开幕,大家聚集一堂,共商保护地球的具体行动,具有十分重要的意义。"

② 大会的规模和人员到会情况进行介绍。其基本格式是:"××代表大会应出席代表××人,特邀代表××人,共××人,今天因事因病请假××人,实到××人。"如《第一届全国人民代表大会第一次会议开幕词》:"各位代表:中华人民共和国第一届全国人民代表大会第一次会议,今天在我国首都北京举行。代表总数1 226人,报到的代表1 211人,因病因事请假没有报到的代表15人,报到了因病因事今天临时缺席的代表70人。今天会议实到的代表1 141人,符于法定人数。"

③ 对大会表示祝贺,对来宾表示欢迎。其基本格式:"我代表×××对大会的召开表示衷心的祝贺!对与会的各位代表和来宾表示热烈的欢迎!"如《刘淇在第29届奥林匹克运动会开幕式上的致辞》:"尊敬的胡锦涛主席和夫人,尊敬的罗格主席和夫人,尊敬的各位来宾,女士们,先生们,朋友们:今天,来自奥林匹亚的圣火,跨越五大洲、四大洋,将在这里熊熊燃起。在这激动人心的历史时刻,我谨代表第29届奥林匹克运动会组织委员会,向来自世界各国家、地区的运动员、教练员和来宾表示热烈的欢迎!向国际奥林匹克委员会、各国际单项体育组织,向参与奥运会筹办的建设者和工作者,向所有关心、支持北京奥运会的朋友们表示衷心的感谢!"

(2) 主体。主体是开幕词的核心部分,在这部分中,要写清会议召开的时代背景与历史环境,交代会议的议题和议程,提出对与会者的要求和希望,阐明会议的指导思想,提出今后的方针、路线和任务等。主要内容的写作方法如下。

① 阐明会议的重要意义。具体涉及:这次会议是在什么形势下召开的,会议将要讨论解决什么问题,这个问题的现实价值如何,有什么迫切性,会议最终将会达到什么目的,等等。如《第一届全国人民代表大会第一次会议开幕词》:"我们这次会议具有伟大的历史意

义。这次会议是标志着我国人民从一九四九年新中国成立以来的新胜利和新发展的里程碑,这次会议所制定的宪法将大大地促进我国的社会主义事业。我们的总任务是:团结全国人民,争取一切国际朋友的支援,为了建设一个伟大的社会主义国家而奋斗,为了保卫国际和平和发展人类进步事业而奋斗。"

② 说明会议的主要议程。议程明确的会议,可以将议程直接列项表达,如《中国共产党第十二次全国代表大会开幕词》:"我们这次代表大会的主要议程有三项:(一)审议第十一届中央委员会的报告,确定党为全面开创社会主义现代化建设新局面而奋斗的纲领;(二)审议和通过新的《中国共产党章程》;(三)按照新的党章的规定,选举新的中央委员会、中央顾问委员会和中央纪律检查委员会。"

如果议程不宜列项,则要对会议将要讨论的主要问题进行阐述。如《××学院中国语言文学系第九届文化艺术节开幕词》:"在老师们的精心组织下,在同学们的热情参与下,今天,我们中文系第九届文化艺术节,终于拉开了帷幕!校园文化艺术节是同学们丰富课余生活,培养组织能力,提高综合素质的重要手段,更是我们学生展示文艺风采、凸显个性魅力的一个大舞台。从今天起来自我系各班的同学将在艺术节这个舞台上抒发青年情怀、展现青春风华、迸发奋斗豪情,闪亮登场献艺。"

(3) 结尾。开幕词结尾要带有鼓动性、号召性和预祝性,所以一般包含两个方面的内容:向与会人员提出希望与号召,鼓舞人们的斗志。如《第一届全国人民代表大会第一次会议开幕词》:

"我们有充分的信心,克服一切艰难困苦,将我国建设成为一个伟大的社会主义共和国。

我们正在前进。

我们正在做我们的前人从来没有做过的极其光荣伟大的事业。

我们的目的一定要达到。

我们的目的一定能够达到。

全中国六万万人团结起来,为我们的共同事业而努力奋斗!"

结尾还可以向与会者致意,并预祝大会圆满成功。如《第八届北京国际康复论坛开幕词》:"我相信人类因梦想而伟大,人生因拼搏而精彩!让我们团结携手,为康复医学事业的发展做出新的、更大的贡献!最后预祝本次论坛圆满成功!"

(四) 开幕词的写作要求

(1) 要充分重视开幕词的重要性。要开好一个会议,要做的工作很多,其中很重要的一点就是要开好头。要想开好头,就必须要有好的开幕词。

(2) 要立足于整个会议,进行宏观上的总体把握。开幕词不能满足于只对会议做些一般性的说明和介绍,而是要从总体上对会议进行造势、定调,使会议开始就有一个较高的起点。

(3) 要处理好与大会报告的关系。开幕词对会议宗旨、意义、议程只能作画龙点睛的提示,切忌长篇大论,不要成为大会报告的缩写。

四、会议主题报告

(一) 主题报告概念

会议主题报告是会议举办单位的主要领导向会议报告工作情况、阐明面临形势、提出工作任务和要求、进行动员和发动的重要会议讲话。是会议主题的最集中的体现,是会议的核心内容。会议报告具有交流思想、通报情况、报告工作、宣传当前党和国家的方针政策、教育群众、鼓动群众等作用。

(二)会议主题报告的特点

(1)内容的综合性。会议工作报告是针对本部门、本单位的工作所做的报告,篇幅一般较长,分成几个大的部分,是从不同方面与角度对工作进行的汇报与部署,涉及的问题多,内容丰富,因而具有综合性、系统性的特点。

(2)制作的严肃性。会议工作报告虽由某一负责人在大会上宣读,但这不是个人行为,而是组织行为,其内容是领导机关集体意志的反映。所以,会议工作报告的制作极为严肃,从起草到定稿,都要经过集体讨论,并要在有关会议上活动通过之后,才能作为会议正式文件而在大会上宣读。

(3)会后的指导性。会议工作报告一般回顾过去的工作,明确当前的形势和任务,统一思想认识,并在此基础上提出今后的任务和奋斗目标,以便大会之后统一步调、统一行动,从而形成会议的"精神"。这种"会议精神",对于该单位今后的工作具有指导作用。

(三)会议主题报告的写作

一般来讲,会议主题报告可分为四部分,即标题、题注、称谓、正文。

1. 标题

主题报告的标题有两种写法。

(1)单标题。单标题有两种形式,一种是会议名称+"报告"或"工作报告"组成,基本格式是"××工作报告",如《政府工作报告》一种是由讲话人姓名+会议名称+"报告"或"工作报告"组成,基本格式是:"××在××××大会上的报告",如《兰恩华厅长在民政厅党的群众教育路线实践活动总结大会上的报告》。

(2)主副标题。即将主要内容或中心思想概括为一句话做主标题,再由讲话人姓名、会议名称、文种组成副标题。如《坚定不移沿着中国特色社会主义道路前进 为全面建成小康社会而奋斗——在中国共产党第十八次全国代表大会上的报告》《依法治国 依规治党坚定不移推进党风廉政建设和反腐败斗争——在中国共产党第十八届中央纪律检查委员会第五次全体会议上的工作报告》。

2. 题注

与开幕词的写法类似,将讲话发表的日期加括号标注在标题下方中央,将讲话者姓名(有时还加上职务)标注在日期下方中央。如:

求真务实 与时俱进 为推进新四军研究创新做出新的贡献

——宁波市新四军学会2005年年会工作报告

(2005年6月24日)

张××

3. 称谓

根据会议的性质、与会者的身份,分别使用"同志们"(党的会议常用)、"各位代表"(代表大会常用)、"各位专家学者"(学术会议常用)、"女士们,先生们"(国际性会议常用)等。

4. 正文

主题报告的正文一般由开头、主体、结尾构成。

(1) 开头，或叫引言，概述前一阶段的工作概况，内容包括对工作的总体评价，任务完成情况，取得成绩的依据、条件等，使听者掌握概貌，为后面的报告内容定下基调。

(2) 主体，是主题报告的核心部分。因会议不同、讲话人的身份不同、内容侧重点不同、领导之间先后讲话的次序不同，其写法也会有较大的差异。包含的一般内容有以下几项。

① "做了什么"和"结果如何"两个方面的内容。对这部分内容的表述：一要重点突出，讲有代表性的或重要的内容，不能泛泛而谈；二要条理清楚，把材料组织好，分类说明，给人以清晰、明确的印象；三要准确真实，对取得成绩的情况以及相关数字都要如实介绍。

② 原因分析。分析取得成绩或出现失误的原因。

③ 经验体会。这是对事物内在规律性的揭示，对深化人们对客观事物的认识、指导今后的工作都十分有益。这一部分是工作性会议报告的精华。

④ 面临的形势、任务、措施及要求。

并不一定每篇工作性会议报告主体的内容都会包含上述四个方面。不同的工作性会议报告，包含的内容会有所不同。

主体部分的层次安排主要是并列和递进两种方式。并列式结构就是将几个方面的问题相互并置地排列起来，说完一个，再说一个，各个层次之间如果相互交换位置，一般不影响意思传达。递进式结构是由现象到本质、由表层到深层的层次安排方法，各层意思之间呈现逐层深入的关系。

(3) 结尾，是主题报告的收束部分。一般用来揭示主旨，加深认识；概括小结，总揽全篇；提出希望，发出号召；祝愿成功，表达谢意。主题报告一定要有结尾，作为领导讲话结束和会议主持推进会议进程的标志。

（四）会议主题报告的写作要求

(1) 要突出重点，不要面面俱到。会议报告牵涉的问题多，如果不分主次，什么都讲，就会增加报告的篇幅，淹没主题，故一定要突出重点。总结汇报类的会议报告，要以成绩为重点，把所做出的工作成绩讲透，讲足，鼓舞大家的斗志。

(2) 要理清头绪，不要层次混乱。会议报告的篇幅一般较长，内容丰富，层次较为复杂。这就注意要把头绪理清，把各个问题之间的逻辑关系（即并列或统属关系）写清楚，不要把层次弄混乱。

(3) 要活泼变化，不要死板沉闷。由于会议报告篇幅长，花的时间多，容易造成与会者的疲倦。故要适当讲究语言的艺术性，即努力使语言生动活泼而富于变化。如有时是叙述事实，有时是运用数据，有时要引用领导或群众的话语，有时进行句式的调节，如使用对偶句、排比句，等等。总之，努力不让语言沉闷枯燥。

五、闭幕词

（一）闭幕词的概念

闭幕词与开幕词相对应，是会议主要领导人代表会议举办单位，在会议闭幕时发表的讲话。主要是概述会议情况，总结评价会议成果，对贯彻落实会议精神提出要求和希望。对会议具有重要的总结作用，对会议精神的贯彻具有指导作用。

闭幕词是会议成功结束的标志。

致闭幕词的领导人跟致开幕词的领导人一般不是同一人,通常与致开幕词者身份相当或略低。

(二)特点

(1)总结性。闭幕词通常对会议的有关情况进行总结(如会议的开法、会议的议、会议的作用,与会人员提出了哪些意见和建议,等等),并在此基础上提出今后的工作任务及贯彻会议主要精神的要求,使与会人员更全面深入地理解会议(大会)的基本精神,更加自觉切实地贯彻执行有关会议(大会)精神。

(2)评价性。闭幕词要对整个会议做出恰当肯定会议重大成果、正确评估会议深远影响的总的评价,以激励与会人员的斗志,增强与会人员贯彻会议精神的决心和信心。

(3)号召性。闭幕词由于对会议的成功召开进行了实事求是的评价,提出了关于贯彻会议精神、努力完成各项任务的原则要求,展示了奋斗目标与美好前景,所以其内容与语言都具有号召性,能鼓舞与会者和全体职工的斗志,强化他们的信心,激励他们去夺取更大的胜利。

(三)闭幕词的写法

闭幕词一般由标题、题注、称谓、正文四部分构成。

(1)标题。标题跟开幕词的写法类似,主要有三种写法。

① 会议名称+文种,基本格式是:"在×××大会上的闭幕词"。如《中国印协网印分会第七次全国会员代表大会上的闭幕词》。

② 主副标题。主标题概括闭幕词的内容,副标题中列入会议名称加"闭幕词",基本格式是:"《继往开来,与时俱进——××省人民代表大会第一次会议闭幕词》"。如《大力加强中外合作办学理论建设,服务于中外合作办学实践创新和科学发展——"中外合作办学与高水平大学建设"国际学术研讨会闭幕词》。

③ 致词人姓名+会议名称+文种,基本格式是:"基本写法:《×××同志在××省社科联第×次代表大会上的闭幕词》"。如《沈跃跃同志在中国妇女第十一次全国代表大会上的闭幕词》《高扬同志在中国投资咨询公司成立大会上的闭幕词》。

(2)题注。可参看开幕词的写法。

(3)称谓。一般也跟开幕词相一致。

(4)正文。

① 开头。闭幕词的开头,一般要用简洁的语言,说明大会经过全体代表的努力,已经胜利完成使命,今天就要闭幕了。在这一部分中,要肯定这次大会的成绩和收获,概括地对会议作一简短的评价,并简述大会议程和有关报告人所讲述的重点,使与会者进一步加深印象。要写得精练贴切,不宜过多。

② 主体。闭幕词的主体主要是对大会进行概括总结,并提出贯彻大会精神的要求和希望。其中概括总结的部分,要列举会议完成的任务和取得的成果,不能过于空泛笼统。提出要求和希望的部分,也要突出会议精神,体现会议宗旨。写这一部分要重点突出,层次分明,语言要富有鼓动性和号召力。

③ 结尾。闭幕词的结尾要写得简短有力,要用坚定的口气,提出号召和希望,或用对与

会者的祝愿作为结束语。通常是以一句话作为结尾,最常见的说法是:"现在,我宣布,××××大会闭幕"或"祝愿大家在今后的工作中取得更大的成绩"。

(四)闭幕词的写作要求

(1)注意开幕词与闭幕词的区别。开幕词是大会序曲,重在阐明大会的任务,为会议顺利进行打基础,定基调,对会议产生指导、定向和"提神"作用;闭幕词是会议的尾声,着重要对会议的主要成果给予准确的评价和总结。重点放在总结大会的成绩和经验,以及强调大会精神对今后工作的指导作用。

(2)突出重点。要善于抓住大会精髓,突出最重要的内容,语言要有概括性,便于与会者把握要领。篇幅要短小精悍,一般不要超过 3 000 字。

(3)注意分寸。闭幕词有总结会议成绩的因素,但它是一种高度概括性的总结。因此,要注意分寸,不能过于展开,不能把闭幕词写成大会总结。

六、讲话稿

(一)讲话稿的概念

讲话稿是指领导同志在各种会议或集会上,为表达讲话者的见解、主张,交流思想、进行宣传或者开展工作而经常使用的一种文书。这种用于公务活动的讲话稿不用于一般的演讲稿,也不同于会议报告。

讲话稿一般为能代表本单位发言的领导人所用,其内容往往体现本单位的集体意志,演讲稿则反映演讲者个人的看法;讲话稿有的是由领导人亲自动手起草的,有的是文秘人员根据领导人的意图代为起草的,有的甚至是经专门的写作班子反复讨论、修改才定稿的。演讲稿大都由演讲者本人撰写。

讲话稿同会议报告相比,首先在篇幅上就有一定的区别,讲话稿通常篇幅较短,会议报告则篇幅较长。其次,二者在内容安排、表述方式特别是语言运用上都有较大的区别。

(二)讲话稿的特点

讲话稿是供领导人在会上讲话时使用的,它具有三个特点。

(1)权威性。领导讲话不同于一般的演讲和发言,目的是贯彻上级的指示精神,实施本级的决定,对所管的工作提出指导性意见。因此,领导讲话稿具有一定的权威性和有效性。领导职务的不同,讲话的权威效果也不同。

(2)思想性。领导讲话稿一定要有理论色彩,要能以邓小平理论、"三个代表"重要思想和科学发展观为指针,阐述所进行的工作的意义,以动员群众投身于改革开放的全面建设小康社会之中。要用自己的语言去思考、去总结,通过自己的思考和理解去分析问题,去说服人。这样才能打动听众,让人接受,共同实行。

(3)鼓动性。领导者要达到某种政治目的,要通过讲话起到激励、鼓动的作用,因此,需要运用给中表达方式来调动听众的情绪,以引起主客体双方的共鸣,从而增强其鼓动性、号召力和感染力。讲话稿要注意鼓动、激励作用,针对形势、问题或某种思想动态展开富有启发性的议论,才能取得成效。

(三)讲话稿的分类

(1)指示性讲话稿。这类讲话稿主要是针对工作中出现的某些情况、问题或某项工作提出的任务、要求,讲明原则,指明方向。如《在延安文艺座谈会上的讲话》。

(2) 动员性讲话稿。这类讲话稿是领导者在发动开展某项工作时,在会议上所做的动员讲话,一般主要是谈上级布置任务的意义,表示贯彻上级指示的决心,提出部门或本单位完成任务的要求等,使讲话具有很强的鼓动性。如《在××动员大会上的讲话》。

(3) 总结性讲话稿。这类讲话稿可分为两种。一种是不需提交会议讨论通过的,由领导人所做的关于某项工作的总结;另一种是专指会议结束时,由领导者所做的关于会议本身的总结,它除归纳会议主要精神外,还可以反映会议的典型事例,并对如何贯彻会议精神做出安排。

(4) 综合性讲话稿。根据会议要求、领导讲话的内容是综合的,有总结、有指示、有祝贺、有动员、有表扬、有批评等。

(四) 讲话稿的写法

讲话稿一般由标题、题注、称谓和正文四部分构成。

1. 标题

标题有三种形式。

(1) 报告人+会议名称+文种:如《×××同志在全市宣传工作会议上的讲话》。

(2) 会议名称+文种:如《在全省干部大会上的讲话》。

(3) 双标题。主标题体现讲话稿的主要精神,副标题点明会议的名称。如《紧紧围绕坚持和发展中国特色社会主义学习宣传贯彻党的十八大精神——在十八届中央政治局第一次集体学习时的讲话》。

2. 题注

题注参看开幕词等文种的写法。

3. 称谓

讲话稿有明确的对象,称谓可根据对象的身份而定,要恰当得体。

4. 正文

正文由开头、主体、结尾构成。

(1) 开头。讲话稿的开头很重要,它起着引发、定调的作用。因此,要写得很得体,体现出讲话者和听众之间的关系,符合讲话场合的需要。用简要的语言交代全部讲话的要点,使听众先有所了解,并造成一种气氛,达到控制和掌握听众情绪,吸引其注意力的目的。总的要求是:开门见山、切入主题,语言要引人入胜、吸引听众、新颖精巧,内容要紧扣题意、简明扼要。主要有五种写法。

① 表明态度,点出观点。即对一个问题、一件事物或一个会议,亮明讲话者的态度,然后顺势把下面要讲的主要内容点出来。

这次中央全会推选我担任政治局常委、总书记。我没有这个思想准备,又缺乏中央全面工作的经验,深感担子很重,力不从心。现在全会已经做出决定,我感谢同志们的信任,决心同大家一道,刻苦学习,加强调查研究,尽心尽力做好工作,不辜负老一辈革命家和同志们的期望。——江泽民《在党的十三届四中全会上的讲话》

② 起句立意,揭示主题。即采用倒悬法,把讲话的主题写于开端处。

100年前,以孙中山先生为代表的革命党人发动了震惊世界的辛亥革命,开启了中国前所未有的社会变革。今天,我们隆重纪念辛亥革命100周年,深切缅怀孙中山先生等辛亥革命先驱的历史功勋,就是要学习和弘扬他们为振兴中华而矢志不渝的崇高精神,激励海内外中华儿女为实现中华民族伟大复兴而共同奋斗。——胡锦涛《在纪念辛亥革命100周年大会上的讲话》

③ 分析情况,提出问题。即在开头处对当前面临的形势和工作中的实际问题进行概括分析,进而说明讲话的原因、目的和背景。

我系第八届文化艺术节筹备工作在学院的关心下,在系党政的直接领导下,从3月初开始,按照扎实、有序、高效、创新的工作标准,超前谋划、周密部署、精心组织,各项工作已全面展开、整体推进。根据工作的安排,在艺术节的闭幕式上,我们将进行主题为"颂歌献给党"的大型文艺演出。我们对这次活动非常重视,要求举全系之力,保障演出顺利进行。今天召开的这个会议,主要目的就是动员演出活动组委会及各工作组全体成员进一步明确责任,立即行动起来,以临战的状态演出的各项筹备工作,群策群力把这次演出活动办好,确保演出活动安全顺利,演出现场气氛热烈,秩序井然,圆满成功,不辜负全系师生的信任和重托。下面,我就做好演出活动前期的各项筹备工作讲几点意见。——《积极行动,齐心协力,确保艺术节文艺演出圆满成功——在"颂歌献给党"主题文艺演出动员大会上的讲话》

④ 做出评价,说明目的。一些纪念性、群众性的会议,领导同志讲话开始时,对所纪念的重要人物和重要事件做出评价,然后交代会议讲话的目的。

今天我们怀着十分崇敬的心情在这里举行座谈会,纪念习仲勋同志诞辰100周年,深切缅怀他为中国革命、建设、改革事业建立的不朽功勋,追思和学习他为国家、为民族、为人民不懈奋斗的崇高品质和始终不渝的革命精神。习仲勋同志是中国共产党的优秀党员,伟大的共产主义战士,杰出的无产阶级革命家,我党、我军卓越的政治工作领导人,陕甘边革命根据地的主要创建者和领导者之一,国务院原副总理,中国共产党第十一届中央委员会书记处书记,第十二届中央政治局委员、书记处书记,第五届、第七届全国人民代表大会常务委员会副委员长。他的一生,是革命的一生,光辉战斗的一生,全心全意为人民服务的一生。——李建国《在纪念习仲勋同志诞辰100周年座谈会上的讲话》

⑤ 开门见山,引起下文。

今天我们在这里隆重集会,举行2013届文秘专业实习动员大会。——《迎接挑战,奋勇拼搏——在2013届文秘专业实习动员大会上的讲话》

⑥ 致以祝贺,表示慰问。一些纪念性的会议讲话,节日的祝词及各种代表大会的祝贺讲话等,开头一般是致以祝贺或慰问。

很高兴应贵国国会上议院邀请,对友好邻邦泰国进行正式友好访问,并有机会同泰国华侨华人和各界朋友欢聚一堂。首先,我谨向在座各位给予我们代表团隆重热情的款待表示衷心感谢,向你们并通过你们向全体泰国华侨华人致以亲切问候和良好祝愿!——贾庆林《在泰国华侨华人举行的公宴大会上的讲话》

⑦ 综合写法。即将第四种写法和第六种写法结合起来。

习仲勋同志是中国共产党的优秀党员,伟大的共产主义战士,杰出的无产阶级革命家,我党、我军卓越的政治工作领导人,陕甘边革命根据地的主要创建者和领导者之一。在长期的革命斗争中,他与甘肃人民结下了深厚的情谊。甘肃作为习仲勋同志浴血奋战、屡建功业的省份,陇原大地见证了他的丰功伟绩,陇原儿女传颂着他的革命精神。我们作为甘肃的一员,感到无比的自豪和骄傲。我们满怀敬仰和思念之情,在这里纪念习仲勋同志诞辰100周年,回顾他的奋斗历程,缅怀他的光辉业绩,追思他的崇高风范,学习他的优秀品质,重温两党兵变的革命历史,有着特殊而重要的意义。在这里,我谨代表甘肃省委、省政府,向所有参加过两党兵变和陕甘边革命斗争的老红军、老同志,向为革命事业做出牺牲和贡献的老区人民致以最崇高的敬意!向革命前辈的后代,向出席这次座谈会的中央有关部委、解放军总政治部、兰州军区、上海市委和陕西省委的领导同志,向来自全国各地的专家学者,表示热烈的欢迎!——王三运《在纪念习仲勋诞辰100周年座谈会上的讲话》

写讲话稿开头时要注意不要兜圈子、绕弯子,入题太缓、离题太远。

(2) 主体

由于讲话人的身份和会议的背景、内容、时间、地点、对象等各不相同,所以主体部分的写法必须因人、因事、因地制宜。主体部分的结构和写法基本有三种。

① 划分几大块即几大部分,每一个部分相对表达一个独立完整的意思。在每一部分里,有做比较具体的展开,并列地写几个问题,采用的是横向并列式。这种结构形式的讲话稿是相当普遍的。

② 把要讲的内容归纳成几个问题,一个问题一个问题的讲,每一个问题相对表达一个方面的内容。

③ 全文一贯到底,中间没有序号,而是划作若干自然段。

(3) 结尾

好的结尾具有画龙点睛的功能,可发人深省,耐人回味,鼓舞斗志,振奋精神。写作结尾的要求:概括整个文稿的主题,做出结论,完整准确。语言精悍有力,充满热情,让听众回味无穷。

常见的结尾写作方法有以下几种。

① 总结式,即对讲话的主要内容进行总结,归纳概括。这种结尾方式既是讲话稿的终点又是启发人们思考的起点。

女士们、先生们!当金融危机的严冬来临的时候,我曾呼吁要有信心。我认为信心比货币和黄金更宝贵。当应对金融危机出现困难的时候,我曾呼吁面对困难要抱有希望。我们的前途是光明的,我们一定能够运用全人类的智慧和勇气克服困难。今天,当应对金融危机处在关键时刻,我要再次呼吁,要坚持,坚持努力,毫不动摇,毫不退缩。我们已经看到了曙光。国际金融危机的阴霾终将散去,让我们共同开创更加光辉灿烂的美好明天!——温家宝《在2009亚洲夏季达沃斯论坛上的讲话》

② 发出号召、提出希望式,即向与会者或者有关人员指明方向,发出号召,提出希望。

实现伟大目标需要坚忍不拔的努力。全国各党派、各团体、各民族、各阶层、各界人士要更加紧密地团结在中共中央周围,全面贯彻落实中共十八大精神,以邓小平理论、"三个代表"重要思想、科学发展观为指导,始终谦虚谨慎、艰苦奋斗,始终埋头苦干、锐意进取,不断夺取全面建成小康社会、加快推进社会主义现代化新的更大的胜利,不断为人类做出新的更大的贡献!——习近平《在第十二届全国人民代表大会第一次会议上的讲话》

③ 展望未来、鼓舞斗志式,即对未来的前景做出展望,鼓舞士气。

同学们,请大家带着对文化艺术节的记忆,怀着对美好未来的憧憬,投入到新的学习生活当中。让我们的理想在艺术的天空中翱翔,让我们的青春释放出更加绚丽的光彩!让我们共同祝愿我们的学校走向辉煌!——《在中国语言文学系第九届文化艺术节闭幕式暨"致

青春,我的梦——精彩中文"欢送2013届毕业生文艺晚会上的讲话》

④ 祝愿感谢式,即向与会者或有关人员表示感谢。这种结尾方式能使听众倍感亲切,有助于缩短讲者和听者之间的心理距离,融合讲者和听者的感情。

最后,祝愿:泰王国繁荣昌盛、人民幸福、中泰关系持续健康发展、两国友谊世代传承,在座的各位朋友身体健康,阖家幸福!谢谢大家!——贾庆林《在泰国华侨华人举行的公宴大会上的讲话》

(五)讲话稿的写作要求

(1)起点要高。领导讲话通常是由主要领导同志代表单位讲的,这就决定了其所讲的问题要有理论政策依据,并带有全局意义,而不能事无巨细,就事论事。通常可以引用上级文件、上级对某项工作的部署、上级领导同志的重要讲话来开头,也可以引经据典,引用名人名言、古语等这样有利于体现领导同志的政策理论水平。

(2)主题要集中明确。公开发表讲话不同于随便聊天,不能东拉西扯,漫无边际,而必须紧紧围绕着一个中心,有一个明确的主题。为此,撰写讲话稿也要像写其他文章那样确立主题,并以主题统领全文。同时,由于听众不能像读者那样反复研读文章,因而讲话稿的主题切忌含而不露,要表达更加明白、直接。赞成什么、反对什么,主张什么、避免什么,要明白无误地告诉听众。内容庞杂或含混,会使听众不得要领或不知所云。

(3)内容要吸引人。一篇讲话稿的质量如何,在很大程度上取决于能否吸引听众。讲话即使再重要,再有意义,如果不能引起听众的注意,无法对听众产生作用,也是无济于事的。增强讲话内容的知识性、哲理性和趣味性,是征服和打动听众的有效方式。

(4)语言要通俗生动,要有气势和文采。讲话稿是要讲出来给人听的,应同纯粹的书面语言有所不同,要带有口语的某些特点。首先用语要通俗自然,使听众有亲切感,并容易理解和接受;其次,要尽量多用形象生动的语言形式,比如,恰当地运用比喻、幽默等,或恰当地引用警句、诗文、成语等,以有利于吸引听众。相反,一味采用过于抽象、枯燥、平直的说法,是难以抓住听众的;最后,要注意调协语音,以使讲话稿读起来抑扬顿挫,朗朗上口,铿锵有声,富有节奏感和韵律美。

七、会议记录

(一)会议记录的概念

会议记录是会议记录者当场把会议的情况如发言人姓名、会议上的报告内容、讨论的问题、与会者的发言、通过的决议等如实地记录下来的书面材料。这里所介绍的会议记录是指直接采用笔记的形式进行的记录。随着现代科学技术的发展,现在也采用录音或录像的办法,将会议的全过程或部分内容录下来,过后再转换成书面的文字材料。

(二)会议记录的作用

(1)凭证作用。会议记录是会议讨论、研究、决定情况的最真实、最完整的记载,也是会议精神贯彻执行的依据。

(2)素材作用。会议记录是会议纪要、会议简报的资料来源,是形成会议文件或文章的重要素材。

(3)文件作用。有的会议记录可以作为文件下达给下属单位和有关部门贯彻执行;或者用于向上级汇报,使上级机关了解会议的基本情况和决定的内容。

(4) 档案作用。会议记录可以作为历史资料进行一定时期或长期的归档保存,以便查证时参考。

(三) 会议记录的特点

(1) 纪实性。纪实性又叫实录性。会议记录是会议的真实反映,不能虚构,或任意地加工,它所记载的是会议的实况。会议记录要坚持"怎么讲就怎么记"的原则,不允许在记录中加入记录者个人的观点或倾向,更不能随意删改发言者的言论。为保证记录的实录性,要力求把话听准确、记完整。听不准或有疑问处应及时核准。

(2) 同步性。从记录的过程看,大多数会议记录是由记录员随开会过程作同步记录。

(3) 完整性。会议记录有它的相对固定的格式,对所记的内容有大致的规定,所以,它是对于会议的完整反映。

(4) 规范性。尽管会议记录自身并不成文,但作为事务文书,也具有一定规范性。规范性的主要表现:一是使用单位统一的记录专用笺;二是要求按统一的格式记录;三是使用规范的记录符号。会议记录要求字迹不潦草,使他人也能够辨认。尽可能使用缩略符号或规范的速记方法记录。

(四) 会议记录的方式

会议记录主要有两种方式。

(1) 摘要记录。一般会议只要求有重点地、扼要地记录与会者的讲话和发言,以及决议,不必"有闻必录"。所谓重点、要点,是指发言人的基本观点和主要事实、结论。对一般性的例行会议,只要概括地记录讨论内容和决议的要点,不必记录详细过程。

(2) 详细记录。对特别重要的会议或者特别重要的发言,要做出详细的会议记录。详细的会议记录要求尽可能记下每个人发言的原话,不管重要与否,最好还能记下发言时的语气、动作表情及与会者的反应。如果发言者是照发言稿子念的,可以把稿子收作附件,并记下稿子之外的插话、补充解释的部分。需要详细记录的发言,可采取速记的方法。没有速记人员,可以多配几个记得快的人担任记录,以便会后互相校对补充。现代化生活为会议记录者提供了方便,还可以先录音,会后再整理。

会议记录要求准确、真实、清楚、完整。

(五) 会议记录的写法

1. 标题

标题由开会单位、会议名称(或会议内容)和记录三部分组成。如《××公司产品营销会议记录》《××公司第八次股东大会记录》。如果使用的是专用的会议记录本,连"记录"二字也可省略掉,只写上会议名称即可。

2. 会议组织概况

(1) 会议时间。要写明年、月、日,上午、下午或晚上,×时×分至×时×分。

(2) 开会地点。这部分内容要写得具体,如:"市政府××会议室""市委××礼堂""本市×××区×××路××现场"等。

(3) 主持人。会议主持人的职务,姓名要写全称,如:"市长×××""校党委书记×××""局长×××""公司总经理×××"。

(4) 出席人。根据会议的性质、规模和重要程度的不同，出席人一项的详略也会有所不同。有时可以只显示身份和人数，如"本局各处室负责同志21人""本校各教研部门负责人""全体与会代表"等。如果出席人身份复杂，如既有上级领导，又有本单位各部门的主要领导，还有各种有关人员，最好将主要人员的职务、姓名——列出，其他有关人员则分类列出。

(5) 列席人。包括列席人的身份、姓名，可参照出席人的记录方法。

(6) 旁听人。旁听人可以起到见证作用。所以，对此应做出记录。

(7) 缺席人。如有重要人物缺席，应做出记录。

(8) 记录人。包括记录人的姓名和部门，如：××（××办公室秘书）。

3. 会议内容

会议内容随着会议的进展一步步完成，没有具体的固定模式。一般包含以下几个方面。

(1) 会议的宗旨、目的、议题。要求完整地记录会议议题的名称。会议议程。会议记录要清楚地反映出会议议程的真实顺序。

(2) 会议报告和讲话。对会议报告人或讲话人的职务、姓名与内容应做出清楚的记录。

(3) 会议讨论和发言。讨论或审议文件，应写明文件的完整标题。发言人的姓名要求写全名，不可写错字，否则，会增加日后查考的难度。

(4) 会议的表决情况。包括表决事项的名称、表决的方式（如口头表决、举手表决、无记名书面表决等）、表决的结果（同意、反对、弃权票数等）。如有多轮投票，都要记录在案。

(5) 会议决定和决议。包括对议题的通过、缓议、撤销、否决。如果是通过或否决某个文件，要写明该文件的标题；如决定、决议事先已经有了草案，应记录该草案的标题。

(6) 会议的遗留问题。

4. 结尾

结尾可将会议主持人宣布的散会一项记入，也可以将散会一项略去不记。最后，由会议主持人和记录人对会议记录进行认真校核后，分别签上姓名，以示对此负责。

（六）会议记录的写作要求

(1) 注意会议记录与会议纪要的区别。会议纪要是用于记载、传达会议情况和议定事项的公文；会议记录不是公文，而是书面材料；会议纪要不能似会议记录那般反映会议的全貌；对会议记录经过分析、归纳和筛选，可以写成会议纪要；会议记录与会议纪要的文本格式不同。

(2) 要实事求是地记录。对于会议组织情况和会议进行情况，都必须实事求是地实录。不能以主观臆想代替客观事实。

(3) 掌握记录技巧。由于会议记录与会议发言同步，即便记录人听得准也还要能及时记得下，因而很有必要掌握速记技能。

■ 范文导读

××港务公司关于召开班组建设工作座谈会的通知

各队部、班组：

为进一步推动班组建设工作，总结经验，相互学习，更好地促进公司的发展，现决定召开班组建设工作座谈会，具体事项通知如下。

一、会议时间、地点：9月10日下午14:00，在分公司会议室召开会议。

二、参加会议人员：各队部负责人、班组长。
三、会议内容：各班组介绍工作情况，交流经验，提出意见和建议。
请相关人员安排好工作，准时到会，班组长做好会议发言的准备。
联系人：×××
电话：××××××××

××港务分公司
2014年9月2日

这是一份比较简单的会议通知，虽然内容不复杂，但层次分明，表达清晰。首先说明会议的背景、目的，其次逐项交代了会议的有关事项，最后提出了要求，并且留下了联系方式。这份通知行文目的明确，事项交代具体，为顺利召开会议做好了准备。

××物流公司年终总结会议主持词
（2015年12月28日）
×××

各位领导、同事们：

大家好！

在这辞旧迎新的日子，我们召开一年一度的公司年终会，与大家欢聚一堂总结过去，分析形势，相互交流，展望未来。

在过去的一年中……（简要介绍公司取得的成绩等）

参加今天年终会的主要领导有公司总经理×××，副经理××，部分管理人员、技术人员及员工代表，共××人。在这里，向集团公司领导在百忙之中亲临大会，首先让我们以掌声对各位领导的到来表示热烈的欢迎和衷心的感谢！

大会进行第一项：请公司总经理做2015年度工作总结。

……

让我们再次用掌声向张总表示感谢。2015年是我们××物流公司不同寻常的一年，取得了丰硕的成绩。我们坚信，2016年在以张总为核心的领导班子的带领下，我们将以求新务实的工作作风，重生产、抓效益，再上一个新的台阶，真正做到沃土生金。

大会进行第二项：请公司领导宣布2015年度优秀员工名单，并请优秀员工到主席台前领奖。

大会进行第三项：请优秀员工代表公司财务处会计张××同志发言。

……

我想张会计的发言也代表了全体受奖人员的心声，成绩只代表过去，面对崭新的一年，希望在不同工作岗位的优秀员工能够不骄不躁在工作中真正地起到模范带头作用。

各位领导、各位同事：

瑞气呈祥舒万物，同心同德开新局。我们坚信，经过人才优化，管理变革，背靠优秀的企业文化，通过实施多元化、国际化的发展战略，定会迎来更加辉煌的明天！会议到此结束！

这是一篇公司年终总结会议的主持词。开场白开门见山，直奔主题，自然地引出下文。接着简括了一年的工作成绩，还介绍了参加年终会的主要领导和与会人员，并对出席者表示热烈的欢迎和衷心的感谢。主体部分，把大会分成三项大的内容，依照顺序依次进行，也是

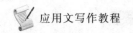

整个会议的重心所在。最后结束语提出祝愿和希望,带有很强的号召性和鼓动性。全篇层次清晰,结构有序,值得借鉴和学习。

××集团公司商品交易洽谈会上开幕词

(××××年×月×日)

董事长 ×××

女士们、先生们,朋友们:

值此××集团公司商品交易洽谈会开幕之际,我谨代表本集团公司向远道而来的各国来宾、港澳同胞、海外侨胞表示热烈的欢迎和良好的问候!

前年金秋,在庆祝本集团公司产品研发中心落成典礼时,我们曾在这里举办过一次商品交易洽谈会。今年这次洽谈会,规模和内容比上一次洽谈会更大和更丰富。本次洽谈会,将进一步扩大本集团公司和有关国家、港澳地区的经济技术合作和贸易往来,增进相互了解和友谊。

本集团公司地处我国沿海经济发达的××省,对外经贸事业的发展有着广阔的前景。目前,本集团公司已同世界上近30个国家和地区建立了贸易往来和经济技术合作关系,这种合作关系正在日益巩固和发展。

本次洽谈会,本集团公司将推出包括轻工、机电、陶瓷、电子及食品等250余种商品,供各位来宾选择。所展出的商品不少是我国或我省的名牌产品和新开发的出口产品。欢迎各位来宾洽谈贸易,凭样订货。

今天在座的各位来宾中,有许多是我们的老朋友,我们之间已建立了长久的良好的合作关系。对于各位真诚合作的精神,良好的信誉,本集团公司表示由衷的赞赏和感谢。同时,我们也热情欢迎来自许多国家、地区的新朋友,我们为有幸结识新朋友而感到十分高兴。我们欢迎老朋友和新朋友发展相互间的友好合作关系。

最后,预祝本集团公司商品交易洽谈会圆满成功!

谢谢!

这篇开幕词称谓之后的首段,即开头部分,讲话人借洽谈会开幕之机,代表本集团公司对来宾表示热烈的欢迎和良好的问候。主体部分为第二至第五段。第二段介绍本次洽谈会的背景、规模和宗旨、目的。第三段概括介绍省情、本集团公司贸易往来状况及前景。第四段说明本次洽谈会的任务。第五段点明来宾中有许多是有良好合作关系的老朋友,同时,对新老朋友的到来和发展相互合作关系表示欢迎。最后是祝愿性结语。全文内容符合开幕词的要求。文字精练,庄重而热烈。

"学霸"见闻

如何让讲话稿观点新颖,思想深刻

帕斯卡有句名言:"人是一根有思想的芦苇。"人的高贵之处就在于有思想。人与人最大的差别也就在于思想的差别,因此,领导蕴含丰富思想的讲话往往最具思考张力,含英嚼华,耐人寻味。

我以为,李瑞环讲话稿中最大的特色就是浓郁的哲学品质,思想深刻,充满睿智。李瑞环曾跟《学哲学用哲学》一书的编辑人员谈道:"我这一生最感兴趣的一门学问是哲学,下功夫最多的是哲学,对我帮助最大的也是哲学。我学哲学,主要在实践中学,在使用中学,最基本的哲学原理主导我的思维,我的文章、讲话中,有的哲学词语多一些,有的少一些,有的没有。哲学词语多的常常是为了说理、论证、辩护,哲学词语少的或没有的并不是没有哲学指导。有些哲学词语很少的文章、讲话倒可能是我的得意之作。"这番话为我们解读李瑞环的讲话稿提供了一把金钥匙。的确,我们读李瑞环的讲话稿,处处可以感受其哲学光芒,领略其新思想、新观念的智慧。比如关于发展,他说:"世界上不存在任何永恒的东西,只有一个永恒的原理,就是永恒的发展。我们反对僵化,反对保守,就是因为僵化、保守违背了发展的原理。""没有发展,中国存在的许许多多的问题无法解决;没有发展,中国还会出现许许多多新问题。""任何事物的发展,都是阶段性与连续性的统一。只讲连续性不讲阶段性,就是否定事物发展的相对稳定性。从工作上讲,也就是否定了一定时间上的具体目标,这样做必然是没有波澜,没有起伏,没有必要的集中突击,也没有必要的间歇和休整,平平淡淡,'老和尚帽子平塌塌'。而只讲阶段性,不讲连续性,就是割裂事物的联系和发展。从工作上讲,也就是丧失了科学的预见性,只顾眼前任务,看不到长远目标,这样做必然是'干一阵歇一阵,打打停停不接气',是'发疟子式的工作方法''抽风式的指挥''蹦一蹦歇三歇的战术'。"你看这三段关于发展的讲话,均站在哲学高度,引人思考,发人深省,耐人寻味。

——资料来源:罗忠贤.跟李瑞环学写领导讲话稿[J].应用写作,2007(12).节选.

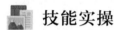

技能实操

1. 病文修改

××科技学院第三届运动会闭幕词

院长 陈××

(2011年10月19日)

亲爱的各位老师、同学们:

你们好!

本届运动会,是一次团结的盛会、友谊的盛会、成功的盛会。在短短的三天时间里,比赛进程井然有序,紧凑热烈,效率出众,成绩喜人。本届运动会共有123名运动员参加了25个比赛项目的紧张角逐,其中有7人刷新了学院运动会的纪录,并涌现出12个先进集体。同时,在为期三天的运动会上,全体裁判员始终严格要求自己,认真负责,坚持标准,以公平、公正、公开的工作作风,保证了本届运动会的圆满举办。

本届运动会充分体现了"更高、更快、更强"的奥运精神和"友谊第一,比赛第二"的良好风尚。运动会期间,全院师生发扬奋发有为、吃苦耐劳的精神,努力克服由于天气恶劣造成的种种不便,使本届运动会赛出了水平、赛出了风尚,获得了体育竞技和精神文明的双丰收。在今后的工作中,我们要继续发扬这种良好风尚,发扬"更高、更快、更强"的奥林匹克精神,互相学习,奋力拼搏,再创佳绩!

谢谢大家!

请指出这篇闭幕词存在的问题,并写出修改稿。

2. 写作训练

2015年10月24日,新光市科协第三次代表大会,在市委、市政府和省科协的亲切关怀下,在与同志们的共同努力下,完成了预定的任务,落下了帷幕。

这次代表大会得到了市领导和上级科协的重视和关怀,市五套班子领导莅临大会,省委常委、市委书记刘畅书记,市委副书记杨志刚同志代表市委、市政府在大会中作重要讲话,市委常委、宣传部长费西亚为全体代表作了一场生动的形势报告。他们深刻讨论了市场经济条件下,科学技术是第一生产力的地位和作用,尤其是科技进步对我市经济发展的重要作用;对滨江特区广大科技工作者在深化改革中的奋斗、献身精神给予了高度评价;同时也对科协在我市进入改革攻坚阶段,为率先实现社会主义现代化建设所面临的机遇和挑战,提出了新的工作任务和殷切的希望。

本次大会上,全体代表经过认真讨论和审议,一致通过看闵朝亮同志所做的工作报告;一致通过了《新光市科学技术章程》;大会还表彰了全市科协系统先进集体和先进工作者;向第三届全市自然科学优秀论文获奖者颁奖;向全市广大科技工作者发出了倡议书;大会选举产生了新光市科学技术协会第三届委员会;聘请了一批德高望重的两院院士、专家学者担任市科协名誉主席、顾问和荣誉委员。

原二届委员会中部分老专家、学者由于年事已高或者其他原因。这次没有参加市科协新的领导机构。他们多年对我市科技和科协工作做出了突出的贡献,赢得了广大科技工作者的爱戴和信赖。

根据以上情境,请你以新光市科学技术协会会长的身份撰写一份闭幕词。

第九节 演 讲 稿

情境导引

美国著名幽默作家马克·吐温有一次在教堂听牧师演讲。最初,他觉得牧师讲得很好,使人感动,准备捐款。过了10分钟,牧师还没有讲完,他有些不耐烦了,决定只捐一些零钱。又过了10分钟,牧师还没有讲完,于是他决定,1分钱也不捐。到牧师终于结束了冗长的演讲,开始募捐时,马克·吐温由于气愤,不仅未捐钱,还从盘子里偷了2元钱。

思 考
1. 一次成功的演讲要怎样才能打动听众?
2. 撰写演讲稿要注意哪些事项?

知识导航

一、演讲稿的概念

演讲又称演说、讲演,是指演讲者在比较隆重的仪式上或者群众集会,以及某些公众场所或会议上就某个问题对听众说明事理、发表看法、表达意见、宣传主张、抒发感情的信息交流活动。演讲稿,就是演讲者在进行演讲之前所撰写的文稿。有的又将演讲稿称为演说词。演讲稿的作者一般是演讲者本人,也可能是他人。

二、演讲稿的特点

(1)很强的现实性。现实性是指演讲稿所选的话题应当能够紧密配合形势,适应现实实践任务的需要,是现实生活中急需探讨和解决的问题。

(2) 强烈的鼓动性。演讲稿不仅要以理服人,还要以情动人。深厚真挚的感情,是通向听众心灵的桥梁。演讲稿中,往往都注入了演讲者强烈的感情,这种强烈的感情以恰当的方式表现出来,必然产生强大的感染力和号召力。德国哲学家黑格尔的语言是以哲理思辨为特点的,但写出过《美学》这样美学经典性文献的黑格尔,并没有忘记美的感召力在演讲中的渗透。黑格尔在自己的专著《美学》中说过:"演讲家不能只针对我们的科学的或其他单凭知解力的思维来说话。他要说服我们相信某些信念,为了达到这个目的,就要设法影响整个的人,如情感和观点……所以,他不能单凭逻辑推理和下结论的方式去满足我们的知解力,而是也要激发我们的情感和情欲,震撼我们的心灵,充实我们的认识。总之,通过心灵的一切来感动听众,说服听众。"

(3) 视听的直观性。演讲有一定的场面,大多数演讲者事先做过充分准备,对运用有声语言、势态语言表达思想感情和内容做过精心设计,能使倾听和直观融为一体。当然,其中占第一位的应是有声语言。成功的演讲应该是内容充实、感情充沛、发音清晰、仪表庄重、姿态准确。

(4) 语言的简洁性和艺术性。演讲稿的内容主要是通过"讲"来传达给听众,听众依靠"听"来领会演讲者的思想观点。而"讲"与"听"具有"一次过"的特点,听众不能在"听"的过程中时而停下来回味斟酌演讲内容,这就决定了演讲稿必须具有简洁性。演讲是最直接、最灵活、最经济的宣讲形式和宣传教育艺术,具有较强的艺才色彩。

三、演讲稿的分类

从不同的角度可作不同的划分。

(1) 按场地分,可分为会议演讲稿、街头演讲稿、课堂演讲稿、法庭演讲稿、广播电视演讲稿等。

(2) 按内容分,可分为政治演讲稿、学术演讲稿。

(3) 按表达方式分,可分为叙述式演讲稿、议沦式演讲稿、抒情式演讲稿、说明式演讲稿等。

① 叙述式演讲稿。这种演讲稿是向听众陈述自己的思想、经历、事迹,转述自己耳闻目睹的他人的事迹或事件时使用的。叙述当中,也可夹用议论和抒情。这种演讲稿以叙述人物事件为主,常常截取几个富有代表性的生活片段,发表自己的感受和评价,使演讲主题在听众的头脑里留下深刻的印象。

② 议论式演讲稿。这种演讲稿最常见,它以说服听众为目的。要摆事实、讲道理,既有事实材料,又有逻辑推断,立场坚定,旗帜鲜明。

③ 抒情式演讲稿。这种演讲具有充沛的激情和较强的感染力。这种效果不是靠空洞的抒情所能取得的。空洞的抒情等于无病呻吟。必须情生于事,把叙事和议论建立在真情实感的基础上。

④ 说明式演讲稿。这种演讲主要是对听众说理,通过解说某个道理或某一问题来达到树立观点的目的。

四、演讲稿的写法

演讲稿其实就是一篇主题鲜明、结构严谨、语言简练的小文章。一篇完整的演讲稿结构包括标题、署名、称谓和正文。

（一）标题

演讲稿的标题写法丰富多彩，但总体来说要能概括和体现演讲的主题，使听众一听即明白演讲的中心意思。以下标题形式可以借鉴。

（1）揭示主题式，如《科学的颂歌》《金杯银杯不如老百姓的口碑》《劳动是光荣的》。

（2）揭示内容式，如《期待与现实》《在马克思墓前的讲话》。

（3）运用修辞式，如《带着梦想起航》《我是一颗小小的铺路石》。

（4）提出问题式，如《当代大学生应该具备什么样的素质》《就业的砝码何在》。

（5）饱含激情式，如《让爱飞翔》《友谊，让我一生守候》。

（6）警句引用式，如《先天下之忧而忧，后天下之乐而乐》。

（二）署名

在标题正下方居中署上演讲者的姓名。

（三）称谓

演讲稿的称谓要视现场而定，通常用"朋友们""同志们"等泛称，如果是竞赛演讲，还可以用"各位评委"。一般要在这些称谓前面加上"尊敬的"等敬语，以示对听众的尊重。

（四）正文

正文包括开头、主文和结语。

1. 开头

开头即演讲稿的导入部分。它要求造成一种演讲气氛，抓住听众心理，让听众把注意力投入到演讲中去。一般来说，开头都要求开门见山、开篇点题，起到提纲挈领的作用。常用的开头有以下六种。

（1）奇论妙语式

听众对平庸的论调都不屑一顾，置若罔闻。倘若用别人意想不到的见解引出话题，造成"此言一出，举座皆惊"的艺术效果，会立即震撼听众，使他们急不可耐地听下去，这样就能达到吸引听众的目的。

美国一家广播公司在宣传无线电作用的科普演讲中这样开头："各位可知道，一只苍蝇在纽约的一扇玻璃窗上行走的细微的声音，可以用无线电传播到中非洲，而且还能使它扩大成像尼加拉大瀑布般惊人的巨响。"这则广播演讲选择普通人难以想象也不会去付诸实践的角度宣传无线电的特殊效能，构成了独特的开场白。

需要注意的是，运用这种方式应掌握分寸，弄不好会变为哗众取宠，故作惊人之语。因此，应结合听众心理、理解层次出奇制胜。再有，不能为了追求怪异而大发谬论、怪论，也不能生拉硬扯，胡乱升华。否则，极易引起听众的反感和厌倦。须知，无论多么新鲜的认识始终是围绕着演讲主旨进行的。

（2）开门见山式

即一开讲，就进入正题。

例如宋庆龄《在接受加拿大维多利亚大学荣誉法学博士学位仪式上的讲话》的开头："我为接受加拿大维多利亚大学荣誉法学博士学位感到荣幸。"

著名羽毛球运动员韩健载誉归来的汇报演讲中的开头:"我从17岁开始从事羽毛球运动,至今已经14年了。在这14年里,我有过成功的经验,也有过失败的教训,有过成为世界冠军的喜悦,也有过败北的痛苦。今天,我不想炫耀自己如何'过五关斩六将',而只打算认真地谈一谈'走麦城'。"

运用这种方法,必须先明确把握演讲的中心,把要向听众揭示的论点摆出来,使听众一听就知道讲的中心是什么,注意力马上集中起来。

(3) 自嘲幽默式

演讲者在开场白里,也可以提到自己,这同样是一种较快实现与听众心理沟通的方法。不过,说到自己时,不可与说到听众时用同一种赞美的口吻。相反,可以用揶揄的、自我解嘲的口吻,当然也不必过分,必须让人感到这种自我解嘲中的乐观情绪和幽默感。

使用这种方法主要出于这种考虑:即听众普遍认为能与他人随便谈论自己的人通常是透明度较高、平易近人的人。同时,由于你的自我评论多少带有揶揄自己的味道,听众就会不自觉地产生某种优越感。所以,不少演讲者是以几句谦恭、风趣的自我评论开场,来实现与听众感情沟通的目的。

胡适在一次演讲时这样开头:"我今天不是来向诸君做报告的,我是来'胡说'的,因为我姓胡。"话音刚落,听众大笑。这个开场白既巧妙地介绍了自己,又体现了演讲者谦逊的修养,而且活跃了场上气氛,沟通了演讲者与听众的心理,一石三鸟,堪称一绝。

幽默式是以幽默诙谐的语言或事例作为演讲的开场白,它能使听众在轻松愉快之中很快进入演讲接受者的角色。但是在使用幽默式开场白时切忌使用低级庸俗的笑话或粗俗的语言。

(4) 故事笑话式

故事式开场白是通过一个与演讲主题有密切关系的故事或事件作为演讲的开头。这个故事或事件要有人物,有细节;要短小,不然就成了故事会;要有意味,令人回味无穷;要与演讲内容有关。

周光宁在《救救孩子》的演讲开场时说:去年5月24日的《新民晚报》披露了这样一个事实:一个四年级的小学生,每天要带父母亲手剥光了蛋壳的鸡蛋到学校吃。有一次,父母忘了给鸡蛋剥壳,差点憋坏了孩子,他对着鸡蛋左瞅右看,不知如何下口。结果只好原蛋带回。母亲问他怎么不吃蛋,回答很简单:"没有缝,我怎么吃!"

周光宁通过小学生不会剥鸡蛋这样一则新闻报道开头,把听众引入她的演讲主题:全社会都要重视培养孩子们独立生活的能力和战胜困难的勇气。

故事式开场白容易调动听众的注意力,对语言技巧的要求也比较简单,故初学演讲者特别适合于选用故事式开场白,故事式开场白要避免复杂的情节和冗长的语言。

(5) 制造悬念式

一位日本教授在给大学生做演讲前,面对台下叽叽喳喳、谈论不休的大学生们,他没有急于宣布他的演讲主题,而是从口袋里摸出一块黑乎乎的石头扬了扬:"请各位同学注意看,这是一块非常难得的石头,在日本,只有我才有这一块。"当同学们都伸长脖子想看个究竟的时候,这位教授才说明,这块石头是他从南极探险带回来的,并开始他的南极探险演讲。

制造悬念不是故弄玄虚,既不能频频使用,也不能悬而不解。在适当的时候应解开悬念,使听众的好奇心得到满足,而且也使前后内容互相照应,浑然一体。

(6) 引经据典式

演讲开场白也可以直接引用别人的话语,为展开自己的演讲主题作必要的铺垫和烘托。

如"古语说:'人非草木,孰能无情。'然而,情分多种,情有独钟。'劝君更尽一杯酒,西出阳关无故人'是令人感喟的友情;'谁言寸草心,报得三春晖'是使人称羡的亲情;'在天愿作比翼鸟,在地愿为连理枝'是缠绵悱恻的恋情;'日暮乡关何处是,烟波江上使人愁'是引人思归的乡情。今天,我也向大家讲述一个人的情。"在这一段文字里,作者围绕主题,引用了古诗名句,增加了文章的文采和吸引力。

作为开场白的被引用材料,一般要具备两个基本条件。

(1) 被引用材料极其精彩,具有相当强的概括力、说服力和感染力。

(2) 被引用材料出自权威、名人或听众十分熟悉的事物,演讲者利用权威效应或亲友效应唤起听众的注意。

2. 主文

主文是演讲稿的核心部分,应该根据演讲的主题,从多方面去阐述或证明事理。要用典型的材料阐释主题,展开说理。材料要精选,事例不能举得过多,以免形成材料堆砌,淹没观点;事例也不能举得过少,以免形成空洞说教,使听众感到枯燥无味。如果是叙述式演讲,应把人物的事迹或事件的详细过程叙述清楚;如果是议论式演讲,就要以大量的论据对中心论点进行充分地论证和阐述;如果是说明式演讲,则主要是进行客观、详细地解说。这个部分主题必须集中、明了,结构不要过于呆板,要有一定的灵活性,要有张有弛,有起有伏,给听众以生动、新颖的感觉。

例如一篇关于"振我中华,扬我国威"的演讲,其主体部分由"历史""现实"与"本职工作"三个层次构成。从旧中国的苦难屈辱历史出发,到中国现实与发展,再到自己的本职工作,多方位地谈论弘扬爱国主义精神的问题。

又如一篇关于"师德师风"的演讲,其主体则由"教师的光荣职责""教师的道德风范""教师的社会影响"三个层次构成,多角度地展开关于"师德师风"的论述。

3. 结语

结语主要是对全文作一个简洁的收束。可以发号召、提希望或用成语、格言等作结,以增强演讲的力量。要做到既是收束,又是高潮;既水到渠成,又戛然作结;既铿锵有力,又回味无穷;既不落俗套,又终止自然。结尾是演讲词的有机组成部分。好的结尾能给听众留下深刻的印象,让其思索、回味,受到极大的鼓舞。

五、演讲稿写作注意事项

(1) 了解听众,有的放矢。演讲要从实际出发,而听众是最重要的实际。必须注意听众的组成,了解其职业、身份、年龄、受教育程度、生活阅历、兴趣爱好、出生地等情况,分析他们的观点、态度、希望和要求,然后决定采取什么方式吸引听众、说服听众,取得好的效果。

(2) 主题要集中、鲜明。一篇演讲稿只能有一个中心全篇内容都必须紧紧围绕着这个中心去铺陈,这样才能使听众得到深刻的印象。演讲稿的主题是否集中、鲜明,往往决定着演讲的价值。

（3）语言要准确、精练。演讲语言要准确精练、生动形象、通俗。

易懂，要多用比喻，多用口语化的语言，深入浅出把抽象的道理具体化，把概念的东西形象化，让听众听得人耳、听得明白。既要有热情的鼓动，又要有冷静的分析，要把抒情和说理有机地结合起来，做到动之以情，晓之以理。

（4）讲真话、讲实话。演讲稿必须以"真"为基础，不能讲假话、大话、空话，不能哗众取宠。在选择材料上最好采用第一手材料。

范文导读

源头活水，青春无悔
——努力为新槐荫、新农村注入新活力

尊敬的各位领导、同事们：

大家好！我是张萌，在段店镇朱庄村任职。今天我演讲的题目是《源头活水，青春无悔——努力为新槐荫、新农村注入新活力》。

作为济南市第一批选派到村任职的大学生，我感到十分荣幸。当我们一行十五人被分配到槐荫区组织部时，我心底的激动之情更是无法隐藏，因为我正是从槐荫区走出来的孩子，北二小和二十中培养了我，现在我又回到从小生长的地方，来到槐荫区的乡村基层，要用三年的时间为这一片土地奉献我的青春热情，村干部这个平台着实满足了一个游子的报恩之思。

……

电视网络上有很多人为我们村干部捏一把汗，我们有时也不知道脚下的路通向何方。村干部的岗位虽然平凡，工作也很琐碎，但意义并不平凡。只要我们执着，有坚定的信念，有坚韧不拔的品格就会在平凡的岗位上做出不平凡的事情。看看我们的同行们，干出了多少不平凡的事情啊。安徽村干部杨俊森走进大山走进乡村，用心点亮了农村致富的明灯，创立了枇杷种植专业合作社。江苏村干部戈新化积极争取资金开设工厂，架起了党和百姓之间的桥梁。他们就是榜样，他们就是目标。常言说得好"有作为自然有地位"，只要我们在村官的岗位上干出成绩，我们的前途自然就会出现。如果你本身就是一个碌碌无为的村干部，即使担心自己的前途亦枉然。就向歌曲中所唱"敢问路在何方？路在脚下"——敢问村干部的前途在何方？同样也在我们自己的手中和脚下。

真正深入基层工作之后，艰苦的环境没有吓退我们，困难与挫折没有瓦解我们的激情，"宝剑锋从磨砺出，梅花香自苦寒来"这句话让我们在"村干部"这个特别的岗位上有了更加深刻透彻的体悟。我们深入农村一线，认真了解村情，踏实敬业，善于思考，扎实开展工作，在深入学习实践科学发展观活动、落实村务公开、促进村（居）经济发展和维护稳定等工作中发挥了积极作用，并取得了初步的成效。但是，我们不会满足于此，止步于此，我相信我们还能够为我们新槐荫的建设，为段店和吴家铺两镇新农村的改造工作承担更多的责任，发挥更加积极的作用！

八个月的村委会工作教会我很多很多，"三人行必有我师焉"，我就像一块大海绵，不断从身边的领导同事身上汲取"养料"，学习他们的工作经验，发掘他们人格中的闪光点。我感觉自己就如同山涧的溪水,活泼泼地流淌在田间地头,每天都有新鲜的泉水汇入,毫不停歇,活力十足。而保持活力的方法正是源于不断地学习——从书本里学,向周围的同事、领导身上学,在实践中学,不断总结升华,学习土地的宽广博大与沉默踏实,学习农民的朴实无华与勤劳善良。

……

作为一名大学生村干部,我们的目标是成为村民的朋友。我只愿我的精神与风采能给他们带来一股清新之风,给渴望科技文化知识的群众带来希望的种子,给正在新农村建设伟大进程中的基层干部群众带来持久的动力。只要为我们村好,自己做得再多,得到得再少,也是值得的!

人生是一次单程的旅途,且永无返程之票,把握好每一次机会就是最好的珍惜。我坚信心在哪里,哪里就有风景;爱在哪里,哪里就有感动;志在哪里,哪里就有成功;梦在哪里,哪里就有未来!

这篇演讲稿从开头到第三自然段是第一层,抒发演讲者对担任槐荫区村干部的真挚情感,同时引出演讲主题;第二层从"电视网络上"到"变被动为主动",讲述对村干部这一岗位的认识及工作中的酸甜苦辣,其中还通过对一则希腊神话内涵的理解来表明自己的深刻体会,引用生动活泼;第三层表明自己当好村干部的态度,进一步抒发对这份工作的热爱。全篇主题鲜明,语言质朴,感情真挚。

 "学霸"见闻

撰写演讲稿要找准切入点

我们在构思演讲稿时,确立了鲜明正确的主题后,还应考虑选择一个最佳的角度切入主题。这个"切入点"找得好,就能为演讲主题营造一种浓郁的艺术氛围,驱动和调控听众的心理,使之更容易接纳演讲者的观点,也可以使演讲者所讲的道理更鲜明集中,避免了漫无边际、让听众不得要领的弊端。

1. 名言、诗句、典故切入,创造浓厚氛围

名人名言是人类智慧的结晶,在演讲中选择与主题有关的名言为切入点,可以为演讲主题营造一种哲理氛围;以具有优美深邃意境的诗句为切入点,可以创设出一种诗情画意;而典故则能唤起听众的类比联想,使演讲内容更具象征性,例如:景克宁的演讲《"人啊,认识你自己!"》就用了名言式开头。

"恩格斯曾经说过:'大自然——司芬克斯向每个人和每个时代提出了问题,谁能正确回答这个问题,谁就幸福;谁不能回答或不能正确回答这个问题,谁就落入司芬克斯的魔爪,他所找到的,不是美貌的未婚妻,而是一只凶暴的牝狮。'那么,人类呢?人和人类社会有什么难题呢?"

这篇演讲稿的开头就是借用恩格斯的名言从哲学的高度切入,同时又讲述了古希腊神话中故事的深层意义,提出了"人啊,认识你自己"这一具有历史和时代意义的深刻主题。当然,这种切入可以名言或诗句或典故,切入适宜,都能收到"一语惊人"的效果。

2. 悬念切入,调动听众情绪

设置悬念能抓住听众的注意力,调动听众的情绪。在演讲中以与主题相关的悬念切入,

通过恰当的烘托渲染,使听众急欲了解谜底,然后再破悬念,顺势引入主题,使演讲更容易打动人心,例如任士奎的演讲《让爱永驻人间》是这样切入的。

"世界上有这么一种东西,它能使你在浩瀚无垠的戈壁沙漠中看见希望的绿洲;它能使你在千年不化的冰山雪岭中领略温暖的春意;它能使你在雾海苍茫的人生旅途中拨正偏离的航向;它能使你在荒凉凄冷的孤寂心里收获快乐的果实……它是无形的,却有着巨大而有形的力量;它是无声的,却鸣着神奇如春雷一般的回响!也许有人会问:是什么这么伟大?这么神奇?我要说,它就是——爱,是人类对美好生活,对自己同胞的真诚的爱心!"

在这里,演讲者就较好地运用了悬念切入的方式,诱人着迷,引人深思。

3. 反向切入,启发求异思维

正面切入演讲主题是顺理成章,而反向切入则是出奇制胜。反向切入就是脱离听众所熟知的视角和普遍共有的想法,出人意料地独树一帜,与听众的心理定式构成反差,让听众的思维和经验的惯性受到"挫折",启发听众的求异思维,调动听众的积极性,使演讲内容渐入佳境,例如张枢龙的演讲《我推崇敢于自我否定的女性》,是这样切入主题的。

"有人推崇事业上有所作为的女性;有人推崇生活中温柔、贤良的女性;还有人推崇不但在事业上有所作为,而且生活中温柔贤良的女性……可是,我却推崇敢于自我否定的女性。"

发人所未发、反向切入、耐人寻味、启人深思,体现了演讲者对新时代妇女问题的真知灼见。

——资料来源:孙晓梅. 演讲稿写作须抓住三个"点"[J]. 应用写作,2003(02). 节选.

技能实操

1. 病文修改

××公司副总经理就职演讲稿

各位同事:

今天我荣升常务副总经理一职,心情十分激动,我将恪尽职守,踏踏实实,勤奋工作,尽全力以求公司取得更大的业绩和效益,让大家得到更多的红利。我深知这个位子的重要性,今天我有幸站在这里是大家的正确选择,我感到非常的荣幸,感到荣幸的同时我也感到了不小的压力,今天对于我来说是一个新的起点,一个新的挑战,一个新的机遇,我将在今后的工作中回报大家对我的信任和支持!

未来的时间,我将严格遵照公司章程和公司发展目标,抢抓机遇,加强企业内部管理建设,提高企业平台,完成今年计划目标,为下一步公司的发展打下坚实基础。我深信,凭我的聪明才智和在座的辛勤工作定能把公司的各项工作做好,完成既定的工作指标,我希望在明年的这个时候,得到更多的掌声。

谢谢大家!

请指出这篇演讲稿存在的问题,并写出修改稿。

2. 写作训练

请以《让美的横杆不断升高》为题,写一篇时长约在5分钟的演讲稿,并以此为题在班级组织一次演讲赛。

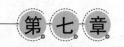

新闻传播文书写作

第一节 新闻传播文书知识概述

情境导引

中共中央总书记、国家主席、中央军委主席习近平于 2016 年 2 月 19 日在北京主持召开党的新闻舆论工作座谈会并发表重要讲话。他强调,党的新闻舆论工作是党的一项重要工作,是治国理政、定国安邦的大事,要适应国内外形势发展,从党的工作全局出发把握定位,坚持党的领导,坚持正确政治方向,坚持以人民为中心的工作导向,尊重新闻传播规律,创新方法手段,切实提高党的新闻舆论传播力、引导力、影响力、公信力。习近平指出,在新的时代条件下,党的新闻舆论工作的职责和使命是:高举旗帜、引领导向,围绕中心、服务大局,团结人民、鼓舞士气,成风化人、凝心聚力,澄清谬误、明辨是非,连接中外、沟通世界。要承担起这个职责和使命,必须把政治方向摆在第一位,牢牢坚持党性原则,牢牢坚持马克思主义新闻观,牢牢坚持正确舆论导向,牢牢坚持正面宣传为主。

思考

1. 新闻传播文书有哪些种类?
2. 新闻传播文书有何特点?

知识导航

一、新闻传播文书的概念

新闻传播文书即新近发生的事实的写真文字,并通过报社、通讯社、电台、新闻网站、微信公众号等媒体予以发表,将其传输给受众。这种为传输给受众而写作的新近发生事实的写真文字,就是新闻传播文稿。

"新闻"一词在我国最早出现在唐朝,《旧唐书》卷一九二中,孙处玄有言"恨天下无书以广新闻"。关于新闻,一百多年来,人们曾从不同的角度给它下过定义,可谓众说纷纭。比较有代表性的说法有以下几种。

李大钊认为:新闻是现在、活动的社会状况的写真。

范长江则说:新闻是广大受众欲知、应知而未知的重要事实。

陆定一概括为:新闻是新近发生的事实的报道。

美国布勒尔说:新闻是新近发生的能引起人们兴味的事实。

英国《泰晤士报》的定义是:新闻是事实变化的记录。

我国《辞海》的解释为:报社、通讯社、广播电台、电视台等新闻机构对当前政治事件或社会事件所做的报道。

在国内,大多数新闻界人士比较公认的、影响最大的还是陆定一在题为《我们对于新闻学的基本观点》一文中的概括:"新闻的定义,就是新近发生的事实的报道。"

具体地说,新闻应当包含以下几层意思:其一新闻的本源是事实。事实是第一性的,新闻则是第二性的。这就把对新闻的理解放置在唯物论的基础上。其二,新闻是事实的报道,报道一种如实的反映和传输,只有事实而没有报道和传输,还不能构成新闻。其三,新闻所报道的事实,必须是"新近发生的",是有时效性的,或者说,新闻是一种最讲究时效的宣传形式。同时,还应当说明的是,新闻不是"每事录",并非所有"新近发生的事实"都应当诉诸文字(包括电视新闻图像的配文),新闻只对其中"重要的、有意义的、能引起广泛兴趣的事实"予以报道并将其传输给受众。正如1981年8月中宣部在京召开18家大城市报纸工作座谈会时,其会议纪要对新闻的定义所做的最新诠释:"新闻反映新近发生的、重要的、有意义的、能引起广泛兴趣的事实,具有迅速、明了、简短的特点,是一种最有效的宣传形式。"

什么是"重要""有意义""能引起广泛兴趣"?这涉及新闻报道者对客观事实进行主观认识这一环节,即报道者对事实所具新闻价值的认同问题。新闻学认为,新闻价值就是衡量新近发生的事实是否应当报道,及其报道的标准。它包含两层意思:一是事实本身所具有的价值,即事实本身的重要性、影响力和新鲜程度;二是受众接受新闻后的受益程度,即新闻所引起的社会效果。前者是先决条件,是基础,但没有后者前者也失去了意义。

如何判定事实本身所具有的新闻价值,也就是报道者如何对客观事实进行主观认识,新闻学认为,应该从以下几个方面着眼:一是思想性和指导性,坚持社会主义方向,宣传党的方针政策,以正确的舆论引导人;二是重要性和显著性、内容重要,社会影响大;三是普遍性与迫切性,关注社会热点反映群众呼声;四是知识性与趣味性,传播高尚的、健康的、群众喜闻乐见的知识与情趣;五是时效性和真实性,坚持新闻的"真"。突出新闻的"新"。

二、新闻传播文书的种类

(一)根据新闻传播文稿的文体分类

(1)广义的新闻是指真实报道新近发生的事实的文体群,包括消息、通讯、特写、调查报告、读者来信、工作研究等。

(2)狭义的新闻,即仅指消息。消息,是新闻传播文稿的主体,它占据了报纸的大部分版面和广播新闻、电视新闻的大部时间、空间和画面。

(二)根据新闻传播文稿的内容分类

(1)动态新闻。这是新闻最常见的一种,它迅速及时报道国际国内的最新动态。一事一报道,篇幅最短。动态新闻要求开门见山,主体直叙其事,舍弃细节,不直接议论。

(2)综合新闻。这是围绕一个主题,综合反映某一方面的情况、动向、成就、问题的新闻。它既有面上情况的概括反映,又有点上典型材料的说明。点面结合,反映全局。

(3)经验新闻。这是反映某一方面的经验、做法的新闻,它为人们变革现实提供借鉴。

(4)述评新闻。这是用夹叙夹议的方式,或在叙述中融注作者观点来反映国内外重大事件或问题的新闻。它是新闻记者感到单纯地报道客观事实不能满足读者的需要,或不能达到某种目的时,对形势、事态、问题发表意见,进行分析与解释的一种特殊报道形式。

(三)根据新闻传播文书的具体内容分类

①政治新闻;②经济新闻;③科技新闻;④军事新闻;⑤教育新闻;⑥体育新闻;⑦文艺新

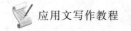

闻;⑧社会新闻。

三、新闻传播文书的特点

新闻传播文书是一种最讲时效的宣传形式。它一般具有内容新、事实真、报道快、篇幅短、语言简练的特点。

（一）内容新

新闻要"新"，即新闻内容的时新性，新鲜是新闻存在的价值。世界之大，中国之大，现代社会方方面面变化之大，变化之快，随时随地都有新鲜事件发生，在最短的时间甚至是第一时间或同步报道最新发生的事件，使全社会周知和关注，这就是新闻的价值。需要说明的是，新近发生的事件何其多也，不可能也无必要把每件新鲜事都予以报道。这就需要进行认真分析然后精选事例予以报道。所谓新鲜事件之"新"，即客观事实之新，既包括事实的新近发生，新近变动，也包括事实发展过程中的新进展，新结果。

（二）事实真

真实，是社会主义新闻的生命线。我国的通讯社，报纸、电台、电视台，都是人民群众自己的事业。都是为人民服务、为社会主义建设服务的。我们所发布的一切新闻，都是从人民的利益出发，发布新闻是为了引导舆论，影响社会。舆论有力量，是由于取得了人民的信赖。如果受众不相信你的报道，舆论的作用和力量从何而来？所以，新闻传播文书的真实，是其主要特点之一。

1903年，美国新闻学教授休曼在他撰写的一篇新闻学论文中提出，新闻报道必须具备"五W"——What、Who、Where、When、Why，即何事、何人、何地、何时、何故。后来随着调查性报道的兴起，又增加了一个新闻要素"H"，即How，如何。因此，新闻传播文书的真，就是报道的内容有根有据，确有其事，且事实准确，时间、地点、人物、事情经过、事情发生的原因及其数字、引语、细节都准确无误。作者对事实的解释、说明和分析，必须符合客观事实的本来面目，不能随意夸大、扭曲或变形。

（三）报道快

新闻是稍纵即逝的客观现象的及时记录，最讲求时效。新闻记者以反应快为最佳。尤其在世界风云变幻、我国改革开放，经济建设和社会政治生活等各方面迅猛发展的今天，人民群众对于知情权的要求越来越高，对于党和政府的方针政策、法令、号召，重大事件、重大活动都要尽快地及时地告诉人民；人民群众在生产工作科研生活中的新经验、新创造、新风尚等都要及时地进行交流和传播；人民群众提出的新问题、新要求、新建议都要及时反映，对于重大、新鲜、有趣的事情，人们总是以先睹、先听、先知为快，这是读者听众的普遍心理，所有这些都决定了新闻不仅要"新"，而且要"快"。快和新、快和效果是紧密相连的。新鲜的事情，报道迟了就失去了新意。重大事件、动态、动向的报道，如果延误了时机，就会给全面建成小康社会、党的工作、人民的生活乃至生命财产的安全造成一定甚至很大的影响（如重大的政治、军事事件，严重的异常气候预报等）。这就是新闻报道的及时性、时效性。

当然，也不是所有的新闻报道都是越快越好。有一些需要报道的事情，由于某种原因，要选择恰当报道时机，才能对国家、对人民更为有利。如对高考舞弊事件的报道，这就是新闻报道的时宜性。因此，我们说的讲求时效，是时间、效果、时机的统一。需要注意的是，凡报道已经过去较久了的事情,作为"新闻"来说,它应该有"新闻根据",也就是说,要有为什么现在才报道的理由,并从这样的理由出发,迅速地进行报道,使"旧闻"变成了"新闻",这就仍然保持了新闻的时间、效果、时机的统一,同时,也能得到受众的理解。如《老兵:一句承诺,三十年坚守》(见2016年1月21日《中国国防报》)。

(四)篇幅短

新闻传播文书必须满足受众的要求,在最短的时段里接收到最大量值的信息,因此,新闻传播文书要用最简洁、概括的文字,把客观事实要点表现出来。篇幅短,是新闻的鲜明特色,也是社会生活的需要。篇幅短,传播媒介在有限的时段里才能大量报道,受众才能获取更多信息。

(五)语言简练

在新闻事件发生后的最短时段里,新闻记者要迅速地、及时地写作篇幅短、容纳最大量值信息的新闻传播文书,除了具备灵敏地认识、判断和选择具有新闻价值的事件能力之外,还必须具有对纷繁复杂的客观事实的高度概括能力和简明精练的语言文字功夫。概括性强,语言简明精练,是新闻传播文稿篇幅短的具体体现。任何新闻文稿都离不开对客观事实的概括,这不仅因为要用语言文字传达任何客观事件的总体情况和来龙去脉都需要概括,还因为新闻文稿写作的语言特点是通俗易懂,简明精练,生动形象。具体地说,通俗易懂的特点表现在新闻报道的写作手法平实,结构简单明了,用词通俗和口语化,拒绝生涩深奥和故弄玄虚的文字游戏;简明精练的特点体现在新闻报道直陈事实,多用短句,言简意明;生动形象的特点是要求新闻语言要新鲜活泼、生动感人,富于形象感。

 ## "学霸"见闻

文学素养在新闻写作标题制作中能起到吸引读者眼球的积极作用

抗战时期,陪都重庆物价暴涨、产品偷工减料,连烧饼、油条也纷纷涨价。《新民报》编辑程大千将一条物价飞涨的新闻,仿宋词佳句"流光容易把人抛,红了樱桃,绿了芭蕉",拟了一条标题:"物价容易把人抛,薄了烧饼,瘦了油条"。这种出神入化的化用古诗词作为标题,既朗朗上口,又贴切生动,让人心领神会,过目不忘。试想,如果没有扎实的文学素养,这看似明摆着的新闻现象,这看似信手拈来的新闻标题,不知道要用多少字句才能概况准确、才能如此生动形象!

2007年,笔者所处的毕节城市发展突飞猛进,城市变化日新月异。当年5月,在深圳打工10多年的七星关区市民魏鹏回到家乡,在东客站下了车后,竟不知怎样走才能到相隔两公里外的家。后来经过小小的折腾回到家后,他很有感触地说:"10年前离开家乡时是从老客车站坐车走的,现在有了新客车站,下车的那一刻都不知道该怎么走了,眼前的一切都变样了。"

笔者得知这一新鲜事情后,随即找到了魏鹏,并以此为切入点,盘点了毕节近几年来的发展变化,然后很自然地借用宋代大词人姜夔的一句词"算而今重到须惊"作为报道的主标题。在后来几年盘点毕节城市建设成就的另一篇深度报道中,笔者也很自然地借用毛泽东诗句"装点此关山,今朝更好看"作为标题。

近年来,毕节房地产业迅猛发展,不仅为毕节带来可观的物质财富,而且也为当地群众的生活带来巨大变化。在首次举行的大型房开展中,一名外单位的记者经过认真采写,以《未来,从这里起步》为题,报道了这次房展的丰硕成果,其中就讲述了美国籍青年和他的中国女友在毕节买房的事。稿件正好遇到笔者当编辑,笔者认为标题不够响亮和全面,配不上报道的内容,于是便借用了辛弃疾的名句"东风夜放花千树"为题刊发。这样改,一是突出了新兴城市房地产业的迅猛发展;二是反映了在房展中所涌现出来的新鲜事让人耳目一新。果然,报道发出后,作者很惊喜地专门打电话给笔者讲到报道的良好效果,并认同标题这样改起到的作用。

——资料来源:刘燎. 文学素养在新闻写作中的重要作用[J]. 新闻窗,2015(06). 节选.

第二节 消 息

情境导引

2015年5月30日,第五届全国(商务)秘书职业技能大赛在铜仁学院举行。铜仁学院副校长田永国,全国商务秘书岗位培训与考试专家委员会主任委员陈桃源、金常德,新华网江苏中心新闻总监严峻夫,中国人民财产保险公司万山支公司经理罗勇出席大赛开幕式。本次大赛由全国商务秘书岗位培训与考试中心,全国商务秘书岗位培训与考试专家委员会和铜仁学院共同主办,由铜仁学院文学院承办。比赛主要针对职业院校、应用型本科院校秘书、行政管理、人力资源管理、商务英语等相关专业在校学生,来自全国各地的32所学校的200余名选手参加了比赛。比赛分为学生职业技能大赛及教师业务技能竞赛,其中,学生职业技能大赛由理论知识比赛、文案处理比赛、思维与口才展示、秘书工作情境展示、书法竞赛、才艺展示六个部分组成;教师业务技能竞赛主要包括课程设计方案竞赛、说课竞赛、微课竞赛及多媒体课件竞赛。比赛将评出学生单项奖、团体奖若干及优秀指导教师奖、教师业务技能竞赛奖。开幕式上,田永国致欢迎辞;金常德宣读了全国商务秘书岗位培训与考试中心关于设立全国商务秘书职业技能大赛基地的文件;陈桃源致开幕辞并为铜仁学院"全国商务秘书专业技能大赛基地"授牌。

思 考

1. 如果你是本次大赛新闻报道组的成员,该如何采写大赛开幕式的消息?
2. 消息的标题该如何拟写?

知识导航

一、消息的概念

消息又称新闻消息,它是新闻的一种体裁。广义的新闻是指记录社会、传播信息、反映时代的各种报道文章或节目,包括消息、通讯、特写、专访、调查报告、新闻评论、报告文学等多种新闻报道形式。狭义的新闻专指消息,是新闻中最基本、运用最广泛的一种报道形式。《新闻学简明词典》认为"消息"是:"以简要的文字迅速报道新闻事实的一种体裁。"《新闻学大词典》这样定义"消息":"以最直接最简练的方式报道新闻事实的一种文字,是最经常最大量运用的报道体裁。"据此,我们认为,消息就是迅速及时地对社会或本单位新近或正在发生的具有重要意义和影响的事实的简短报道。

二、消息的特点

(1) 真实：客观真实，事实说话。真实是新闻的生命。新闻必须用事实说话，客观、准确、全面、公正地报道现实生活中真实发生、客观存在的事物。新闻中的人物、时间、地点、数字等都要求准确无误，绝不能道听途说或是凭空捏造。

(2) 新鲜：内容新鲜，具有价值。消息不仅要反映新人、新事、新动态、新风尚、新成就、新经验、新举措、新认识，而且要求报道的内容有意义，有价值，给人以启迪。

(3) 迅速：注重时效，报道迅速。迅速及时地报道最新事实和动态。新闻是易碎品。如果不注重时效，及时采写、及时传递、及时播发，那么新闻就会变成旧闻，降低甚至丧失其新闻价值。

(4) 简短：语言简明，篇幅短小。消息通常不作浓墨重彩、精雕细刻的描写，只报道新闻事件概貌而不讲述详细的经过和细节，文字精练，篇幅短小，少则几十字，一般不超过1 000字。

三、消息的种类

(1) 按消息的传播媒介分，有报纸消息、杂志消息、广播消息、电视消息、网络消息等。

(2) 按消息事实发生的地域与影响范围分，有国际消息、国内消息、地方消息、校园消息、部门消息等。

(3) 按消息的题材性质分，有政治消息、财经消息、文化消息、科技消息、娱乐消息、体育消息、社会消息、军事消息等。

(4) 按消息的表现形式分，有文字消息、图片消息、文图结合消息、语音消息、视频消息等。

(5) 按消息内容分，有动态消息、综合消息、经验消息、述评消息、人物消息、会议消息等。

① 动态消息。动态新闻迅速及时地报道国内外重大事件、重要活动、新鲜事实，反映现实世界最新变动状态。动态消息最能体现新闻真实、新鲜、迅速、简短的特点，是最基本、最重要、使用频率最高的一种消息报道体裁。简短的动态消息又称简明消息、简讯、短讯、快讯等一般在200字以内，内容更加单一，报道更为迅速。

② 综合消息。综合消息是把某一性质相同的事物或同一事物的多侧面综合起来加以反映的报道形式。综合消息的特点是在综合概括的基础上，点面结合，多角度地反映客观事物或人物的概貌。

③ 经验消息。经验消息也称典型消息，它集中报道某一部门或某一单位的典型经验或成功做法，以结经验，揭示规律，带动全局，指导一般。

④ 人物消息。人物消息是以简明的语言及时报道新闻人物的活动及事迹，表现人物的思想和精神。新闻人物一般指公众人物，包括国家政要、社会名流、体育形视明星，也可以是各行各业的先进人物。

⑤ 会议消息。会议消息是以会议情况为内容的新闻报道，着重反映会议的概括和主要

精神。

四、消息的写法

消息一般由标题、消息头、导语、主体、结尾、背景、署名七个部分组成。背景和结尾有时可根据情况省略。

（一）标题

标题是消息的眼睛,是消息内容或主旨的集中概括。

标题应精练、新颖、生动、醒目,具有强烈的吸引力。

按照标题的性质和作用,消息的标题主要有正题、引题、副题、提要题四种。

正题又称主标题、主题,一般概括新闻中心或突出主要事实,字号最大。

引题又称肩题、眉题、上辅题,在正题的前边,交代背景、揭示意义、烘托气执、引出主题。

副题又称副标题、次题、子题、下辅题,在正题的下边,补充说明正题的事实与意义,使正题更完整。引题和副题的字号小于正题。

提要题又称提示题、纲要题,在总标题的上方或下方,字号略大于正文,小于正题字号。提要题向受众扼要介绍消息事实的基本内容,起到内容提示的作用,适用于较重要或较长的消息。

按照标题的构成形式,消息标题一般有单标题、双标题、三标题三种形式。

1. 单标题

单标题只由正题构成,一般直截了当地叙述新闻事件的核心信息。单标题适用于篇幅短小、事件内容单一的新闻。单标题在排版上一般分一行排列。如：

第五届全国(商务)秘书职业技能大赛在铜仁学院拉开帷幕

（中国招生考试网 2015 年 6 月 2 日）

2. 双标题

双标题由引题＋正题,或正题＋副题构成,在排版上一般分两行排列。双标题一般是虚实结合、彼此呼应、互为补充的。例如：

音乐啤酒狂欢　比基尼热力秀（引题）

钓鱼城旅游节耍事多（正题）

（《都市热报》2014 年 6 月 19 日）

利益面前,干部退一步（正题）

虹桥镇二次改制突出"公平共享",干部退股、再次分配（副题）

（《解放日报》2013 年 8 月 29 日）

3. 多行标题

即三标或三行以上标题由引题＋正题＋副题构成,在排版上一般分三行排列,如因排版需要,正题可排为两行。多标题形式一般用于篇幅长、题材重大的新闻。例如：

抵达哈拉雷开始对津巴布韦进行国事访问（引题）

习近平同穆加贝总统举行会谈（正题）

强调要将中津友好转化为深化务实合作动力,促进共同发展繁荣（副题）

（《人民日报》2015 年 12 月 2 日）

习近平在党的新闻舆论工作座谈会上强调（引题）
坚持正确方向创新方法手段
提高新闻舆论传播力引导力（正题）
刘云山出席（副题）

（《人民日报》2016年2月20日）

（二）消息头

新闻媒体刊发的消息，在标题之后、导语之前往往冠以"本报讯""本台消息"或"××社××地×月×日电"等字样，这就是"消息头"。消息头左空两格书写，字体较粗。

消息头是消息的独特标志，用来说明消息发布的单位、地点和时间，表明新闻来源，帮助读者判断新闻的真实性与权威性，同时还具有标明"版权所有"、文责自负的作用。

消息头分为"讯"和"电"两种类型，包括"电头""本报讯""本台消息""本报综合报道""本台报道"等常用形式。"讯"主要指以邮寄或书面递交的方式向报社传递的新闻报道，"电"主要指通过电传、电子邮件、传真、电话等形式传递的新闻。报社、电台、电视台通过自身的新闻渠道所获得的本埠消息，一般都标明"本报讯""本台消息"。如果新闻是从外地传来的，还应标明新闻发布的时间和地点，如"本报××地×月××日电""中新网×月×日电""据××社×地×月×日电"等。

（三）导语

导语是消息的开头部分，一般用一两句话或一段话以极为简洁的文字概括介绍新闻中最主要、最新鲜、最精彩的事实或揭示新闻事实中主要的思想和意义。

导语的写作要求主要有三点，一是要突出核心事实和意义，发挥导读作用。二是要有吸引力，使读者产生继续阅读下去的兴趣。三是具备新闻的基本要素，如时间、地点、事件、人物。

导语的写作方法很多，常用的有以下几种。

1. 叙述式

叙述式是最常见的写法，在开篇即用摘录或综合的方法把新闻中最新鲜、最主要的事实高度概括地写出来。叙述式导语，根据叙述形式的不同，又可分为直接叙述式、概括叙述式和对比叙述式三种。

（1）直接叙述式。要求直接点明主题，将最有新闻价值的新闻事实叙述出来。如《习近平在十八届中共中央政治局常委同中外记者见面时强调：人民对美好生活的向往就是我们的奋斗目标》的导语：

新华社北京2月1日电 中国人民解放军战区成立大会1日在北京八一大楼隆重举行。中共中央总书记、国家主席、中央军委主席习近平向东部战区、南部战区、西部战区、北部战区、中部战区授予军旗并发布训令，强调建立东部战区、南部战区、西部战区、北部战区、中部战区，组建战区联合作战指挥机构，是党中央和中央军委着眼实现中国梦强军梦做出的战略决策，是全面实施改革强军战略的标志性举措，是构建我军联合作战体系的历史性进展，对确保我军能打仗、打胜仗，有效维护国家安全，具有重大而深远的意义。（《人民日报》2016年2月2日）

（2）概括叙述式。概括叙述式也称综合性导语，对消息的各项内容进行高度概括和浓缩,它保举全篇,为读者提供整篇消息的梗概。如《河南现有最大住宅项目未经许可就施工,抗拒执法达1年"实在是太猖狂了!"》的导语:

一个号称有300亩浩渺湖面的大型住宅社区,没有建设和规划许可证就违法施工,明目张胆地同当地执法部门抗拒1年之久。这一怪事竟发生在郑州市土地、规划、行政执法、建设等部门的眼皮底下。

在执法部门的强力制止下,这一违法工程总算在不久前停工,但在建的8幢高楼平均已建至8层以上,总面积超过了4万平方米。(《中国青年报》2007年11月20日)

(3)对比叙述式。该导语是把新闻事实同一个既有联系有相反的内容放在一起叙述,通过纵、横比较,相互衬托,相互映照,突出新闻事实的意义。如《欧阳自远院士澄清:嫦娥首幅月照并非抄袭美国》的导语:

据新华社电中国探月工程首席科学家、中国科学院院士欧阳自远2日做客上海"文汇讲堂",针对最近一些网友关于"嫦娥首幅月球图像抄袭美国"的传言做出澄清:"嫦娥传回的图像确实是真实的,是经过非常复杂的拍摄、传输、接收、处理过程后得到的,并且与美国所拍的图像有细微差别。"(《武汉晚报》2007年11月2日)

2. 描写式

描写式是对新闻中某一个富有特色的事实或某一有意义的侧面作简洁朴素而又有特色的描写,以营造气氛,给读者留下鲜明的印象。如《速录师缺口大 高级速录师月薪八九千》的导语:

在大型会议现场厂高峰论坛或讲座现场,经常会看见一两个人坐在首排角落里,双手在键盘上飞快敲打,随着噼里啪啦的声音,现场的讲话几乎同步以文字形式出现在电脑屏幕上。他们就是键盘上的舞者——速录师。随着社会认知度提升和市场需求不断增长,石家庄的速录师们,正经历着从坐"冷板凳"到成为"香饽饽"的转变。(《燕赵都市报》2013年4月1日)

3. 议论式

议论式是对报道的事实进行简洁、精辟的评论,以揭示事物的性质和作用,引起读者的重视。例如《门八府村:"后进村"攒足发展后劲》的导语:

门八府村,这个开封县曲兴镇出了名的"后进村",正在向发展"后劲村"转型提升。如今的门八府村,不但有了基层组织活动场所,成立了全市首个村级"群众之家",还建设了沿黄水产养殖观光区、现代农业高效示范区。(《开封日报》2014年8月6日)

4. 设问式

设问式写法是在开篇就主要新闻事实提出问题,设置悬念,以引起人们的关注和思考,然后再用事实加以简要回答。例如《七夕"爱情去哪儿?"〈重庆爱情地图〉带你许下今生誓言》的导语:

华龙网7月30日17时45分讯(记者周梦莹 实习生施婉莹)本周六就是中国传统的七夕节,牛郎与织女在鹊桥相会,你和你的另一半打算在哪里一聚呢? 今(30)日,重庆市地理信息中心联合重庆地理地图书店,推出首张《重庆爱情地图》,对市内"爱情好去处"进行了全网罗,三大爱情名片、七条爱情线路……想表白的、想增进感情的、想求婚的、想重温往昔的,你没理由不爱上这张地图!(华龙网2014年7月30日)

5. 引用式

引用式写法是通过引用新闻人物的原话或有关诗句、谚语等来开头,以增强导语的生动性,同时借以概括地表达出新闻事实或揭示主题。例如《象山一退休教师自创音乐歌舞剧将献演"三月三"民俗文化节》导语:

"三月三阳光灿,人来人往踏沙滩。男女老少笑开怀,请你年年来象山。"昨日,象山石浦退休教师陈建设自己创作编写的"三月三"音乐歌舞剧,由石浦民乐队几十名演员开始排练,准备献演浙江省"非遗"目录的重大节庆——象山石浦"三月三踏沙滩"民俗文化节。(《宁波日报》2014年3月29日)

6. 对比式

对比式写法是开篇即对新闻事实作正反、今昔、优劣等方面的对比以突出新闻事实意义,加深受众印象。例如《艺术品金融显现"排异"》的导语:

内地拍卖市场今年有些沉闷,比拍卖市场更沉闷的是艺术金融产品。据好买基金网统计,目前尚处在运营中的艺术品信托有85只,与前几年最高峰时的200多只相比,数量大幅缩水,且今年以来仅新发行两只。(《经济日报》2014年8月15日)

7. 结论式

这种导语是将消息的结果,消息中事件的结局,对某个问题、某项工作等做出肯定的结论放在消息的开头,以引起读者兴趣和重视。一般消息写作中,常常使用结论式导语。例如《创新高考改革,改变"一考定终身"》的导语:

"制度创新是高考改革的关键。"昨日,教育部考试中心主任戴家干在汉指出,深化高校招生考试制度综合改革,在全国统一高考的基础上,同时引进"学业水平测试"和"综合素质评价",推进考试向评价转变,将高考转变为对考生进行全面评价。(《楚天都市报》2007年11月30日)

(四)主体

主体是消息的核心,属于消息的主干部分。一篇消息,可以没有导语。也可以没有结尾,但绝对不可以没有主体。

主体是对导语内容的展开和补充,承接在导语之后、对新闻事实作具体的报道和进一步的说明,使新闻事实要素齐全,具体清楚。主体对导语的解释和深化。一是回答或者具体说明导语提出的问题、涉及的内容;二是补充交代导语中未提到的次要材料。

写作主体部分应注意内容充实、层次清楚、语言精练。篇幅较长的新闻。有的还加上小标题,使新闻层次清楚,内容突出。

主体部分的结构形式即材料安排顺序一般有四种。

(1)倒金字塔顺序结构,按照事实材料本身的重要程度,由主到次安排材料顺序。倒金字塔式结构形式的好处有二:一是便于读者在最短的时间里获取最关心、最感兴趣的新闻信息。二是便于编辑删改,当版面紧张时,编辑可以根据需要从文章的后面依次删节。

(2)时间顺序结构,按照时间先后或事件发生、发展的顺序安排材料。

(3)空间顺序结构,按照一定的空间顺序表现不同场景的新闻事件。

(4)逻辑顺序结构,按照事物的内在联系、问题的逻辑关系安排材料顺序,如因果关系、递进关系、并列关系等。

（五）结尾

结尾是独段消息的最后一句话或多段消息的最后一个自然段。

结尾的作用不仅在于使结构更趋完整，还能有助于明确主旨、加深印象、增强回味。

结尾在写法上，或补充必要的新闻事实使事件更加完整，或对报道内容做概括式小结，或指出事物的发展趋势，或提醒读者注意后续报道。有的新闻没有结尾，正文结束后自然收笔。

（六）背景

背景材料是与消息事实相关的材料，是"消息背后的消息"。消息背景就是用来解释新事实的旧事实。

消息中的背景材料穿插于导语、主体、结尾之中，深化主题、补充事实、释疑解惑，增加新闻报道的深度和分量，帮助受众认识所报道事实的性质和意义。

背景材料的类型：按材料的内容分，背景材料有人物背景材料、地理背景材料、历史背景材料和事物背景材料；按材料的性质和作用分，背景材料有说明性材料、注释性材料和对比性材料等。

说明性材料是对与报道的事实有关的历史背景、地理环境、社会环境等做出的介绍与描述，帮助受众更加清楚地了解消息事实产生的社会历史条件，从而加深对消息主题的理解。

注释性材料是对消息报道中涉及的概念、术语进行解释，以帮助受众理解消息中的有关内容。

对比性材料是用来和消息事实作比较的材料，作用是对人物或事物进行正反、今昔对比，以突出消息事实的重要意义。

（七）署名

消息一般在消息头之后加圆括号标明作者姓名与身份，如（记者××，通讯员×××），也有的在消息结尾处标明作者或消息来源。

五、消息写作的注意事项

（一）事实要准确，报道要及时

消息要求报道真人真事，尊重事实，用准确无误的事实说话，反映事实真相，是对消息写作的起码要求，也是新闻工作者所应具备的职业道德。撰写消息，不能随意发挥，更不能道听途说或凭空虚构。虚假的新闻不仅不能起到应有的作用，而且会造成极坏的社会影响。新闻报道最讲求时效性，一般来说，新闻报道应当快写快发，越快越好，否则，"新闻"就会变成"旧闻"，就会失去价值。当然，有的新闻也有一个报道时机的问题，只有选择一个合适的时机进行报道，才能取得最佳。

（二）标题要新颖独特，揭示消息主题

消息标题的撰写要求是，内容要新颖，形式要醒目，做到准确、鲜明、凝练、生动、引人入胜，激发受众的视听兴趣。标题虽短，但要表达新闻事件的基本观点和中心思想，揭示新闻主题。所以，对于消息标题要认真对待，字斟句酌，精心制作。

（三）导语要洗练精彩，展示核心内容

导语要把消息事实中最重要、最精彩的部分，作为新闻事实的关键点，用精练生动的语

言,开门见山,直截了当传输给读者,使读者在第一时间内了解新闻事实的核心内容。因此,下大力气写好导语至关重要。

(四)主体要内容充实,叙述有条有理

消息主体部分的写作应注意紧扣消息主题,精心选择素材和典型事例,叙述有条有理,逻辑严密,具体实在,论述语言力求生动,行文流畅,富于形象,善兴波澜,错落有致,增强消息的吸引力和感染力。所以,能否写好消息的主体,最见作者的文字功夫和组织材料的能力,作者一定要下苦功夫,唱好"消息的重头戏"——写好消息的主体。

范文导读

西藏拉萨至日喀则铁路即将开通运营

新华网北京 8 月 14 日电(记者樊曦) 记者 14 日从中国铁路总公司获悉,西藏拉萨至日喀则铁路将于 8 月 15 日开通运营,首趟客车于 8 月 16 日 9 时从拉萨站发出。拉日铁路(拉萨至日喀则西)全长 251 公里,地处青藏高原西南部西藏自治区境内,东起青藏铁路终点拉萨站,向南沿拉萨河而下,途经堆龙德庆县、曲水县,折向西溯雅鲁藏布江而上,穿越近 90 公里的雅鲁藏布江峡谷区,经尼木县、仁布县后抵达藏西南重镇日喀则。全线设拉萨南、曲水、日喀则等 14 个车站。最高运营时速 120 公里,年货运量 830 万吨以上。

拉日铁路东连既有青藏铁路和规划中的拉萨至林芝铁路,西接规划中的铁路聂拉木亚东口岸线,是西藏铁路网承东启西的一条重要干线。作为延伸的"天路",拉日铁路的开通运营,将改变西藏西南部地区单一依靠公路运输的局面。

这则短消息全文 354 字,由标题、消息头、署名、导语、背景、主体、结尾构成。标题采用单标题形式,概括新闻主要事实。消息头"新华网北京 8 月 14 日电"点明消息稿件来源。第一段是导语部分,概述主要新闻事实。第二段是主体部分,具体介绍拉日铁路情况。第三段是结尾,强调拉日铁路的地位及开通意义。从材料性质上说,对拉日铁路的介绍也是背景材料。从正文的整体结构看,这则消息采用的是典型的倒金字塔结构。

"学霸"见闻

消息结尾的常见病

痼疾之一——记者站出来说话

消息用最简洁的文字报道新闻事实,如果行文达到两个或两个以上段落,结尾的写作就需要慎重了,无论写什么,都必须是事实。初学消息写作,有人习惯在前面报道事实,写到结尾处忍不住自己站出来说几句,这就犯了消息写作的大忌,是消息写作的常见病。

每逢毕业季,有关毕业典礼、毕业晚会的报道很多。有位记者生动报道了某高校的毕业晚会,并写下这样的结尾:

"一首歌,不足以讲述一个完整的故事,却可以回味那些年里一个个青涩的瞬间。在《毕业歌》轻快的旋律里,2014 届毕业生完成了最美丽的一次蜕变,他们年轻的梦在这里发芽,理想的帆在这里起航。"

这段文字颇具抒情色彩,是记者的个人感慨。而记者的职责不是抒发个人感慨,是报道

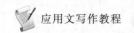

新闻事实,这样的结尾已经偏离新闻事实。

每当旅游旺季来临前夕,各地政府和旅游部门都加大力度,宣传推广自己的旅游项目和产品。某地在省会城市举办了风光摄影图片展,记者写成短消息,语言简洁,对摄影作品和景区均有介绍。遗憾的是,消息结尾的写作成为这篇报道的败笔:

"××风光摄影图片展,旨在全面展现××丰富的旅游资源、淳朴的风土人情、悠久的历史文化和创新发展的时代精神;让外界了解××,走进××;透过一个个被定格的精彩瞬间,让观者深切地感受美丽大自然的清新,体会到爱与美的真情。"

消息结尾是新闻事实吗?不是,又是记者自己站出来说话。风光摄影图片展的宗旨可不可以报道?可以,但不应该记者站出来说话,如果采访主办方,经由当事人的嘴说出来,记者精心选择,巧妙引用,那就是新闻事实了。

痼疾之二——画蛇添足

写文章忌讳画蛇添足,消息写作强调越短越好,画蛇添足也是消息写作的大忌。某地最近举办了一场老年台球优秀选手友谊赛,当地记者报道了赛事概况和选手表现,受众对赛事已经了解。但记者意犹未尽,添加了这样的结尾:

"此次活动以球会友,健身为本,既为选手提供了交流学习的机会,又丰富了老年人的业余文化生活,同时,进一步推动了我市老年台球运动的发展。"

一场台球友谊赛,其目的和作用不言自明。记者以这样的文字结尾,似乎低估了受众的理解能力。某高校近年来屡屡获得重大科研立项,最近又一项目获得××立项,记者在报道立项内容、项目负责人情况后这样结尾:

"××高校始终高度重视教师科研能力的提升,采取各种有效措施营造'以科研促教学,以教学促科研'的氛围,提升教师的科研和教学水平,本次获得××立项是对全校教师以往工作的肯定,同时也激励着全校教师在科研和教学领域再攀高峰。"

有些记者之所以画蛇添足或许是认为,他们有义务把新闻事实上升到一定的高度来写,帮助受众提高认识。实际上,新闻的高度是由新闻事实本身决定的,而不是由记者的"拔高"决定的。如果仅用有关新闻事实作结尾,这条消息更简洁,效果更佳。

痼疾之三——主观性评论

毫无疑问,消息的任务是报道事实,而非记者的观点。在新闻叙述中,不能把记者的个人意见写进去,李希光等人认为:"一个有智慧的读者只会感觉到这是记者'我'个人的观点和偏见,而不是公正的新闻报道。"

最近,某市举办了暑期应届毕业生招聘会。当地媒体刊发了消息,这条消息在报道招聘会的有关内容后这样评价:

"本次招聘会为广大应届毕业生提供了一个展示自身实力和公平竞争的机会,同时也为用人单位提供一个了解、选拔优秀学生的平台。"

家庭农场属于新生事物。家庭农场的概念,2013年首次在中央一号文件中出现,政府鼓励和支持承包土地向专业大户、家庭农场、农民合作社流转。某地媒体在报道当地首家家庭农场生产经营状况后,这样结尾:

"家庭农场的出现,使农业大户具备了独立的法人资格,可以在贷款、保险、签订合同订单、注册商标等方面享受更多的优惠政策。除此之外,对现代农业的规范化发展起到积极的促进作用。例如,可更好地保证食品安全,做到农产品的溯源管理,在农业管理上也将更加专业化。家庭农场的责任体系,是市民放心、农民开心、政府省心、自我称心。"

这两段评论本身或许并无不妥,但关键是谁在发表评论。专家、学者、当事人对事件(事实)的评论是新闻事实,记者自己的评论放在结尾,既不是新闻事实,又显得太过主观,这是消息写作应该警惕的写法。只要经过细致采访,专家、学者、当事人发表的意见完全可以替代记者自己的主观评论。

艾丰在谈及用事实说话的方式时告诫:"我们的记者不注意研究如何更好地使用新闻报道的客观手法的技巧,不善于在客观的方式下掩藏自己的观点。从这种意义上说,这是我们记者的弱点,是需要改进的。"

——资料来源:张爱玲. 消息结尾的写作痼疾[J]. 应用写作,2014(09). 节选.

技能实操

1. 病文修改

全面启动出生缺陷一级预防工作会在蓉召开

9月19—20日,国家人口计生委全面启动出生缺陷一级预防工作会在成都召开。国家人口计生委副主任江帆出席会议并作题为《全面开展出生缺陷一级预防工作为统筹解决人口问题做贡献》的讲话。四川省、成都市有关领导出席了会议。

江帆副主任在讲话中指出,预防出生缺陷是统筹解决人口问题、促进人的全面发展的重要任务,是坚持以人为本、增进家庭福社、构建和谐社会的有赴途径,是落实科学发展观,促进国家富强、民族振兴的重大举措。

据国家人口计生委会上公布的数字,我国每年约有20万~30万肉眼可见的缺陷儿出生,加上出生后数月和数年才显现出来的,总数高达80万~120万,约占每年出生人口总数的4%~6%,每30秒就有一个缺陷儿出生。

据统计,我国每年主要出生缺陷患儿的治疗费用高达数百亿元,维持最基本的生活费用高达数百亿元,给国家造成的间接费用约数千亿元。除了躯体上的痛苦和经济上的沉重负担之外,还有耻辱、歧视、孤立、失去希望和机会以及终生残疾带来的精神压力。

江帆副主任要求各级人口计生部门坚持科学发展观,深入贯彻落实《中共中央国务院关于全面加强人口和计划生育工作统筹解决人口问题的决定》精神,根据自身职能定位和优势,重点抓好宣传倡导、健康促进、婚育咨询、高危人群指导、孕前实验室筛查和营养素补充六个方面工作,因地制宜探索建立有效的出生缺陷一级预防体系和工作模式。

吉林、江苏、广东、贵州、甘肃、青岛、蚌埠七省市人口计生委也交流了经验。七名国内知名专家专题讲授出生缺陷干预知识。来自全国各省、自治区、直辖市、计划单列市人口计生委分管副主任、科技处处长、科研所所长,新疆生产建设兵团、10个副省级城市人口计生委分管副主任、科技处处长,解放军、武警部队人口计生领导小组办公室负责人,国家人口计生委各司局负责同志,国家发改委、科技部、民政部、卫生邵、中国残联等相关部门同志,以及国内知名专家共180余人出席会议。

请指出这消息存在的问题,并写出修改稿。

2. 写作训练

某报社招聘记者,王灿作为一名应届大学毕业生前去应聘。在进行了一番提问和交谈后,招聘方给他提供了一些材料,让其根据材料写一篇600字左右的消息,并要求:

① 按"结合式"结构安排事实材料;
② 标题、导语能概括主题,引人注目;
③ 叙事完整,立意清楚。

平时不认真学习的王灿这下可犯了难,现在请你帮助王灿拟制这则消息。

材料一:11月13日,是南昌大学学生自定的"无偿献血日"。这天,江西省血液中心的采血车旁增加了一个服务台,台上放着一张"为萧亚璋同学建立个人血库"的空白表格。前来献血的同学争相写下自己的名字,通讯地址和联系电话。原打算将"流动血库"的人数控制在20人,结果报名多达60人。

材料二:萧亚璋是江西萍乡人,1996年高分考入上海外国语大学日语系。她在校品学兼优,不幸的是,1997年8月,她患上了"非何杰金氏恶性淋巴瘤",身体多处病理性骨折,而且身体的造血功能被严重破坏,血色素含量不及正常人的一半。为治病,家里先后花去了10余万元,因再也无力支付巨额医疗费,被迫转回江西老家。

10月23日,南昌大学99级学生王国平通过电视看到萧的遭遇,第二天便直奔医院,却发现难以给其实质性的帮助。王国平想到了自己刚刚加入的南昌大学青年志愿者协会。得知此事,会长王雅立即召开小组长会议,考虑到大学生没有经济基础,他们决定组织和萧血型一样的同学合建一个"个人流动血库",这样既可以解决萧大量输血的急需,又可换钱。

材料三:日前王雅和20多名大学生志愿者一起,带着捐款、礼物和一份特殊的名单,匆匆向萧亚璋家中走去。他们要为这位造血功能被严重破坏的21岁同龄人,过一个特别的生日。

每一件生日礼物都让萧亚璋惊喜、感动,当她的目光停留在那份特殊的名单上时,泪水夺眶而出。上有南昌大学68名同学的通讯地址和联系电话,他们的血型都是A型。这68名同学是南昌大学青年志愿者协会为萧亚璋建立的"个人流动血库"。

"坚强些,我们与你同在,我们是你的流动血库"——一句温馨的祝福背后,有着一个感人的故事。

"祝你生日快乐!"在同龄大学生们的祝福声中,萧亚璋脸上露出灿烂的笑容。

第三节 通 讯

情境导引

2016年2月12日叙利亚国际支持小组第四次外长会议在慕尼黑达成重要共识:各方同意本周内打通人道主义救援通道;一周内在叙境内全面停止敌对行动,并在联合国主持下,授权美俄牵头组成一个工作组,就止暴的执行细节直至今后停火事宜进行具体协商;尽快恢复在瑞士日内瓦举行叙国内和谈,使和谈与停火止暴相互促进,相辅相成。然而,这些共识墨迹未干,各方围绕能否如期停火的疑云便上下翻滚:俄外长拉夫罗夫指出,要想让停火成为可能,必须完全停止土耳其和叙利亚边境上的军火走私行为;北约秘书长斯托尔滕贝格表态称,从以往经验看,停火不总是能实现;德国防长冯德莱恩则表示,这一协议的确为停火带来一丝希望,但首先必须让阿勒颇地区真正停火。叙利亚和平前景再次变得迷离渺茫。为此《人民日报》驻埃及记者刘水明、王云松和该报驻德国记者冯雪珺采写了题为《叙利亚停火之路不平坦》的通讯,文章对叙利亚国际支持小组第四次外长会议结束之后的叙利亚局势进行了客观综合的分析。

思 考

1. 通讯与消息的区别有哪些?
2. 撰写通讯有哪些注意事项?

知识导航

一、通讯的概念

通讯是综合运用叙述、描写、议论、抒情等多种表达方式,及时、详细、深入地报道典型人物和事件的一种新闻体裁。早期的新闻报道一般是通过电报传送的,由于价格昂贵,通常只用于电报传递简短的消息,故又称为"电讯"。而较长的、时效要求不那么高的新闻稿件一般通过信件传递,故又称"通信",以后逐渐演变为"通讯"。

通讯是我国新闻界特有的名词,在西方并没有"通讯"这种说法,与之相近的概念是"feature"(可翻译为特稿、专稿、特写等)。

二、通讯的特点

(1) 真实性。通讯作为新闻的一种,报道的必须是真人真事,不能有半点虚假。通讯反映和推动现实的功能建立在真实的基础上。读者阅读的目的是增长见识,真实的事件和人物能使读者产生亲切感,具有冲击力。

(2) 形象性。通讯不仅要叙述事实,而且要形象地描绘细节、场景,渲染环境气氛,要尽可能地把人物和事件刻画得生动、感人。因此,通讯在写作中往往运用多种表现手法,语言优美,富有艺术魅力。

(3) 评论性。通讯的作者,不仅要叙事,还可以对人物或者事件发表议论,抒发感情。但是,通讯的议论和抒情既不同于议论文的议论,也不同于散文的抒情,而是一种画龙点睛式的议论,一种抒情式的议论。通过议论来揭示新闻事件的价值,通过抒情来表明作者鲜明的思想倾向。

(4) 时代性。当今时代,大众传播媒介已经将自己的触角伸到了社会的各个角落,彼此之间的竞争进入白热化阶段,如果媒体刊发的通讯主题不具有时代性,必将失去读者,被时代所淘汰。通讯必须迅速、及时、敏锐地反映现实,具有时代气息。

三、通讯的种类

通讯按写作对象分为人物通讯、事件通讯、工作通讯、风貌通讯四种类型。

(1) 人物通讯是指集中反映新闻人物工作、生活和思想的通讯。以记人为主,报道新闻人物的事迹,揭示其精神境界和道德情操,着力于反映在他们身上所表现出来的一种时代精神,给人们以教育和启发。如《"我要做一个诚信的人"》(《兵团日报》2008年11月13日)一文,向读者讲述了吴玉兰老人用了9年时间拾荒还债的故事。《一个共产党人的一辈子——追记云南省保山市原地委书记杨善洲》(《人民日报》2011年1月30日),讲述了全国优秀共产党员、第三届全国道德模范、2011感动中国十大人物杨善洲克己奉公、清廉履职、忘我工作、一心为民的感人事迹。

(2) 事件通讯是指集中记述那些典型的新闻事件的通讯。以记叙事件为主,重在对新闻事件进行详尽的介绍,对事件的发生、发展过程及给现实生活带来的影响,做生动、清晰的报道,着重介绍事件发生发展的过程。如《空中铁骑,旋翼之下揽风雷》(《解放军报》2015年9月4日)一文,记录了在2015年9月3日纪念中国人民抗日战争暨世界反法西斯战争胜利70周年阅兵式上,受阅的70架直升机在祖国和人民的注目中划出精彩的航迹。

(3) 工作通讯是指以各项工作取得的进展、存在的争议、产生的问题和取得的成果为报道对象的通讯。以报道有新闻价值的工作成就为主要内容,通过具体、生动的事例,总结成功的经验,概括出具有规律性的东西,用以指导和推动实际工作。它的重要特点是带有一定的评论色彩,对有关的工作具有指导性意义。如《寒冬·暖流——我省抗严寒保民生纪实》(《吉林日报》2011年1月14日)是一篇全景式展示2011年吉林省抗严寒、保民生的报道。

(4) 风貌通讯又称概貌通讯,以报道某地的风土人情、自然风貌、发展变化、社会状况等为主,通过形象的描述,勾勒出某地的新变化、新气象、新面貌,能开阔读者的视野,振奋读者的精神。风貌通讯不是简单地记录一些场景,它还可回顾过去,展望未来;既可叙述某一地方的经济文化现状,也可讲述一些地方的风土人情、民间传说等,能给人以思想上的教益和美的享受。如《一个产粮大省的春耕关键词》(《人民日报》2009年4月12日)一文,通过四个部分剪影式地介绍了吉林作为产粮大省当年的春耕进展情况。

四、通讯与消息的区别

通讯与消息都是新闻中的主要文体,它们的共同点是都要求真实准确、迅速及时地报道现实生活中有新闻价值的事实。不同之处有以下几点。

(1) 从报道内容看,消息简明扼要,通讯详尽深入。消息只概括报道事实的主要情况,着眼点是新闻事实的重要性、新鲜性、信息性,取材十分广泛,通讯社对消息报道的要求是全面覆盖,遗漏就是失职;通讯既报道主要情况,也报道次要情况和具体细节,通讯的着眼点主要在形象性、思想性、情节性等方面。

(2) 从表现重点看,消息重在反映事实,通讯重在表现观点。消息用事实说话,作者通常不表明观点;通讯除了叙述事实以外,还通过议论、抒情表达作者的观点,抒发个人的感情。

(3) 从表达方式看,消息较多地使用叙述,很少使用描写、抒情和议论;通讯则为了达到详尽、深入、形象性等方面的要求,除了叙述以外,还较多地使用描写、抒情和议论等表达方式。

(4) 从结构形式看,消息具有相对稳定的结构,为了求得尽快交流的效果,常常采用"倒金字塔结构",有导语;通讯的结构比较自由灵活,基本上没有导语部分,为了适应典型、形象、情节等方面的要求,常借鉴各种艺术手段,结构形式多样。

(5) 从报道时间看,消息比通讯更加迅速、及时,对消息而言,过了一定的时限,就没有发表的可能和必要;通讯的时效性要求相对弱一些,因为通讯比消息内容更加详细,篇幅更长,表现手法更加复杂,需要更多的时间去采访、构思和行文。

(6) 从人称选用看,消息出于反映事实的需要,追求客观报道,与此相应,消息写作主要采用第三人称叙事,以局外人的姿态出现,极少让"我"出现在报道之中。通讯则不然,出于详尽深入的需要,第一、第二、第三人称各显所长。

五、通讯的写法

(一)通讯的标题

一个好的通讯标题应该做到准确、新颖、生动、简练。与消息标题相比,通讯的标题更加简练,更加形象生动。通讯的标题多为以下两种类型。

一种是只有主标题,如《王廷尽,好样的》;另一种是主副题结构,如《用"吹糠见米"的实干把日子过红火——节前重访习近平总书记考察过的地方》。

标题按表达方式还分为叙述式标题,如《三次"上书"总书记的普通农民》;抒情式标题,如《醒来,铜陵》《洪泽湖不会忘记》;描写式标题,如《乘坐公车仓皇离险境 携带家眷入住招待所》。

(二)通讯的开头

通讯的开头不同于消息的开头,没有导语部分来概括最重要的事实。以下是几种常见的通讯开头方式。

(1)开门见山式。2016年2月15日《北京晨报》刊登的《菜价高位小幅上涨》的开头即是开门见山的方式,使通讯节省了大量的笔墨,从而加快了通讯的节奏。

大蒜批发价最高5.6元/斤,豆王最高7.8元/斤,洋白菜最高1.8元/斤……节前强寒流和大范围降温对节日蔬菜供应的影响还在持续。昨天,记者从新发地批发市场了解到,节日期间蔬菜价格处于高位运行,且有小幅上涨。预计春节过后随着北方产区的设施蔬菜上市,蔬菜价格将明显降低。

(2)对比式。通过使用对比手法制造波澜,吸引读者。《夜宿车马店》开头就很好地运用了对比的方式。

内蒙古自治区土默特右旗今年获得历史上最好的收成,粮食总产2.2亿多万斤,比去年增长二成;油料总产4000多万斤,比去年增长百分之七十多。

(3)悬念式。一开始就将一些违反常理的信息提供给读者,但并不透露前因后果,使读者在好奇心的驱使下产生继续读下去的欲望。《勋章背后的未了情》一文就比较好地使用了悬念式的开头。

这几年,黄河水利委员会绥德水保站总工程师徐乃民怕出差,尤其怕去大城市出差,因为每一次的起程,都会勾起他伤痛的回忆——那一段绵绵的未了情。

(4)比兴式。先给人描绘一个特定的事物和场景,然后通过两个事物和场景之间的内在联系,进行类比或升华,引出报道的内容。这种开头常常可以把读者引入发人深省的意境中去,而且常常能给人以美的享受。《无名小花火样红》一文就是采用比兴式的开头来进行说理,从而达到了深入浅出的好效果。

在新疆火气蒸腾的戈壁滩上,常常可以看见一簇簇红色的叫不出名字的小花,它似乎是伴着火开的,火一样的红;在默默地考验中显示着坚贞与生命力,女青年何依兰就是这样的小花。

(5)引用式。以引语、诗歌、民谣、典故或神话故事和民间传说开头的方式。由于引用式开头增加了文采,能获得引人注目的效果。如《鱼水新篇——沂蒙山纪事》一文,开头引用

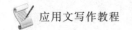

了两句沂蒙山小调:河里的鱼儿啊,没有水就没有家。反映了党和人民的鱼水情。

直接或间接引用采访对象的话开头是近年来通讯常用的一种引用式开头。使用能够表现通讯主题或能够反映通讯写作特点的人物语言来统领全文,可以增加真实性和感染力。如《一个普通的灵魂能走多远》,开头引用了采访对象的一句话:只要勇于探索和奋斗,一个普通的灵魂能走很远很远。既回答了标题中提出的问题,又点明了通讯的主题。

(6)抑扬式。包括欲抑先扬和欲扬先抑。这样的开头既可以形成某种对比,使主题更加鲜明,又能为下文埋下伏笔,使通讯波澜起伏。欲抑先扬式如穆青的通讯《金字塔夕照》,描写的是埃及人民的艰难生活,为反衬这一主题,开头时用较多笔墨写壮丽的金字塔及古埃及曾有过的辉煌文明。从而使主题变得沉重。欲扬先抑式如《"他有一颗纯净的心"》:

他,刚刚度过二十四个春秋。既没有粗犷的外形,也没有小伙子特有的威武神采,身材是瘦小的,话音也远非洪亮。然而在他身上,蕴藏着一种力量。

(7)哲理式。使用富有哲理性的警句进行议论,增强气势,立意深刻,引人思索。如《一位普通青年的选择》一文:

每个人,都有自己的选择;不同的人,选择又不尽相同——带着浓重的时代色彩,带着深刻的社会烙印,更带着鲜明的个性特征。

选择,人人都要碰到。人人都回避不了——

其不受时间的制约。不受场所的束缚。也不受他人的左右。

(8)提问式。在通讯的开头采用提问的方式引出主题。能引起读者的关注。如《开封缘何不"开封"》:

话,说得很坦率,表达了开封人急于改变开封落后面貌的迫切愿望。但追根究底,开封落后的原因究竟是什么呢?

(三)通讯的主体

通讯主体是通讯的主要部分,使用大量材料展开叙述,表达观点,需要重点对待。主体部分的写作需要注意段落、层次、疏密、过渡、照应等问题。

通讯主体部分的结构一般有纵式、横式、纵横合式三种方式。

(1)在纵式结构中,共有三种组织方式。第一种方式是按时间顺序安排层次。第二种方式是按照事物发展的顺序或作者对报道事物认识变化的顺序来安排层次。第三种方式是对二者的结合,将多线条事实"编织"成单线条纵结构。新华社1997年7月1日发的《历史的跨越》,即以时间和事件发展的顺序,记录了中国人民解放军进驻香港这一举世瞩目的历史事件。

(2)在横式结构中,组织结构的方式主要有两种。第一种是采用空间变换来组织、材料的结构,根据地点的变化来组织段落,通讯中不同地点所发生的事情围绕一个中心来聚拢。第二种是并列方式组织结构,即围绕通讯主题,并列地写几个不同的侧面。如《金杯之光——中国女排夺魁的曲折道路》,分别写了奇克拉约、特鲁希略、利马三个地点发生的不同的事件,以表达同一个主题,即中国女排艰难的夺冠之路。

(3)纵横合式结构是指以时间为经,以空间为纬来安排层次的结构方式。它能将复杂的新闻事件有条不紊地表现出来,做到疏而不漏。纵横合式结构可分为两种类型:一种是以时间为主线索,每一时间段又按空间转换进行架构。一种是以空间为主线索,每一空间又按时间顺序进行架构。《为了六十一个阶级弟兄》,就是采用纵横结合的结构,从2月2日写到

2月5日,六十一个中毒的民工被抢救脱险,这是纵的主线;又以各地不同单位关注、支援的情景、场面作为横的线索,达到了很好的表达效果。

(四)通讯的结尾

通讯的结尾不是可有可无的。通讯的结尾有三大功能:强调主题、引发思考和抒发情怀。具体的表现手法多样,或点明主旨,提炼升华;或照应开头,首尾呼应;或承接上文,别开生面;或融情入景,借景抒情。

1. 强调或深化主题

主题鲜明是通讯写作的特征。当一篇通讯写完了,结尾往往要通过议论和叙述事实强调立意、深化主题。这种强调或深化有两种手法:明示和暗示。明示就是公开表态、发议论;暗示就是用新闻人物之口,发表议论。

2. 蕴含哲理,发人深省

通过对事实的报道和层层分析,让读者从中明白某个道理。《"一厘钱"精神》的结尾就具有哲理意味:伟大的事情要从最小的事情做起。

3. 抒发情怀,增强渲染

通讯要感人,需讲究事、理、情。一个好的通讯结尾,能给读者留下回味的余地,使主题得到强化。

六、通讯写作的注意事项

通讯写作要求运用感人的抒情、深刻的议论、典型的情节,以及描绘生动的形象来体现主题。具体来说,要做到:深入采访,选择典型;反复思考,提炼主题,通讯的主题必须体现时代精神,能反映广大群众的愿望;展开情节,抓住矛盾冲突,塑造人物形象;锤炼语言,生动形象。

范文导读

坚守信念绿染大亮山
——记保山市人大代表、原保山地委书记杨善洲(上)(节选)
程三娟

人们真正体会到杨善洲造林之举的功德无量是在这场百年一遇的旱灾中。

2010年春天,已持续半年的干旱让云南很多地方群众的饮水变得异常困难,施甸县大亮山附近群众家里的水管却依然有清甜的泉水流出,他们的水源地正是大亮山林场。近些年,随着大亮山植被状况明显改善,山林的水源涵养功效得以很好发挥,附近村委会架起水管,将泉水从林场引到村里,通到各家各户,村民再也不用为吃水犯愁。受旷日持久的干旱影响,水管里的流水较之以往细小了很多,但足以让附近的村民心满意足,也让他们对杨善洲的功劳更加念念不忘:"多亏了老书记啊,要不是他,不知道现在会是什么样子。"

1988年3月,61岁的杨善洲从保山地委书记的岗位上退休,婉拒了时任省委书记普朝柱劝其搬至昆明安度晚年的邀请,执意选择回到家乡施甸县种树。20多年过去了,曾经山秃水枯的大亮山完全变了模样:森林郁郁葱葱,溪流四季不断;林下山珍遍地,枝头莺鸣燕歌……

一位地委书记,为何退休后选择到异常艰苦的地方去种树?植树造林20余年,他都遇到了哪些困难和挑战?究竟是什么力量支撑着他让夕阳人生散发出炫目的光彩?

"给乡亲的承诺总得兑现。"

"担任地委领导期间,有乡亲不止一次找上门,让我为家乡办点事情。我是保山地区的书记,哪能光想着自己的家乡,但毕竟心里过意不去呀,是家乡养育了我。于是我就向他们承诺,等退休后,一定帮家乡办点实事。"关于种树,年逾八旬的杨善洲这样解释。

为了实现"帮家乡办点实事"的承诺,杨善洲把目光锁定在施甸县城东南44公里处的大亮山。杨善洲的家乡就在大亮山脚下的姚关镇陡坡村,儿时,母亲常带他到山上挖野菜、草药等到集市上卖。原来这里林木参天,当年大炼钢铁时大量砍伐树木,后来当地贫困农民又大规模毁林开荒,原本翠绿的大亮山变得山秃水枯,生态遭到严重破坏,周边十几个村寨陷入了"一人种一亩,三亩吃不饱"的困难境地。"再这么下去,子孙后代的日子可怎么过?"杨善洲忧心忡忡。

退休前,杨善洲到大亮山实地考察,家乡的人听说他要回来种树就劝他:"你到别处去种吧,这地方连野樱桃树和杞木树都不长。"然而,他还是来了,他以普通大山之子的身份带着一颗赤子之心回来了。退休当天,杨善洲背起铺盖,赶到了离大亮山最近的黄泥沟。翌日,大亮山国社联营林场正式挂牌成立,那天,他们人挑马驮把粮食、行李搬到离公路14公里远的打水杆坪子,临时搭建了一个简易棚安营扎寨。深夜,狂风四起,棚子被掀翻,倾盆大雨又不期而至,几个人只好钻到马鞍下,躲过一个风雨交加的夜晚。就这样,杨善洲带着县里抽调的几个同志开始了艰苦创业。

很多年之后,人们都还记得杨善洲初上大亮山时的情景。那时他住在用树杈搭起的窝棚里,脚上穿着草鞋,俨然是一个放牧的老人。后来,得益于省里的资金支持,林场终于盖了一排简易的油毛毡房,杨善洲和工人们在里面一住就是近10年。10年后,当他们用砖瓦平房取代油毛毡房时,破败不堪的油毛毡房已被四周的绿荫所掩盖。1999年11月,手提砍刀给树修枝时,杨善洲不幸踩着青苔滑倒,左腿粉碎性骨折,但半年后他又执意爬上了大亮山。从此,他再也离不开拐杖了。

2009年4月,杨善洲把自己用20年时间辛苦创办的大亮山林场的经营管理权,正式无偿移交给施甸县林业局。有人算过一笔账:大亮山林场共占地7.2万亩,其中5.8万亩华山松中有3万亩已郁闭成林,按1亩地种200棵树,一棵树按最低价30元计算,大亮山林场的活立木蓄积量价值已经超过3亿元。

这就是一位老地委书记帮家乡办的实事。

这篇通讯刊载于《云南日报》2010年8月31日第一版,文章从云南百年大旱入手,把人们关注的目光引向杨善洲和大亮山林场,从而引出了杨善洲退休后选择回到家乡施甸县植树造林,艰苦奋斗20年让荒山重披绿装,并无偿捐献给国家的壮举。报道采写用心,饱含深情,行文流畅,用实实在在的故事来感动人,件件实事、涓涓细流、持之以恒——印证出一个守望者山一般的博大情怀。

这篇通讯是创先争优活动中最早报道杨善洲事迹的作品。报道推出后,迅速引起了云南省委及全国媒体、中央领导层对杨善洲的关注,全国媒体对杨善洲的报道采访由此发端。报道成为杨善洲生前报道其先进事迹的"绝唱",成为全国开展向杨善洲同志学习活动中各地了解、学习杨善洲的第一手资料。

 "学霸"见闻

新闻通讯写活小人物要善于捕捉细节展开描写

现实社会中,像焦裕禄、钱学森、袁隆平等这样全国典型的人物,属于凤毛麟角。更多的是一些平凡而伟大的小人物。因此,我们的新闻媒体上宣传得更多的也就是小人物。然而,我们往往会发现,被宣传的不少小人物,写的不如他们做的,也就是说写得还不够好、不够到位。所以,要真正把小人物写得鲜活,也是不容易的。如果把一篇人物通讯比作一个人的话,主题就是人的血液,主要事迹就是人的骨架,那么,细节就是人的肌肉了。

人物通讯的表达方式主要是叙述,是以讲故事为主的。一个主要事迹应该就是一个故事。细节就是故事中的故事,是构成人物通讯的细胞或基本单元。没有细节,人物就会是营养不良的骨瘦如柴的形象;缺少细节,人物也会因为肌肉不发达而显得不丰满、不强壮。所以,没有细节,就不叫人物通讯了。细节既然如此重要,那么,我们在采访当中如何去捕捉细节呢?方法就是抓住线索,顺藤摸瓜。

我曾写了一篇人物通讯《"办案能手"的"能耐"是如何炼成的》,写的是一个基层法庭的庭长。作为庭长的他既要上传下达,又要忙于接待打官司的人。尽管如此忙,他每年要办结案子200多件,平均每一个工作日要办结一起案子,是院里办案数量最多的法官。

我们知道,一个案子如果按照发传票、审阅案卷、开庭审理、撰写判决书、送达当事人这样的程序走下来,一天办结一个案子那是不可能的。然而,就是这个"不可能"却被这位庭长变成了现实。这其中有什么绝招?带着这样的问号,笔者深入挖掘。

原来,他的绝招就是"加班加点"。笔者就问他,是如何加班加点的?他说晚上在"808"加班。"808"?什么是"808"?……就这样,笔者抓住这一线索穷追不舍,挖掘到了一个感人的细节。对于捕捉到的细节,我们要善于展开描写,还原细节,并围绕细节做文章。

对以上细节,笔者是这样描写与展开的:

宁静的夜晚,武陵区人民法院办公大楼808号办公室的灯还亮着,一位瘦削的中年人正在那里撰写判决书。这人就是刘沫。

在德山法庭工作,为何会跑到院里的办公大楼来办公呢?

原来,德山法庭办公场所租的民房,简陋拥挤。于是,院里也给德山法庭在办公大楼分了办公室。没想到,这办公室还真派上了用场。

办公室的灯、办公室的电脑可以作证,不知多少个夜晚,刘沫就在这里加班加点地工作。有时,办公室的灯光与朝霞相抱,刘沫又在这里加班了一个通宵。怪不得他的妻子经常说他"办公室都快成你的家了"。

其实,他的家就住在武陵区,而且离法院办公楼不是太远。

是的,自打刘沫调任德山法庭负责人两年多来,白天在德山法庭的办公室里办公,晚上经常在院里的办公大楼加班。一年到头,他在这里加夜班有100多个。加班成了他的家常便饭。

随着这个细节的描写与展开,何为"808",在"808"做什么,都说得一清二楚了。

挖掘到这样的细节后,笔者并没有罢休,而是继续围绕"加班加点"来挖掘细节。请看下面的细节描写：

"嘀……""喂……"刘沫刚接完法院一位领导的电话，又来了一拨找他询问案子的人……记者在他办公室里采访他时，两个多钟头的采访，多次因为他的"应接不暇"而中断。

这个细节是笔者采访时现场捕捉到的。这样的细节更有说服力，因为它有记者或通讯员的见证。接着，笔者又继续围绕这个细节做文章，像剥竹笋一样一层一层剥下去，一直剥到笋心：

他真是个大忙人。接待、上传下达、调解、开庭……白天的工作，做的就是这些事。

他平均每天都要接待10多拨人，什么咨询的，打听案子的，还有发泄不满的……至于判决书，白天根本就没时间去写了，就是有时间，在他那种嘈杂的办公环境里，也无法写下去。这也就是刘沫为什么要利用晚上时间到院里的办公大楼加班加点写判决书的原因。

显而易见，有了这些细节，这篇人物通讯也就丰满了。当然，这篇近3 000字的人物通讯中，还有一些其他的细节描写。

——资料来源：胡德桂．新闻通讯写活小人物的方法[J]．新闻采编，2015(05)．节选．

技能实操

1. 病文修改

记酉阳县浪坪乡评议村小民师 喻登智 吴建平采访乡村教师——酉阳县浪坪乡

评议村小民师喻登智，乡亲们异口同声地称他：是名医、似慈父、更是严师！

1975年，喻登智接过教鞭，在评议村小的三尺讲台上一站就是20年。如今，他已由血气方刚的毛头小伙变成了鬓角染霜的"小老头"，可他痴心无改，无怨无悔。说他是名医，不是因为他有多高超的医术，而是因为他一直坚持义务为学生和乡亲们治疗疾病。评议村地处酉阳、黔江、彭水三县结合部，离乡所在地也有近20公里。这里缺医少药。刚当上民师时，学生们因营养不良，常生病。喻登智买来一些医学书籍，在认真教书的同时挑灯自学，掌握了儿科推拿术，并学会了用中草药治疗简单的疾病。一次，学生谢光玉在课堂上呕泻不止，当即休克。喻老师用学到的知识紧急施救，使谢光玉终于苏醒过来。家长闻讯赶来后，感激之泪涌出眼眶，连称喻老师"恩人"。为备足常用药品，他用自己微薄的收入在外出开会时尽可能多买些西药，利用星期天和节假日到山里采中草药。他爱生如子。三年级学生胡世淑学习用功，成绩优良，可连续几天没到校上课了。喻老师在家访中得知，其父病故后家庭难以维持生计，只好不读书了。喻老师鼻头发酸，眼泪禁不住往外流。他当即决定免去胡世淑的学费，并保证供给她课本和学习用品，使即将失学的胡世淑重返校园。问及20年中喻老师究竟为多少学生资助过书费和学费，他说：这点小事不足挂齿。他抓校风、学风十分严格。有人对坚持升国旗不理解，他认为"可激发学生爱国热情"；有人认为学生搞义务劳动是"不务正业"，他说这是培养"集体主义精神和爱劳动的习惯"。学生的红领巾没戴好，他帮助纠正，甚至脸未洗干净他也帮助洗净。乡亲们还说喻老师是真正的"以校为家"。学校教学条件差，没有教具，所用的直尺、三角极、圆规、量角器及体育器材都是他亲手仿制的。课桌凳、门窗坏了，他亲手补修。房上的瓦片被大风揭了，他亲自上房检修。他说这样可节约点钱，多资助几个失学儿童。自1983年以来，他所教班级的成绩，在全区的会考中总是名列前茅，其中1983年毕业的40人就有32人升入初中学习。突出的成绩使喻老师多次被乡、区、县、地评为先进教师。他于1994年9月获得中国青少年发展基金会"希望工程"园丁奖，去年夏天又光荣地出席了全省乡村教师"夏令营"活动。

请指出这篇通讯存在的问题,并写出修改稿。

2. 写作训练

党的十八大以来,中央着力解决管党治党失之于宽、失之于松、失之于软的问题,使不敢腐的震慑作用充分发挥,不能腐、不想腐的效应初步显现。廉不廉,看过年;洁不洁,看过节。春节前后,各地公款消费等节日"易发症"是否复发?记者就此进行了调查。请根据相关材料,拟写一篇通讯。

材料一:乌鲁木齐市北京路的一家酒行,总经理张芬介绍,现在整个烟酒行市场都出现不景气的现象,"我们这个行业以前主要是靠公款消费,客户只看产品的品质,对价格不是特别在意,我们的利润相对就高一些。而现在公款消费少了,客户以私企老板和个人为主,整个行业都在压价竞争,利润下滑比较厉害。"虽然市场不景气,但在商家看来也是好事儿,烟酒行以前的经营模式以"先拿货,月底或年底结账"的比较多,"现在公款消费的少了,打白条的基本已经没有了,虽然利润低点儿,但不会出现收不回账的情况了"。

材料二:在罗平县,原来有个不成文的规矩,一到饭桌上,大家都会通过一种叫作"飞四"的纸牌游戏进行赌酒,一顿饭下来,所有人都喝得醉醺醺的。"过去只要跟工作沾点边,大家就会以此为借口拿公款出去大肆消费。到了年末,公款吃喝就更多了,理由都是五花八门的。"云南曲靖市罗平县罗雄街道办副主任秦太俊告诉记者,自从作风整顿以来,除了外出时必要的工作餐之外,公款吃喝已大幅减少,赌酒更是被明令禁止。"以前这个时候经常能看到很多人满脸通红、一身酒气地来上班,很多时候正常的工作都没有办法进行,造成的影响太恶劣了。"秦太俊说,"现在无论什么时候上班,看到大家都是清清爽爽的。而且下班之后能按时回家,节假日也能有更多的时间陪陪孩子。"

材料三:乌鲁木齐市一家政府单位办公室工作人员陈丽今年过了个轻松年:没有公款消费,年底也没了拿着条子来收钱的企业老板,"近两年都好很多,只要做好自己的本职工作就好,不像往年,年关一到,饭店的、烟酒行的都来收钱,我们和财务一到年底就忙着应付这些,本职工作倒像是次要的了"。

材料四:合肥市庐阳区纪委常委季海礁介绍,节日前后,反复强调、打"预防针",公款购买赠送年货节礼等节日腐败又成为紧盯对象。"这段时间,纪律要求基本上逢会必提,短信、微信也时常发出通知提醒。""每一项收支明细,要能经得起专项检查的考验。纪委人员会同审计、财务等部门人员专门挑刺儿,有没有附原始单据,明细支出是否'可疑',有无公款购买节礼而以办公用品等入账的可能等。"

材料五:除了明面上的检查,还有私底下的暗访。区纪委充分调动聘请的党风党纪监督员,一有行动,随机选取,不打招呼,说走就走。季海礁说:"暗访时纪委的人去多了容易被认出来,监督员多是外单位工作人员,他们去方便工作,也能比较客观地监督暗访全过程。""近几年,公款购买赠送年货节礼,基本上失去了生存土壤。"季海礁说,"没了礼尚往来,但却多出了几分轻松,几分清净。"

第八章 经济文书写作

第一节 经济文书概述

情境导引

冯坤工作的鸿途集团公司近年来业务迅猛发展,在当地市场占有较大份额。但是随着竞争对手的增加,该公司的经营业绩的提高速度开始放缓,在外地市场开拓中的成效也不够明显。为了在激烈的市场竞争中占有一席之地,公司领导要求大胆创新,想方设法开拓销售渠道。因此有员工建议借鉴电商的运营模式,设立公司的电子商城。由于这项工作需要耗费相应的人力和财力,加之现在电商竞争激烈,领导层对这一建议表示了审慎的态度。总经理让冯坤对这一项目进行充分调研,并将调研结果以及项目项目是否可行的论证以书面形式汇报。

思考

1. 如果你是冯坤,你会采用哪些文种处理上述事宜?
2. 经济文书有何特点?

知识导航

一、经济文书的概念

经济文书是随着我国社会主义市场经济的日益繁荣而迅速发展起来的应用文书。撰写规范得体的经济文书,不仅是对经济管理人才的要求,也是职场工作人员必须掌握的一项重要技能。

所谓经济文书,是指在经济领域,用来处理经济事务、传播经济信息、协调经济活动的具有惯用格式的一种专业应用文体。它是进行经济管理活动的重要手段之一。

广义的经济文书指的是机关、团体、企事业单位以及个人在经济活动中所使用的各种文书的总称。狭义的经济文书是在经济工作中,为处理经济业务而使用的专用文书,如市场调查报告、合同、广告文案等。

经济文书的内容具有鲜明的政策性和专业性,表达方式以记叙、说明、议论为主,写作时往往辅以表格、图画等。

二、经济文书的种类

经济文书种类繁多,每个经济领域都有自己专业化很强的、系统完备的文书品种。我们在经济文书这个单元主要按以下分类来讲授。

(1) **市场状况类**:包括市场调查报告、市场预测报告、经济活动分析报告三种。

(2) 合同类：包括经济合同、意向书、协议书三种。
(3) 研究建议类：包括可行性研究报告、项目建议书两种。
(4) 广告类：广告文案一种。
(5) 审计类：审计报告一种。

三、经济文书的特点

(1) 鲜明的政策性。经济文书于经济活动的实践中产生，它直接受经济活动的制约，自然要受到党和国家方针、政策的制约。经济文书的写作必须符合党和国家在一定时期内的经济决策，才能充分起到经济文书服务于经济活动的作用。实际上，有些经济文书本身就体现了政策，因而，其政策性非常鲜明。

(2) 明确的针对性。经济文书的写作就是经济业务活动中的某一件事、某一情况或某一问题，针对特定的对象而进行的，有着明确而具体的目的，针对性很强，行文的针对性决定了信息传播的定向性，使得经济文书的写作面对的对象是有选择的、定向的。例如商业广告的对象是潜在的客户，中期业绩报告的对象是广大股民，合同的对象是当事人和主管部门等。

(3) 反映的客观性。客观性的内涵就是要科学、要真实、要严谨。经济文书写作要遵循经济规律，经济规律具有不以人的主观意志为转移的客观性。所以，写作者要以科学求实的态度分析研究经济现状，提出自己的正确观点。同时，材料要求真实无误、明确具体，不能有丝毫虚假、夸大的成分。自以为是、主观臆断是写作经济文书的大忌。

(4) 内容的时效性。俗话说，商场如战场，时间就是金钱。商机稍纵即逝，作为经济活动管理手段之一的经济文书，有很强的时效性，它是同经济活动和经济利益直接挂钩的。它的许多文体的结论和措施都直接反映和影响经济效益的好坏。

(5) 语言的朴实性。经济文书的浓郁的专业色彩和明显的服务功能，决定了其语言风格朴实、庄重、简明、准确的特征。

 "学霸"见闻

经济文书写作要体现专业性原则

经济文书在内容和表达形式上的专业性，不但能够反映经济领域各行业的新情况、新问题，更重要的是能够针对各类现实问题，提出具体的解决办法，使经济活动沿着正确的轨道运行，从而促进经济的发展。如，一篇关于上海市单身公寓市场的调查报告，从单身公寓目前存在的形式和现状、设计定位的特点、客户群体、市场现状、发展前景、结论等几个方面进行了调查、分析研究，并提出建设性意见。其内容反映了经济领域房地产市场的现状，运用了文字与图表相结合的表达方式，而且还在文中引用了大量的统计数据和房地产专业术语，凸显了经济文书的特点，同时也鲜明地体现了经济文书专业性的原则。

经济文书的价值取向在于能够解决经济活动中的现实问题。所以，我们在写作经济文书时，一定要根据写作的不同目的和不同需求，量体裁衣。但无论怎样的写作形式，都必须以服务于经济活动的需要为前提，充分体现它的专业性，以切实解决经济领域里的实际问题。要体现经济文书写作的专业性原则，首先应该确保内容材料来源于经济活动实践，因为只有来源于经济实践,才能保证写作主题的针对性和解决问题的有效性。其次要选择正确的表现方式,要掌握经济文书写作中常用来说明问题的数据、图表等表述方式的运用标准,学会用经济领域里常用的专业术语进行表达,如税务行业的"纳税人""缴税""纳税申报",金融行业的"资金""储蓄""贷款",国际贸易中的"商品交易""关税""交易磋商",等等。专业术语的恰当运用,能够充分体现经济文书的专业性特点,使经济文书更好地服务于经济实践活动。如果写作者缺乏专业水准,写出来的东西就会不疼不痒,不但解决不了实际问题,甚至会进行错误的导向,误导读者。

——资料来源:王竹洁.浅谈经济文书的写作原则[J].应用写作,2011(12).节选.

第二节 市场调查报告

情境导引

旅游作为提升生活品质的中药消费品已经被越来越多的人认同,并已逐渐成为人们休闲娱乐不可缺少的一部分。但随着旅游逐步深入生活,国内旅游服务中的问也层出不穷,随团旅游开始降温。旅游服务商非常困惑,他们很想了解旅游消费的不同需求,从而进行服务定位和服务设计。针对这种情况,北京科思瑞智市场调查公司在北京通过电话访问的方式,进行了调查,并将调查分析结果撰写成市场调查报告。

思 考

1. 市场调查报告有哪些类型?
2. 市场调查报告的正文如何撰写?

知识导航

一、市场调查报告的概念

市场调查就是指运用科学的方法,有目的地、有系统地搜集、记录、整理有关市场营销的信息和资料,分析市场情况,了解市场现状及其发展趋势,把握市场变化的规律,做出恰当的结论,提出采取行动的合理建议,为市场预测和营销决策、制订计划等提供重要的依据。

随着商品经济的发展,市场需求不断增长,商品生产日益增多,市场竞争也更趋激烈。无论是国际市场还是国内市场,洞悉市场行情,搜集产品信息,了解消费需求,掌握行业生产经营状况,都已成为企业管理与决策不可少的环节和手段。企业要提高应变能力和竞争能力,就必须及时知晓市场出现的新问题、新变化,把握住市场的发展动态。市场调查报告是根据市场调查研究活动及调查成果写出的有情况分析的书面报告。与普通调查报告相比,市场调查报告在材料收集与结构布局方面有明显的共性特征,但它比普通调查报告在内容上更为集中,也更具专门性。市场调查报告是调查报告的一个分支。

二、市场调查报告的特点

(1)针对性。市场十分广阔,信息错综复杂,而市场调查只能是有针对性的地、有选择地进行。一般是针对市场经营中某一方面的问题,抓住产、供、销中的某一环节展开调查,写成调查报告。

（2）真实性。市场调查的范围是市场某一方面问题的过去和现状，通过调查获取真实的、反映市场现状和变化规律的信息，写出客观的市场调查报告，为企业经营决策服务，这是市场调查报告的价值所在。

（3）时效性。市场时刻在变化。市场调查报告只有及时、迅速和准确地发现和反映市场的新情况、新问题，才能让经营决策者及时掌握情况，不失时机地做出相应的决策，调整经营方向，提高企业的应变能力和竞争能力，确保产销对路，避免和减少风险。过时的市场调查报告是没有任何价值的。

（4）"市场"的特定性。这里的"市场"不仅指商品的销售场所，还包括产品从生产领域到流通领域最终到消费者手里的整个环节所涉及的方方面面。一般包括：市场供求情况、产品的情况、消费者的情况、本企业销售经营情况、市场竞争情况、政策法规情况。

三、市场调查报告的种类

市场调查报告可以从不同角度进行分类。按内容分，包括综合性市场调查报告和专题性市场调查报告；按调查对象分，有关于市场供求情况的市场调查报告、关于消费者情况的市场调查报告、关于销售情况的市场调查报告、关于市场竞争情况的市场调查报告等；按表达方式的不同，可分为陈述型市场调查报告和分析型市场调查报告。

我们这里主要介绍按调查对象分类的市场调查报告报告，按此还可分为四类。

（1）市场需求调查报告。这类市场调查报告的调查对象，主要为市场对某种产品的需求量和影响需求量的因素，如购买力、购买动机和潜在需求等。

（2）竞争对手调查报告。这类市场调查报告主要调查竞争对手的情况、竞争能力及新产品的开发情况等。

（3）市场价格调查报告。这类市场调查报告的对象，主要为市场同类商品的价格变动情况，消费者对价格及价格变动情况的反映。

（4）市场消费行为调查报告。这类市场调查报告的对象，主要为消费者的分布地区及经济状况、消费习惯、消费水平及广告对消费者的影响等。

四、市场调查的常用方法

市场调查报告的写作离不开市场调查，市场调查是撰写市场调查报告的前提和基础。如果没有一种科学合理的市场调查方式和方法，那就无法撰写成功的市场调查报告。市场调查方式主要有普查、抽样调查和典型调查等。确定基本的调查方式后，还要选择具体的调查方法。市场调查的方法有很多，常用的有以下几种。

（1）现场调查法。即调查人员到现场直接观察、记录调查对象的行为和言辞等情报，向消费者直接了解购买意向，了解对商品的意见的方法。这种调查法简便易行，但调查范围较小。

（2）访问调查法。即根据事先确定的调查问题，用口头或书面的方式向被调查者询问，以获取有关情报资料的方法。这种调查法要求准备好所要询问的问题，或设计好问卷，调查方式有个人访问、开座谈会、电话询问、邮件调查等。

(3) 实验调查法。这种调查法多以试行销售的方式进行。常见的试销会、展销会、订货会、博览会等都属此类。

(4) 统计分析法。即利用企业的销售情况表、会计报表等现成资料进行统计分析的调查方法。这种调查法带有总结本企业目前的产品及现行的经营策略是否能适应市场的因素，现实可行。

(5) 资料收集法。采取多种形式从报刊、电话广播等传媒上收集有关国家政策法规及市场信息，通过对材料的加工整理和分析论证，得出结论。

五、市场调查报告的写作

市场调查报告没有固定的格式，结构上一般包括标题、正文和落款三部分。

（一）标题

市场调查报告的标题一般根据市场调查的对象、范围、内容或主旨来撰拟，主要由以下几种形式。

(1) 由地区、时间、内容和文种组成，如《××市××××年国产手机销售情况调查报告》《2009年杭州市居民汽车消费状况调查》。

(2) 由调查地的单位或地区、内容和文种三部分组成，如《××厂饮料销售情况市场调查》。

(3) 由时间、内容和文种组成，如《2015年餐饮消费调查报告》。

(4) 点明市场调查报告主旨的标题，如《我国的豆制品应开拓国际市场》《出口包装不容忽视》。

(5) 反映调查对象的现状的标题，如《高压食品市场迅速扩大》《关于天津自行车在国内外市场地位的调查》。

(6) 复合式标题，即双标题。主标题揭示主旨，副标题说明调查事件和文种，两者结合，优势互补，相得益彰。如《居民消费心理与市场"效应"——××市居民消费意向问卷调查》《靠高质量低成本开拓市场——华丰集团公司调查》。

（二）正文

正文一般由前言、主体和结尾三部分构成。

1. 前言

前言要写得简明扼要，精练概括。一般应交代出调查的目的、时间、地点、对象与范围、方法等与调查者自身相关的情况，也可概括市场调查报告的基本观点或结论，以便使读者对全文内容、意义等获得初步了解。

2. 主体

主体部分是调查报告的核心部分，要写明调查的结果和相应的建议。一般包括三个方面的内容。

(1) 基本情况。即对调查结果的描述与解释说明，可以用文字、图表、数字加以说明。对情况的介绍要详尽而准确，为下一步做分析、下结论提供依据。

(2) 分析与结论。这部分内容有：A 写对调查得来的资料数据是如何分析、归纳的；B 写发现的问题和得出的关于市场状况的结论。这部分内容也可以和基本情况糅在一起写，即边介绍情况边进行分析。

(3) 措施与建议。通过对调查资料的分析研究，对市场情况有了明晰的认识。针对市场供求矛盾和调查发现的问题，提出建议和看法，供领导决策参考。

3. 结尾

结尾是全言语的结束部分。市场调查报告的结尾没有特定的格式。可以概括全文的观点，写出总结式的意见，或说明调查中存在的问题，主要的情况倾向，或预测可能遇到的风险等。可以重申观点或进下陈述从长远看笃问题的深入认识。也可以不写结尾，"措施与建议"部分写完就自然结束。

(三) 落款

落款即署名和日期。如果内部使用，则写于报告的结尾处；如果用于公开发表，署名则居标题下方，一般不注明写作日期。

六、文种辨析

市场调查报告是调查报告的一个种类，二者虽然都是对调查事实进行研究、分析、评价后得出结论，但在撰写目的、材料的选择、写作范围、写作方法上有一定的差别。

(1) 撰写的目的不同。市场调查报告是探求经济发展现状及趋势，为经济管理部门决策提供依据和参考，选题针对性强；调查报告的写作目的在于揭示事物的本质，从中找出规律性的结论，具有较强的指导性。

(2) 材料的选择不同。市场调查报告的材料中数据较多；调查报告则以典型事例为主，以"点"带面，具有普遍意义。

(3) 写作范围不同。市场调查报告所调查和反映的情况只限于经济领域；调查报告的内容则可以涉及方方面面。

(4) 分析方法不同。市场调查报告多以数据统计的方法来说明分析问题；而调查报告重在分析总结工作中的经验教训。

七、市场调查报告的写作要求

(1) 材料要真实。市场调查报告是市场信息的载体，要客观地反映市场的情况，必须有大量真实、准确、典型的市场材料，必须深入实际进行广泛的市场调查，对调查所获取的材料要反复核实验证，为科学的结论做好前提准备。如果资料、数据不准确或不典型，就有可能得出错误的结论，误导企业或消费者。

(2) 方法要科学。成功的市场调查报告，不是调查材料的简单罗列或叙述，其正确的结论必须建立在科学分析的基础之上，如比较法、剖析法、归纳法等都是其分析中常用的方法，只有准确而灵活地运用，才能在对真是材料分析的基础上，得出具有一定说服力和可信的市场调查结论。

(3) 重点要突出。市场调查报告涉实范围广泛，市场运转情况又纷繁复杂，所以，撰写市场调查报告应明确把握调查的目的，抓住重点，解决主要问题，做到观点和材料的统一，把问题谈清说透。而不应主次不分，面面俱到，眉毛胡子一把抓。

(4) 分析要准确。分析是市场调查报告的灵魂，没有深入细致的准确分析，就不能整体而系统地看待市场,就抓不住材料之间的内在联系,得出的结论往往是以偏概全或偏离实际,这就需要撰写者不但要有专业知识、理论基础,还要具有掌握政策、把握市场规律、进行科学分析和综合的能力。

范文导读

关于湖北淡水鱼加工业的情况调查

  淡水鱼是湖北的优势资源。湖北淡水水产品产量连续8年在全国夺魁,××××年湖北省淡水产品总产量高达300万吨,其中青、草、鲢、鳙等低值鱼占80%以上。水产业已成为湖北省农业的一个重要支柱,水产产值已占到大农业的17.5%,××××年,湖北省农民收入新增部分的27%来自水产。但是,湖北省水产业的经济效益很低,湖北省的渔业产值只占全国淡水渔业总产值的9%,居全国第三;渔民的人均纯收入在全国只排13位。长期以来,淡水鱼行业一直维持以"活产活销"为主的传统产销格局,加工转化率极低,深加工和产业化加工更是空白,"鱼贱伤农"和"卖鱼难"问题已十分突出,极大地制约了湖北省农业产业化结构调整的步伐,成为限制湖北省发展农业经济的"瓶颈"问题之一。

  一、湖北省淡水鱼加工业的现状与存在的问题

  近年来,湖北省淡水鱼加工业发展比较快,一些淡水鱼加工企业纷纷成立,主要生产诸如风干、清蒸、烟熏、红烧、调味和油炸等鱼块或全鱼制品,以及垂鱼、鱼面、鱼糕和鱼丸等鱼糜制品。但是,湖北省的淡水鱼加工业存在加工粗糙、技术含量低、产品跟风趋同、卫生安全性不高和缺乏知名品牌与龙头企业等突出问题。

  (一)产品以粗加工为主,跟风趋同现象严重(略)

  (二)生产不规范,卫生安全性不高(略)

  (三)企业规模偏小,缺乏知名品牌和龙头企业(略)

  (四)鱼糜制品发展缓慢,市场举步维艰(略)

  (五)产品研发能力差,科技含量不高(略)

  (六)综合利用尚未起步,整体效益不佳(略)

  二、做大做强湖北省淡水鱼加工业的建议与措施

  (一)提高准入门槛,扶持龙头企业,培养知名品牌(略)

  (二)提升科技含量,提高研发能力(略)

  (三)加强基础理论研究,注重新技术的应用研究(略)

  (四)加强行业引导,在资金政策上给予扶持(略)

××工业大学　吴××
××省××厅　戴××
××××年×月××日

  这份市场调查报告正文导言部分介绍了调查对象的基本情况,提出了淡水鱼加工的产业化问题,以使读者对所调查的对象能形成一个总体印象。正文主体分两大部分。第一部分从六个方面阐述了"淡水鱼加工业的现状与存在问题"。材料充分,且能注重数字说明,得出的结论,即对存在问题的定性看法建立在有理有据的分析归纳之上,较令人信服;第二部分为"做大做强"淡水鱼加工业的"建议和措施",针对性强,顺理成章,合情合理,具有现实性和可操作性。文章语言简练、准确,层次分明。内容显得真实而针对性强,且具有时效性。

是一篇对企业和政府皆有价值的高质量的市场调查报告。

 "学霸"见闻

撰写市场调查报告要避免根据自己的主观意愿选取调查样本

市场调查是市场调查报告写作的基础,要写作一篇具有一定质量的市场调查报告,首先要高度重视市场调查的质量。为了保证市场调查的科学性、客观性,选取合适的调查样本是十分关键的一步,切忌根据自己的主观意愿来选取调查样本。这种带有强烈的调查者主观因素的非随机抽样法,因为抽取的调查样本不具有广泛的代表性和客观性,会扭曲市场发出的信号,得出的结论会与市场实际状况有很大的出入,最终会影响到市场调查报告的科学性和客观性。如有一篇题为《大学生消费状况调查》的市场调查报告,作者仅从自己认识或熟悉的大学生中选取调查样本,这篇调查报告得出的结论与大学生实际消费水平产生了很大的偏差,最终使这篇市场调查报告成了一篇无效的调查报告。

——资料来源:市场调查报告写作三忌.文秘网.http://www.wenmi114.com.节选.

 技能实操

1. 病文修改

××××年度中国车市的降价空间

又是岁末盘点时。××市场咨询公司与××网联合进行的"谁是中国车市最具降价空间的车型?"的调查结果十分耐人寻味。日系与欧系汽车本已陈旧的理念鸿沟再一次向国人洞开,曾经枕着高额利润酣眠有时的日本汽车企业在中国市场上的超高价策略似乎将要成为千夫所指。

本次调查共收回 32 297 份问卷,包括有效问卷 24 346 份,其中,大部分的消费者认为,中国车市在今年年底仍然存在降价空间。而在消费者公认最具降价空间车型选项中,日本丰田花冠以绝对优势超越奥迪、宝马、雅阁坐上众望所归的第一把交椅。紧随其后的要么是雅阁、要么是马自达、要么是奥迪 A4,或者奥迪 A6。

欧系轿车,特别是德国轿车价格普遍较高,这是中国消费者所公认的,在国际汽车市场,日系车型在欧美的售价只有德系大众品牌车型售价的 78%左右。这是两种工业文明与理念主导下的历史产物。在造车理念上业界早有:"德国人造精品;美国人造人品;而日本人是造商品"的说法;当人有另一种更通俗的说法更能表达这一文化差异:德国人严谨求精,而日本人最懂得花钱要花在刀刃上。就车身结实程度指标上,日本人认为,车辆的刚度不是由钢板的厚度决定的,而是由设计刚度决定。整体的刚性及关键细节的刚性比钢板厚度更重要;车身薄也是一种发展方向,可以降低整车质量,并提高经济型。无可厚非,这自然是一种具有科学性的观点,但它的明显遗漏是:在整体设计及关键细节都没有区别时,车辆的刚度是由钢板的厚度决定的。当然,按照这一文明区划,总体来说,德国车普遍比日本车钢板厚、结实、安全的说法由来已久,这也是德国车价格普遍比日本车高的一个明显理由。但在中国,我们看到接踵而至的日本车并没有遵循这一国际游戏惯例。

"日韩汽车"作为一个特定的专用名词,过去经常出现于媒体报端,它们也曾是"物美价廉"的同义词。眼下,韩系汽车在这一点将继续坚守并视为自己的一种核心竞争力,如现代汽车进入中国后,其在价格与量产规模上的魄力已经超过日本汽车。而日本汽车似乎正在走向一个"物平价高"的自满时代。

请指出这篇调查报告存在的问题,并写出修改稿。

2. 写作训练

根据以下情境及材料,以"以人为本　感官至上"为题,写一篇反映消费者需求的市场调查报告。

赵先生家的彩电还是十几年前的旧彩电,前不久他在报纸上看到了许多家电企业的广告宣传,都说要在即将到来的"五一"黄金周进行各种优惠活动,赵先生想借此机会购买一台新彩电。当他来到家电商场,看到电视柜台前的纯平、背投、液晶、等离子电视的全线产品,V引擎、XD引擎、3A高清、动态全高清等炫目概念,却感到非常茫然,甚至感觉头晕。

与此同时,中国彩电大王四川长虹在全国公开招募"感观评判师",此举在行业发展史上尚属首次,引起了业内人士的强烈关注。长虹一位内部人士认为:产品能否推广开,关键要看消费者在使用过程中是否得到超值的感觉,是否得到便捷的服务,是否得到人性化的关怀,以至是否有持续使用的需求。四川长虹已经率先认识到体验经济时代的来临,目前正筹划对品牌的巨大调整,将真正以消费者为向导,关注消费者体验,从产品外观设计到技术设计,从产品宏观效果到画面和音响,给消费者以强烈的视觉冲击和心灵震撼,让消费者体验长虹的品质,做产品的评论员。

相关材料:

(1) 有记者曾在国美、苏宁、大商采访时发现:消费者购买彩电不仅仅是为了观看,真正需要的是包括视觉、听觉、沟通等全方位感官上的满足。他们想要购买的是从产品中得到的满足而不是产品本身。

(2) 世界著名的未来学家托夫勒曾说过:企业在满足了消费的产品需求和服务需求以后,消费者更需要的是"体验"。所谓体验,就是企业以服务为舞台、以商品为道具,环绕着消费者,创造出值得消费者回忆的活动。

(3) 营销界元老特惠·莱维特也有过这样的著名论断:没有商品这样的东西,顾客不是买什么东西而是买解决问题的办法。

(4) 有一篇文章《体验经济——来自变革前沿的报告》中指出"体验经济更确切的说法是人性经济"。体验的特征之一是对体验的回忆可以让体验者超越体验。

第三节　市场预测报告

情境导引

全球个人电脑的销量继2014年年底呈现小幅上升后,2015年年初又恢复了下降趋势。

市场研究公司Gartner调查数据显示,2015年第一季度,全球PC出货总量为7 170万台,较去年同期下降5.2%。国际数据公司IDC则给出了更大的降幅测算:第一季度PC出货量下滑6.7%,从去年同期的75.7万台骤然降至68.5万台。Kitagawa指出,目前的下降趋势并非标志着PC整体板块销量将长期低迷。移动手机、笔记本电脑、平板电脑、混合电脑等设备的销量相较于2014年均有所提升。那么台式PC该如何与之竞争,竞争的关键应该是什么?怎样使更多厂商把握它的发展方向,从而启动相关多元化战略?这就需要通过对市场进行调查分析,对台式PC的发展趋势进行客观、科学的预测。

思考

1. 市场预测报告有何特点?
2. 市场预测报告与计划、市场调查报告有何区别?

知识导航

一、市场预测报告的概念

市场预测报告是反映市场供求变化趋势的分析过程及结果的书面报告。它属于经济预测范畴,预测者必须以经济理论为指导,以准确及时的市场信息为依据,从市场发展的历史和现状出发,运用科学的预测方法,推知预测市场供求变化的规律。市场预测报告的作用在于为企业决策提供科学依据,为经济计划提供参考,为市场信息提供内容,引导消费,引导生产,促进市场经济的发展。

二、市场预测报告的特点

(1) 预见性。预见性即对未来市场的发展趋势做出预测判断,这种预期性并非盲目的猜测,而是有理有据的预测,是合乎规律的推断。

(2) 科学性。科学性是指这种市场预测是从实际出发的,是在占有大量的信息资料的前提下,经过科学分析而进行的,预测的结果是对市场客观规律的寻找和发现,不是凭主观想象的产物。当然,由于市场总在变化,所以市场预测的准确度存在着局限性。

(3) 时效性。时效性有三方面的含义:一是对市场的预测必须及时;二是现在做出的市场预测结果不可能永远不变;三是要及时将预测信息传递给有关单位或部门,及时发挥预测报告的作用。

三、市场预测报告的种类

市场预测报告的种类很多,可按照不同的标准进行划分。

按产品划分,可以分为单项产品市场预测报告、同类产品市场预测报告、综合市场预测报告等。

按预测的时间划分,可以分为长期市场预测报告、中期市场预测报告和短期市场预测报告。

按预测的范围划分,市场预测报告可分为以下两种。

(1) 宏观市场预测报告。宏观市场预测报告即对某一类商品在国内外市场上总需求量做出预测的报告。如电冰箱销量在国内外市场上的走向情况。

(2) 微观市场预测报告。微观市场预测报告即对某种品牌商品在国内外市场上总需求量做出预测的报告。如在国内外冰箱市场中海尔牌冰箱的总需求量的走向情况。

宏观预测和微观预测一般可以结合进行,以求预测结果更准确、更可靠。

四、市场预测方法

(一) 定性预测法

定性预测法又称判断预测法或直觉经验预测法。这种方法是在可资利用的数据资料不多时,主要凭借预测者的经验和直觉判断,推断预测对象未来市场走向的方法。其优点是速度快,费用少,简便易行,能综合各种因素,分析错综复杂的情况;缺点是常常带有主观性,精确度差。这种方法常常用于长期或宏观预测报告中。具体而言,这一方法有两个层面。

(1) 专家意见法。聘请专家对市场做出判断,这是市场预测中交流性的一种方法,多用于没与销售资料的新产品预测。其中,又可细分为:"专家会议法"——专家聚在一起开会;"专家个人意见法"——专家各自以通讯方式表明自己的判断。这是高层面预测。

(2) 集合意见法。它又称为实际调查法,是目前运用十分广泛的市场预测法。这种方法可以采取各种手段和办法,摸清市场经营情况及顾客意见。这种通过具体销售人员的意见集中加以预测的方法,在缺乏完备的统计数据以及对影响市场的主要因素难以定量分析的情况下,是有一定价值的。这是低层面预测。

(二) 定量预测法

定量预测法又称客观分析法、统计预测法、数学分析法。定量预测法根据已掌握的大量资料、信息,运用统计公式或数学模型,进行定量分析或图解,对市场的发展走向做出预测的方法。其优点是比较客观,科学性强,准确度高。缺点是对宏观的不可控因素的影响难以预测。它主要有:

(1) 时间序列法。这是将历史资料按时间顺序加以排列,构成一个统计时间的序列,如年—月—旬—周,然后延伸,预测市场未来的发展趋势,故也称为历史延伸法或外推法。这种方法的优点是简单易行,通过数据推算出结果,缺点是只考虑时间关系而忽略因果关系,故只适合于近期短期预测。

(2) 回归分析法。它是研究两个以上变数关系的数字方法,即是从事物变化的因果关系来进行预测的方法。因为从量的方面看,事物变化的因果关系,可以用一组变数来描述,这些数之间可以表明依从关系——自变数和因变数的关系。其公式为

$$y(因变数) = a + bx \quad (x\text{ 为自变数})$$

a、b 为回归系数,运用最小二乘法求得

(3) 指数函数法。这种统计法主要用于一些耐用消费品的预测。如汽车、住宅、家用电器等。这些商品使用周期长,当平均拥有量趋向饱和时,销售量会急剧下降,指数函数就是引入拥有率和饱和率的概念建立起来的一种预测方法。

以上两种方法各有特点,在实际工作中常常将两类方法结合运用,即先进行定量预测,根据定量预测所获得的"纯数",再进行定性分析。这样预测的结果可靠性较大,所写出的市场预测报告的作用也就更加重要。

五、市场预测报告的写作

市场预测报告的写作形式,灵活多样,如果公开发表的,则多以传递信息为主,侧重于预测结果,可省略预测过程;如果是供企业内部使用的市场预测报告,则侧重于提供决策的依

据,内容和结构必须完整。

市场预测报告的结构,一般包括标题、正文、落款这几部分。

1. 标题

(1) 公文式标题。一般由预测区域、预测时限、预测对象和文种组成。如《2015年中国汽车市场预测分析》《2015年我国粮食市场价格走势预测》《2016年中国房地产市场趋势预测报告》。有的省略了时限、区域,如《通信设备市场预测》《干电池产销预测》。

(2) 文章式标题。文章式标题多为双标题。其中,主标题点明预测报告主旨,副标题点明预测对象和文种。如《互联网将成为未来经济原动力——美国经济学家对世界经济的预测》《春风将度玉门——我国A股市场2007年走势展望》。

2. 正文

(1) 前言,又称导言。一般简要介绍写作动因,说明有关情况,如预测的时间、范围、对象、目的及调查方法等。为吸引读者的注意力,也可在引言中直接提出预测结果。也有的预测报告不写前言,而把它的内容放在主体部分加以说明。

(2) 主体。一般由四部分组成。

① 基本状况。运用有代表性、有说服力的资料数据及图表,说明经济活动的历史和现状。这部分是市场预测的基础。之所以要介绍预测对象的过去和现在的情况,是因为事物的发展变化是有延续性的,是存在因果相承规律的。

对预测对象的历史和现状的表述,可按时间顺序展开,也可按不同的性质归类而展开。

② 分析及预测。即通过深入、准确地分析预测对象的历史和现状,做出科学推断,指明经济活动发展的规律和趋势,从而形成对预测对象未来前景的估计。这部分内容是市场预测报告的核心。

③ 提出建议。即根据预测的结果,提出有关商品生产、经营方面的意见。这部分内容是市场预测的目的所在。

④ 结语。一般说明或强调某个观点,也可写些对未来充满信心的话。如无必要,则省略结语。

3. 落款

一般要写明市场预测执笔者或单位名称,用于上报的还要注明写作时间。如果公开发表,书名也可写在标题的正下方。

六、文种辨析

(一) 市场预测报告与市场调查报告的区别

市场预测报告和市场调查报告之间既有联系又有区别。联系表现在:市场调查是市场预测的手段,是市场预测的基础。市场调查报告和市场预测报告在调查上重合;区别表现在:对象不同。市场调查的对象是过去和现在已经存在的经济现象,而市场预测的对象是尚未形成的经济现象;目的不同。市场调查在帮助企业进行市场预测时,偏重于对市场过去和现状的了解,总结经验,发现问题,掌握市场营销的状况及发展变化规律;市场预测则偏重于了解市场的将来走向,以帮助企业预测商品供求的变化趋势;方法不同。市场调查报告一般通过现场调查或抽样调查获取资料,然后加以分析整理,得出结论,而市场预测报告则主要根据统计资料,通过数学分析,以预测市场未来的走向。

(二)市场预测报告与计划的区别

二者都是面向未来的书面材料,但在写作性质、作用及侧重点上是不同的。市场预测报告要反映的是经济活动未来的发展趋势问题,是为经济决策和计划提供依据,是计划的前提,写作时侧重于分析预测;计划是预先拟订的目标要求和措施办法,是决策的具体体现和实施,其侧重点在于具体工作方案的制订上。

七、市场预测报告的写作要求

市场预测报告既要涉及专业知识,又要涉及多种相关科学,因此写作者必须具备丰富的知识和良好的分析推断能力。同时,在写作当中还要注意做到以下几点。

(1)要广泛搜集信息,掌握资料数据。信息是预测的基础,只有掌握了有关市场活动的大量数据、材料,才能从经济现象之间的内在联系中,探索其发展变化规律。同时,政治、科技、文化诸方面的信息,对市场活动也会起到影响作用,因而同样要注意收集。

(2)要学习预测学,掌握预测法。预测学是预测工作方法论的科学,是研究预测方法和规律的科学。学好这门学问,对市场预测的合理性、准确性大有帮助。

(3)意见和建议要切合实际,明确具体。预测未来是为了把握未来,从现实出发提出适应未来趋的意见和建议,是预测的根本任务之一。只有切合实际、具体明确的意见和建议,才能服人,切实有效。

范文导读

2008年二季度经济走势预测

根据当前形势和趋势判断,随着雪灾对电力供应、交通运输等短期影响的消除,二季度工业生产可能出现反弹;同时,投资和消费的强劲增长将抵消出口减速的不利影响。总体判断,二季度经济增长可能会小幅反弹;同时由于国际价格上涨幅度较大、新涨价因素增多,通胀压力不降反增。

一、新涨价因素增多,通货膨胀压力不降反增

二季度,促使物价上涨的因素比一季度有增无减:

一是国际农产品(13.80,-0.04,-0.29%)价格大幅上涨、石油价格高位震荡,输入性通货膨胀压力增加。(略)

二是货币流动性增大,物价上涨有货币条件。(略)

三是投资需求高位运行,投资品价格上涨加快。(略)

四是供需变化使国内粮食价格上涨压力持续增大。(略)

五是生产领域价格上涨向消费领域传导的压力正在加大。(略)

六是翘尾因素影响依然很大,消费价格涨幅将维持高位。(略)

……

二、国内需求强劲,经济增长小幅反弹

多因素促进投资增长加快。二季度,既有促进投资增长的有利因素,也有抑制投资增长的不利因素。(略)

……

综合分析,预计二季度社会消费品零售总额名义增长20.5%,与一季度基本持平,但由于物价涨幅小幅回落,实际增速(约12.6%)将略高于一季度(约12.3%);上半年增长20.5%,实际增长12.4%左右。

……

三、宏观调控政策建议

从发展趋势判断,二季度,我国经济出现"过热"和"偏冷"的可能性均比较小,经济运行在比较正常的绿灯区。但物价涨幅中新涨价因素的比重比一季度提高,通货膨胀的压力较大。因此,通货膨胀是当前经济稳定运行的最大威胁,抑制通货膨胀是当前宏观调控最紧迫的任务。

……

继续运用数量型从紧手段,停征存款利息税。(略)
坚持"有保有压",调整和优化投资结构。(略)
加大财政补贴的范围和力度。(略)
加强对跨境资本流动的监管,严防国际资本"大进大出"。(略)
适时取消部分商品价格的行政性管制。(略)

课题组组长:范剑平
副　组　长:祝宝良
课题组成员:王远鸿　张永军　牛　犁
　　　　　　祁京梅　李若愚　闫　敏
　　　　　　徐平生　刘玉红
执　　　笔:周景彤
××××年××月××日

这是一篇规范的市场预测报告。标题由预测的时限、预测的内容和文种构成,结构由前言、主体和落款构成。前言部分概括了预测报告的基本观点,主体由2008年二季度经济走势的两个核心问题"新涨价因素增多,通货膨胀压力不降反增"、"国内需求强劲,经济增长小幅反弹",以及"宏观调控政策建议这三个部分构成"。前两个部分是基础和核心,建议部分是延伸。本文深入分析了有利因素和不利因素,在对比和综合的分析下,得出预测的结论。预测结论表述很有分寸,使用了推测性的词语,最后的建议也很针对性。可以说这篇预测报告,不管是从形式上还是内容上,都是值得认真研读、学习和借鉴的。

 "学霸"见闻

写作市场预测报告的基本情况需要不枝不蔓

关键点一:基本情况介绍应根据预测的需要不枝不蔓。基本情况是一份预测报告得以预测的前提。这部分是从通过调查所得到的众多材料里经过精心选择、研究,根据文章的需要而确定所要介绍的情况,它应该有很强的层次感,如历史、现状、市场需求、市场竞争等。内容尽管很丰富,但必须做到不枝不蔓,要言不烦。如:《轻便钢丝折床销售预测》一文的基本情况部分,先介绍了生产情况,再介绍销售情况,最后介绍竞争情况,为后文的预测打下了坚实的基础。要做到不枝不蔓，首先要明确预测目的，预测内容的层面，也就是从哪些方面去预测，抓住了这个纲，基本情况的介绍该写什么，不该写什么，哪些在前，哪些在后，也就眉目清楚了。其次，要有层次感。每一层的内容都要经过细心斟酌，抓住最具有说服力的数字或事实，尽可能做到简明扼要，中心突出。再次，基本情况的介绍部分是纯客观的介绍情况，不能夹杂着作者个人的情感因素，要用数字和事实说话。这一部分常以说明性的语言为主，佐以叙述性语言。这一部分在全文中的地位虽然非常重要，但它在全文中所占的篇幅却很有限，往往不到全文的三分之一，所以基本情况部分的写作必须做到不枝不蔓。

——资料来源：胡胜强．写作市场预测报告应抓住三个关键点[J]．应用写作，2005(07)．节选．

技能实操

1. 病文修改

××××年几种主要商品价格趋势预测

1. 粮食价格会有上涨但不可盲目乐观

经过几年的结构性调整，我国粮食价格恢复到了比较合理的区间目前的价格水平有利于农业进一步调整，有利于提高粮食种植的科技含量。但是由于今年粮食价格上涨，棉花价格下跌，明年农民种植粮食的意愿会很强，如果明年没有大的自然灾害丘，粮食收成会是近三年最好的一年。同时明年是加入WTO的第一年，根据协议要履行粮食进口的部分配额，国际市场粮食价格的优势时国内粮价有比较大的压力。因此明年粮食价格会有所上涨，但上涨的空间不会很大。农业、种植业结构调整的步伐还要加快。

2. 禽、蛋价格会继续平稳上浮

由于养殖成本上升，加之这几年养殖业效益不好、生产有所调整，预计明年肉禽、蛋价格仍将平稳上浮。

受此影响，水产品价格会相应上浮，不会低于今年水平。在调整结构、搞好与出口国关系的基农础上，蔬菜价格涨幅会超过今年。烟酒及在外用餐的价格水平预计都会有所提高。

整个食品类价格水平的上涨幅度会超过今年，仍是明年居民消费价格指数保持上涨趋势的主要因素。

3. 棉花价格呈现稳中上涨格局

虽说明年世界经济景气程度不会太高，棉花需求会有所影响，但国际、国内市场棉花价格明年会出现略有上涨的局面。受棉花价格影响，沉寂多年的居民衣着类价格水平不会再有大幅下降的形势，预计能与今年持平。

4. 食糖价格将渐趋合理

××××—××××年榨季甘蔗重点产区种植面积比上一榨季有所扩大，比上一榨季增长近100万亩，全国食糖产量将比本榨季增长130万吨，总产量约为750万吨，加上国储糖及进口糖因素的影响，××××—××××年榨季食糖总的供求形势将基本保持平衡，或略有缺口。

我国入世后，国内糖市与国际糖市的关系将由若即若离变得异常紧密，国内糖价的捉摸不定和国际糖市的风云变化，将为下一榨季糖市注入更多的不确定因素。近期国家有关部门!正在积极制定入世后制糖业的汁策和政策工作，随着国家调控作用的增强，企业对市场把握能力的提高，预计××××年的食糖价格将逐步回归至合理价位。

5. 娱乐教育文化用品及服务的上涨幅度会明显低于今年

国家大幅下调中小学教材价格、整顿学校收费、治理娱乐文化场所,这些整顿治理因素会明显影响到明年娱乐教育文化用品及服务的价格涨幅。

其他如家庭设备用品及服务、交通和通信等价格不会有太大的变化,仍将维持小幅下降的趋势。随着治理市场经济秩序的深入,居民居住价格也不会有太多的上涨。随着房屋建设费用的逐步治理,房地产价格会有所下浮,水、电、热、气等价格也不会有太多的上涨。

6. 石油价格稳中回落

受"9·11"恐怖袭击事件的冲击后,国际航空用油需求量大幅减少。明年的美国经济增长也将因此减缓,世界经济复苏的步伐会有所放慢。因此,如果目前美国对阿富汗的打击不引发更大规模的战争,可以预计明年的油价走势仍不容乐观。但是,也不能低估欧佩克调价机制对稳定油价的作用。因此,明年国际市场石油价格应当是持平或略低于今年的走向,每桶原油价格将会在20美元左右。

7. 明年工业生产资料价格会有比较明显的改观

受近几年国债持续投入的影响,我国基础设施建设规模逐渐扩大其滞后作用开始显现;再加上西部开发和奥运项目的逐渐启动,明年建筑材料的需求趋旺,价格会在近几年持续低迷的基础上明显改观。

明年国债投向结构会作较大调整,技改项目会有所加强,加工工业会注入新的活力。但是行业生产秩序整顿工作不会停止,该"关停并转"的,国家也不会手软。这样一方面扩大新的、高质量的需求;另一方面淘汰落后的、低水准的供应,因此明年其他工业生产资料的市场价格(除汽车外)也会呈现稳中上涨的格局。

请指出这篇市场预测报告存在的问题,并写出修改稿。

2. 写作训练

养鱼专业户钱××承包村里的鱼塘已经有几年了,令他头疼的是每年都有新的鱼病发生,过去用过的药对新的鱼病派不上用场,而且把药掺在饲料里,鱼根本就不爱吃,外用药泼洒,量又太大。带着这些问题,他找到了生物制药研究所,想问个究竟。那里的研究人员告诉他,他们根据目前鱼药业存在的现实问题,已经进行了新的鱼药的开发研制,但却缺少鱼药业的生产商。

相关材料:据有关方面统计,全国水产养殖面积已扩大到千万顷,年用药即可达200亿元人民币,而目前我国鱼药业年产值不足10亿元人民币。一些中草药、生物制剂将被人们所关注,如光合细菌等微生态制剂的黄芩、小檗碱、穿心莲、露水草、筋骨草等中草药添加剂已在水产养殖上推广应用,并产生良好的效果。

请根据以上情境,再结合相关的调查或资料搜集,撰写一篇鱼药产业发展趋势的预测报告,为该领域的生产企业提供决策上的参考。

第四节 经济活动分析报告

情境导引

2016年1月份,中国非制造业商务活动指数为53.5%,比上月回落0.9个百分点,非制造业继续保持扩张态势,但增速有所放缓。

分行业看,服务业商务活动指数为52.7%,比上月回落1.0个百分点,业务总量增速放缓。其中航空运输业、道路运输业、铁路运输业、批发和零售业、住宿和餐饮业、电信广播电视和卫星传输服务业、货币金融服务业、保险业等行业商务活动指数高于临界点,企业业务总量增长较快。而装卸搬运及仓储业、资本市场服务业、租赁及商务服务业、房地产业等行业商务活动指数位于临界点以下,企业业务总量有所减少。建筑业商务活动指数为57.8%,比上月回落0.5个百分点,增速有所回落。

新订单指数为49.6%,比上月下降2.1个百分点,表明非制造业市场需求有所减少。分行业看,服务业新订单指数为49.0%,比上月下降2.2个百分点。建筑业新订单指数为53.1%,比上月回落1.9个百分点。

投入品价格指数为49.9%,比上月回升0.9个百分点,表明非制造业企业用于生产运营的投入品价格总体水平继续下降,但降幅收窄。分行业看,服务业投入品价格指数为49.8%,比上月小幅回升0.3个百分点。建筑业投入品价格指数为50.7%,比上月上升4.6个百分点。

销售价格指数为47.7%,比上月下降0.5个百分点,仍位于临界点以下,表明非制造业销售价格总体水平继续回落。分行业看,服务业销售价格指数为47.4%,比上月下降0.5个百分点。建筑业销售价格指数为49.5%,与上月持平。

从业人员指数为48.8%,比上月微降0.1个百分点,表明非制造业企业用工量继续减少。分行业看,服务业从业人员指数为47.9%,比上月下降0.3个百分点。建筑业从业人员指数为53.7%,比上月上升1.1个百分点。

业务活动预期指数为58.4%,比上月微升0.1个百分点,继续处于较高景气区间。

以上是国家统计局于2016年2月1日发布的2016年1月中国非制造业商务活动指数分析。

思 考

1. 经济活动分析报告对国民经济核算有何作用?
2. 经济活动分析报告与调查报告、市场预测报告有何区别?

知识导航

一、经济活动分析的概念

经济活动分析报告是分析表述一定时期内经济活动分析过程和结果的一种书面报告。它是经济活动分析的书面表达形式,是经济管理部门或企业依据计划指标、会计核算、统计资料以及调查研究所掌握的情况,对本单位、本部门一定时期内的经济活动状况进行分析、研究和评估的结果。其目的在于揭示某一部门经济活动的经验和不足,以找出提高经济效益的对策。

二、经济活动分析报告的特点

(1) 评估性。经济活动分析报告是运用科学的方法,考察经济运行的情况。或肯定成绩，或揭示问题，对特定的经济活动做出客观且准确的评估。

(2) 分析性。经济活动分析报告要表达的是经济活动的分析过程，其内容本身就体现了较强的分析性。

(3) 指导性。经济活动分析报告的目的就在于评价某项经济活动的得失，分析原因，找出解决问题的具体办法，为下一步工作安排提供依据和指导。

(4) 时效性。时效性即"及时""效用"。作为一定时期经济运行情况的分析报告。一般有定期的特点，如年终、月终、旬终、周终。而社会媒体上发表的分析报告，具有及时快捷的特点。及时发现经济发展中的问题和情况，及时分析报告，是一件刻不容缓之事。

三、经济活动分析报告的种类

经济活动分析报告名目繁多，依据不同的标准，可划分为不同的种类。

1. 按功能分有效果分析报告、控制分析报告和预测分析报告

效果分析报告主要是检查经济活动的结果和效益。控制分析报告的作用在于检查发现计划、预算中的情况和问题，分析原因，提出对策。预测分析报告主要目的在于检查经济活动现状，预测发展趋势。

2. 按范围分有宏观经济活动分析报告和微观经济活动分析报告

宏观经济活动分析报告涉及面广，影响较大，重在揭示内在规律、指导全局工作。微观经济活动分析报告涉及面窄，影响较小，偏重于具体问题分析，以指导制定以后的工作措施。

3. 按内容分有综合经济活动分析报告和专题经济活动分析报告

综合经济活动分析报告主要是其对一部门或企业在一定时期的经济活动的各主要指标进行总体状况分析，对分析对象做出全面评价和系统总结，提出今后设想。专题经济活动分析报告是针对经济活动中的某一关键或重要问题进行专门分析，针对性强，反映情况及时。

四、经济活动分析报告常用的分析方法

经济活动分析，是一门研究企业经济管理的专门学问，涉及相关专业的业务知识和专门的分析方法。下面介绍在撰写经济活动分析报告时常用的三种方法。

(一) 对比分析法

对比分析法，也叫比较分析法、指标分析法。就是把同一基础上，如时间、内容、项目、条件等具有可比性的经济指数资料放在一起进行对比，根据对比中发现的差异和存在的问题，来研究评价经济活动的情况和问题成因的一种方法。一般可以从以下几个方面进行对比。

(1) 比计划。以本期各项的实际数与计划数对比，这是最基本的比较。它的作用在于：第一，说明本期执行计划的实际状况，找出差异的原因；第二，能检验计划是否合理、实际，是否需要修订。

(2) 比历史。以本期实际完成数与上期、上年度或历史同期最高水平进行比较，看其增减幅度，以此寻找出经济活动的发展变化和趋势。

(3) 比先进。将本期实际完成数与国内外同行业基本条件相似相同的先进企业同期完成数进行对比，以考察本企业各项经济指标的高低层次，来判断本企业进步或落后的程度，

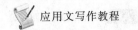

以便学习先进,扬长避短,明确努力方向。

(二)因素分析法

因素分析法又叫连锁替代法。是探求影响某一经济指标完成情况的各种因素和影响力程度的分析方法。它要将造成差异和各种主客观因素综合分析,在错综复杂的矛盾中,找出最本质、最关键的因素,同时还要注意变化的因素。比较分析着重于数据和情况的对比,而因素分析法则侧重于事实的说明和特点、原因的剖析。

(三)动态分析法

动态分析法又叫预测分析法、趋势分析法。是将不同时期经济活动的同类指标实际数值进行比较,求出比率,进而分析该指标增减和发展情况的一种方法。进行动态分析,需要定量的历史资料积累,并将其按时间顺序列,组成动态数列。数列指标数中的第一个为最初水平数据,最后一个为最新水平数据,每个数值均叫发展量,这个数列所反映的是经济活动某个项目在不同时期的规模水平。

五、经济活动分析报告的写法

经济活动分析报告的写法并不固定,其写作模式常根据分析目的和内容的需要而定,一般包括标题、正文、落款三部分。

(一)标题

(1)公文式标题。由单位、时限、内容和文种组成,如《××公司2015年上半年产品质量分析报告》《建设银行××市支行关于××公司贷款使用情况的分析》。有的标题可以省略单位名称和时限,如《2015年上半年主要商品供求情况的分析》《××公司流动资金使用情况的分析报告》《文具类库存结构分析》等。需要强调的是,凡是在标题里被省略的内容,在正文中必须交代清楚。

(2)文章式标题。一般用观点鲜明的判断句,用以表明报告的主要内容,或建议、意见,也可提出问题等。如《结算资金大量增加的问题必须尽快解决》《流通领域重要生产资料市场价格变动情况》《过剩经济对我国投资领域的影响分析》《加强商品购销过程中的经济核算》《工业产成品资金因何上升》《××公司为什么连年亏损》等。

(3)主副标题。主标题是对文章观点或内容的凝练概括,副标题注明分析的范围、对象等。如《建设要起步,效益要提高——××股份有限公司财务分析》《加强流动资金周转——对企业结算方式的分析》《管理是关键——××公司生产成本分析报告》。

(二)正文

经济活动分析报告是一种数据和文字有机结合的文书,它以指标数据为表述依据,同时也要用文字展现单纯用数据无法表达的情况。因此,其正文部分的形式是多样的。有的前面是文字分析,后面用数据图表说明;有的用文字分析为主,数据图表穿插其中;有的先列数据,再进行文字分析。但是,不管采用哪种形式,经济活动分析报告的基本格式包括前言和主体两个部分。

1. 前言

前言是经济活动分析报告的开头,有的又称基本情况、导言或者引言。它引导全文,介绍分析对象的基本情况,说明分析目的。

2. 主体

主体是经济活动分析报告的主要部分,通常由情况介绍、理论分析、建议措施三部分组成。

(1) 情况介绍,是关于分析期内经济对象进行详细说明,如计划执行情况、指标完成情况、与同类组织比较的情况、总产量、总产值、销售额、销售利润等,只要是跟分析对象有关的重要因素都要详细介绍,为科学分析奠定基础。

(2) 理论分析,是以国家现行相关政策为指导,以收集到的各种动态、静态的信息为依据,运用有关分析方法,对分析对象的现状,进行深入分析和研究,评价得失,找出原因。

(3) 建议措施,是根据分析得出的结论或者问题,提出改进建议或意见。建议要具体,措施要切实可行。

(三) 落款

注明作者姓名或单位名称,以及撰写时间。

六、文种辨析

(一) 与调查报告的区别

经济活动分析报告同调查报告的性质、作用均有相似之处,比如都要以国家的有关方针政策为指导;都要占有大量的资料;都要进行科学的分析,揭示本质,找出规律,提出结论;目的都是为了给决策部门提供参考,借以改进工作,推动事业的发展。因此,有的观点认为经济活动分析报告是调查报告的一种特殊形式。然而,作为不同的文种,两者之间存在着多方面的差异,不能混为一谈。

经济活动分析报告与调查报告的差异主要体现在以下几方面。

(1) 时间要求不同。经济活动分析报告的时间性较强,除了临时进行的专题分析外,大多数报告都带有定期性,一般在年终或一个生产季节、经营环节告一段落后完成;而一般的调查报告具有报道性特点,要求及时发现和反映现实生活中的新事物、新经验、新矛盾,时间上是不定期的。

(2) 内容的侧重点不同。经济活动分析报告专门分析企业生产或流通过程中各项指标的执行情况,重点是分析某种经济情况产生的原因,而且一般都要提出解决问题的方案和对策;而调查报告的内容则要广泛得多。

(3) 表述方式不同。经济活动分析报告一般都与表格数据相关,要对有关的指标数据进行分析说明,其说明方法是特定的经济术语,必要时运用数学公式演算,语言上也较多地运用专业术语;而调查报告的形式是根据内容的需要则表现出更多的灵活性和多样性,它用事实说话,并阐明一定的道理和观点,所以在表述方式上常常用叙述为主,同时兼用说明和议论,语言要求生动,可适当运用一些修辞手法,以此增强文章的表达效果。

(4) 人称的使用不同。调查报告一般使用第三人称,而经济活动分析报告可以用第三人称,也可以用第一人称。对下属单位、或由财政、税务、银行、审计部门对某一企业的经济活动进行分析,用第三人称;而企业对自身经济活动的分析则用第一人称。

(二) 与市场预测报告的异同

经济活动分析报告与市场预测报告都要以调查分析为基础,也都要占有大量的数据资料。其区别在于内容的侧重点不同:经济活动分析分析报告侧重于对过去和当前的经济活动的分析,针对分析结果提出改进建议。而市场预测报告则侧重点在未来,对过去和当前的经济活动的进行分析、综合与比较,都是为了预测未来经济发展的趋势和前景。有时,这两种文体也合二为一,称作"经济活动分析与预测报告",先对一定时期的经济活动进行分析,然后根据分析结果预测未来经济活动的走势。

七、经济活动分析报告的写作要求

(1) 站在方针政策和理论的高度观察分析。各种经济活动,都是在一定的方针、政策指导下进行的。分析时涉及的问题,往往与政策和经济理论有关系,因而必须从方针、政策和理论的高度分析,才能高屋建瓴地看问题,找出其产生的原因。

(2) 抓住主要矛盾,切实解决问题。写经济活动报告的目的,就是通过发现问题、分析问题,进而解决问题,推动生产和工作不断前进。所以,在写作时一定要抓住关键问题,解决主要矛盾,分析深透,提出有预见性的解决方案,这样,分析报告才会真正发挥作用。

(3) 以翔实、准确的资料数据为基础。分析报告必须用数字说话,数据翔实准确,报告便有说服力。运用数字要适度,不要滥用,尽量使用主要数字和能够反映事物本质的数字。

范文导读

×××厂××××年度财务状况分析报告

一、资产、负债及所有者权益分析

(一) 资产分析

根据××××年决算提供的数据,××××年年末我厂资产增加24%。流动资产的增高是主要因素。其中年末集中转账并未能直接收回贷款而使应收款增加××××万元,存货增长××××万元,待摊费用增加××××万元,从而使得货币资金减少。

(二) 负债的分析

××××年年末资产负债表上的负债总额为××××万元,其中流动负债总额超出不少,负债主要因素为流动负债的升高等。流动资产增加,货币资金减少,说明由负债所得的资金投入生产后全部被占死。

(三) 所有者权益及利润分析

××××年年末资产负债表上所反映的所有者权益为××××万元。

二、几项主要的经济指标分析

(一) 流动比率

流动比率等于流动资金和流动负债的比率……

(二) 资产负债率

资产负债率是负债总额和资产总额的比率。我厂高达93%的负债率,反映出企业偿债能力明显不足,负债过度。

(三) 所有者权益比率

所有者权益比率是所有者权益总额与总资产的比率。我厂所有者权益比率为7%,反映出企业自有资金明显不足,所有者权益在总资产中已微乎其微。

（四）应收账款周转率

......

通过以上分析，不难发现虽然企业报表上有利润而且资产在增长，但企业的各项指标均与正常值相差甚远。大部分资金为借入，偿债能力差，没有抵御财力风险的能力。这说明企业存在着暗亏，是虚增了资产和所有者权益。我厂是一个国家大型老企业，设备、技术老化，负债额又大，要想改变现状扭亏增盈是非常艰难的，不只是财务对供、产、销各环节进行控制的问题，也不只是资金运用的改进和需要注入大量资金的问题，而是需要建立新的企业制度、明晰产权、提高高级管理人员的素质等方面的大的创新改革问题。

×××厂财务科
××××年××月××日

这是一篇规范的经济活动分析报告，全文由"资产、负债及所有者权益和利润分析"及"主要经济指标分析"两部分构成，对该厂的主要财务状况进行了重点的、细致的分析，最后得出综合分析和结论。从中我们可以看出，报告中的分析是以统计的数字为基础的，但是并没有完全停留在统计的数字上，而是由此进行深入的分析。

"学霸"见闻

撰写经济活动分析报告搜集整理数据应解决好的三个问题

经济活动分析报告的基本任务是针对各类组织的生产、销售、分配与消费的统计报表、会计报表和计划指标中的具体数据进行分析，或探索规律，或发现问题。因此搜集整理数据是进行经济活动分析的基础。搜集整理数据应解决好三个问题：

一是合理设计（布置）任务。所谓"合理"，就是搜集数据任务的大小、难易程度应符合学生的实际。交代任务要从学生熟悉的、简单的问题入手，如"调查了解金融、计算机、文秘专业每生的一年的学费数"，或"统计本专业每生连续三个学期的书费数"；之后再进行复杂的、与专业有关的数据收集，如"搜集我国或我市2013年1~6月物价指数"，"搜集近三年储蓄利率的变化和我市城镇居民存款数"等。

二是交代方法和途径。搜集数据的方法和途径决定了任务的进展速度、数据的有效可信程度。针对不同的问题，采用不同的方法和途径。如获取利率、物价指数等宏观数据，引导学生关注权威部门发布的信息；如了解组织自身的生产、销售、财务情况，要善于利用会计报表和计划指标；如了解客户或消费者的态度，应通过走访、问卷等调查方法搜集第一手资料。

三是搜集有参照价值的数据。为了全面呈现或评估经济活动情况，我们往往要搜集一组或几组数据。作为基本数据，首先要获取的经济数据就是"实际完成数"，为了客观全面评估完成情况，运用比较分析的方法，将"实际完成数"与其他有参照价值的数据进行比较，业内称"四比"，即比计划、比同期、比上期、比历史。与"计划指标"比，在于衡量计划的完成情况；与"同期"或"上期"数据比，目的是研究数据的增减、升降变化，探索经济运行的态势走向；与历史最好或最差的情况比较，在于全面评价经济发展变化的水平。

所以，实际完成数、计划指标、同期完成数、上期完成数、历史最好与最差数据等，都是具有参考价值的数据。

——资料来源:杨春晓.经济活动分析报告写作训练中应注意的几个问题.哈尔滨金融学院学报,2014(01).节选.

技能实操

1. 病文修改

××超级市场1992年第三季度经济活动情况分析
本年度第三季度主要经济指标完成情况

单位:万元

项目	计划数	完成数	上季度完成	增减数	增减百分比
销售总额	205	214	199	+15	+7.5%
税金	61.5	68.48	55.72		
成本	120.4	120	122.00	-2	-1.64%
利润	23.1	25.52	22.28	+3.24	+14.54%
银行贷款		204.1	189.4	+14.7	+7.7%

一、销售状况分析。

本季度制定了205万元的销售总额。由于本季度正值盛夏季,一些夏令用品特别畅销,因此销售总额直线上升,已经超额完成销售总额计划。计全季度共完成214万元的销售总额,比上季度增加15万元,增长率达到7.5%。另外本季度我店进行了广泛的市场调查,摸准销售行情,并开展有奖销售及各种促销活动,使销售额直线上升。

二、成本分析。

本季度由于我店采购人员的多方努力,争取各种货源,并从原地进货,所以适当降低了销售成本。本季度,我们开展"节约为商店"的活动,减少商品的损坏,节约水煤等,所以本季度成本比计划数降低0.4元,比上季度度降低2万元。

三、利润分析。

由于本季度提高了销售额、降低了销售成本,因此利润大大提高,本季度共实现利润25.52万元,比计划提高2.42万元,比上季度提高3.24万元,增长14.54%。

四、银行存款。

银行存款由于利润增加,银行存款也相应增加,到季度末,共有银行存款204.1万元,比上季度又增14.7万元。

总的来说,本季度的经济形势是好的,有利于今更好地开展销售活动。

请指出这份经济活动分析报告存在的问题,并写出修改稿。

2. 写作训练

请认真阅读下面材料,再广泛收集相关资料,为××蔬菜公司撰写一篇比较中日蔬菜生产效率的分析报告,要求报告的侧重点在于分析结论与政策建议。

××蔬菜贸易公司从××××年起就开始做新鲜蔬菜的出口贸易,主要出口国是日本。几年来出口额不断增加,但到了××××年对日蔬菜出口出现了下降趋势,公司的领导层非常着急,做了大量的市场调查和分析,了解到了以下情况。

(1)日本是我国主要的蔬菜出口国,从××××年到××××年,我国对日新鲜蔬菜出口始终在不断增加,××××年大约为10万吨,到了××××年达到了34万吨。但是在××××年后,由于日本对中国出口蔬菜的技术性壁垒以及其他贸易保护措施的急剧增加,中国对日蔬菜出口在××××年与××××年间出现了下降。以新鲜蔬菜为例,××××年中国对日出口量为34万吨左右(根据我国统计数据),到了××××年下降为31.99万吨(根据日本海关的统计数据)。

(2)我国蔬菜生产的技术效率平均低于日本,但部分农户的技术效率不比日本差。我国蔬菜生产的平均规模效率低于日本,但差别不大。我国蔬菜生产中农户的劳动力效率比要比日本农户高,我国蔬菜生产具有劳动力优势。我国蔬菜生产中的农药和化肥使用效率低于日本,对农业可持续发展和蔬菜出口造成不利影响。从目前来看日本农户的自营劳动力低下,蔬菜生产处于停滞阶段,而且其各项效率指标都已经很高,难以有进一步提高的潜力。再加上日本农业老龄化的问题,日本的蔬菜生产已经不会有很大的发展空间。

××蔬菜贸易公司调查分析后,发现蔬菜出口下降的原因与我国蔬菜生产的方式和状况有一定的关系,解决这个问题必须从我国蔬菜生产的大环境入手,目前应该积极发挥我国蔬蔬菜生产的优势,提高蔬菜生产中的各项效率,打破日本的技术堡垒,以便于更多地占领日本的蔬菜消费市场。他们很想把这一想法提供给相关管理部门及行业,以便加强我国蔬菜生产和贸易的优势。

第五节　可行性研究报告

情境导引

随着社会经济的发展,人们的生活水平不断改善,对饮食的要求已经从温饱型转向营养、健康、保健型。返本求真,营养保健已成为新的饮食时尚。东北林区的哈什蚂(林蛙)是集食用、药用、保健为一体的优质产品。据市场调查了解,国内市场哈什蚂油价格为2 500元/公斤,国际市场价格为1 500美元/公斤。虽然近几年哈什蚂养殖迅猛发展,但由于养殖技术不成熟,仍然无法满足市场的需求,该项目具有很高的开发价值和广阔的市场前景。××公司凭借自然环境、资源和技术等方面的独到优势,申请建设开发此项目。他们经过市场调查,对项目进行了研究分,形成了可行性研究报告。

思　考

1. 可行性研究报告与市场调查报告、市场预测报告有何区别?
2. 撰写可行性研究报告有何注意事项?

知识导航

一、可行性研究报告的概念

撰写可行性研究报告的前提是进行可行性研究。在基本建设、开发新产品、技术引进和中外合资等经济活动中,要开发投资一个新项目,就必须在决策之前对项目的市场需求、工艺技术和财经等有关各方面进行调查研究和分析论证,以找出最佳的可行方案作为投资决策的科学依据,确保开发项目的技术先进性,经济合理性,实施上具有可行性。这就是可行性研究。

可行性研究大约于20世纪30年代由美国首先推行,我国70年代末开始在工程项目建设前期的技术经济分析中应用。80年代初,正式将可行性研究列入基建程序,规定所有新建、扩建的大中型项目都要进行可行性研究,提出可行性研究报告,以此作为审批项目设计任务书的依据。1982年国家计划委员会还制定了《关于建设项目进行可行性研究的试行管理办法》,对拟建项目的可行性研究报告的编制程序和内容等有关问题做出明确规。后来可行性研究的范围进一步扩大,已进入政治、军事、经济、科学、文化等各个领域,成为各级领导机关决策前进行研究的必要环节。当前,经济管理、基本建设、外资引进、技术开发、承担国外工程建设任务等,编写可行性研究报告,已作为一项制度规定下来。

可行性研究报告又称可行性报告、可行性分析报告和可行性论证报告,是指在确定某一经济建设项目或科研项目之前,对其政策或规模、技术力量和水平、实施方案或措施及其产出等,进行全面的技术论证和经济分析,从而确定该项目实施的可行性和有效性的书面报告。它必须是在某一经济活动实施之前进行的,主要是从资金、技术、生产、销售、环境、法律等各方面进行调查,通过分析、研究和技术论证、经济评估,选取一个技术上合理、经济上合算的最佳方案。

二、可行性研究报告的作用

(一)为领导者提供项目决策的重要依据

无论什么经济活动,在正式启动之前都应该有一个完备的论证过程。例如,这个项目是不是需要实施,应该做什么及怎样做,通过何种途径才能获得"技术上合理,经济上合算"的最佳效果,都要经过认真研究。可行性研究报告就是以确切的资料、科学的数据为依据,从多角度、多层面来考察、分析这个项目,为决策者描绘拟建项目的全貌,并把意见或建议提供给决策者,以帮助决策者做出正确的选择。

(二)为保证资金来源提供条件

新项目的实施需要资金保证,资金来源有上级拨款、银行贷款、外商投资等多种形式。要保证资金来源,首先就要送审可行性研究报告。上级主管部门、贷款方或投资者决定是否拨款、贷款及投资时,可行性研究报告就是他们进行分析、研究的不可缺少的材料。上级主管部门、贷款方或投资方要对可行性研究报告进行审核、评估,以考察该项目是否可以实施,是否能够取得令人满意的社会效益和经济效益。如果没有可行性研究报告,这些工作将无从着手。

三、可行性研究报告的特点

(1)报告的针对性。可行性研究报告的目的在于分析环境变化,把握机会,借此指导、推动项目的实现。从实际出发,有针对性地研究分析经济、社会发展情况,及时回到工作中需要研究解决的各种问题,这就需要有一个明确的目的。目的越明确,针对性就越强,越能及时解决问题,就越有指导意义。反之,没有针对性,报告就没有着力点,就没有生命力。

(2)材料的真实性。材料的真实性即可行性研究报告所需要运用的大量的数据、资料,必须是真实的,它们是以科学的方法阐明拟建项目在技术上和经济上是否合理和是否可行的前提。

（3）论证的全面性。可行性研究报告必须围绕影响拟建项目的各种因素进行全面系统的分析，以求做出正确的结论。因而，在分析方法上，既要注重动态和静态分析相结合，还要注重定量分析与实物量分析、阶段性经济效益分析与全过程经济效益分析、宏观效益分析与微观效益分析等多种分析方法的综合运用。

（4）学科的多样性。成功地完成一个经济项目往往需要得到多学科支持，所以完成可行性研究报告的写作也需要所涉及的各个学科的专业人员的合作。就其内容而言，一个拟建项目可行或不可行，通常要从规模、资源、地质、环保、方案设计、工艺技术、施工组织、人员选定及经济效益、财务评价等多方面进行考察。就其学科范围而言，则涉及地质学、建筑学、工艺学、工程学、财务管理学、行政管理学、美学以及生态学等，这就需要多学科专家和技术人员通力协作。

四、可行性研究报告的类型

可行性研究报告依照不同的角度，有多种划分方法。
（1）按内容分，可分为政策可行性报告、建设项目可行性报告。
（2）按范围划分，可分为一般可行性报告、大中型项目可行性报告。
（3）按性质划分，可分为下列两种类型。
① 肯定性可行性报告。即肯定项目具备实施的必要性和可行性的报告；
② 否定性可行性报告。即否定项目不具备实施的必要性和可行性的报告。
（4）按经济活动分类。
① 科技类。包括高科技开发的可行性研究报告和技术引进的可行性研究报告。
② 生产类。包括建设项目可行性研究报告、开发新产品可行性研究报告。
③ 经营类。合资经营可行性研究报告。

五、可行性研究报告的主要研究方法

（一）系统研究法

系统研究法即运用系统的理论来分析、综合事物，并把事物作为多方面联系的动态整体来研究的一种方法。可行性研究，不论研究对象是什么性质的项目，都有学科的多样性和内容的系统性，是内部各个部分和各种因素相互联系、有机结合的整体。因此，可行性研究无论是在内容上还是在工作程序上，都要按照对象系统内部的内在联系和发展顺序有系统地进行研究。一个可行性项目往往同时具备几个不同的系统，在研究上，应抓住主要系统，兼顾次要系统，做到以点带面，纲举目张。

（二）比较研究法

比较研究法是把同一基础上两个或两个以上的研究对象进行分析比较从而择优选择的一种研究方法。比较研究法在可行性研究报告中运用得十分广泛，方案比较可用，同一方案中的经济指标进行比较可用，国内外同类项目相比较也可用。总之，纵比横比都可用。

六、可行性研究报告的写法

可行性研究报告的撰写要以《关于建设项目进行可行性研究的试行管理办法》《科技开

发贷款项目可行性研究报告提纲》为依据。目前通行的可行性研究报告，在形式上多数是单独编制成册的。它的一般格式包括：a. 封面；b. 摘要；c. 目录；d. 图表目录；e. 术语表；f. 前言（或总论）；g. 正文主体；h. 结论和建议；i. 参考文献；j. 附件。其封面没有固定要求，但项目名称、报告人及其单位、报告时间等内容不可缺少。第 b. c. d. e 和 i. j 等项并非每份报告都要，而是根据报告的实际需要选择。f. g. h 三项，是报告的三个主要组成部分。

下面主要介绍可行性研究报告项目标题、正文、结论的写法。

（一）标题

标题一般有两种形式。

1. 公文式标题

（1）由建设单位名称、项目名称和文种构成。如《铜仁至怀化高速公路铜仁段可行性研究报告》《步步高公司能源综合开发项目可行性研究报告》《长安机床厂关于开发新产品Y系列电机壳流水线的可行性研究报告》《湖南省建设银行关于新建长沙市光明区居民点的可行性研究报告》《咸阳市旅游开发项目可行性研究报告》。

（2）由项目名称和文种构成。如《关于建立电子工业集团可行性研究报告》《建设××大型水泥厂的可行性研究报告》《关于建立富新电厂的可行性研究报告》。

2. 文章式标题

如《股份制是深化改革的产物》《三峡工程宜早日建成》。

（二）正文

1. 前言

前言也称概述、概论或总说明。前言一般介绍立项的原因、目的、依据、范围、实施单位、承担者及报告人的简况，研究工作的依据和范围等。

2. 论证

论证是可行性研究（分析）报告的核心，是结论和建议赖以产生的基础。要求使用系统分析的方法，以经济效益为核心，围绕影响项目的各种因素，运用大量的数据资料，全面论证拟建项目是否可行。

由于论证对象不同，所以这一部分的写法也不尽相同，从总体上看，大多数可行性研究报告都包含以下几个方面的内容。

①市场调查。通过分析市场现状和未来前景，考察项目实施后进入市场的发展状况，包括对国内外的市场需求、价格、竞争能力等做出分析。如果市场调查的结论是否定的，那么该项目就是不可行的。②对规模和方案的分析。包括对项目名称、规格（规模）、技术性能、实施计划和方案的分析。③技术力量和水平的说明与分析。说明与分析的项目包括地址选择及其理由；原材料、资源配备；技术设备、工艺流程、辅助设施；组织机构设置、所需人员及其培训方案；项目的实施方案、工程设计、设备订货、工程施工和验收、设备安装和调试、试生产和正式投产的时间安排和进度；现有的环境状况及工程实施后给环境带来的影响及如何控制环境污染等。④资金来源分析。确定资金来源的方式，对投资数额进行估算，对资金到位的时间、资金偿还的办法、流动资金的合理安排和使用等进行分析。第五，经济效益分析。分析投资的收支、盈亏状况等财务问题，评价项目的经济效益。以上是可行性分析报告的主要内容，由于拟建的性质不同，所分析的内容各有不同，在写作时应按实际情况灵活掌握和

处理。

（三）结论

结论是对整篇研究报告内容的总结、概括。应就项目实施的可行性提出明确的结论性意见，也可对主体部分中一些较为重要的内容，如实施该项目可带来的社会效益、经济效益，实施中须注意的关键性问题等加以强调。

概括地说，可行性研究报告的正文大都包括三方面内容：概括说明情况——从不同的角度展开论证——阐明结论。由于可行性研究报告是一种论证性、专业性较强的文种，而且篇幅较长，所以多采用"总—分—总"式（即先总述，再分述，最后加以总结）结构模式。也有的采用"总分"式结构模式，把情况概述和结论都放在开头部分。

七、文种辨析

（1）与调查报告的区别。可行性研究报告是调查报告的一种特殊形式，在写作过程中调查报告更注重总结经验教训，探索规律，指导工作。可行性研究报告显然更需要调查研究，但在写作过程中，则体现出非常明显的专业性、规范性和科学性。

（2）与市场预测报告的区别。可行性研究报告离不开市场预测，但可行性研究报告的着眼点在于研究寻找最佳的可行方案；市场预测报告的写作重点在于分析预测未来的发展趋势。

八、可行性研究报告的写作要求

（1）要实事求是，做好调查研究。在动笔撰写前，首先必须以实事求是的态度，认真、全面、细致地做好调查研究工作。通过调查研究获取全面、准确、可靠的材料。可行性研究报告所用的资料主要有两种：一是"死材料"，包括文字材料和数据，如公开出版物上的记载、内部档案资料等。二是"活资料"。这又有两种，第一种式"有关人员"反映的各种情况。"有关人员"主要是指项目的领导人员、主管人员、承办人员及与该项目有关的群众。以上人员因各自所处的位置不同，看待问题的角度不同，反映的情况可能有所不同。第二种是现场材料。调研人员一定要亲自到项目现场进行考察，了解工作和生活环境、地域特点、基础设施状况等。

（2）论证要全面而有深度。既要分析对拟立项项目有利的方面，也要充分分析对其不利的方面，尤其是可能承担的风险，避免分析出现盲点或遗漏而得出不全面或不正确的结证。

（3）紧紧围绕论证可行性这一中心来组织材料。材料的安排有主有次，有详有略。与结论相左的有关材料，如果不宜写入正文，应作为附件附上。

（4）要虚心学习，掌握有关专业知识。可行性研究报告具有肯强的专业性，因此常需要组成一个专家组进行可行性研究，一般来说技术专家3人、经济专家7人为专家组最佳构成比例。联合国工业发展组织认为，任何大型项目的可行性研究小组成员都应该包括下列人员：1名工业经济专家，1名市场分析专家，若干名精通建设项目的工艺师和1名会计师，1名机械师或工业工程师，1名土木工程师。可行性研究报告的撰写人员必须虚心学习与项目有关的专业知识，了解和把握与整个项目有关的专业知识了解和把握。

(5) 要认真研究，进行科学的分析。

在对材料整理的基础上，还要对材料进行综合分析。分析工作可按两个步骤进行：首先，要按类别分析材料，根据材料对这种情况做出准确的判断；其次，要从理论上对具体材料及根据材料做出的判断加以分析，对各项指标认真进行核算，最后得出科学、客观、明确的结论。应当注意的是在对经济效益所做出的分析中，必须重视对不确定因素的分析。所谓不确定因素，主要是指有可能造成事先估算与实际情况之间产生出入的各种客观因素。不确定性因素的变化有可能导致项目经济效益的变动，会给项目带来潜在的风险。

范文导读

<h3 style="text-align:center">××麦芽有限公司扩建立仓可行性研究报告</h3>

××麦芽有限公司从1998年投产以来，业务蒸蒸日上，销售量稳步上升，但由于增加产量和提高质量的迫切要求，原有立仓的储量已不适应这一发展的需求，急需进行扩建。

一、扩建立仓的原因

(一) 外部原因

据市场调查，目前四川省啤酒年产量为××万吨，覆盖率不大，但啤酒毕竟是人们喜爱的营养饮料，随着人们生活水平的提高，估计今后的产量将不断上升，可达××万吨左右，与之相联系的共需要麦芽××万吨。而目前，全省只有××麦芽有限公司(年产××万吨)、×麦芽有限公司(年产××万吨)以及其他一些小型公司(加起来的总产时也只有××万吨)生产麦芽，尚有××万吨的缺口有待填补。另外，麦芽还有广阔的国际市场，仅美国2002年需求量就达××万吨。××麦芽有限公司所引进的是世界第一流的生产技术设备，质量有保证，生产费用低，价格有竞争力，只要公司以内涵发展为主，进一步提高麦芽质量，充分发展自有潜力，完全可以打入国际市场。因此，从效益的角度出发，扩建立仓是刻不容缓的。

(二) 内部原因

(1) 解决原料大麦早来无仓，迟来断粮的问题。

(2) 稳定麦芽指标，提高麦芽质量。

(3) 降低麦芽成本。

二、扩建立仓的个数

根据市场需求及历年来销售量，结合本公司的实际情况，扩建立仓数为××个。

三、扩建立仓的投资建设条件（略）

四、立仓扩建费用

立仓扩建资本××万元(土建费用××万元，设备费用××万元，不可预见费用××万元)；新增流动资金××万元；新增加维修人员××人(雇佣期为一个月)，每年增加支出××万元，每年增加维修费用××万元。

五、效益分析

(一) 主要财务数据预测

扩建立仓总投资××万元；项目寿命××年；产量以年产××万吨计，××××年为××万吨；价格以国内市场价格为基础，但由于波动变化较大，现按2002年(正常生产年份)的销售平均价××元计算；新增销售收入(以2001年为基础)为××万元，××××年累计为××万元；新增工商税(按××计提)正常生产年份(2002年)为××万元，××××年累计为××万元;总成本正常生产年份(2002年)为××万元,其中固定成本××万元,可变成本××万元,单位成本比年产××降低了××万;新增利润正常生产年份(2002年)为××万元,××××年累计为××万元,新增可供分配利润在2002年免所得税的情况下为××元/年,××××年新增加可供分配利润为××万元。

(二)企业财务评估

1. 直接利益分析

年产麦芽××万吨利润率对比,年产××万吨比年产××万吨利润率上升×%,说明本项目的效益可观。投资回收期为两年;贷款偿还期,正常生产年份要追加流动资金××万元,主要由银行贷款解决,只要每年多付贷款利息××万元就可以保证长期使用这笔贷款,直到回收流动资金时可归还全部贷款。

2. 动态分析判断(略)

3. 盈亏平衡分析(略)

4. 其他因素影响(略)

5. 间接收益(论述社会效益,略)

六、风险分析

假如在其他因素不变的前提下,本项目的销售价格、投资额、建设期或成本发生依次变化,按×%折现率折现,净现值变化为:建设期增加一年,净现值从××万元下降到××万元;成本增加×%,净现值从××万元下降到××万元;销售价格下降×%,净现值从××万元下降到××万元。在以上各种不利因素的影响下,净现值会相应下降,但下降后的净现值仍远远大于零,说明本项目承受风险的能力大。

七、注意问题和建议(略)

八、结论

通过以上的研究分析,本项目是在原有立仓的基础上进行扩建,技术上不成问题,建设条件有利,财务效益可观,扩建立仓后满足了年产量××万吨麦芽的满负荷生产能力,满足了生产出来的麦芽的品种搭配,保证麦芽的后熟期的存储,稳定并提高麦芽的质量,提高麦芽公司在麦芽市场的信誉,因此可以认为扩建立仓这一建设项目是可行的。

本文首先对项目的必要性,通过外部和内部两个方面的分析,阐明了市场对麦芽的需求情况和自身的潜力;接下来对项目的合理性,通过主要财务预测和企业财务评估进行了效益分析;最后,对项目可能存在的风险进行分析,并提出了需要注意的问题及建议,进而得出项目可行的结论。本文层次分明,逻辑清晰,论证合理,值得学习和借鉴。

 "学霸"见闻

以扎实的文字力显项目投资的必要性

可行性研究报告主体写作立足于对市场需求的预测,主要根据市场调查及预测的结果,以及有关的产业政策等因素,论证项目投资建设的必要性,即,为什么要进行这个项目?写作者应对拟建项目规模设定的依据和项目投产后而向市场需求情况和发展方向做详尽的阐述和分析。

成立于××××年的河南××特种养殖股份有限公司在项目论证时,曾做过一份可行性研究报告——《鸵鸟养殖开发可行性研究报告》，该报告在鸵鸟养殖开发市场前景部分是这样阐释的：

由于鸵鸟具有耐粗饲、适应性强等前文所述的诸多优点，符合国家发展"节粮型"草食动物这一产业政策，得到国家大力支持。姜春云副总理在中国鸵鸟养殖开发协会成立时曾指出"……"国务委员陈俊生同志也明确提出"……"的方针。可见，国家对鸵鸟养殖开发非常重视。鸵鸟养殖开发是一新兴产业，在我国只有4年开发历史。目前，全国存栏量不过8万只左右，只是进入育种、规模的起步阶段，远远达不到商品产业开发的要求。根据中国鸵鸟养殖开发协会制定的发展规划：力争在20世纪末形成我国产业的雏形，最终目标是在我国形成集生产、科教、加工、贸易于一体的现代化的在国内外市场占有举足轻重地位的鸵鸟产业。

毋庸置疑，这份可行性研究报告的写作在此处用了浓墨重彩，其意义分量很足。文中既有对鸵鸟习性的再次提及，有对国家产业政策的贯彻，也有对国家领导人讲话政策的引用，更有对鸵鸟养殖现状关键数据的披露，最终以国家制定的未来鸵鸟产业发展目标作为落脚点。虽没有过多的文字铺陈，却将项目投资必要性的各种因素综合反映出来，足见报告的作者斟字酌句，处处皆为项目实施的可行性而作，增强了投资的可信度。

——资料来源：胡峰力．对可行性研究报告主体写作定位的思考[J]．应用写作，2013(04)．节选．

 技能实操

1. 病文修改

肉牛养殖工程建设项目可行性研究报告

第一章 总 论

一、项目提要

1. 项目名称：××肉牛养殖工程建设

2. 建设性质：扩建

3. 项目建设单位：××农牧业产业化协会

负责人：×××

……

7. 资金筹措：项目总投资300万元，其中拟申请国家投资100万元，地方配套50万元，群众自筹150万元……

二、可行性研究的依据（略）

三、综合评价和论证结论（略）

四、存在问题及建议（略）

第二章 项目背景及必要性

一、国家产业政策和行业发展规划（略）

二、项目由来和简述（略）

三、项目提出的必要性及意义（略）

第三章 项目建设的条件

第一节 项目区概况

（一）地理位置

××位于××政府所在地25公里处，东邻……

（二）自然资源

地处温带大陆性干旱、半干旱气候，干旱少雨，风大沙多，光照时间长，年均7.1℃，最高36℃，年均日照2 800小时，年均降雨340mm，蒸发量2 505mm。属鄂尔多斯闭流区，静水位5～10m，成井深40～200m，单井日涌水量40～60t，土壤类型棕钙土、草甸土和固定风沙土，土质肥沃，养分含量高。

（三）社会经济状况

第二节　项目开发的有利条件及可行性（略）

第四章　项目建设单位基本情况（略）

第五章　市场分析及销售方案（略）

第六章　项目建设方案（略）

一建设规划及内容

肉养殖基地拟建在……

1. 购买种牛150头；

2. 建育肥棚圈30处；

3. 建青贮窖1 800平方米

……

二、产品方案（略）

三、技术方案（略）

……

第十二章　结　论

项目区牲畜源及农收业资源丰富，劳动力充足，可开发土地多，交通、通信、电力等基础设施较完善，良好的自然条件和社会济状况为大力发展当地农牧业的产业化奠定了坚实基础……

本项目建成后可向市场提供优质肉牛600头，项目共实现产值390万元，年创收172.6万元。更为重要的是，该项目可有力带动当地养殖业的发展，大大推进当地农牧业产业化进程，实现农牧业产业结构调整，推动本地区经济的快速发展。

请指出这份可行性研究报告存在的问题，并写出修改稿。

2. 写作训练

请认真阅读下面材料，再广泛收集相关资料，为××食品有限公司撰拟一份开发林蛙油蜂王浆纳米粉含片项目可行性研究报告。

××食品有限公司是以开发研制绿色产品为主的民营企业，多年来借助地方特产资源优势和科学技术，生产各种产品达30余种。最近该公司又与许多科研单位合作，共同开发研制名优新技术、新产品，其中开发研制的新产品"林蛙油蜂王浆纳米粉含片"拟上新项目。新产品拟上项目之前，公司做了大量的市场调查，并对其可行性从技术、经济、财务务等方面进行了分析评价。调查分析内容如下：

（1）随着人们生活水准的提高和对保健的重视，亚健康人群对预防和治疗其存在的亚健康状态给予了极大的关注，渴求用药物和保健品改善其状态的人群与日俱增，市场空间十分巨大。据调查，消费人群中亚健康人数占60％，按本产品可适应亚健康人数的70％计算，仅国内市场就有5亿人左右可服用该含片，这部分亚健康人员中按1％的比例消费该产品，其目标市场人数为546万人。项目重点建设的林蛙油蜂王浆纳米粉含片每片出厂价按0.5元/计算,按市场占有率546万人,每人每年服用1个月(每天3片),可消费产品达49 140万片,即4 914万盒。按此计算,每年可实现产值为2 570万元。若按80%的销售收入计算,可实现年销售收入19 656万元,可实现利润4 871万元,可实现税金2 789万元。项目全部建成投产后,可实现产值18 015万元、销售收入14 412万元、利润4 323万元、税金1 450万元。

(2) 林蛙油蜂王浆纳米粉含片是以东北林区特产的具有"软黄金"之美誉的林蛙油和蜂王浆为主要原料,采用现代高新技术,将林蛙油制成纳米粉,将蜂王浆制成冻干粉。再经科学配方精制而成的无糖、无防腐剂的片剂含片。项目因采纳米技术,使产品技术含量较高,达到国内领先。

(3) 集安市现有林蛙养殖生态沟312条、蜜蜂26万箱、山药1 000余亩,这些充足的野生原材料可以合同订购的形式与养殖业户协商解决。

(4) 项目总投资为5 556万元。其中:固定资产投资4 276万元,生产流动资金1 280万元。根据中央对东北老工业基地的政策,公司已与当地农行签订了贷款意向书,银行同意为项目贷款2 000万元用于项目建设。公司自筹解决3 556万元,目前资金问题已基本得到落实。

(5) 根据国家有关部委对项目建设内容的评价办法测算,项目建设中,主导产品纳米粉含片可实现产值14 570万元。项目按十年投资期进行测算,从2006年开始按设计生产能力全负荷生产后,每年可实现18 015万元的产值,年销售收入按80%计算,可实现销售收入14 412万元。由于项目科技含量高,产品附加值高。每年可实现利润4 323万元,税金1 454万元。投资利润率可达77.8%,投资利税率可达103.9%。

(6) 项目建设中的原料和产品,均属低污染、无危害的产品,原料生产中不构成对自然环境、生态环境、人文环境的危害。项目建设还可为社会带来四个方面的好处:一是大量地转化了地产资源,解决了农民卖原料难的问题,可促进农民和下岗职工从事养殖业,既解决了就业,又扩大了原料资源;二是项目建成后,可安置城镇待岗工人就业,仅这两项就可间接带动和安置用工人员达4 500人;三是项目建成后对周边地区可产生经济拉动作用,扩大产业链;四是项目产品投放社会后的广泛效应不可低估,健康体质对一个民族的作用是巨大的,也是无可估量的。

第六节　意向书、协议和经济合同的写作

情境导引

2010年6月7日,在××旅游交流合作投资推介会上,经××市海峡两岸交流协会牵线搭桥,××市旅行社行业协会和台湾中华国国际观光协会签订了《旅游合作意向书》。双方确定建立××旅游合作机制,互为旅游客源地、目的地,让更多的游客到××和××观光旅游。

按照合作意向,双方将整合两地旅游资源,台湾中华国国际观光协会将组织高端旅游策划机构和专业旅游开发人才,为××在××开展一系列旅游宣传代理推介活动提供帮助和

指导。同时,在旅游高峰期,双方相互提供交通、接待设施及景区容量监控信息,实现旅游信息共享。在旅游交通、安全和重大旅游投诉等方面,共同处理应急事件。

思 考

1. 什么是意向书?
2. 意向书与协议书、合同有何区别?

知识导航

一、意向书

(一)意向书基本知识

1. 意向书的概念

意向书又叫合作意向书。广义的意向书包括一方单方面以书信形式向另一方表达合作意愿的文书,以及当事各方表达共同合作意愿的文书。狭义的意向书是指当事各方就合作事项在进入实质性谈判之前,根据初步接触所形成的带有原则性、意愿性和趋向性意见的文书,是当事各方缔结正式协议前就协商程序本身或就未来合同的内容所达成的各种约定。本书介绍的意向书特指狭义的意向书。

意向书多用于经济技术的合作领域。意向书的作用:一是传达合作意愿,具有表达诚意的信用作用。二是记载初步洽谈成果,具有备忘作用。三是明确共同目标和合作方向以及协商程序,为进一步磋商奠定基础,具有导向作用。四是作为下一步实质性谈判客观的、基本的依据,具有依据凭证作用。五是为正式签订协议或合同打下基础,弥补本约成立之前法律对交易者保护不足的缺陷,从而固定交易机会,保障交易的最终实现,具有预约作用。

2. 意向书的特点

(1) 条款的原则性、灵活性。意向书是各方为了表示某种合作意愿而签订的文书,其目的是为进一步步磋商和签署正式协议其定基础,在条款内容上往往就一些重大问题做出原则性的确定,一般不涉及具体细则,以求同存异,为下一步磋商留有余地。

意向书的灵活性则体现在:一是在篇幅的长短、条款内容的多少与详略上具有较大的灵活性。意向书篇幅有的长、有的短,条款内容有的多、有的少,有的只简略地写明合作意愿和合作项目,有的具体写明合作的方式、步骤、各方基本的权利和义务,协商的程序以及未来订立合同的条件等。二是意向书对当事人虽然有一定的约束力,不能随意废止,但可在以后的磋商中协商变更或补充。

(2) 作用的短期性、临时性。意向书是当事各方在进一步磋商和缔结正式协议前就合作意愿、协商程序、未来合同内容达成一致的约定,是协商过程中各方基本观点的记录,一旦达成正式协议,便完成了意向书的使命。

(3) 一般不具法律效力性。意向书并不是严格意义上的法律概念。典型的意向书通常只是表明当事人的合作意愿以及合作的主要内容,不像正式协议那样具体约定当事人权利和义务以及违约责任,主要起到备忘和引导签订正式协议的作用,从法律上讲意向书一种要约邀请,除非特别约定,意向书本身并不具备法律约束力。合作意向书签订后,如果某一方不履行自己的承诺,使双方合作搁浅,这只是在道义上失信,一般难以追究法律责任。

值得注意的是,不是所有的意向书都没有法律效力,某些意向书在整体上或部分上是具有法律效力的。这主要有三种情形:第一,根据《最高人民法院关于审理买卖合同纠纷案适用法律问题的解释》,预约性质的意向书属于预约合同,本身具备法律效力,若违反将承担缔约过失责任。第二,如果意向书某些条款明确约定了对当事人具有约束力,比如有保密条款、定金条款、独占协商条款等,那么,如果违背,应承担相应的违约责任。第三,如果意向书具备合同的主要条款和特征,当事人没有明确排除其约束力,尽管名为"意向书",实质上具有本约合同的性质,那么该意向书具有合同的法律效力,当事人应该依约履行,否则亦然应承担法律责任。例如一份购房意向书,如出卖人通过该意向书收取了定金,具有《商品房销售管理办法》第十六条规定的商品房买卖合同的主要内容,并且出卖人已经按照约定收受购房款的,该意向书应当认定为商品房买卖合同。

同时,我们还应注意到:意向书本身虽然不具备或不完全具备法律效力,不等于没有束力,作为一种签订正式合同或协议前的意向性协议,对双方仍然具有一定的约束力,不可随意废止,不能违背《合同法》关于诚信原则等相关法律规定,否则也会承担一定的法律责任。

(二)意向书的类型

(1)从范围上分,有国际合作意向书,国内合作意向书等。

(2)从内容上分,有科学文化交流合作意向书、经济技术协作意向书、技术设备引进向书、新产品开发合作意向书、合作经营意向书、产品购销合作意向书、招商合作意向书、加盟意向书、商品房认购意向书、建立长期贸易关系意向书、投资意向书、商铺租赁意向书、贷款意向书、企业并购意向书等。

(3)从意向书的签署方式来分,有单签式意向书、联签式意向书、换文式意向书。

① 单签式意向书:由出具合作意向书的一方签署,文件一式两份,再由合作的一方在其副本上签章认可,交还对方。

② 联签式意向书:各方联合签署,然后各执一份为凭。重要的合作意向书签字一般还要举行仪式。联签式意向书是意向书的主要形式。

③ 换文式意向书:用交换文书的方法表达合作意向,各在自己文书上签署。

(三)意向书的写法

意向书一般由标题、约首、正文、约尾四个部分组成。

1. 标题

(1)文种式标题,即直接写"意向书"三个字。如《意向书》。

(2)协作内容+文种,如《兴建麦秆草席机工厂意向书》《合作经营××××箱包玩具厂意向书》《地产项目合作意向书》。

(3)项目性质+文种,如《中外合资项目意向书》《投资合作意向书》《经济合作意向书》。

(4)合作单位+事由+文种,如《路达集团与大鹏公司合作建厂意向书》《迎宾馆与方正电脑公司投资合作意向书》。

2. 约首

约首部分主要写明各方当事人名称或姓名及其代称。当事人为法人或社会组织的,要求写其法定全称;当事人为自然人的,则写其姓名。为使行文简便,应写明当事人代称,如"甲方""乙方";"供方""需方";"卖方""买方";"出租方""承租方";"发包方""承包方"等。有的还写明当事人住所、法定代表人姓名、个人身份证号码、邮编、电话等。当事人基本信息在标题之下正文之上,当事人的各项内容分行排列,不同当事人的内容可以上下排列或并列排列。

有的意向书在约首部分写明签订时间、签订地点。也有个别意向书没有约首部分,当事人名称或者姓名及其代称在正文开头。

3. 正文

意向书只表明一种倾向,其正文写法比较简单,一般分为引言、主体、结尾三部分。

(1) 引言。概括介绍双方谈判磋商的大致情况,如谈判时间、地点、双方代表、主要议题等内容,并写明签订意向书的缘由、目的和依据,然后以"根据××原则,双方达成如下意向"引出下文。如——

××市化工厂(以下简称甲方)和××公司(以下简称乙方)于××××年×月×日在×地就创办联营综合服务公司的问题进行了初步协商。根据双方需要,为更合理利用双方优势,提高经济效益和社会效益,双方在平等互利的基础上达成如下联营意象向:

(2) 主体。以条文的形式表达具体的意向事项,如各方应享受的权利和应承担的责任、义务等。写作上要注意用语平和,多用商量的语气。主体的尾部一般以"未尽事宜,在正式签订合同或协议书时予以补充"作结语,便于留有余地。

(3) 结尾。标明文本数量、保存方法、未尽事宜的解决方法等内容。

4. 约尾

约尾部分一般包括当事人名称或姓名、法定代表人或委托代表人、签订时间三项内容。当事人或代表人应盖章或签名。有的意向书还写明单位地址邮政编码、电话号码、签订地点等。

约尾在正文之下,当事人的各项内容分行排列,不同当事人的内容可以上下排列或并列排列。

(三) 意向书的写作要求

(1) 内容简略。意向书的内容是各方原则性的意向,并非具体目标和实施方法,其条款无须像协议、合同那样具体。意向书内容简略,因此篇幅不宜太长。

(2) 语言平和。与合同相比,意向书的语气比较平和。意向书的内容不具有强制性,而是带有明显的协商性质,因此行文中多用平和商量的语气,一般不使用"必须""应""否则"等词语。

(3) 忠实协商。意向书是以协商为基础的,因此内容必须忠实反映当事各方协商的过程。

(4) 态度严肃。意向书是对合作意愿的表达,而意愿受到多种因素的影响往往会不够坚定,因此可能会出现随意签订意向书的行为。虽然违反意向书并不一定会造成严重后果,但是容易给自己的信誉造成消极影响。因此,签订意向书时必须本着严肃、认真、慎重的原则。

二、协议书

(一) 协议书概述

1. 协议书的概念

协议书有广义和狭义之分。广义的协议书是指社会集团或个人处理各种社会关系、事务时常用的契约类文书,包括合同、议定书、公约、联合宣言、联合声明等。

狭义的协议书指国家、党政机关、企事业单位、社会团体或个人就某个问题经过谈判或共同协商,取得一致意见后,订立的一种具有经济或其他关系的契约性文书。

协议书是签订双方协作关系的具体反映,是经济管理的有效手段,是达到当事人目的的有效措施。它在经济活动中的作用主要有几个方面。

(1) 为正式签订合同作准备,起"铺路""桥梁"的作用。在经济协作过程中,由于各种原因,双方常常不可能立即取得共识而签订正式合同,需要经过多次谈判、磋商。为了表示双方诚意,保证正式洽谈取得成果,在签订正式合同前先签订协议书。

(2) 补充或修订合同条款,起完善作用。有的合同在履行过程中,双方或一方当事人发现有些条款内容不够妥当,或遇新情况使原条款无法履行,双方协商同意对原条款作补充修订,将这些补充和修订的内容以协议书的形式签订,实际成了原合同的一部分。

(3) 起到合同的作用。我国合同法列举了经济生活中常见的 15 种合同,有许多合同关系目前尚无法律、法规可循,内容显然超出了《合同法》规定的种类,只能靠双方当事人签订协议书。这种内容详细具体的协议书,实质上就是合同,具有合同相同的法律效力。

2. 协议书的特点

协议书是一种具有合同性质的契约性文书,它的作用、写法与合同有相似之处。它除了具有合法性、合意性、公平性、互利性等特点外,还具有自己的特点。

(1) 原则性。它表现在签订协议书的双方当事人,对合作的内容、条件、要求等作原则性粗线条的约定,详细具体的内容和形式,需继协议书之后,再经充分洽谈签订正式合同。

(2) 灵活性。协议书的内容比较广泛,而且没有固定统一的写作格式,其内容的安排、条款的详略等,全由双方当事人协商议定。

(3) 广泛性。协议书的使用范围比合同要广泛得多,凡不宜签订合同的合作形式,只要双方当事人协商一致,均可签订协议书。

(二) 协议书的写作

协议书主要由标题、立约人、正文、落款四部分组成。

1. 标题

(1) 直接写明文种,在第一行居中写"协议书"三个字,这是协议书常用的标题形式。

(2) 事由+文种,表明协议的内容和性质,如《赔偿协议书》《委托协议书》。

(3) 当事人或单位名称+事由+文种,如《中国××进出口公司与法国××贸易公司合资经营电子产品协议书》等。

2. 立约人

在标题下面写明协议当事人(立约人)各方的名称,有时还要写上代表、代理人姓名。为使行文方便,可在当事人名称后面注明"甲方""乙方""丙方"等代称。当事人名称的排列方式可以有两种:一是左右并列;二是上下分列。

3. 正文

正文一般包括引言、主体和结尾。

(1) 引言。写明订立协议的目的和依据,引出下文。

(2) 主体。协议书的核心部分,一般分条列项将当事人协商议定好的事项一一列出来。

具体写明哪些条款,视协议书的性质和各方协商的结果而定,一般情况下,协议书的内容不像意向书那样粗线条,比起意向书来,协议书要具体和细致些。

(3) 结尾。正文的最后注明协议书的份数、如何保存、协议附件、有效期限等事项。

4. 落款

落款一般包括署名、印章和日期。署名,写明当事人的全称,并签署法定代表人或代理人的姓名;印章,在署名上加盖公章;日期,写明签订协议书的具体年月日全称。

(三) 写作协议书的要求

1. 要符合国家的政策、法规

一切合同、协议书的草拟和签订,都必须在法律许可的范围内进行,其内容必须符合政策、法令和计划,有利于国家、集体和个人,不得违反社会的公共利益和社会主义的道德标准,不允许利用合同、协议书进行违法活动。

2. 要贯彻平等互利、协商一致、等价有偿的原则

在经济活动中,协议书作为签订合同的基础文件,在起草制定时应贯彻平等互利、协商一致、等价有偿的原则,不许一方将自己的意图强加给另一方,更不许采用胁迫、欺诈的手段去损人利己。草拟人无论是当事人中的某一方,还是局外人,都必须坚持公正立场行文。应做到态度诚恳、语气平和、内容具体、条款明确,为下一步合同的签订铺路搭桥。

3. 必须符合固有的条款格式

协议书都有其自身习惯的格式,在其草拟和签订时,应注意其格式规范。此外,协议书中的文字、标点都不能有错误和遗漏,条文内容要逐条地分开写,文面要整洁,文中表示的款额和物品数目要大写。上述要求必须在签字以前认真检查核对,如果签字后才发现有错误和遗漏,需经各方同意后,逐份同样修改,并在修改处加盖各方公章。若在文面已无法修改,可另签修改协议。

4. 要注意保持协议与合同意向口径的一致

从某种意义上讲协议书是合同的前身,某些关键性的合同内容,往往在协议书中先行出现,因而在制定协议书时,一定要目光长远,语词要留有余地,以便在关键性的重大问题上,保证协议书与合同意向口径上的一致,签订合同时才具有更大的主动权。

(四) 协议书与相近文种的区别

1. 协议书与意向书的区别

(1) 内容的细化程度不同。意向书的内容比较简略,仅仅表明合作意愿;协议书的内容相对比较细致,对交易合作的主要条款做出约束。

(2) 灵活程度不同。协议已经签约不能随意更改,而意向书比较灵活。在协商过程中,当事人各方均可按各自的意图和目的提出意见,在正式签订协议前也可随时变成或补充,最终达成协议。

(3) 法律效力不同。意向书是一种非正式文体,仅仅表明合作意图,一般不具备法律效力,当事方如果撤销意向也不构成法律意义上的违约;协议书经过公证或具备某些条件后就受到法律保护,可以被视为合同的特殊形式,如果违反协议可被追究法律责任。

2. 协议书与合同的区别

虽然协议书与合同属同一文体,政策性、法律性和协商性,以及写法、格式、作用等诸方面都与合同有相似之处,所以,有时人们把协议书与合同等同起来,但这是不对的。严格地说,它们是两种不同的有区别的文书。

协议书与合同的区别有以下几点。

(1) 从内容上看,协议书中的项目比合同要多,内容则不同合同那么具体,一般是原则性的条款。比如,在我国与外资和民营企业的协议书中,往往伴有技术转让、产品销售、贷款、聘请外国技术管理人员等方面的内容,且只对某些问题做出原则性规定,起到意向作用,表明双方合作的诚意;而不像合同的条款那样,制定得具体详尽,便于执行。因此,出签订协议书之外,还需要签订一系列协议书中所含项目的单项(专项)合同。

(2) 从应用上来看,协议书的应用领域比合同要广泛得多。可以用协议书的方式来确定各种关系,如政治的、经济的、军事的、文化的、教育的、科技的、外交的、法律的、宗教的、民事的等,都可以签订协议书来确定,而合同多用于经济领域。

(3) 从时效上看,合同一般用于买卖交易等经济合作,交易一旦实现,合同的效力便随之消失。协议书的有效时间较长,有的甚至是永久性的。如子女过继协议、收养协议、赡养协议等。

三、经济合同

(一) 经济合同的概念

《中华人民共和国合同法》规定:"合同是平等主体的自然人、法人、其他组织之间设立、变更、终止民事权利义务关系的协议。"

经济合同则是自然人、法人、其他组织之间为实现一定的经济目的,明确相互的权利义务关系而订立的书面协议。经济合同具有法律约束力,保护合同当事人的合法权益;利于加强社会的经济管理,利于维护社会经济秩序,利于建构和谐社会。

(二) 经济合同的特点

(1) 立约人具有限定性。即立约人必须是具有法律行为能力者。未成年者、精神病患者、醉酒者和被剥夺政治权制的人,以及丧失语言思维能力的人不能作为立约人。代表经济组织团体签订合同的签约双方,必须具有法人资格。

(2) 协商互利性。订立合同,当事人任何一方不得把自己的意志强加给他方。各方当事人必须平等相待,协商一致,本着自愿、公平、诚信的原则,订立互利互惠的合同。

(3) 约束性。当事人双方所订立的合同,对比方均具有法律约束力。

(三) 经济合同的类型

按照《中华人民共和国合同法》,可将合同分为15种,即买卖合同、供用电水气热力合同、赠与合同、借款合同、租赁合同、融资租赁合同、承揽合同、建设工程合同、运输合同、技术合同、保管合同、仓储合同、委托合同、经纪合同、居间合同等。

按照格式和写法分类,经济合同则可以分为下列三种类型。

(1) 条款式合同。即用文字记叙的方式,将当事人各方协商一致的内容逐条记载下来的合同。

(2) 固定式合同。即把合同中必不可少的相关内容分项设计、印制成一种固定格式的合同。各方当事人在签订合同时,只需把达成的协议逐项填写到表格或文字空档处即可。

(3) 条款和表格结合式合同。这种合同,用表格形式固定共性内容,而对需经各方当事人协商才能形成的意见,则用条款的形式以记载。

(四) 经济合同与协议书的区别

经济合同与协议书在概念上是一致的,都是双方或多方当事人协商一致共同订立的一种契约。但是两者也有明显的差别,这主要体现在以下几方面。

(1) 内容上:经济合同全面、具体、细致,协议书相较则更原则些。

(2) 运用范围上:经济合同主要用于生产、建筑等经济领域,协议书多用于科研合作。

需要强调的是,这二者也有联系,有时先签订比较原则内容的协议书,再订立执行合同;一般以协议书的形式对合同进行补充、修改、解除或延长合同有效期。

(五) 经济合同的写法

1. 标题

标题由合同性质或内容加文种两部分组成,如《购销合同》《抚养遗赠协议书》《建筑合同》。

2. 立合同人

立合同人即合同当事人名称或者姓名。要准确写出签约单位或个人的全称、全名,并在其后注明双方约定的固定指代,如一般写"甲方""乙方"。如有第三方,可将其称为"丙方"。在对外贸易合同中,有时可指代为"卖方""买方"。不论在什么情况下,合同中都不能用不定指代"你方""我方"来指定当事人。

3. 正文

(1) 引言(开头)

引言(开头)即合同的开头,主要写明订立合同的目的、根据,是否经过平等、友好协商等。

(2) 主体

合同的主体内容由合同当事人各方约定,写明各方所承担的法律责任和应享有的权利。一般应具备以下条款。

① 标的。标的是指合同当事人的权利义务所共同指向的对象,即合同的基本条款。如购销合同卖方交付的出卖物。

② 数量、质量要求。数量是标的的具体指标,是确定权利与义务大小的度量,所以必须规定得明确具体,不但数字要准确,计量单位也必须精确。质量是合同的基本条件之一,必须从使用材料、质地、性能、用途、甚至保质期等各方面详细约定。

③ 价款或报酬。这是指合同标的的价格,是合同各方当事人根据国家法律、法规、政策和有关规定,对标的议定的价格,是合同一方以货币形式取得对方商品或接受对方劳务所应支付的货币数量。要明确标的的总价、单价、货币种类及计算标准,付款方式、程序,结算方式。

④ 合同履行的期限、地点和方式。履约期限就是合同的有效期限,是合同具有法律效力的时限和责任界限,过时则属违约。日期用公元纪年,年、月、日书写齐全。地点是指当事人履行合同义务、完成标的任务的地点。履行方式是当事人履约的具体办法,如借贷合同的出资方要以提供一定的货币来履约等。

⑤ 违约责任。违约责任是对当事人不履行合同义务时的制裁措施。违约责任应考虑

周全,需逐一估计其可能发生的事,包括写明发生当事人不能预料、无法躲避且不可抗拒的如地震、台风等因素时如何处理等。

4. 尾部

(1) 写有关必要的说明。如说明解决争议的方法,合同的份数、保管及有效期;说明合同所附的表格、图纸、实物等附件。

(2) 落款。要写明双方单位全称和代表姓名,并签名盖章。还应写上合同当事人的有效地址、邮政编码、电子邮箱、电话、电报挂号以及开户银行、账号等。

(六) 经济合同写作的注意事项

(1) 合法、合理。合同内容必须符合法律规定,如果合同内容违反国家的法律和政策,不仅不受法律保护,还要依法追究法律责任。同时,签订合同必须贯彻平等互利、协商一致、等价有偿的原则。

(2) 条款规定全面完整。即合同所必备的各个构成部分不能缺少,关键条款不能遗漏。

(3) 表达简明准确。合同的写作采用说明方式,应做到周密严谨,言简意赅。要写得明确具体,条款清晰,概念准确,切忌词不达意或含糊不清。比如,必须使用规范汉字,不使用"最近""基本上""可能""大概""上一年"一类模糊词语。价款与酬金数字必须大写。

(4) 充分了解合作方的资格、资信和履行合同的能力。

范文导读

××原料合资生产意向书

中国四川成都是××公司(以下简称甲方)副总经理×××先生,美国纽约市××公司(以下简称乙方)总经理助理×××先生,于××××年×月×日至×日在××地就建立合资企业事宜进行了友好协商,根据《中华人民共和国中外合资经营企业法》的规定,本着平等互利的原则,达成意向如下:

一、甲、乙两方愿以合资或合作的形式建立合资企业,暂定名为××有限公司。建设期为×年,即从××××年至××××年全部建成。双方签订意向书后,即向各方有关上级申请批准,批准的时限为×个月,然后办理合资企业开业申请。

二、总投资为××万元(人民币),折合××万(美元)。××部分投资××万元,××部分投资××万元。甲方投资××万元(以工厂现有厂房、水电设施现有设备等折款投入),乙方投资××(以折美元投入,购买设备)。

三、利润分配。各方按投资比例或协商比例分配。

四、合资企业生产能力……

五、合资企业自营出口或委托有关进出口公司代理出口,价格由合资企业定。

六、合资年限为×年,即××××年×月至××××年×月。

七、合资企业其他事宜按《中华人民共和国中外合资经营企业法》有关规定执行。

八、双方在各方上级批准后,再具体协商有关合资事宜。

本意向书一式两份,作为备忘录,各执一份备查。

甲方:中国四川省成都市××公司　　　　乙方:美国纽约市××公司

地址:中国四川省成都市××路××号　　地址:美国纽约市××路

电话:××××××××　　　　　　　　电话:××××××××
法定代表(签字):　　　　　　　　　法定代表(签字):
签订日期:××××年×月×日　　　　签订日期:××××年×月×日

这是一份标准的中外合资意向书。标题由协作内容+文种构成。引言概括介绍了谈判情况、意向书制定的依据和原则。以"达成如下意向"引出正文;正文以条款形式标明了当事人双方或多方的合作合资意愿,规定了实现意愿的目标、条件、途径等方面;结尾写明了意向书的份数和保存方法;落款注明了意向单位全称、代表签名盖章及签署日期。

协 议 书

甲方:北京××热能技术有限公司

乙方:霸州市××燃气储运有限公司

根据《中华人民共和国经济合同法》,经甲乙双方友好协商,关于乙方给甲方销售并输送天然气事宜,达成如下协议:

一、标的物及数量

天然气为普通民用天然气(提供气质分析报告),数量为5 000立方米。

二、价格

(一)天然气按2.4元/每立方米计,据实结算。

(二)甲方租用乙方的天然气槽车及相关调压设备,租金按每天2 000元计,据实结算,霸州至甲方现场的运输费用由乙方负担。

三、付款方式

乙方配合甲方实验结束后,据实结清,乙方应提供正规的发票。

四、气压要求

要求气压在4 000Pa至6 000Pa之间且可调。

五、供气时间

(一)第一次供应时间为6月8日8时至6月10日24时。

(二)第二次供气时间为6月17日8时至6月18日24时。

(三)若时间有更改,甲方提前24小时通知乙方,乙方必须保证在规定时间内到达甲方现场。

六、解决纠纷的方式:协商仲裁。

七、其他未尽事宜,协商解决。

八、本协议一式四份,各执两份,由双方单位盖章后生效。

甲方:北京××热能技术有限公司　　　乙方:霸州市××燃气储运有限公司

　　　　(盖章)　　　　　　　　　　　　　　　(盖章)

法定代表人:×××(签字)　　　　　　法定代表人:×××(签字)

　2014年5月11日　　　　　　　　　　　2014年5月11日

这是一份正式的具有法律意义的协议书,全文格式规范、结构严谨,措施庄重,主要条款完备,对双方的权利和义务作了明确的约定,为当事方信守承诺奠定了基础。

航空运输合同

托运人(姓名)_____与中国民用航空_____航空公司(以下简称承运人)经友好商

定,由_____(发货地点)空运_____(货物名称)到_____(到达地点),双方特签订本合同,并共同遵守下列条款:

第一条 托运人于_____月_____日起需用_____型飞机_____架次运送_____(货物名称),其航程如下:

_____月_____日自_____至_____,停留_____日;

_____月_____日自_____至_____,停留_____日。

运输费用总计人民币_____元。

第二条 根据飞机航程及经停站的条件,可供托运人使用的载量为_____公斤(内含客座)。如因天气或其他特殊原因需增加空勤人员或燃油时,载量照减。

第三条 飞机吨位如托运人未充分利用,承运人可以利用空隙吨位。

第四条 承运人除因气象、政府禁令等原因外,应依期飞行。

第五条 托运人签订本合同后要求取消飞机班次,应交付退机费_____元。如托运人退机前承运人为执行本合同已产生调机费用,应由托运人负责交付此项费用。

第六条 托运人负责所运货物的包装。运输中如因包装不善造成货物损毁,由托运人自行负责。

第七条 运输货物的保险费由承运人负担。货物因承运人一方的人为问题所造成的损失,由承运人赔偿。

第八条 在执行合同的飞行途中,托运人如额外要求停留,应按规定收取留机费。

第九条 本合同如有其他未尽事宜,由双方共同协商解决。凡涉及航空运输规则规定的问题,按运输规则办理。

托 运 人:_____　　　　　　承 运 人:_____
开户银行:_____　　　　　　开户银行:_____
银行账号:_____　　　　　　银行账号:_____

_____年_____月_____日

这是一份分条列项式经济合同。合同精短,语言简洁,格式规范。首部写当事人姓名和事由。第一条至第九条写标的、数量和质量、价款和酬金、履行期限、地点和方式这些合同必备条款,不足之处是漏写出现纠纷如何处理及合同份数和保存方式等。

 "学霸"见闻

意向书与合同岂可混淆

甲建筑公司与乙水泥生产企业签订了购销水泥合同的意向书,其中规定:"甲公司计划向乙厂购买100吨水泥,由甲公司到乙厂验货并带款提货,有关价格提货时面议。"意向书签订后,乙方迅速组织生产出100吨水泥,随后催甲公司提货,甲公司称短期内没有购买水泥的计划,也未准备购货资金不能提货。乙厂认为甲公司已经构成违约,给自己造成了损失,于是向法院提起诉讼,要求甲公司提货付款并承担违约责任。

法院判决:甲建筑公司与乙水泥厂签订的意向书不是购销合同,双方没有形成合同法律关系,意向书不具有的法律效力。甲建筑公司未提货付款的行为不构成违约,不承担违约责任。判决驳回乙水泥厂的诉讼请求。

本案争议的焦点是甲建筑与乙水泥厂双方当事人是否就购买100吨水泥的问题达成了协议,订立了合同。根据《中华人民共和国合同法》第二条规定,合同是平等主体的自然人、法人、其他组织之间设立、变更、终止民事权利义务关系的协议。从法律上看,合同在本质上是一种协议,它是当事人之间设立、变更、终止民事关系的一种合意。合同不等于合同书,合同是一种合意关系,合同书仅仅是用来证明这种合意关系存在及其内容的证据而已。因此,确定一方是否违约的关键在于明确合意是否实际成立并且已经发生效力。

合同的成立,是指订约双方当事人就合同的主要条款达成合意。只要双方当事人就合同的主要条款达成合意,合同就成立。那么什么是合同的主要条款?我国《合同法》第12条规定:"合同的内容由当事人约定,一般包括以下条款:(一)当事人的名称或者姓名和住所;(二)标的;(三)数量;(四)质量;(五)价款或者报酬;(六)履行期限、地点和方式;(七)违约责任;(八)解决争议的方法。"但各种合同因性质不同,所应当具备的主要条款是不一样的。主要条款,是指根据合同的性质应当具备的条款。如果缺少这些条款,合同是不能成立的。

在本案中,甲建筑公司与乙水泥厂签订的意向书规定:"甲建筑公司计划向乙水泥厂购买100吨水泥,由甲公司到乙厂验货并带款提货,有关价格提货时面议。"该意向书不能等同于合同,因为双方并没有真正完成合意,原因在于:一、文件的名称为"意向书"而非"合同",所谓意向书是指当事人之间用以表达合作交易意愿的文件,也就是仅表达了当事人意愿在今后达成合同的意愿,即表明当事人具有订约的意图,但没有形成能够对当事人产生约束力的合同。意向书与合同是有区别的,承认这种区别是尊重交易习惯和意识自治的体现。当然,在意向书规定明确,并就合同主要条款做出约定的情况下,就具有了合同的性质。二、成立购销合同的必备条款不齐全。1.意向书中关于对水泥的型号没有明确,这样的结果是合同标的未有明确。2.欠缺价格条款,如上所述,不具备合同性质所决定的必备条款的合同不成立。三、意向书中规定"有关价格提货时面议",此以表明,该意向书文件只是一个初步协议,正式的合同实际上是以当事人提货时,就价格问题达成协议后,合同才能正式成立。如果当事人在提货时不能就价格问题达成协议,合同因不具备主要条款而仍然不能成立。合同未成立,自然也就不存在违约的问题了,乙水泥厂诉甲建筑公司承担违约责任的诉讼请求也就得不到法院的支持。由此带来的后果,由于乙水泥厂的盲目生产给自己造成了巨大的经济损失。

各公司、企业、单位,在签订合作、交易文件时尽可能地明确自己的意思,并以书面文字的形式固定下来。在达成意向和协议后,诚实信用地开展组织生产、交易活动。如果有专业人士参与会更有利于保证公司、企业正常稳健的经营发展。

——资料来源:110法律咨询网.http://www.110.com/.

技能实操

1. 病文修改

经 济 合 同

立合同人:××食品公司第四车间(甲方)
    ××第二建筑公司生产科(乙方)

1. 建筑××食品公司第四车间东厂房,经双方协议,订立本合同。
2. 由乙方全面负责建造。

3. 甲方委托乙方建造东厂房一座。全部建造费用共计 855 000 元。
4. 甲方在订立合同后先交一部分建造费用。
5. 其余在厂房建成后抓紧归还所欠部分。
6. 工期待乙方筹备就绪后立即开始。
7. 力争三月中旬开工。
8. 力争在十一月份左右完工。
9. 建筑材料由乙方全面负责筹备。
10. 本合同一式四份，双方各一份，各自上级单位备案一份。

立合同人：××食品公司第四车间（公章）
主任：×××（私章）
××第二建筑公司生产科（公章）
科长：×××（私章）
××××年×月×日

请指出这份合同存在的问题，并写出修改稿。

2. 写作训练

请认真阅读下面材料，为××电力公司拟写一份意向书。

××电力公司与国外××公司通过协商，欲在中国××市××开发区建立××电力设备有限公司，主要从事各类开关及成套设备生产和销售，该合资企业由双方投资兴建，总投资××万元人民币，××电力公司投资占×％，××公司占×％，预计投产后年产值可达××万元人民币，利润××万元，生产场地和厂房由××电力公司提供，主要生产设备及产品设计、制造工艺、质量检测等技术资料由××公司从国外提供，其应为目前世界先进水平。

参 考 文 献

[1] 鲍庆林. 经济写作[M]. 贵阳:贵州教育出版社,1995.
[2] 霍唤民. 应用写作[M]. 北京:中央广播电视大学出版社,2002.
[3] 范增友. 应用写作[M]. 长春:东北师范大学出版社,2005.
[4] 诸孝正,陈妙云. 应用写作(修订版)[M]. 广州:广东高等教育出版社,2007.
[5] 中国法学会法律文书学研究会. 文秘写作指南[M]. 北京:中国工商出版社,2007.
[6] 杨锋,周蓓新. 秘书实用写作[M]. 广州:暨南大学出版社,2007.
[7] 朱利萍,韩开绯. 秘书写作实务[M]. 重庆:重庆大学出版社,2010.
[8] 朱悦雄. 应用写作病文评析与修改[M]. 广州:广东高等教育出版社,2010.
[9] 洪威雷,岳海翔,邱相国. 行政管理应用写作[M]. 北京:中国人民大学出版社,2011.
[10] 邱飞廉. 职场应用写作[M]. 北京:中国人民大学出版社,2011.
[11] 谭慧. 公文写作模板与常用词汇[M]. 广州:广东经济出版社,2012.
[12] 魏建周. 新编党政机关公文写作[M]. 北京:红旗出版社,2012.
[13] 刘宏彬. 新编应用文写作教程[M]. 北京:新华出版社,2012.
[14] 韦志国. 秘书写作[M]. 大连:大连理工大学出版社,2012.
[15] 黄高才. 常见应用文写作暨范例大全[M]. 北京:中国人民大学出版社,2012.
[16] 李艳婷,王瑞玲. 现代职业秘书写作[M]. 北京:北京大学出版社,2012.
[17] 张家平. 秘书实用写作[M]. 北京:教育科学出版社,2013.
[18] 牛殿庆,潘莉. 公文与日常应用文写作训练[M]. 北京:机械工业出版社,2013.
[19] 梁沛,郭征帆,宦书亮. 秘书写作[M]. 北京:世界图书出版公司,2015.
[20] 潘满全,易国才. 应用文写作[M]. 武汉:武汉大学出版社,2015.